HISTOIRE

DE LA PEINTURE

AU MOYEN AGE.

187

HISTOIRE

DE

LA PEINTURE

AU MOYEN AGE,

SUIVIE DE L'HISTOIRE DE LA GRAVURE, DU DISCOURS SUR L'INFLUENCE
DES ARTS DU DESSIN, ET DU MUSÉE OLYMPIQUE;

PAR

T. B. ÉMÉRIC-DAVID,

De l'Institut royal de France (Académie des Inscriptions et Belles-lettres),

AVEC UNE NOTICE SUR L'AUTEUR

PAR P. L. JACOB,

BIBLIOPHILE.

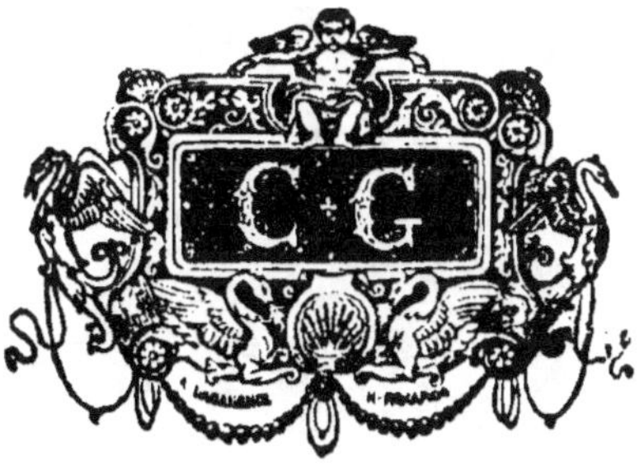

PARIS.

LIBRAIRIE DE CHARLES GOSSELIN,

Éditeur de la Bibliothèque d'Élite,

9, RUE SAINT-GERMAIN-DES-PRÉS.

1842

IMPRIMERIE DE Vᵉ DONDEY-DUPRÉ,
46, rue Saint-Louis.

NOTICE

SUR ÉMÉRIC-DAVID.

Éméric-David est, sans contredit, l'écrivain français qui a le plus fait pour l'histoire de l'art et surtout de l'art en France. Ses patientes recherches et ses études assidues n'ont pas eu d'autre but que d'éclairer et d'illustrer cette histoire, qui n'existait pas, pour ainsi dire, avant lui, dans notre pays, où les grands artistes ne manquèrent jamais, bien que les historiens de l'art aient toujours manqué. Éméric-David a consacré sa vie entière à l'accomplissement de la tâche qu'il s'était imposée, et certainement, s'il avait pu achever son œuvre, nous n'aurions rien à envier aux Italiens, qui comptent tant d'excellents livres sur les beaux-arts : Éméric-David serait notre Vasari.

Toussaint-Bernard Éméric, né à Aix en Provence, le 20 août 1755, appartenait à une famille honorable originaire de Brignoles, où elle avait possédé longtemps la terre de Néolles. Ayant perdu son père à l'âge de dix-huit mois, il fut élevé par sa mère, femme d'un mérite distingué, et par ses oncles, MM. Esprit, Joseph et Antoine David, imprimeurs du roi et du parlement à Aix. Ceux-ci le placèrent dans le collége de cette ville, dirigé alors par les Pères de la Doctrine chrétienne, et il y fit ses études avec succès.

Le jeune Éméric n'avait qu'à chercher dans sa famille maternelle, pour y trouver des modèles à imiter, des hommes instruits et lettrés. Cette famille, appelée de Lyon à Aix par les administrateurs de la province et de la ville en 1577, pour y établir une imprimerie (cet art, fondé à Aix depuis vingt-cinq ans à peine, était déjà en pleine décadence), produisit des imprimeurs habiles et savants pendant cinq générations. Étienne David avait acquis l'estime et l'amitié du fameux Peyresc, qui l'aidait souvent à corriger le fond et le style des ouvrages latins et français qui sortaient de ses presses; Charles David publia les magnifiques éditions des Histoires de Provence, par Bouche et par Gauffridi; Antoine David, oncle d'Éméric-David, composa plusieurs traités d'agriculture appliqués au climat du midi de la France, traités qui sont encore aujourd'hui réimprimés et consultés en Provence; quant à Esprit David, frère aîné d'Antoine, il aurait eu grande part, suivant une opinion généralement répandue, au requisitoire de M. de Montclar contre les jésuites.

Éméric, sous la direction de ses oncles, reçut une éducation solide et brillante à la fois : reçu docteur en droit le 14 juin 1775, il n'avait pas vingt ans lorsqu'il vint à Paris pour y suivre le palais et les conférences des jeunes avocats. Plus tard, il partit pour l'Italie, et séjourna principalement à Florence et à Rome. C'est dans cette capitale du monde ou plutôt de l'art, qu'il se lia avec les élèves de l'École française, et plus intimement avec les peintres David et Peyron, avec le statuaire Seglas; c'est à Rome, en présence des chefs-d'œuvre de la peinture moderne et de la sculpture antique, que se développa en lui cet amour de l'art, qui fut la passion exclusive de toute sa vie.

De retour à Aix, où le rappelait la santé chancelante de sa mère, il y exerça avec distinction la profession d'avocat jusqu'à la mort de son oncle Antoine David, auquel il crut devoir succéder comme imprimeur du roi et du parlement. Ce fut à cette époque, en 1787, que pour honorer la mémoire de ses oncles, il ajouta au nom d'*Éméric* le nom de *David*, qui était celui de sa mère et qui avait eu tant d'éclat dans l'imprimerie d'Aix.

La révolution de 1789 éclata : Éméric-David en adopta franchement les principes avec cette modération éclairée et intelligente qui était le fond de son caractère. En 1790, le libre suffrage de ses concitoyens le nomma officier municipal, et le 13 février 1791 il fut élu maire. Dans ces temps difficiles, il sut maintenir l'ordre, autant qu'il était possible de le faire, au milieu d'émeutes sans cesse renaissantes ; il osa tenir tête aux factieux, et plusieurs fois son énergie et sa présence d'esprit empêchèrent des collisions sanglantes.

Ce fut dans l'exercice de ses fonctions municipales qu'il recueillit ses *Recherches sur la répartition des contributions foncière et mobilière faite au Conseil général d'Aix, le 12 novembre 1791* (Aix, 1791, in-4° de 39 p.), ouvrage consciencieux où sont établis les points principaux de la statistique du département des Bouches-du-Rhône, et que l'admirable statistique de ce département par M. de Villeneuve-Bargemont n'a pas fait complétement oublier.

Désespérant de pouvoir résister aux factieux qui s'agitaient dans le sein de la ville d'Aix, et ne voulant pas s'associer davantage à une révolution qui reniait son origine, il quitta la mairie le 27 novembre 1791, et pour échapper à la haine des sociétés démagogiques qui lui gardaient rancune, il s'éloigna de la Provence. Il croyait, en venant à Paris, se mettre à l'abri des proscriptions ; mais en 1792 il fut accusé de *modérantisme*, et on lança contre lui deux mandats d'arrêt, auxquels il parvint à se soustraire en changeant de résidence à diverses reprises et en se cachant enfin dans une ferme des environs de Bondi. Le 9 thermidor lui rendit un peu de tranquillité, et vers cette époque, il céda son imprimerie à un de ses parents, pour ne plus s'occuper que d'art et de littérature.

Depuis son arrivée à Paris, il s'était livré avec ardeur à son goût pour les arts ; il avait fréquenté les artistes et les gens de lettres ; il avait retrouvé ses anciens amis de Rome : il se prépara dès lors à écrire sur la théorie de l'art, quoique la pratique lui en fût à peu près étrangère. Il publia en 1796 (*Paris, Plassan*, in-8° de 51 p.) le *Musée olympique de l'École vivante des beaux-arts*. Il s'efforçait, dans ce mémoire, de démontrer la nécessité d'un musée destiné à servir d'exposition permanente aux ouvrages les plus estimés des artistes vivants et aux modèles des inventions de l'industrie contemporaine. Ce mémoire, lu à la classe des Beaux-arts de l'Institut, parvint au ministre de l'intérieur, qui fut frappé des idées neuves qu'il renfermait. On créa bientôt après le Musée du Luxembourg et le Conservatoire des arts et métiers.

En l'an VIII, l'Institut ayant mis au concours cette question : *Quelles ont été les causes de la perfection de la sculpture antique, et quels seraient les moyens d'y atteindre?* Éméric-David concourut, et son mémoire fut couronné le 15 vendémiaire an IX (6 octobre 1801). Cet excellent mémoire, qui est encore le meilleur traité, le plus savant et le plus ingénieux que nous possédions sur la matière, ne fut pourtant imprimé qu'en 1805, sous ce titre : *Recherches sur l'art du statuaire considéré chez les anciens et les modernes* (**Paris, Ve Nyon, in-8°**). Cette publication, accueillie avec empressement par les érudits et les artistes, amena une polémique à laquelle Éméric-David était loin de s'attendre, et qui lui fut doublement sensible, en le blessant à la fois dans son caractère d'écrivain et dans ses sentiments d'ami. Le sculpteur P. Giraud, à qui Éméric-David avait demandé de simples renseignements techniques pour la composition de son mémoire couronné, s'irrita de ce qu'on ne lui eût pas fait une plus large part dans le succès de ce mémoire, et ne se contenta pas des paroles flatteuses que l'auteur lui a consacrées dans la préface des *Recherches sur l'art du statuaire.* Il revendiqua donc en quelque sorte le titre d'auteur dans un *Appendice à l'ouvrage intitulé* Recherches, etc..., *ou Lettre à M. Éméric-David* (Paris, H. L. Peronneau, an XIII, in-8°). A cette attaque imprévue et violente, qui tendait à faire passer Éméric-David pour un plagiaire de la plus odieuse espèce, celui-ci répondit amèrement, mais avec une noble dignité, qui mit de son côté tous les hommes justes et sages : *Réponse au libelle intitulé Lettre de M. Giraud...* (Paris, 1806, in-8°). P. Giraud ne se tint pas pour battu, et lança une seconde lettre plus vive et plus ridicule que la première. Éméric-David ne fit pas attendre sa réplique, et imposa silence à son ingrat adversaire par la *Réponse à un écrit intitulé Seconde lettre de M. Giraud* (Paris, 1806, 2 part. in-8°). La fin de cette querelle ne fut malheureusement pas la réconciliation de deux amis.

Éméric-David, encouragé par son premier succès, s'essaya de nouveau dans un concours que l'Institut (classe des Beaux-arts) avait proposé en 1805 sur cette question : *Quelle est l'influence de la peinture sur les arts d'industrie commerciale, et quels seraient les moyens d'augmenter cette influence?* Cette question était en quelque sorte la suite de celle qu'Éméric-David avait traitée avec une supériorité incontestable dans le concours précédent. Mais cette fois le prix ne lui fut pas accordé, malgré l'érudition et l'éloquence de son mémoire, qui portait cette épigraphe empruntée à Pindare : « Le jour que les Rhodiens élevèrent un autel à Minerve, il tomba sur l'île une pluie d'or. » Ce mémoire n'obtint que l'accessit, et, suivant le rapport du secrétaire perpétuel Lebreton, *s'il eût été d'usage de donner des seconds prix dans les concours de cette nature, la classe des Beaux-arts en aurait décerné un à l'auteur. La distinction qu'elle en fait*, ajoute le rapporteur, *équivaut dans son opinion.* Amaury-Duval, qui avait eu le prix, ne fit jamais paraître son mémoire, et Éméric-David, par respect pour la décision de l'Institut, imita la prudente réserve de son concurrent, sans cesser néanmoins de corriger et de revoir son ouvrage, qui est imprimé pour la première fois dans ce volume.

Les concours académiques avaient été trop favorables à Éméric-David pour qu'il ne saisît pas toutes les occasions de s'y distinguer dans les questions qui se rattachaient aux arts. Son *Éloge de Puget* remporta le prix décerné par l'académie de Marseille, en 1807; son *Éloge du Poussin*, le prix décerné en 1812 par la société Philotechnique de Paris. Ces deux éloges, encore inédits, sont des morceaux achevés de biographie et de critique.

Éméric-David ne voulut pas publier ces éloges du plus grand peintre et du plus grand statuaire français sans les accompagner des gravures qui lui semblaient nécessaires pour faire apprécier les principales compositions de Puget et du Poussin.

Les *Recherches sur l'art du statuaire* avaient suffi pour recommander l'auteur auprès de toutes les personnes qui s'occupaient d'art. En 1806, les éditeurs du *Musée Napoléon*, MM. Robillard-Péronville et Laurent, ayant présenté leur premier volume à l'empereur,

celui-ci désira que Visconti et Denon fussent consultés sur le choix
d'un rédacteur pour les notices des statues antiques et des tableaux
modernes. Croze-Magnan, qui avait été chargé de ce travail et
qui s'en était acquitté avec peu de talent, se trouva écarté par
l'avis de Visconti et de Denon, qui, d'un commun accord et sans
s'être communiqué leurs pensées, désignèrent pour le remplacer
l'auteur des *Recherches sur l'art du statuaire*. Éméric-David, averti
d'un choix aussi honorable, qu'il n'avait pas sollicité ni même
prévu, déclara qu'il ne consentirait jamais à composer des descriptions de statues antiques, tant que Visconti, l'illustre auteur de
l'Iconographie grecque et romaine, serait à Paris. Visconti, pour
vaincre la résistance d'Éméric-David, consentit à partager avec
lui la rédaction du texte du *Musée Napoléon*, qui devint depuis le
Musée français : Visconti devait écrire les notices des statues ;
Éméric-David celles des tableaux ; il devait, en outre, terminer le
discours historique sur la sculpture ancienne, que Croze-Magnan
avait laissé inachevé, et composer deux discours historiques préli-
minaires, l'un sur la gravure en taille-douce et la gravure en bois,
et l'autre sur la peinture moderne.

Éméric-David se trouvant à l'étroit pour ce dernier discours
dans quatre-vingts pages in-folio qu'il ne pouvait dépasser, le divisa
en quatre parties, dont la première, consacrée à l'histoire de la
peinture au moyen âge depuis Constantin jusqu'au douzième siècle,
a seule paru en 1811 et 1812 ; la seconde aurait conduit l'histoire de
l'art jusqu'à la mort de Raphaël ; la troisième jusqu'à la mort de
Poussin, et la quatrième jusqu'à l'apparition du tableau des *Ho-
races*. « Ce plan, dit-il dans une note de sa *Réponse à M. Raoul-
Rochette*, m'offrait l'avantage 1º de détruire l'erreur qui a fait
croire que la peinture avait presque cessé dans le moyen âge, ou
était réduite à des miniatures ; 2º de remplir une lacune historique restée à peu près entière, malgré les travaux de Fiorillo,
savant professeur de Gottingue ; 3º de montrer les origines d'un
grand nombre d'allégories chrétiennes employées dans les rites
modernes ; 4º enfin de faire remarquer la continuation des procédés de l'art antique au travers des neuf cents années écoulées

depuis Constantin jusqu'à Guido de Sienne et à Cimabué. » Le
premier de ces discours, intitulé *Discours historique sur la peinture
moderne*, et réimprimé sous ce titre dans le *Magasin Encyclopédique*, serait donc mieux appelé *Histoire de la peinture au moyen
âge*, suivant l'opinion d'Éméric-David lui-même.

Il ne cessa de travailler au *Musée français* pendant plus de
sept ans, et il publia dans ce bel ouvrage non-seulement la fin du
discours historique sur la sculpture ancienne, le discours sur la
gravure, le premier discours sur la peinture moderne et l'*Essai
sur le classement chronologique des sculpteurs grecs les plus célèbres*,
mais encore cent quarante notices de tableaux, dont quelques-unes
sont des chefs-d'œuvre de goût artistique et d'élégance littéraire.
Voici d'ailleurs comment il explique le but qu'il s'est proposé dans
la composition de ces notices, qui mériteraient d'être réunies et
placées à côté des *Salons* de Diderot :

« Donner l'histoire du tableau, quand il est possible de la connaître. — Fixer notamment l'époque où il a été exécuté, pour qu'il
soit classé facilement dans l'histoire générale de la peinture. —
Dire dans quel état il se trouve. — En indiquer le sujet. — Le juger
sous les divers rapports de la pensée, de la composition, du dessin,
du coloris. — Rappeler les règles de l'art ; montrer en quoi le
peintre les a suivies ou violées. — Comparer entre eux quelquefois,
apprécier toujours avec impartialité les ouvrages de toutes les
écoles. — Citer les traits principaux de la vie du maître ; réformer
les dates, quand il y a lieu ; rendre hommage aux vertus du peintre,
en célébrant ses talents. — Trouver dans des développements suffisants le moyen de remplir, autant qu'il se peut, le cadre
déterminé de deux pages, sans divaguer, sans dire rien que d'intéressant et d'utile. — Approprier le style à tous les sujets, et cependant, quel que soit le caractère du tableau, soit qu'il faille
décrire *l'ange saint Michel qui terrasse Satan*, de Raphaël, *les
Neuf Muses* de le Sueur, *le Chansonnier* de Van-Ostade, *le jeune
Mendiant* de Murillo, soutenir le ton de dignité convenable dans
un ouvrage dont un monarque a agréé la dédicace, et qui doit
être placé sous les yeux de ce que l'Europe possède de plus grand

et de plus éclairé. — Offrir un style toujours clair, précis, facile, souvent élégant et noble. »

Ce but a été parfaitement atteint, et Éméric-David en avait la conscience, malgré son extrême modestie, lorsqu'il présenta son *Premier Discours historique sur la peinture moderne*, au Corps-Législatif, dont il était membre, dans la séance du 16 mars 1813, en prononçant ce discours, où il se plut à mettre l'art sous la protection des représentants de la France.

« Messieurs, j'ai l'honneur de présenter au Corps-Législatif un exemplaire du *Premier Discours historique sur la peinture moderne*, placé à la tête du quatrième volume du Musée français, riche collection dédiée à S. M. l'Empereur, et dont j'ai composé la plus grande partie du texte. Peut-être, malgré les défauts dont je n'aurai pu me garantir dans l'exécution, cet ouvrage vous paraîtra-t-il digne de fixer quelques moments vos regards, à cause de la nouveauté du sujet et de l'étendue du plan que je me suis tracé.

» Winckelmann a terminé son *Histoire de l'art des anciens* au règne de Constantin : Vasari et la plupart des écrivains italiens qui ont traité de la peinture, occupés des écoles modernes, ont dit peu de choses sur le moyen âge ; les uns ne sont point remontés au delà du treizième siècle ; les autres se sont bornés à rappeler, quant aux siècles antérieurs, quelques faits isolés dont ils n'ont point aperçu l'enchaînement et les rapports ; ceux qui ont pénétré le plus avant, tels que Muratori et Tiraboschi, n'ont parlé que de l'Italie. Il existait par conséquent une lacune dans l'histoire générale des arts, entre l'époque où, sur les débris du paganisme, Constantin et le pape saint Sylvestre consacrèrent la peinture à l'embellissement des temples chrétiens, et celle où les croisades ayant multiplié nos communications avec l'Asie, nos pères, sous les règnes de Louis le Jeune et de Philippe-Auguste, reconnurent enfin leur ignorance, et commencèrent à élever leurs idées, en contemplant la magnificence de Constantinople et les ruines des monuments de l'antiquité. C'est sur cet espace de neuf siècles que j'ai tenté de répandre quelque nouvelle lumière.

» La rareté des tableaux existants dans nos provinces qu'on puisse attribuer à cet âge déjà reculé , a fait croire trop facilement que l'art de peindre en grand fut abandonné par les peuples de l'Occident après l'invasion des barbares , et que les Grecs continuèrent seuls à le cultiver. En parcourant nos annales, on voit, au contraire, au huitième, au neuvième, au dixième siècle, en Italie, en France, en Allemagne, et jusque chez les peuples idolâtres qui habitaient alors les bords de l'Oder, une foule d'édifices civils et religieux entièrement revêtus dans l'intérieur, et quelquefois au dehors, de peintures et de mosaïques. La plupart des chroniques en font foi. Les noms mêmes de quelques-uns des peintres romains, lombards, français et allemands, qui exécutaient ces vastes ouvrages, nous ont été conservés par les historiens des églises et des monastères. J'ai pensé qu'il pourrait être utile de rassembler ces notions éparses, et de les classer suivant l'ordre des temps , pour rétablir une vérité historique, et pour faire ressortir, à la faveur de ce rapprochement, les véritables causes de la corruption progressive du goût, et celles qui en ont préparé la renaissance. Il m'a paru intéressant d'observer aussi les premiers types de nos images sacrées, et de découvrir l'origine de divers usages religieux qui ont multiplié les révolutions que la peinture a subies , et les difficultés que les artistes ont eues à surmonter lors de la régénération de l'art. A l'histoire des monuments j'ai joint l'exposé des procédés employés par les peintres. Je me suis même fait un devoir de m'occuper des manufactures dont les pratiques appartiennent en partie à l'art du dessin, et j'ai montré la France riche d'établissements de ce genre au sein de la barbarie. Cet ouvrage , où une multitude de choses assez curieuses ont dû être resserrées dans un petit nombre de pages, rattache l'histoire de la peinture moderne proprement dite, à celle de la peinture ancienne ; et si j'ai rempli mon but, il pourra être considéré comme une introduction à l'histoire des époques brillantes de Giotto , de Léonard de Vinci, de Raphaël, du Corrége et du Poussin.

» Je joins à ce *Discours historique* deux autres ouvrages, extraits pareillement du *Musée français.* L'un est un *Choix de notices* sur quelques tableaux, la plupart conquis par nos armées ; l'autre est

a.

une dissertation intitulée : *Essai sur le classement chronologique des sculpteurs grecs les plus célèbres.* J'ai voulu, dans cette dernière dissertation, non-seulement déterminer le temps où florissait chacun de ces hommes illustres, mais indiquer encore les différents âges où furent exécutés les principaux chefs-d'œuvre de la sculpture antique qui nous restent, marquer ainsi, degré par degré, la marche savante du génie des Grecs, et faire admirer un des phénomènes les plus étonnants de l'histoire ancienne, l'art se maintenant au plus haut degré de perfection pendant six cents années.

» Je prie le Corps-Législatif d'agréer cet hommage avec bienveillance, d'ordonner qu'il en soit fait mention dans le procès-verbal de la présente séance, et que les trois ouvrages soient déposés dans sa bibliothèque. »

Cependant les services incontestables qu'Éméric-David avait rendus à cette entreprise nationale ne déconcertent pas une intrigue qui lui fit enlever le travail que l'empereur avait confié à son savoir, sous les auspices de Visconti et de Denon : M. Guizot fut chargé de rédiger le texte de la suite du *Musée français.* Éméric-David, blessé de cette injustice, se plaignit hautement à M. de Montalivet, ministre de l'intérieur, qui reconnut l'erreur qu'on avait commise par des raisons de coterie indignes de lui ; il en témoigna ses regrets personnels à Éméric-David, mais il lui fit cette réponse qui caractérise bien les hommes de l'époque : « Quand un ministre a pris un arrêté injuste, il peut en avoir du regret, mais il ne revient pas sur un fait accompli. »

Éméric-David faisait alors partie du Corps-Législatif, où il avait été appelé en 1809 par le vœu des électeurs du département des Bouches-du-Rhône et par le choix du sénat. Il y siégea jusqu'à la dissolution de la Chambre en 1815. Il avait adhéré le 13 avril 1814 à la déchéance de Napoléon Bonaparte. Dans le cours de cette législature, qui avait changé le Corps-Législatif en Chambre des députés, il monta plusieurs fois à la tribune pour lire des rapports et des discours qui prouvèrent avec quelle sagacité il comprenait les questions les plus arides de l'administration, avec quelle science il les approfondissait, avec quelle habileté il les discutait. Le

22 septembre , dans un long rapport sur plusieurs pétitions relatives à la fabrication des étoffes de coton, il évoqua toutes les lois commerciales de la Révolution , il s'étendit sur leur influence , il s'attacha à démontrer que les fautes des gouvernements précédents étaient cause des pertes que les pétitionnaires se plaignaient d'avoir éprouvées, et proposa néanmoins de passer à l'ordre du jour sur les réclamations d'indemnité, en faisant observer que le maintien de la prohibition serait pour les fabricants français un dédommagement suffisant. Le 4 octobre , il s'éleva fortement contre l'effet rétroactif du projet de loi sur l'importation des fers étrangers. Le 5 novembre, il prononça un discours contre le projet d'un impôt sur les boissons, et rappelant la parole donnée par le comte d'Artois pour la suppression de la régie , il désapprouva énergiquement les exercices vexatoires que l'on allait consacrer de nouveau. Le 18 novembre, il prononça un discours sur les douanes, dans lequel il discuta quelques propositions du tarif qu'il trouvait en opposition avec les principes libéraux mis en avant par le rapporteur du projet de loi ; il entra ensuite dans des détails techniques, historiques et commerciaux sur l'origine et l'emploi des soudes, des natrons et cendres de Sicile, dont la prohibition avait été proposée ; il présenta, au contraire, ces objets comme un moyen d'échange avec nos produits manufacturés, et demanda qu'ils fussent soumis seulement à un droit de balance. Le 5 décembre, il parla en faveur du rétablissement de la franchise du port de Marseille. Le même jour, il développa les motifs d'une proposition qu'il avait faite dans l'intérêt de plus de dix-sept cent cinquante pétitionnaires, tendant à ce que le roi fût investi du droit d'autoriser par dispenses les mariages entre beaux-frères et belles-sœurs, proposition qui depuis a été convertie en loi.

Retiré de la scène politique , Éméric-David fut nommé, le 11 avril 1816, membre de l'Institut royal de France, classe de l'Académie des Inscriptions et Belles-lettres, où ses savants travaux marquaient sa place. L'empereur lui avait accordé l'ordre de la Réunion ; le roi le nomma chevalier de la Légion d'honneur, au commencement de la Restauration. Il n'eut pourtant pas à se louer de la justice de la Restauration à son égard, plus qu'il n'avait fait de celle de l'Empire. « La mort de Millin ayant laissé vacante en 1818 une des places de conservateur du cabinet des médailles et antiques de la Bibliothèque du Roi, et celle de professeur d'antiquités près du même établissement, Éméric-David se mit sur les rangs pour la première de ces places, à laquelle son âge, ses connaissances, ses écrits, lui donnaient de justes droits, et que lui faisaient espérer les suffrages promis de la majorité des conservateurs et la bienveillance du ministre de l'intérieur, M. Lainé, son ancien collègue au Corps-Législatif; mais il eut la générosité ou plutôt la faiblesse de céder aux instances de M. Raoul-Rochette, en faveur duquel il renonça à être porté sur la liste des trois candidats, et M. Raoul-Rochette fut élu. Restait la chaire d'antiquités, à laquelle celui-ci avait promis de ne pas prétendre ; mais de nouvelles intrigues suspendirent la nomination du professeur pendant le ministère de MM. Decazes et Siméon, qui préférèrent laisser vaquer la place plutôt que de commettre une injustice, et ce n'est que sous le ministère de M. Corbière que la place a été donnée encore à M. Raoul-Rochette, comme suppléant de M. Quatremère de Quincy, titulaire, et à l'exclusion d'Éméric-David. » C'est la *Biographie portative des contemporains* qui raconte cette anecdote avec une assurance qui donne à penser que les faits n'étaient pas douteux pour le rédacteur de l'article d'ÉMÉRIC-DAVID. Ils sont d'ailleurs confirmés par la mésintelligence froide et polie qui a régné constamment entre les deux concurrents, mésintelligence qui éclata une seule fois en pleine académie, dans la fameuse querelle engagée entre MM. Letronne et Raoul-Rochette au sujet de la peinture sur mur chez les anciens.

Éméric-David s'était prescrit de garder un silence absolu, et il n'eût pris aucune part à la discussion, si son nom ne s'y était trouvé mêlé. M. Raoul-Rochette ayant dit dans une note de son *Mémoire sur l'emploi de la peinture dans la décoration des édifices sacrés et publics chez les Grecs et les Romains :* « J'entends le mot φάρμακα comme l'a expliqué M. Éméric-David dans ses observations sur ce passage de Pollux (*Discours historique,*

p. 270); mais je remarque que comme ce savant ne voyait dans la plupart des grands peintres à l'encaustique, y compris Apelle lui-même, QUE des peintres sur mur (page 179), il a PRU-DEMMENT supprimé, dans le passage de *Pollux*, VII, 128, les mots πίναξις, πινάχια, qui se trouvent pourtant répétés dans l'autre chapitre x, 163, qu'il n'a pas connu, ou qu'il a négligé de citer, et qui montrent indubitablement que dans la pensée du grammairien grec il s'agit de *peinture sur bois* et non *sur mur*. »

Éméric-David ne crut pas devoir laisser sans réponse une supposition aussi gratuite dans le fond, aussi peu bienveillante dans la forme : il publia donc quelques explications relatives au passage cité du *Discours historique sur la peinture moderne*, explications qui témoignèrent de sa bonne foi et de sa science. Elles sont assez importantes dans la question, pour que nous les donnions ici comme appendice à l'opinion de l'auteur sur la peinture murale des anciens.

« Je repousse formellement deux assertions que renferme cette phrase ; car ne voir dans les grands peintres de l'antiquité QUE des peintres sur mur, ce serait un trait d'ignorance par trop fort ; et supprimer PRUDEMMENT une partie d'un passage dont on se fait une autorité, pour soutenir une opinion qu'on sait être fausse, ce serait un acte de mauvaise foi bien peu honorable. Quelque opinion que je puisse avoir soutenue dans ma carrière littéraire, je l'ai crue vraie. Je puis m'être trompé plus d'une fois dans mes écrits, mais je n'ai cherché jamais à tromper personne.

» Si je n'ai point rapporté en citant le passage de Pollux dont il s'agit, les mots de πίναξες, πινάχια, *tables de bois de différentes grandeurs* ; si je ne suis pas allé prendre à six cents pages plus loin, page 1349, ceux de καλλίβαντες et de πυξία, *chevalets, tables ou tablettes de buis*, c'est tout simplement par la raison que la peinture sur bois n'entrait point directement dans mon sujet. Je m'occupais spécialement de la peinture à l'encaustique, qu'on l'employât soit sur le bois, soit sur des murs. Je voulais engager nos peintres à mettre en œuvre ce procédé impérissable des anciens, lorsqu'ils auraient à exécuter des peintures sur des murs.

Par des circonstances particulières, je me trouvais en même temps dans la nécessité de resserrer mon texte autant qu'il m'était possible ; d'être sobre de détails, de supprimer les développements, et même de réduire les citations de mes autorités à l'absolu nécessaire.

» Mais si l'on prenait ma concision pour une *prudente* réticence, je serais à même de prouver tout ce que j'ai avancé.

» Ainsi, par exemple, voulant engager nos maîtres à peindre sur mur, à l'encaustique et non point à fresque, je leur disais : Imitez les Grecs; Polygnote, Lysippe (le peintre), Pamphile, Pausias, Apelle, peignaient sur mur, à l'encaustique, au pinceau. J'ajoutais : Il n'est pas possible de découvrir leurs procédés dans ce genre de peinture. Réquéno a le mérite de les avoir à peu près retrouvés. Suivez seulement l'antiquité plus à la lettre qu'il ne l'a fait. Renoncez à peindre sur une surface chauffée ou bien avec des cires bouillantes ; ce sont là des erreurs. Peignez à froid, avec de la cire tenue en dissolution par des résines. Ne chauffez la peinture qu'après l'avoir exécutée ; c'est là ce que les anciens appelaient *inurere*, brûler la peinture *en dedans*, la chauffer fortement ensemble avec la muraille qu'elle couvre, *ceram apprimè cum pariete calefaciendo* (Vitruv. VII, IX).

» Tout cela supposait qu'un grand nombre de peintres grecs, même entre les plus habiles, peignaient sur mur, et ce fait est incontestable. Le monde est rempli aujourd'hui de tableaux sur toile et sur bois de Raphaël, de Jules Romain, du Guide, du Dominiquin, ce qui n'empêche pas que ces grands peintres n'aient enrichi de leurs admirables fresques, non-seulement les palais des papes, mais encore de nombreuses églises, et des habitations même de simples moines. Si Raphaël n'eût pas été *décorateur de murailles*, nous ne posséderions ni l'*École d'Athènes*, ni les *loges du Vatican*. Il en fut de même chez les Grecs : Polygnote, Pausias, Apelle, ne craignirent point de se ravaler en décorant des murs. Ils contribuaient encore, dans ces occasions, à l'ornement de leur patrie et à la gloire de leur religion. C'était quelquefois gratuitement ; ce n'était jamais sans de longs tributs de louanges.

» Je me suis contenté de citer vaguement sur ce fait les chapitres IV, X, XI du livre XXXV de Pline ; il ne me fallait pas, à l'époque où j'écrivais et pour mon objet particulier, des preuves plus détaillées. Mais il en existe ; M. Letronne l'a savamment montré. Quant à moi, j'ajouterai ici quelques mots ; mais je parlerai seulement des maîtres que j'ai nommés dans mon *Discours historique*, savoir : de Polygnote, de Lysippe, de Pamphile, de Pausias, d'Apelle.

» On sait que Polygnote avait exécuté des peintures sur les murs d'un temple de Thespies, *parietes Thespiis..... quondam a Polygnoto picti*. Ces peintures étaient bien réellement exécutées sur les murs mêmes ; elles n'étaient pas sur des tables de bois qu'on eût appliquées contre les parois, car les murs s'étant écroulés en partie, ou se trouvant grièvement endommagés, il fallut les réparer, et alors, *cum reficerentur*, les Thespiens invitèrent Pausias à refaire tout ce qui avait péri, et ce maître peignit sur la partie neuve des murs tous les espaces qui se trouvaient sans peinture. *Pausias et ipse pinxit penicillo parietes cum reficerentur* (Plin. XXXV, cap. IX, ou cap. XI.). Ici M. Rochette reconnaît qu'il n'y a rien à objecter ; il pense seulement que le fait de Polygnote est *sans doute une exception dans l'histoire de sa vie*, p. 101 et 132. Mais il faut aller plus loin. Pline ajoute que Pausias, moins accoutumé à peindre sur les murs que Polygnote, demeura loin de son rival dans le mérite de l'exécution ; *multumque comparatione superatus existimabatur, quoniam non suo genere certasset.* Comme Pausias et Polygnote peignaient tous deux à l'encaustique, tous deux au pinceau, il est visible que Polygnote, puisqu'il était plus exercé, avait déjà peint auparavant sur des murs. C'est une conjecture dont l'évidence n'est pas moins palpable que celle du fait principal. Il est par conséquent évident que Polygnote et Pausias peignaient tous deux sur mur, et que Polygnote peignait fréquemment de cette manière. Le fait de Polygnote n'est donc pas une exception.

» Il faut en dire autant de Pamphile, maître de Pausias et d'Apelle ; car, puisque ces derniers ont tous deux pratiqué l'art de peindre sur mur, il est bien à croire qu'il le leur avait enseigné. Cet art n'avait pas péri entre Polygnote et Pamphile ; il ne périt jamais ; nous le retrouvons jusqu'au onzième et au douzième siècle. Si Pausias et Apelle ne l'ont pas inventé, ils l'ont donc appris d'un maître, et vraisemblablement ce maître est Pamphile.

» Lysippe, antérieur à Pamphile, exécuta *une peinture à Égine*, et il écrivit dessus : Lysippe *l'a brûlée*, c'est-à-dire l'a pénétrée de feu. Ce sont là les expressions de Pline, *Lysippus quoque Æginæ picturæ suæ inscripsit* ἐνέκαυσεν (*ibid.* cap. IX ou XXXIX); et l'on voit bien à ces mots : *Æginæ picturæ suæ*, que *sa peinture* exécutée à Égine n'était point un tableau mobile, mais une peinture sur mur.

» Je viens à Apelle. Ce célèbre artiste avait peint un temple à Pergame. Quelque temps après sa mort, ce temple étant abandonné et apparemment découvert, les araignées et les oiseaux en endommageaient les peintures. Alors les Pergaméniens, qui voulaient conserver ce chef-d'œuvre, achetèrent à un prix très-élevé le corps mort d'un de ces serpents que les anciens appelaient des basilics, et le suspendirent à un filet d'or au-devant des peintures d'Apelle, afin qu'il mît en fuite les araignées, les oiseaux, et tous les animaux malfaisants, et qu'il servît à la conservation de cette richesse publique. C'est Solin qui nous apprend ce fait. **M. R.** Rochette l'a cité, mais singulièrement raccourci (page 99). Cependant tous les mots en sont importants. Je le rapporte en entier : *Basilisci reliquias amplo sestercio comparaverunt. Ut* ÆDEM APELLIS MANU INSIGNEM, *nec araneæ intexerent, nec alites involarent, cadaver ejus reticulo aureo suspensum, ibidem locarunt* (Solin, *Polyst.* tom. I, p. 49, ed. Salmas. Paris, 1619). On voit bien qu'il s'agit d'un temple peint de la main d'Apelle et non de tableaux sur bois, *ædem Apellis manu insignem*. On voit bien que si des objets aussi précieux eussent été transportables, on ne les eût pas abandonnés pendant plusieurs siècles aux oiseaux et aux araignées. Je n'insisterai pas davantage, il y a ici pleine évidence. J'ai donc prouvé la vérité de cette proposition, renfermée dans mon *Discours historique :* « Polygnote,

» Lysippe, Pamphile, Pausias, Apelle, peignaient sur mur, à l'en-
» caustique, au pinceau. » Il me suffit. »

Cette discussion académique en demeura là, et M. Raoul Rochette
évita de la continuer, certain qu'il était de ne pouvoir le faire
avec avantage. Éméric-David et lui restèrent dans les termes
d'une trêve amiable, qui ne devint traité de paix que dans les derniers temps de la vie de l'auteur du *Discours historique sur la
peinture moderne.* Éméric-David était d'un caractère doux, modeste
et conciliant; mais il ne refusait pas néanmoins d'accepter un combat
littéraire et scientifique, même contre le plus redoutable adversaire, lorsque la cause qu'il avait à défendre lui paraissait la meilleure et la plus juste. Ainsi, le comte Cicognara, dans sa grande
Histoire de la sculpture (*Storia della scultura, dal suo resorgi-
mento in Italia, sino a secolo* xix, *per servire di continuazione alle
opere di Winkelmann e di Agincourt.* Venezia, 1813-16, 3 vol.
in-fol.), ayant attaqué les artistes français pour relever à leurs
dépens la gloire des artistes italiens, Éméric-David, indigné de la
partialité aveugle du président de l'Académie des Beaux-Arts de
Venise, lui répondit dans la *Revue Encyclopédique,* en rendant
compte de son ouvrage avec autant d'équité que de convenance.
Malheureusement, une partie de cette réponse, dans laquelle il
trace une histoire complète de la sculpture française depuis Clovis jusqu'à Louis XIV, et offre le tableau chronologique des monuments de cet art en France pendant cette période, n'a pas été
publiée. Celle qui le fut en 1820 lui valut les sympathies et les
suffrages de tous les artistes, et l'Académie des Beaux-Arts lui
vota, dans la séance du 20 octobre, d'unanimes remercîments sur
le zèle qu'il avait mis à soutenir l'honneur de la sculpture française, outrageusement sacrifiée à la sculpture italienne.

Éméric-David était certainement l'écrivain le plus capable d'en-
tamer cette polémique; il avait eu occasion de se former à ce
genre de critique, en prêtant sa collaboration au *Moniteur universel,* où tous les articles d'art publiés dans le cours des années
1817-1821 sortaient de sa plume. Parmi ces articles excellents,
on distingua particulièrement un *Tableau historique de la réfor-*

mation de la peinture depuis l'époque de Vien jusqu'aujourd'hui, et un examen des tableaux composant le musée de la Chambre des pairs à l'époque de son ouverture. La série d'articles qu'il donna sur le salon de 1817 satisfit pleinement les gens de goût, qui n'avaient pas rencontré une appréciation de l'art aussi savante et aussi éclairée depuis que Bachaumont, Grimm et Diderot n'existaient plus. Ce fut cette compétence généralement reconnue en matière de peinture, qui le fit choisir pour rédiger le texte d'une *Suite d'études calquées et dessinées d'après cinq tableaux de Raphaël,* par M. Bonnemaison (Paris, 1818-20, 5 livr. grand infol.). Ces tableaux, appartenant au roi d'Espagne, et confiés à M. Bonnemaison, qui les restaura et qui en conserva au moins la gravure à la France, étaient : le *Spasimo,* ou le *Portement de Croix* ; la *Visitation,* la *Vierge* dite *à la Perle* ; la *Vierge au poisson,* et une *Sainte Famille,* terminée par Jules Romain. Dans la notice sur la *Vierge au poisson,* Éméric-David expliqua le premier la composition emblématique qui avait passé jusqu'alors pour incohérente : pour démontrer que la présence du jeune Tobie et de saint Jérôme sur cette toile, peinte pour les dominicains de Naples, n'était pas un anachronisme, il rappela que le livre de Tobie était regardé dans l'Église comme une histoire religieuse et morale étrangère aux saintes Écritures, avant le concile de Trente, qui plaça ce livre parmi les livres canoniques, et qui adopta la version que saint Jérôme en avait faite.

Dès les premiers volumes de la *Biographie universelle,* Éméric-David avait été spécialement chargé des articles les plus importants sur les artistes célèbres des temps anciens et modernes; on peut avancer que jamais la biographie de ces artistes ne fut écrite avec autant de soin et de lumières. Ces articles, dont quelques-uns sont tout à fait neufs et ne se trouvent pas ailleurs, composeraient à eux seuls une histoire à peu près complète des arts du dessin : en voici le relevé avec l'indication des volumes qui les renferment, y compris le *Supplément de la Biographie,* auquel Éméric travaillait encore la veille de sa mort.

Breughel, Bruun, Bularque, Bullant (Jean), architecte et sculp-

teur de l'école de Fontainebleau, t. VI ; Bupalus, Burgkmair, Bur-
chetto, Catanco, Cauvex (Gilles-Paul), architecte et sculpteur
d'ornements, t. VII ; Cavalini, Chersiphron, architecte du temple
d'Éphèse, t. IX ; Claude, peintre sur verre, t. VIII ; Cléophante,
Cousin (Hardouin), graveur, t. X ; Craponne (Adam de), ingénieur,
créateur du canal qui porte son nom, Craton, Crédi, Criton, Cro-
naca (Jean Pollaiuolo), architecte, constructeur du palais Strozzi
à Florence; Démétrius ou Doxtrianus, architecte, t. XI; Eraclius,
peintre romain du quatorzième siècle, t. XIII ; Eyck (van), dit
Jean de Bruges, Finiguerra (Maso ou Tomaso), orfévre et graveur,
inventeur de l'art d'imprimer des estampes sur des planches de
métal, t. XIV; Giberti (Laurens), orfévre, sculpteur et architecte,
t. XVII ; Gibelin (Esprit-Antoine), peintre à fresque ; Giocondo
(fra Giovanni), architecte, constructeur du pont Notre-Dame de
Paris ; Gioia (Flavio), inventeur de la boussole, t. XVII; Giotto,
Godehans, peintre du dixième siècle ; Guido de Sienne, peintre
du treizième siècle, précurseur de Cimabué et de Giotto, t. XIX ;
Guillaume, Haitxe (Joseph de), historien de la ville d'Aix; Hugues
de Montier en Der, peintre et sculpteur du dixième siècle, t. XXI;
Jean, peintre du dixième siècle ; Ludius, peintre romain, t. XXV ;
Methodius, peintre du neuvième siècle, t. XXVIII ; Peyron
(Pierre), peintre, t. XXXIII ; Pietrolino, peintre du douzième siècle,
t. XXXIV ; Pinaigrier (Robert), peintre sur verre ; Phidias, Polyclète de Sicyone, t. XXXV ; Polyclète d'Argos, Praxitèle, t. XXXVI ;
Puget (Pierre), Rascas de Bagaris (Pierre-Antoine), fondateur du
cabinet d'Antiquités de Paris et de la monnaie des médailles,
t. XXXVII ; Scopas, t. XLI; Silanion, t. XLII ; Théophile (dit Monachus), orfévre, peintre du onzième siècle, peintre à l'huile, t. XLV;
Thiémon, peintre et sculpteur du dixième siècle ; Trébatti (Paul-
Ponce), statuaire italien, pris faussement pour l'auteur du tombeau
de Louis XII, t. XLVI; Tutilon, peintre et sculpteur du neuvième
siècle, t. XLVII ; Visconti (Jean-Baptiste), t. XLIX ; Visconti (En-
nuis-Quirinus), Zeuxis, t. LII ; Bernward, dans le supplément,
Cartellier, Cousinery, David (Antoine).

Les articles fournis par Éméric-David à la *Biographie univer-*

selle sont assurément au nombre des meilleurs que contient cet immense recueil, si précieux et si incomplet, si mélangé de bon et de mauvais, admirable monument d'érudition, œuvre déplorable de l'esprit de parti.

D'autres articles, moins remarquables pourtant, étaient donnés en même temps à un autre recueil aussi imparfait et aussi utile, par Éméric-David, qui avait été nommé, dans le sein de l'Académie, membre de la commission chargée de continuer l'*Histoire littéraire de la France* commencée par les Bénédictins. Les articles qu'il a fait paraître dans les tomes XVII, XVIII et XIX de ce grand ouvrage et ceux qui paraîtront dans les volumes suivants, par les soins de **M.** Fauriel, qui lui a succédé à la commission de l'*Histoire littéraire*, concernent divers troubadours, entre autres Girauld de Borneilh, Raimond de Miraval, Cadenet, Gaucelm Faidit, Rambaud de Vachères, Blacas, Folques de Marseille, Guillaume Figuières, Savaric de Mauléon, Aimeric de Peguilain, Sordel, Bertrand d'Allamanon et Hugues de Saint-Cyr ; il faut avouer que dans la plupart de ces articles Éméric-David est resté inférieur à lui-même.

Mais il s'occupait depuis longtemps d'un travail beaucoup plus considérable qui allait mieux à son genre de talent ; il avait conçu un système entier sur la mythologie des anciens, qu'il regardait comme une vaste allégorie de la nature représentée par des dieux et des déesses : les œuvres de l'art antique étaient pour lui la clef de ce système cosmogonique qui est sommairement analysé dans le prospectus de son ouvrage, publié en 1833 (*Jupiter, recherches sur ce dieu, sur son culte et sur les monuments qui le représentent, ouvrage précédé d'un Essai sur l'esprit de la religion grecque*. Imprimerie royale, 2 vol. in-8°).

« Malgré la multiplicité des ouvrages sur la mythologie publiés depuis le milieu du quinzième siècle jusqu'aujourd'hui, il doit être reconnu que ce beau sujet n'est point entièrement éclairci, et que les principales questions qu'il renferme, questions si importantes pour la science des antiquités et pour celle de la morale, n'ont point encore été résolues.

» Quelques savants persistent à croire que les dieux de la

Grèce étaient des hommes; d'autres, que ces dieux étaient des fé-
tiches, des génies, des attributs d'une intelligence pure, des qualités abstraites de la matière, des portions d'un dieu Tout. Il en
est qui réunissent plusieurs de ces systèmes, comme si la Grèce
avait eu en même temps différentes religions, tandis que bien certainement elle n'en professait qu'une seule. D'autres ne voient
dans les fables que de purs contes imaginés pour l'amusement
du peuple, et dans les monuments qui les représentent que des
inventions capricieuses, sans aucun rapport avec des idées véritablement religieuses, avec un culte public adressé à des dieux de
quelque nature qu'ils fussent.

» De là ce mot si répandu, que la mythologie est un chaos où
l'on chercherait vainement un sens et un ensemble. De là encore
cette opinion professée par des hommes du plus haut mérite, que le
paganisme n'avait point de dogmes, point de principes de morale,
point d'enseignements, opinion aussi injuste que stérile, mais dont
heureusement la fausseté est évidente.

» Rebutés apparemment par tant de jugements contradictoires,
d'habiles antiquaires se sont livrés à l'explication des monuments
de l'art des anciens, sans avoir entièrement arrêté leurs idées sur
la nature des dieux dont ces monuments offrent des images; et
par un effet de ce vague de leurs opinions fondamentales, ils n'ont
pas toujours donné à leurs interprétations, soit la clarté, soit
même la justesse qu'on était en droit d'attendre de leur éminent
savoir. Chefs-d'œuvre d'érudition, de critique, de goût, leurs lumineux écrits ont montré savamment les rapports des monuments
avec les fables; mais trop souvent ils ont laissé dans l'obscurité
ceux des fables et des monuments avec la religion.

» Cet état de choses, qui semblait annoncer la nécessité de soumettre la religion hellénique à un nouvel examen, a inspiré la
pensée des deux ouvrages offerts ensemble en ce moment au public. L'auteur a essayé de constater s'il est réellement impossible
de parvenir à la connaissance des croyances du paganisme, ou s'il
est quelque moyen de soulever, du moins en partie, le voile dont
elles sont enveloppées. Il a voulu prouver que les Grecs avaient

réellement une religion nationale, en faire connaître les véritables dieux, en mettre au jour les dogmes et la morale, exposer les rapports qui unissaient entre elles la religion et la mythologie, et trouver dans les résultats de ses recherches une clef à l'aide de laquelle le plus grand nombre des fables puisse devenir intelligible, et la plupart des productions de l'art être expliquées avec quelque sûreté. Le seul moyen en effet, à ce qu'il lui semble, de donner de la rectitude à la science des antiquités, c'est d'en découvrir la base, et cette base est la religion.

» Si l'opinion proposée par l'auteur était juste, les divinités mythologiques ne seraient que des êtres fictifs et symboliques sous les formes desquels les anciens auraient volontairement caché leurs dieux réels. Jupiter, Vulcain, Apollon, Vénus Aphrodite, leur naissance, leurs amours, leurs aventures, leurs poétiques légendes en un mot, offriraient une image des actes opérés dans la nature par les véritables dieux. Les fables seraient ainsi l'enveloppe de la religion.

» Il a cru pouvoir donner la preuve, non-seulement de la réalité de cette religion, mais encore de son unité, de son universalité, de sa perpétuité, car il est visible qu'elle s'est maintenue intégralement pendant deux mille cinq cents ans, du respect enfin et de la crainte salutaire qu'elle inspirait aux peuples, bien que les fables qui la voilaient paraissent quelquefois, faute d'explication, contradictoires, absurdes, et que peut-être même quelques-unes d'entre elles n'aient pas toujours été sans danger pour les mœurs.

» Il ne se flatte point d'avoir offert un moyen de résoudre toutes les énigmes mythologiques. Les secrets des temples ne nous seront peut-être jamais entièrement révélés, à moins que des monuments encore enfouis ne nous apportent de nouvelles lumières. Mais peut-être aussi les énigmes mythologiques dont le sens est inexplicable, sont-elles plus rares qu'on pourrait d'abord le croire.

» C'est dans l'ouvrage intitulé : *Introduction à l'étude de la Mythologie, ou Essai sur l'esprit de la religion grecque*, que l'auteur a proposé ses opinions sur la nature des croyances religieuses et sur les formes symboliques du culte.

» Le *Jupiter* est une application de ces idées générales à la principale divinité grecque. L'auteur a cherché à connaître l'essence réelle du dieu honoré sous le nom de *Zeus* ou *Jupiter*, et toutes les formes mythologiques sous lesquelles elle fut déguisée. Le culte de ce dieu est un de ceux des divinités du paganisme qu'environne le nuage le plus épais. Il s'établit très-anciennement chez les Grecs et chez des peuples voisins de la Grèce, une confusion qui jette encore aujourd'hui une grande obscurité dans la mythologie, entre le dieu libyen *Ammon*, vulgairement nommé *Jupiter-Ammon*, et le véritable *Jupiter*, nommé en grec *Zeus*, Dieu créateur, Dieu suprême, dominateur de l'univers. L'auteur indique l'origine et la cause de cette confusion ; il en suit les progrès et en marque les limites. Il fait voir que, malgré l'indifférence des poëtes à distinguer ces deux divinités l'une d'avec l'autre, et malgré la prolongation de l'erreur populaire, Ammon et Zeus, dont l'essence était totalement différente, ne cessèrent jamais d'être des dieux distincts dans le culte national ; il le prouve par la différence de leur origine, par celle de leurs fables, de leurs surnoms, de leurs fêtes, de leurs symboles, des formes caractéristiques de leurs monuments. Plus de cent vingt surnoms de Jupiter se trouvent expliqués, quelques-uns appartenant à Ammon, les autres en bien plus grand nombre au véritable Dieu suprême ; et la signification de ces surnoms, qui généralement ne pouvait être douteuse, même pour la partie la plus ignorante du peuple, complète la preuve de l'adhésion universelle accordée aux dogmes de la religion et aux préceptes de la morale.

» Les systèmes des philosophes contribuèrent aussi à jeter de la confusion dans les opinions qui se formèrent hors des temples, sur ce qui concernait la religion, et ils exercent peut-être encore la même influence aujourd'hui sur le jugement de plusieurs savants écrivains, au sujet du paganisme. L'auteur analyse les principaux de ces systèmes, notamment ceux des néoplatoniciens, des néo-stoïciens, des gnostiques de différentes sectes, et il démontre que ces doctrines d'école, opposées toutes plus ou moins directement aux croyances religieuses, tendaient à les anéantir ou à les dénaturer plutôt qu'à les maintenir.

» Le rang de dieu suprême déféré à Jupiter dans la mythologie établissant des rapports intimes, d'un côté, entre ce dieu et Océan, Uranus, Saturne, qui passaient pour ses aïeux ; de l'autre côté, entre lui et Métis, Mnémosyne, Junon, successivement ses femmes légitimes, Latone, Maïa, Danaé, Sémélé, Léda, ses maîtresses et leurs enfants, l'auteur a dû traiter sommairement de toutes ces divinités, de leur essence, de leurs mythes, de leurs symboles, et un enchaînement indispensable l'a conduit aussi à parler de Cérès, de Proserpine, de Vulcain, des Naïades, de la Gorgone, et de beaucoup d'autres divinités.

« Tels sont l'objet et le plan de l'ouvrage intitulé *Jupiter*. Il offre le développement et le complément de ce qui a été dit au sujet de ce dieu dans l'*Introduction à l'étude de la Mythologie.* »

Cet ouvrage, qui était en quelque sorte le résumé de toutes les études d'Éméric-David sur l'art des anciens, produisit parmi les savants de l'Allemagne une sensation que le temps n'a pas même affaiblie ; mais il fut jugé légèrement par les savants de la France, qui, tout en reconnaissant les prodigieuses recherches de l'auteur, lui reprochèrent de s'être trop abandonné à son imagination de poëte. L'illustre helléniste M. Hase, qui rendit compte du *Jupiter* dans le *Journal des Savants*, mitigea ces critiques, et trouva ensuite une opposition occulte à l'insertion d'un second article qu'il avait promis pour terminer l'analyse de l'*important* ouvrage d'Éméric-David. « De savants travaux sur l'art statuaire des anciens, disait-il dans son premier article, ont acquis à M. Éméric-David une réputation méritée ; on lui doit des observations importantes sur l'histoire des artistes grecs et sur la succession de leurs écoles. Aujourd'hui il a voulu faire servir à l'éclaircissement de la plupart des questions mythologiques débattues depuis si longtemps, les nombreuses connaissances qu'il a puisées dans la lecture des anciens et dans l'étude de leurs monuments ; il était naturel qu'après avoir considéré les productions de la sculpture antique sous le rapport de la beauté physique des formes, il étudiât les formes elles-mêmes dans leurs convenances avec le caractère particulier et distinctif attribué à chaque divinité. Une statue est belle par ses proportions, sa majesté, son élégance ; mais elle représente Jupiter, Apollon, Mercure, ou les autres personnages divins, par le choix de ses traits, relativement à l'idée que l'antiquité s'était faite de chacun de ses dieux. Or la base de ce genre de mérite réside dans la religion ; il faut par conséquent remonter jusqu'à cette source, et c'est par là que **M.** Éméric-David a complété le système général qu'il nous offre sur l'archéologie monumentale, qui pourrait suivant lui être définie : *la connaissance de la religion dans ses rapports avec les beaux-arts.* »

Éméric-David ne se découragea pas, malgré l'indifférence et même l'hostilité des savants français ; il poursuivit son œuvre, et en étendant sa dissertation sur l'Apollon sauroctone, lue à l'Académie le 29 octobre 1824, dissertation dans laquelle il établit que cet Apollon tuant un lézard représente le soleil réchauffant la nature au printemps, et ranimant les animaux engourdis par l'hiver, il prépara un nouveau volume intitulé : *Essai historique sur Apollon; essence de ce dieu; origine de son culte, esprit de quelques-uns de ses surnoms; principaux monuments qui le représentent.* Il ne jugea pas néanmoins cet ouvrage assez achevé pour voir le jour, et il publia d'abord : *Vulcain, recherches sur ce dieu, sur son culte, et sur les principaux monuments qui le représentent*, 1838, imprimerie royale, in-8°. Dans un prospectus qu'il avait disposé, et qui ne fut pas mis en circulation, il se justifiait de sa persévérance dans son système :

« L'auteur de cet ouvrage, disait-il, persiste avec fermeté dans une opinion qu'il n'a pas entièrement inventée, mais qu'il s'est rendue propre en l'agrandissant, l'appliquant à tous les dieux, et la prouvant beaucoup mieux qu'on n'avait fait avant lui ; c'est que dans la religion égyptienne et dans la religion grecque il y avait des divinités de deux genres, savoir, des dieux *réels*, objets d'un culte *direct*, et des dieux *fictifs*, objets d'un culte *symbolique*. Les dieux réels étaient les éléments et les astres; les dieux fictifs étaient des personnages supposés, qui tenaient la place des dieux réels. Tels étaient Jupiter, Junon, Neptune, etc.

» L'auteur du *Vulcain* a présenté ce système en grand et rapidement, dans son *Introduction à l'étude de la Mythologie.* Il l'a appliqué au dieu suprême dans son *Jupiter.* — Dans la première partie de ce dernier ouvrage, il traite de l'origine du culte de ce dieu nommé Zeus et de son essence. — Dans la deuxième, il traite du Jupiter de Crète ; de la confusion qui a eu lieu entre ce faux Jupiter, qui était un dieu *Soleil,* et le véritable Jupiter, qui était l'Ether ou Feu éthéré. — Dans la troisième partie, il fait voir la distinction permanente qui se fit entre ce dieu Soleil et l'Ether, vrai Jupiter, dieu suprême.

» Le *Vulcain* contient la confirmation de cette opinion appliquée au feu atmosphérique et terrestre. Cet élément était un dieu réel ; il avait aussi son représentant symbolique, qui était Vulcain, fils de *Junon,* c'est-à-dire de l'air atmosphérique et terrestre.

» Dans l'introduction particulière du *Vulcain,* l'auteur établit que les Grecs ont eu véritablement une religion, que les éléments et les astres en étaient l'objet, et les mystères réservés pour les initiés, le complément. »

Il ne lui fut pas donné de voir paraître la suite de sa mythologie archéologique, et ce fut son fils qui corrigea les dernières épreuves de *Neptune,* qu'on imprimait à l'imprimerie royale, en 1830. Le *Journal des Savants* se contenta d'annoncer *Neptune* et *Vulcain,* sans daigner leur accorder l'honneur d'une analyse raisonnée ! Le volume consacré à *Apollon* est encore à publier.

Éméric-David a écrit quelques dissertations qui figurent ou doivent figurer dans les *Mémoires de l'Académie des Inscriptions et Belles-Lettres :* 1º *Examen des inculpations dirigées contre Phidias,* lu à la séance publique du 25 juillet 1817 ; 2º *Histoire des progrès de la sculpture depuis la jeunesse de Phidias jusqu'à la mort de Praxitèle,* lu dans une séance particulière en 1816 ; 3º *Mémoire sur la statue de femme appelée la Vénus de Milo* (qu'il croit être la nymphe protectrice de cette île), lu en 1821 ; 4º *Mémoire sur les Centaures,* lu aux séances des 15, 22 et 27 mars 1839 ; 5º *Mé-*

moire sur la dénomination et sur les règles de l'architecture dite go-
thique, lu à la séance publique du mois de juillet 1838.

Mais déjà Éméric-David n'était plus capable d'écrire lui-même
ses ouvrages ; il les dictait à sa fille ou à son fils, qui recueillaient
pieusement ses dernières pensées littéraires. Il avait ressenti une
attaque d'apoplexie à la fin d'août 1837. Cette attaque, en paraly-
sant sa jambe et son bras droits, n'avait pas atteint ses facultés
intellectuelles. Il conservait toute son ardeur pour le travail, et il
s'y livrait avec une sorte de passion, lorsqu'une nouvelle attaque
d'apoplexie le frappa, le 31 mars 1839. Il vécut jusqu'au 2 avril
suivant, et son calme ne s'altéra pas pendant cette longue agonie.
Il mourut dans les bras de sa famille, à l'âge de quatre-vingt-trois
ans et huit mois.

Ce fut M. Raoul-Rochette, vice-président de l'Académie des
Inscriptions et Belles-Lettres, qui conduisit les funérailles de son
vénérable collègue, et qui prononça ce discours sur sa tombe :

« MESSIEURS,

« Tant de coups sont venus frapper en si peu de temps l'Académie, qu'il nous reste à peine, avec le sentiment de nos pertes, la
liberté d'esprit nécessaire pour remplir le douloureux devoir
qu'elles nous imposent. Ce qui nous rend plus pénible encore
cette nouvelle perte ajoutée à tant d'autres, c'est que nous y étions
bien peu préparés. Aucun de nous ne peut avoir oublié que
M. Éméric-David assistait à notre dernière séance, et qu'il y apportait un dernier tribut de ses veilles. A la vérité, sa voix trop
affaiblie ne lui permettait plus de faire par lui-même cette lecture,
que nous écoutions avec une sorte d'émotion religieuse, et avec
je ne sais quel triste pressentiment. Mais la fermeté d'esprit avec
laquelle il suivait, dans la bouche d'un autre, le développement de
ses idées, répondait si bien à l'intelligence qui les avait conçues,
que nous devions croire qu'il était tout entier et pour longtemps
encore présent parmi nous. La place qu'il laisse vide dans nos
rangs n'avait donc pas cessé un seul instant d'être occupée, et

c'est par l'accomplissement d'un devoir académique que s'est couronnée cette carrière si pleine d'années et de travaux.

» M. Éméric-David était né à Aix, en Provence, et il y avait exercé dans sa jeunesse la profession d'avocat. Les souvenirs honorables qu'il y avait laissés, et dont il avait reçu un témoignage flatteur par son élection à la place de maire de sa ville natale, en 1791, le conduisirent plus tard au corps législatif. Membre de cette assemblée, depuis 1809 jusqu'en 1815, il s'y distingua par des travaux utiles plutôt que par des discours brillants, par de nombreux rapports sur des questions d'économie publique, de commerce et de statistique, où il portait des vues élevées et libérales, qui n'avaient pas alors seulement le mérite de la nouveauté, et qui obtiendront peut-être un jour celui de l'application. C'est ainsi qu'à l'occasion des lois de douanes, il s'éleva contre diverses sortes de prohibitions; c'est ainsi encore qu'en plusieurs circonstances il s'efforça de mettre les dispositions de ces lois en rapport avec les principes libéraux, qui ne figuraient que dans l'exposé des motifs. S'il se trompa dans ses espérances, et s'il échoua dans ses tentatives, c'est qu'il est des idées qui ne mûrissent qu'avec le temps; c'est aussi qu'il est des opinions qui résistent encore plus que les intérêts mêmes. Mais M. Éméric-David était du petit nombre de ces hommes qui, en tout temps et en toute chose, se passionnent pour ce qui est juste, et qui ne reculent même point devant l'idée de consumer toute une vie dans une illusion généreuse. Nous pouvons honorer hautement de pareils caractères; car ils ne sont pas assez communs, et leur influence n'est pas assez contagieuse pour qu'on ait rien à craindre de l'exemple qu'ils nous donnent.

» M. Éméric-David porta dans tous ses travaux littéraires la même force de conviction, la même inflexibilité de principes. Ce n'est pas ici le lieu d'apprécier comme il convient ceux de ses ouvrages qui recommandent le plus particulièrement son nom à l'estime publique, et dont la composition a rempli le cours de ses dernières années. Le système qu'il s'était fait sur la mythologie grecque peut donner lieu à beaucoup de dissentiments; eh! qui peut se flatter de produire sur un sujet si vaste, si compliqué, si difficile, des opi-

nions qui satisfassent tout le monde, et de trouver toujours la vérité là où elle échappait aux anciens eux-mêmes ! Mais ce que,
sans crainte d'être démenti par personne, on peut louer dans ces
travaux de notre confrère, c'est la variété des recherches, c'est
l'abondance des vues, c'est la nouveauté des idées, qu'il portait
dans toutes les questions mythologiques qu'il a traitées. Ses *Recherches sur le culte de Jupiter*, ses *Mémoires sur le mythe d'Apollon* et *sur celui de Vulcain*, se recommandent tous par les mêmes
qualités ; et dût-on n'être pas toujours convaincu, en le lisant, de
l'exactitude des résultats, on ne peut que rendre hommage à la
bonne foi comme au savoir de l'écrivain.

» **Ce** qui forme à nos yeux la partie la plus brillante des travaux
de **M. Éméric-David**, ce sont ses écrits sur les arts de l'antiquité et
des temps modernes. Au savoir de l'écrivain et aux connaissances
de l'antiquaire, il joignait ce qui est plus rare et plus nécessaire
pour écrire sur les arts, de l'imagination, du sentiment et du goût.
Quand il faisait l'éloge d'un artiste tel que Puget ou Poussin ; quand
il disputait à l'oubli le nom d'un Finiguerra, ou qu'il défendait
contre la calomnie celui d'un Phidias, sa diction avait quelque chose
de brillant et de coloré, comme les talents mêmes sur lesquels il
s'exerçait. Il s'inspirait véritablement de son sujet ; et la chaleur
de son âme répondait à la conviction de son esprit. C'est le même
mérite qui recommande ses *Discours historiques sur la sculpture
ancienne* et *sur la peinture moderne* ; deux ouvrages pleins de recherches savantes, de vues neuves et ingénieuses, où la patience
de l'érudit et l'exactitude du critique n'ôtent rien à la verve de l'é-
crivain. Beaucoup d'autres écrits, sortis de sa plume féconde, devraient participer au même éloge, si c'était ici le moment de nous
livrer à une pareille appréciation de ses travaux : mais, à défaut
de cet éloge que le temps et le lieu nous interdisent, un seul mot
nous paraît propre à renfermer, avec la juste expression de nos
regrets, l'ensemble de tous ses titres à la renommée : son nom
restera dans les fastes de notre Académie près de celui de **M.** de
Caylus, comme le nom d'un des hommes de notre pays qui ont le
mieux servi la connaissance de l'histoire de l'art. »

b.

Le conseil municipal d'Aix a fait placer dans la salle de ses réunions, à l'hôtel de ville, le portrait d'Éméric-David ; son buste en marbre, par Petitot, sera sans doute bientôt inauguré dans la salle des séances de l'Institut de France ; son ancien collègue , M. le baron de Walckenaer, aujourd'hui secrétaire perpétuel de l'Académie des Inscriptions et Belles-lettres, fera son éloge.

PAUL **L. JACOB**, *bibliophile*.

HISTOIRE

DE LA PEINTURE·

AU MOYEN AGE.

HISTOIRE

DE LA PEINTURE

ET DE LA GRAVURE.

HISTOIRE DE LA PEINTURE AU MOYEN AGE.

Si pour conduire les arts au plus haut degré de perfection il suffisait, comme on l'a dit quelquefois, de leur distribuer de grands travaux, le règne de Constantin serait un des plus glorieux de leurs annales. Une ville immense, destinée à devenir la capitale de l'empire romain, en s'élevant avec rapidité sur les rives du Bosphore, offrit aux artistes de l'Italie et de la Grèce une occasion à jamais mémorable de déployer toutes les ressources de leur génie. Le maître du monde, qui voulait que la nouvelle Rome fît oublier la majesté de l'ancienne [1], prodigua tous ses trésors pour l'embellir. Les carrières de marbre de la Phrygie et de l'île de Proconnèse furent presque épuisées. Quatorze palais pour l'empereur, pour ses fils et pour ses ministres ; un nombre égal de temples destinés au culte des chrétiens ; un vaste *forum*, ceint d'un portique, terminé par deux arcs de triomphe, et au centre duquel s'élevait, sur une colonne de porphyre de cent vingt pieds de hauteur, la statue colossale du prince ; un autre *forum* appelé *Augustæum*, également magnifique ; un hippodrome, huit bains publics ; tous ces monuments furent

[1] Du Cange, *Const. Christ.* l. I, c. VI.

1

construits et décorés à la fois sous les yeux du chef fastueux de
l'état, un des hommes les plus avides de puissance et de renommée qu'ait honorés la pourpre [1]. Les chefs-d'œuvre des arts apportés de Rome, de la Grèce et de l'Asie, ne furent pas les seuls
qui ornèrent les édifices publics ; l'empereur fit exécuter un
nombre infini de tableaux, de statues, de bas-reliefs, représentant Jésus-Christ, la Vierge, les prophètes, les apôtres. Le
marbre, le bronze et l'or offraient partout aux regards du peuple les triomphes du prince, ses images, celles de sa mère, de
ses fils, de ses favoris, et celles des grands de Rome qui avaient
contribué à l'embellissement de la nouvelle capitale [2]. On bâtis-
sait en même temps des églises à Rome, à Naples, à Capoue, à
Antioche, à Tyr, à Jérusalem, à Bethléhem, et dans toutes les
villes de l'empire [3]. Périclès, Auguste, Adrien, Jules II,

[1] *Notitia dignit. imp. rom.* p. 162, 163. — Zozim. l. II, cap. XXXI. — Du Cange,
loc. cit. l. I, c. XXIV; l. II, c. I, III, IV, etc.

[2] Euseb. *De vit. Const.* l. III, c. XLIX; t. I, ed. H. Val. p. 606 et *al. loc.* —
Anonym. *Antiq. Const.* l. I, *apud* Banduri, *Imp. orient.* t. I, p. 6, 9, 10 et seq. ;
p. 19, 20, 22 et seq. ; l. III, p. 46, 60, 61, 90, 99, etc. — Constantin fit placer dans
l'église de Sainte-Sophie seulement quatre cent vingt-sept statues. La plupart
avaient été apportées de différentes villes de la Grèce et de l'Asie, et représentaient
des héros et des divinités du paganisme ; les autres représentaient Jésus-Christ, la
Vierge, sainte Hélène, Constantin, et divers princes. Anonym. *ibid.* p. 14, et l. v,
p. 84.

[3] Euseb. *Hist. eccl.* l. X, c. IV, t. III, p. 464, et seq. — Id. *De vit. Const.* l. III,
c. XXIX ad XXXVI, t. I, p. 594 ad 599, et c. XLI, p. 600. — Sozom. *Hist. eccl.* l. II,
c. IV et XXVI. — Anast. *De vit. Pontif.* in S. Silv. p. 16 ad 18.—Cedren. *Compend.
hist.* p. 295. — Tous ces temples, ainsi que les édifices de Constantinople, étaient
incrustés de marbres de diverses couleurs, et enrichis de peintures, de sculptures,
de dorures et de mosaïques, avec une magnificence prodigieuse. On peut voir à ce
sujet la description de l'église de Tyr, faite par l'évêque saint Paulin, dans l'Histoire
ecclésiastique d'Eusèbe (l. X, c. IV, t. I, p. 464 ad 479). Les murs intérieurs de
cette église étaient entièrement couverts de peintures ou de sentences tirées des
livres saints. Cette manière de décorer l'intérieur des églises fut constamment usi-
tée pendant tout le moyen âge. La quantité d'argenterie que Constantin donnait
aux églises était immense. Ce prince paraît être, de tous les empereurs, celui qui
a le plus bâti. Nazaire dit en parlant de lui: *Exornatœ mirandum in modum, ac
prope de integro conditœ civitates. Paneg. Const.* c. XXXVIII; inter *Paneg. vet.* ed.

Louis XIV, ont dépensé des sommes bien moins considérables, et se sont couverts d'une gloire immortelle. Comment se fait-il que les monuments de Constantin n'aient, au contraire, attesté que la dégradation où les arts étaient tombés de son temps?

J'ai dit dans un autre ouvrage que le perfectionnement des arts du dessin avait paru digne, dans l'ancienne Grèce, de toute l'attention des législateurs. Les arts remplissaient la noble mission d'exciter dans l'âme du citoyen de toutes les classes des sentiments généreux, d'alimenter et de perpétuer les vertus civiques. Appelés à diriger de nombreux ateliers, où se fabriquaient des vases, des armes, des meubles de toute espèce, ils devaient, en illustrant la patrie, contribuer aussi à l'enrichir. Par un effet des lois et des mœurs, les idées du peuple sur la beauté du corps humain étaient justes, le goût général était sain ; et, par un autre effet des mêmes causes, les arts étaient soumis au goût général. Imiter la nature avec une vérité frappante ; en représenter par un choix exquis la grâce et la majesté ; être simple pour être grand ; toucher le cœur par l'expression des sentiments les plus élevés et les plus mâles, c'était là le triomphe du peintre et du statuaire. On riait de l'artiste qui, ne pouvant s'élever à l'imitation de la beauté, chargeait son ouvrage de vains ornements [1].

Des institutions immuables assuraient au génie la récompense de ses efforts. Le peintre et le statuaire obtenaient presque tous les honneurs accordés aux magistrats vertueux et aux plus grands capitaines.

Lorsque Constantin parvint au trône, ces causes morales de la gloire des anciens maîtres n'existaient plus.

Depuis Septime Sévère, le despotisme des empereurs romains

---

ad. us. p. 276. — Eumen. *ibid.* c. XXII, p. 217. — Tillem. *Hist. des emp.* t. IV, p. 111 et 168.

[1] Tout le monde connaît le mot d'Apelles à un de ses élèves, qui avait peint Hélène parée d'une grande quantité de bijoux : « O jeune homme, lui dit-il, ne pouvant la faire belle, tu l'as faite riche ! » S. Clem. Alexandr. *Pædag.* l. II, c. XII.

appesanti sur les Grecs[1] avait étouffé chez eux les germes de la prospérité publique. Le découragement s'était jeté dans les esprits; l'émulation s'était anéantie; et depuis cette époque la peinture, la sculpture et l'architecture elle-même avaient commencé à dégénérer.

Déjà Lucien, qui abusa si impudemment de l'arme du ridicule, affectait de dédaigner le tribunal suprême qui avait applaudi Hérodote, et qui venait récemment de couronner le peintre Aétion. « Pourquoi, disait-il, irais-je, dans la vallée » étroite et brûlante de Pise, lire mes écrits aux Grecs assem- » blés? Ne dois-je pas préférer aux applaudissements du peuple » le suffrage de quelques amis[2]? » Bientôt, en effet, on ne vit plus de ces expositions solennelles qui avaient guidé si utile- ment les anciens maîtres, et auxquelles nous devons nous-mêmes des succès si évidents. Quelques-uns des pâtres illyriens qui se disputèrent successivement l'autorité suprême, s'arrogeant de leur vivant les droits de la Divinité, ordonnèrent qu'on se pro- sternât devant leurs images[3]. A cet ordre, la critique devint muette, le goût général, dont on méconnaissait déjà les décrets, fut comprimé par la terreur, ensuite corrompu par l'habitude; les faux systèmes ne connurent plus de frein; la carrière fut ouverte à tous les vices.

Les progrès toujours croissants du luxe contribuèrent aussi à la dégradation du goût. L'art fut attaqué dans son essence même. Vitruve et Pline ont exprimé leurs regrets sur ce que les hommes riches de leurs temps, qui ornaient de peintures leurs vastes habitations, commençaient à préférer l'éclat des couleurs les plus rares et les plus coûteuses à l'intérêt de la composition et à la noblesse du dessin. « Les anciens maîtres, disaient-ils, » se faisaient admirer par des beautés réelles; ceux d'aujour-

---

[1] Æl. Spartian. *Vit. Sever.* c. III.

[2] Lucian. *Harmon.* c. III; id. *Herodot.* c. VIII.

[3] S. Greg. Nazianz. *Adv. Julian.* orat. III, t. J, ed. 1630, p. 83. — Tillem. *loc. cit.* p. 60.

» d'hui ne brillent que par la dépense dans laquelle ils entrai-
» nent le propriétaire [1]. » Ce vice s'accrut lorsque la peinture,
éloignée de son but moral, fut considérée comme un simple
moyen de décoration. Héliogabale, Gallien, Aurélien surtout et
ses successeurs, le favorisèrent par un faste immodéré. L'or et
le minium, répandus avec profusion dans les peintures qui cou-
vraient les murs des palais, en formèrent pour des juges ignorants le principal mérite. Satisfait d'éblouir les yeux, le peintre
négligea d'élever les pensées et de parler aux cœurs, et les règles transmises à cet égard par l'ancienne école tombèrent dans
l'oubli.

C'était l'amour de la nouveauté et des choses extraordinaires
qui, dès le temps d'Auguste, faisait préférer, chez un grand
nombre de nobles romains, les compositions bizarres dont les
étoffes de l'Inde avaient donné les modèles, aux sujets poétiques
et touchants que représentaient les artistes grecs [2]. Ce fut pareillement l'amour du faste qui, pour la première fois, vers le
règne de Claude, suivant toute apparence, inspira l'idée d'employer à la décoration des murs et des voûtes la peinture en
mosaïque, qui jusqu'alors avait été réservée pour les pavés [3].

[1] *Et quam subtilitas artificis adjiciebat operibus autoritatem, nunc dominicus sumptus efficit ne desideretur.* Vitruv. l. VII, c. v. — Plin. l. XXXV, c. VII. § XXIII.

[2] Les peintures que nous appelons des *arabesques* furent introduites à Rome vers le temps de Marc-Antoine et d'Auguste. Vitruve, Apulée et Claudien en ont parlé. On connaît les plaintes du premier de ces écrivains sur ce nouveau genre de peinture, qui lui paraissait également contraire aux vrais principes et au but moral de l'art (Vitruv. l. VII, c. v. —Apul. *Metam.* l. XI, t. I, p. 388, 389. — Claudian. in *Eutrop.* l. I, v. 350 et seq.). Les *arabesques* offraient de simples ébauches, et non des imitations soignées et exactes. *Nam pinguntur tectoriis monstra potius quam ex rebus finitis imagines certæ* (Vitruv. *loc. cit.*). Les modèles étaient venus originairement de l'Inde, et avaient été apportés à Rome par l'Égypte, où les Ptolémées avaient établi des manufactures de toiles imprimées, semblables à celles que nous appelons des *indiennes.* Je crois avoir à peu près démontré la vérité de ce dernier fait dans le *Discours historique sur la Gravure en taille-douce et sur la Gravure en bois* placé à la tête du troisième volume du *Musée Français*, p. 7 à 14.

[3] Je fonde cette opinion sur divers passages de Pline et de Sénèque (Plin.

Commode fit exécuter de cette manière le portrait de Pescennius Niger [1]. Le brillant des marbres, des pierres fines et des verres colorés, qui entraient dans la composition de ces sortes de tableaux, et peut-être même la cherté du travail, durent séduire des esprits qui ne regardaient comme beau que ce qui était riche. Sous Justinien, l'ancienne peinture était dédaignée comme trop vulgaire, et repoussée des palais par sa rivale. « Les ta- » bleaux qui ornent la voûte, » dit Procope en voulant célébrer un des monuments élevés par ce prince, « ne sont pas peints » avec de la cire fondue et fixée dans le mur ; ils sont composés » de petits cubes où brillent toutes les couleurs [2]. » On ne remarqua point apparemment que le mérite essentiel de la peinture en mosaïque consiste à faire revivre de beaux tableaux

l. XXXV, c. I, et l. XXXVI, c. XXV. — Senec. *Epist.* 86.). J'en vois en outre une preuve négative dans le silence de Vitruve. Si la peinture en mosaïque eût été employée à la décoration des murs et des voûtes lorsque cet écrivain composait son ouvrage, il n'aurait pas négligé d'en parler, puisqu'il a traité avec tant de soin et des pavés en mosaïque, et des arabesques, et de l'art d'encastrer des fragments d'anciennes peintures dans de nouveaux murs. Ciampini a donné une gravure et une explication d'une mosaïque, dont la plus grande partie subsistait encore de son temps dans le monastère de l'église de Rome, dite *di S. Andrea in barbara* (*Vet. monim.* t. I, c. VII, p. 57 et seq.). Il n'en reste aujourd'hui que deux fragments qu'on a transportés dans l'église, et un troisième attaché au mur d'un grenier : tous trois représentent des animaux. Cette mosaïque n'était point exécutée avec des cubes, soit de marbre, soit de verre coloré, sorte d'ouvrage qu'on appelle *opus tessellatum*, mais avec des marbres de différentes formes, *opus sectile* Quelques-unes des figures représentaient des sujets de la mythologie grecque, d'autres, des emblèmes de la religion des Égyptiens. Ciampini a cru reconnaître dans une partie de la composition le triomphe de Marc-Antoine, et il a conclu de là que ce monument était du temps du triumvir. Les textes de Pline que je viens d'indiquer se refusent à cette explication. Le sujet peut d'ailleurs se rapporter à Commode ou à Caracalla, tout aussi bien et mieux qu'à Marc-Antoine. Ces deux empereurs s'appliquèrent également à favoriser dans Rome le culte des Égyptiens.

[1] Spartian. *Vit. Pescen. Nigr.* c. VI.

[2] Ἐναβρύνεται δὲ ταῖς γραφαῖς ἡ ὀροφὴ πᾶσα, οὐ τῷ κηρῷ ἐντακέντι τε καὶ διαχυθέντι ἐνταῦθα πατεῖσα, ἀλλ' ἐναρμοσθεῖσα ψηφῖσι λεπταῖς τε, καὶ χρώμασι ὡραϊσμέναις παντοδαπαῖς, αἱ δὲ κατ' ἄλλα καὶ ἀνθρώπους ἀπομιμοῦνται. Procop. *De ædif. Justinian.* l. I, c. X.

dans des copies presque indestructibles ; qu'elle n'est nullement propre à rendre, par un premier jet, les pensées d'un grand maître ; qu'il faut en confier l'exécution à des subalternes ; et que lorsque ces ouvriers, au lieu de copier un tableau terminé, voulant eux-mêmes créer un original, prennent pour guide soit un dessin, soit une de ces sortes d'ébauches qu'on appelle des *cartons*, il est presque impossible que leur ouvrage présente la pureté des contours, l'accord et la finesse des teintes que doit faire admirer la peinture. On ne vit point qu'un procédé qui aurait pu créer des chefs-d'œuvre sous la direction d'Apelles n'offrait qu'un secours dangereux à l'art de peindre déjà déchu. Des ouvriers qui avaient pour tout mérite quelque dextérité dans la main, dégradèrent, appauvrirent les esquisses des peintres leurs contemporains, qui eux-mêmes manquaient de science. Plus on négligea les anciennes manières de peindre pour donner la préférence à celle-là, plus la chute de l'art devint rapide.

Les troubles produits par l'indolence de Gallien, les attaques des barbares, qui sous ce prince avili violaient les frontières de toutes parts ; les déchirements, les ravages causés par les trente tyrans, durent jeter la consternation dans toute l'étendue de l'empire. Il faut cependant remarquer que cette cause de décadence fut passagère. Les troubles cessèrent sous le gouvernement énergique des successeurs de Gallien. Claude, Aurélien, Tacite, Probus, rendirent aux légions leur antique gloire. Bientôt d'immenses édifices s'élevèrent, comme auparavant, dans la capitale et dans les provinces. On peut même dire que cette sorte d'encouragement, quoique devenue moins générale, n'avait jamais cessé [1]. Mais le goût, dès longtemps exilé, ne reparut presque plus.

---

[1] Depuis **Maximin** jusqu'à **Dioclétien**, la plupart des empereurs élevèrent des monuments dont la richesse et l'immensité ont droit de nous étonner. Tous faisaient représenter dans de grands tableaux, et quelquefois dans des mosaïques, les jeux qu'ils donnaient au peuple, leurs chasses, leurs victoires, leurs triomphes (Jul. Capitol. *Vit. Gordian. sen.* c. III. — Id. *Vit. Gordian. Jun.* c. v. — Eutrop. *Brev.*

Les thermes de Dioclétien, et son palais de Salone, qui couvrait un terrain de quinze arpents, monuments imposants de la grandeur romaine, offrirent des plans réguliers et vastes, des voûtes majestueuses, des profils grandioses, une profusion de richesses capable d'étonner et d'accabler en quelque sorte les esprits : le goût ne guida pas toujours le génie dans la construction, et surtout dans la décoration de chacune des parties de ces édifices. Les fragments de sculpture qu'on y voit encore autorisent à penser que les peintures étaient également froides et incorrectes [1].

Les diverses causes de décadence que nous venons de rappeler acquirent une nouvelle force sous le règne de l'héritier du trône et des principes de Dioclétien. Des événements qui ont fait de cette époque une des plus intéressantes de l'histoire en amenèrent aussi de nouvelles.

Constantin en embrassant la religion chrétienne n'adopta ni l'esprit ni les mœurs d'un chrétien. Au moment où il venait d'abattre Maxence, il souffrait que des villes d'Afrique consacrassent des temples aux princes de la maison Flavienne [2], et que le sénat de Rome lui décernât à lui-même des honneurs divins [3]. Plus fastueux encore que Dioclétien, qui avait en cela

---

1. IX, c. IV et XV. — Vopisc. *Vit. Aurel.* c. XXIV et XXXV. — Julian. imp. *Cæsar.* ed. Spanheim, p. 314. — Vopisc. *Vit. Prob.* c. IX. — Id. *Vit. Carin.* c. IV et XIX. — etc., etc.). Il n'était aucune province, aucune cité qui ne leur consacrât des portraits et des statues. Les Romains élevèrent à Claude II une statue d'argent du poids de quinze cents livres, et une statue d'or de dix pieds de haut (Treb. Poll. *Vit. Claud.* c. III. — Jornand. c. LXII.). Tacite en consacra trois en argent à la mémoire d'Aurélien (Vopisc. *Vit. Tacit.* c. IX.). Gallien entreprit de s'élever à lui-même une statue plus grande que le colosse de Néron, et un quadrige dont les proportions devaient répondre à celles de cette immense figure : l'ouvrage ne fut discontinué qu'à sa mort. (Treb. Poll. *Vit. Gall.* c. XVIII.) Il est même à remarquer que plusieurs des princes appelés *les trente tyrans* firent exécuter des statues triomphales, des quadriges, des mosaïques, et d'autres grands monuments. Treb. Poll. *Vit. trigint. tyran.* c. XX, XXIV, XXXII.

[1] Perrenot, *Therm. Diocl.* — Fortis, *Voyage en Dalmatie,* t. II, lett. II, § II.

[2] Aurel. Vict. *De Cæsar.* c. XL.

[3] Id. *ibid.* — Incert. *Paneg. vet.* c. XXV, p. 249. — Constantin battit Maxence et

surpassé tous ses prédécesseurs, on le vit, soit par une fausse politique, soit par une vanité puérile, porter journellement, à la manière des rois orientaux, une robe tissue d'or, un diadème orné de perles, des colliers, des bracelets, et des perles jusque sur sa chaussure [1]. Les princes ses fils furent élevés dans ces habitudes efféminées [2]. Le pinceau des artistes dut pareillement s'énerver de plus en plus. Attachés à de vains ornements qu'ils imitaient mal, les peintres négligèrent et oublièrent enfin pour jamais l'art de prononcer avec fermeté les formes du corps humain.

Autant la religion chrétienne a favorisé les progrès des arts sous les règnes paisibles de Benoît XI, de Jules II, de Léon X, autant, à l'époque où elle triompha de l'ancienne superstition, un zèle immodéré leur devint funeste. Constantin ne se borna point à proclamer la liberté des cultes; bientôt il défendit les sacrifices, fit briser les idoles, fermer, démanteler ou démolir les temples de fond en comble [3]. Le paganisme conservait encore trop de vigueur pour que beaucoup d'hommes sages parmi les nouveaux convertis distinguassent dans une idole le chef-d'œuvre de l'art d'avec la représentation d'une divinité, ou, suivant les termes des écrivains sacrés, d'avec *l'image du démon* [4]. Dans des exécutions souvent ensanglantées, les chré-

---

entra dans Rome en l'an 312 : il existe diverses médailles frappées dans les années 315 et suivantes, où il est représenté avec la tête voilée, et qualifié de *Divus Constantinus, Sol invictus comes*, etc. (Eckhel, *Doctr. num. vet.* part. II, t. VIII, p. 75, 78, 92.) Après sa mort, le sénat de Rome célébra son apothéose par des peintures et des médailles. Euseb. *De vit. Const.* l. IV, c. LXIV, LXXIII. — Eutrop. l. X, c. VIII.

[1] Julian. imp. *De Cæsar.* in fin. p. 335, 336. — Aurel. Vict. *Epitom.* c. XLII. — Eckhel, *loc. cit.* t. VIII, p. 79 et 80. — Gibbon, *Hist. de la décad. de l'emp. rom.* c. XVIII, t. IV, p. 167, 168.

[2] Libanius, Orat. III, t. II, p. 3.

[3] Euseb. *De vit. Const.* l. II, c. LXIV; l. III, c. LIV. — Socrat. *Hist. eccl.* l. I, c. III. Sozom. *Hist. eccl.* l. II, c. V. — Liban. Orat. IX, *In Julian. nec.* t. II, p. 253. — Cedren. *Hist. comp.* p. 296.

[4] Tous les saints Pères s'accordent à regarder les idoles comme les images en

1.

tiens se montraient si ardents à exécuter, et même à prévenir les ordres du prince, que les Pères eux-mêmes étaient quelquefois obligés de les contenir [1]. Les dieux antiques furent jetés dans la fournaise, écrasés sous les roues des chars, réduits en poussière. Quand on transportait des statues à Constantinople, on avait soin de publier qu'on les garrottait comme des criminels, et qu'on allait les exposer dans la capitale à la risée des fidèles [2]. Cet exemple de Constantin fut suivi avec chaleur par la plupart des princes qui lui succédèrent, et principalement par Théodose. Des villes entières détruisirent elles-mêmes les statues, rasèrent les temples qu'elles avaient jusqu'alors révérés. Pendant plus d'un siècle, l'univers retentit du bruit des marteaux qui renversaient les chefs-d'œuvre des Scopas, des Polyctète et des Callimaque [3]. Si l'on excepte Rome, Athènes, Constantinople et quelques cantons de la Grèce, la destruction des idoles fut si générale, que lorsque Honorius renouvela pour la quatrième fois l'ancienne loi qui ordonnait de les briser, il

l'habitation des démons. Athénagoras entre autres avait si bien adopté cette opinion, qu'il allait jusqu'à douter que des statues contribuassent à la décoration des villes. *Les statues de Méryllinus,* dit-il, *sont un des ornements d'Alexandrie Troas, si toutefois de tels objets peuvent réellement orner une ville :* εἴπερ καὶ τούτοις κοσμεῖται πόλις. Athenag. *Legat. pro Christ.* c. XXVI.

[1] S. August. Serm. LXIII, c. II, t. V, part. I, col. 364.

[2] Euseb. *loc. cit.* — Sozom. *loc. cit.*

[3] On peut voir ce que rapportent à ce sujet Euseb. *De vit. Const.* l. IV, c. XXXIX; — Eunap. *De vit. Sophist.* vit. Ædesii, sub fin.; — Socrat. *Hist. eccl.* l. V, c. XVI; — Theodor. *Hist. eccl.* l. V, c. XXI, XXII et XXIX; — S. Leont. apud S. Joan. Damasc. *De imag.* orat. III, t. I, p. 375; — S. Joan. Damasc. *ibid.* orat. II, § II, p. 335; — Greg. Tur. i. I, p. 36; — *Hist. littér. de France,* par des religieux bénédictins, t. I, part. II, Vie de saint Martin, évêque de Tours, p. 415. — Le passage de saint Léonce peut servir à prouver que l'on s'occupait encore, au commencement du septième siècle, de renverser les temples et les idoles qui pouvaient avoir échappé aux destructions précédentes. — M. Heyne a exposé, avec l'érudition qui le distingue, cette cause de décadence, ainsi que les autres circonstances qui contribuèrent à l'anéantissement des chefs-d'œuvre de l'antiquité pendant le moyen âge, dans sa dissertation intitulée *Interitus operum,* etc. *Comm. altera;* Comment. Soc. Gotting. t. XII, p. 292 et seq.

crut devoir ajouter : *s'il en subsiste encore : si qua etiam nunc in templis fanisque consistunt* [1].

Ainsi les modèles du goût furent presque tous anéantis. Les fidèles ne pouvaient contribuer en rien à la fabrication des idoles[2]; il leur était défendu même de les regarder, dans les lieux où il en existait encore quelques-unes [3]. On raconte que, dans le siècle suivant, un peintre ayant osé imiter une image de Jupiter pour dessiner la tête de Jésus-Christ, ses mains séchèrent subitement; il fallut un miracle de Gennade, archevêque de Constantinople , pour qu'il en recouvrât l'usage [4].

Ces diverses circonstances introduisirent enfin dans les écoles le plus fatal de tous les vices, celui qui devait causer la ruine totale de l'art, celui qui, deux fois se glissant parmi nous, a été deux fois sur le point de nous rejeter vers la barbarie ; je veux parler de l'habitude contractée à cette époque par les Grecs de laisser à l'écart la nature vivante, et de dessiner ou de peindre d'après leur imagination, c'est-à-dire de ressouvenir. Ceci demande quelques explications.

Il est pour le peintre déjà exercé dans son art deux sources d'erreurs également dangereuses. L'une est la présomption qui tend à lui persuader que les modèles humains étant tous imparfaits à quelques égards, il ne doit consulter que son propre génie, et qu'il pourra créer de lui-même des formes d'une beauté surnaturelle; l'autre, la négligence qui le porte à imiter la nature de ressouvenir, afin de hâter son travail et de diminuer ses fatigues. Il ne faut pas s'y tromper : présomptueux ou négligent, lorsque l'artiste, éloignant ses regards de la nature vivante, croit suivre un modèle conçu dans son imagination, il n'a réellement de guide que sa mémoire. Celui qui se flatte d'embellir le corps humain par des formes inconnues à la nature,

---

[1] Cod. Theod. tit. x. l. xix, *De pag. sacr. et templ.*

[2] Tertull. *De idololatr.* c. iii et xi.

[3] S. Clem. Alex. *Pæday.* l. iii, c. xi. — Moland. *De imag.* l. ii, c. lvii.

[4] Theod. lect. *Excerpt. eccl. hist.* l. i, c. xv. — S. Leont. apud S. Joan Damasc. *De imag.* orat. iii, p. 368, 387.

s'abuse ; s'il ne retraçait ce qu'il a vu, soit dans la nature elle-même, soit dans de belles imitations, il n'enfanterait que des monstruosités. Or, une mémoire exercée représentera peut-être à l'artiste les lignes principales du corps humain, peut-être encore l'image de quelque contour gracieux ; mais lui offrira-t-elle avec fidélité, dans des actions et des expressions toujours nouvelles, la contraction plus ou moins prononcée de tous les muscles, le jeu de toutes les articulations, les innombrables finesses qui animent et embellissent chacun de nos traits? Non, sans doute ; les incorrections d'un grand nombre d'hommes célèbres ne le démontrent qu'avec trop d'évidence. La mémoire réforme quelquefois le modèle vivant, elle ne le supplée pas. Ces deux causes d'égarements conduisent ainsi à la même fin. Le peintre qui s'habitue à dessiner sans placer un modèle sous ses yeux, s'écarte inévitablement de la vérité : les mêmes formes se reproduisent chaque jour sous ses pinceaux ; livré à la routine, bientôt il ne peut s'en retirer ; il est outré ou sans nerfs, froid du moins, et quelques beautés que renferment d'ailleurs ses ouvrages, ils n'excitent plus l'enthousiasme que la vérité seule est capable de nous faire éprouver.

L'ambition de créer a trop souvent égaré les modernes : la négligence, au contraire, devint le défaut des Grecs, lorsque l'émulation eut cessé, et que l'art de peindre ne fut parmi eux qu'un métier.

Ces maîtres, pendant si longtemps inimitables, ne se livrèrent jamais à la recherche d'une beauté fantastique. Dans les temps de leur plus grande gloire, plaçant sous leurs yeux de beaux modèles vivants, ils choisissaient, ils ne créaient point. Lorsque Sénèque le rhéteur, lorsque Apollonius de Tyane osèrent leur dire : « La fantaisie est un guide plus sûr que l'imitation : » si un artiste veut nous offrir l'image de Jupiter, il doit se » transporter par la pensée au milieu des cieux, y contempler » le Dieu tout-puissant sur son trône, environné des heures et » des astres ; tel est le modèle qu'imita Phidias [1] ; » ces exagé-

[1] Senec. rhet. l. v, *Controv.* 34. — Φαντασία, ἔφη, ταῦτα εἰργάσατο, σο-

rations produisirent peu d'effet sur les esprits. La doctrine de l'ancienne école se conservait dans toute sa pureté. Il était d'ailleurs évident que Sénèque et Apollonius, peu initiés sans doute dans les principes des arts, confondaient la composition d'une statue ou d'un tableau, qui doit être le produit de la *fantaisie*, c'est-à-dire, de l'imagination, avec les moyens d'exécution, qui ne sont autres que le choix et l'imitation de la nature. Le groupe du Laocoon, sculpté, suivant toute apparence, vers la même époque [1], fut la réponse la plus éloquente que pût faire l'école grecque aux maximes, au moins amphibologiques, du rhéteur et du philosophe que leur propre imagination avait si souvent égarés. Dans les temps de Constantin, de Julien et de Théodose, que nous sommes ici obligés de rapprocher, la philosophie éclectique, qui avait fait de nouveaux progrès, semblait pouvoir étayer ces vaines opinions. S'il fut dans l'antiquité une époque favorable à la doctrine enseignée par quelques modernes, que l'artiste doit *écarter toute image individuelle, s'élever au-dessus de la sphère des sens* [2], et concevoir dans son esprit une beauté accomplie *dont le modèle n'existe pas sur la terre*, ce fut sans doute celle-là. Proclus [3], qui vivait sous le second Théodose, renouvela en effet l'erreur d'Apollo-

φωτέρα μιμήσεως δημιουργός, etc. Cette opinion d'Apollonius était entièrement contraire à celle que Philostrate a manifestée dans tous ses écrits relatifs à l'art; aussi ce critique a-t-il eu soin de rappeler le vrai principe. Il fait dire à Thespésion, second interlocuteur : *Le moyen par lequel ces statues ont été rendues si belles, quel est-il? Vous n'en pouvez indiquer d'autre que l'imitation.* Ποῖον, εἶπεν; οὐ γὰρ ἄν τι παρὰ τὴν μίμησιν εἴποις. Philostr. *De vit. Apoll. Tyan.* l. VII, c. XIX.

[1] Apollonius de Tyane florissait vers l'an 50 de Jésus-Christ, sous les règnes de Claude et de Néron. Il paraît certain que le groupe du Laocoon n'existait pas sous le règne d'Auguste. Il dut être exécuté sous Titus ou peu de temps avant. On peut voir ce que j'ai dit à ce sujet dans l'*Essai sur le classement chronologique des sculpteurs grecs les plus célèbres*, qui fait partie du *Discours sur la Sculpture ancienne* (t. II du *Musée Français*, p. 95). On consultera avec bien plus de fruit la notice que *Visconti* a donné sur le Laocoon.

[2] Winckelm. liv. IV, c. II, III et VI. — Mengs, t. I, p. 134 et 203.

[3] Procl. in *Tim. Plat.* l. II, ed. Basil. 1534, fol. 81.

nius de Tyane. Mais l'éclectisme, dernier effort des philosophes grecs en faveur d'une religion qui tombait en ruines, trouva de nombreux contradicteurs, et l'art était d'ailleurs trop vieux pour s'attacher à des idées nouvelles. Découragé, indifférent pour la gloire, loin de se livrer à des systèmes hardis, l'artiste grec n'imita plus la nature que de ressouvenir : dès lors des incorrections frappantes, la fermeté, la chaleur qui animaient auparavant les parties nues, disparurent; la routine s'établit, et à mesure que les sources de la tradition s'éloignèrent, elle se dégrada de plus en plus.

L'appât du gain contribua aussi à la ruine de l'art. Libanius raconte que les jeunes gens d'Antioche de son temps auraient abandonné les écoles des rhéteurs et celles des philosophes, si les professeurs eussent exigé la plus légère rétribution ; et que tous, au contraire, apprenaient à dessiner et à peindre, et payaient des leçons très-chèrement. « Les maîtres de peinture gagnent, » dit-il, des sommes considérables, et souvent vivent dans la » débauche. Par quel artifice captivent-ils donc les esprits? » Pourrait-on le croire? *Ils enseignent à peindre vite* [1]. »

Autant qu'on en peut juger par le texte des poètes et des orateurs qui florissaient à cette époque, l'ancienne opinion relative à la théorie du beau n'avait point encore souffert d'altération sensible. Aristénète, quand il nous peint la jeune femme qui l'avait charmé, semble décrire une statue de Vénus qui se serait animée : ce sont les mêmes traits, ce sont les yeux, les sourcils, le front, le nez, les lèvres, les épaules, le col souple et arrondi, la taille légère et noble du chef-d'œuvre de Praxitèle [2]. Hélio-

---

[1] Ἔστιν ὅστις πώποτε ἤλπισε, τοῖς εἰς τάχος τούτοις διδάσκοντας γράφειν ἔψεσθαι χρυσὸν ἀπὸ τῆς αὐτῶν τέχνης, etc. Liban. *De professoribus*, t. II, p. 95. Ce passage nous dévoile plusieurs faits assez curieux : qu'à Antioche, au quatrième siècle, dans un grand nombre de familles ruinées par les révolutions, on faisait apprendre aux jeunes gens à dessiner et à peindre ; que l'art du dessin était par conséquent très-répandu ; et enfin que la charlatanerie et l'amour du gain portaient les maîtres de peinture à donner à leurs élèves de faux principes.

[2] Aristæn. l. I, *Epist.* I.

dore compare Chariclée à une de ces statues majestueuses que les anciens maîtres considéraient comme *les archétypes de la beauté* [1]; son Théagène a les traits et l'âme d'Achille [2]. Les saints Pères eux-mêmes, lorsqu'ils parlent de la beauté humaine, nous la représentent avec les mêmes caractères que Socrate et Aristote : *Rien n'est beau que ce qui est bon.* Ce principe fondamental se retrouve à chaque instant dans leurs ouvrages [3]. Lactance, à l'exemple d'Hippocrate et de Galien, a composé un de ses écrits les plus éloquents pour en faire la démonstration sur chacune des parties du corps de l'homme [4] : saint Ambroise, saint Grégoire de Nysse, Théodoret, et les autres Pères, dès qu'ils parlent du corps humain, ne négligent pas de le rappeler [5]. La plupart d'entre eux nous reproduisent ces pensées riantes ou profondes des anciens philosophes : « Aucun » corps n'est beau, s'il n'est conformé de la manière la plus » convenable à sa destination [6]. — Qu'est-ce que le beau? Ce

---

[1] *Semblable à une statue archétype, elle appelle sur elle tous les regards et toutes les pensées.* Καθάπερ ἀρχέτυπον ἄγαλμα, πᾶσαν ὄψιν καὶ διάνοιαν ἐφ' ἑαυτὴν ἐπιστρέφει. Heliod. *Æthiop.* l. ii, sub fin.

[2] Heliod. *loc. cit.*

[3] Καὶ ταὐτόν ἐστι τἀγαθῷ τὸ καλόν. (S. Dion. Areopag. *De divin. nom.* c. iv, § viii.) S. Clément d'Alexandrie dit pareillement, Καὶ μόνον τὸ καλὸν δογματίζεται. (Pædagog. l. ii, c. xii.) C'est bien là le principe enseigné par Socrate. Les Pères le faisaient rapporter à Dieu : c'était Dieu qui dans leur pensée était souverainement beau, parce qu'il était souverainement bon. Mais ils appliquaient aussi cette maxime, ainsi que Socrate, à tous les objets terrestres. Τὸ γὰρ ἑκάστου καὶ φυτοῦ καὶ ζώου κάλλος, ἐν τῇ ἑκάστου ἀρετῇ εἶναι συμβέβηκεν. *Uniuscujusque enim plantæ et animalis pulchritudo, in uniuscujusque virtute est posita.* S. Clem. Alex. *ibid.*

[4] Lactant. *De opificio Dei.*

[5] *Decorum enim quod bonum.* (S. Ambros. *De Isaac et anima.* c. viii, col. 375.) Saint Ambroise applique ce principe aux diverses parties du corps humain, dans le quatrième chapitre de son *Hexameron.* Ce chapitre est intitulé : *De corporis humani præstantiâ, deque singulorum ejus membrorum conformatione, dispositione et officiis.* Ce même principe était familier à Themistius, à l'empereur Julien, à saint Augustin (*De ordine*, l. ii, c. ii, t. I, col. 341), et à la plupart des écrivains de la même époque, presque tous héritiers des maximes de Platon.

[6] S. Clem. Alex. *loc. cit.*

» qui est en tout point désirable [1]. — Un des caractères de la
» beauté du corps est d'offrir des signes de la beauté de l'âme [2].
» — Tu es belle, mon amie, tu es belle comme la vertu [3] ! — La
» beauté ne saurait exister sans la symétrie et l'ordre ; elle est
» plus admirable dans un tout que dans ses parties [4]. — Le
» beau accompli consiste dans l'unité. Homme, qui es-tu, pour
» te flatter de le connaître ? Dieu seul voit l'unité absolue ; seul
» il est l'unité : faible créature, qu'il te suffise d'apprécier le
» *convenable*. Là est le *beau* pour toi, le seul *beau* dont puisse
» jouir ta nature mortelle [5]. »

Les véritables règles des arts n'étaient point oubliées. Les
mêmes orateurs nous offrent en mille endroits ces pensées remarquables : « L'art ne fait qu'imiter la nature, ce mot est
» dans la bouche de tout le monde [6]. — Les anciens artistes
» cherchaient à se surpasser les uns les autres par une imitation
» fidèle [7]. — La nature est l'archétype, l'art, le simulacre ;
» toute image suppose un modèle ; les peintres n'imitent que
» ce qu'ils voient [8]. — Qu'est-ce donc qui vous séduit dans ces
» statues ? Des dieux n'y habitent point ; c'est l'art qui les a
» animées ; elles ne sont qu'une imitation de la nature vivante [9].
» — Imiter, voilà le mérite de la peinture : admirons la perfec-
» tion de l'art, mais ne nous laissons pas séduire par le prestige

[1] S. Greg. Nyss. *In Cant. cant.* hom. XIV, t. I, p. 688.

[2] S. Clem. Alex. *loc. cit.* — S. Greg. Nyss. *loc. cit.* hom. IV, p. 520. — S. Ambr. *loc. cit.* c. IX, col. 136.

[3] S. Greg. Nyss. *loc. cit.* hom. XV, p. 697.

[4] S. Greg. Naz. orat. XXII, § 15. — S. Greg. Nyss. *loc. cit.* hom. XIII, p. 606. — Id. *ibid.* hom. XIV, p. 688. — Id. *De anima*, p. 929. — S. August. *Confess.* l. IV, c. XIII. — Id. *De Genesi, contra Manich.* l. I, c. XXI, t. I, col. 658. — Id. *De verâ relig.* c. XXX et XXXI, col. 767, et c. XLI, col. 775.

[5] S. Aug. *De verâ relig.* c. XXX, XXXI, XXXIV, XXXIX. — Le père André, dans son *Essai sur le beau*, n'a présenté qu'une partie du système de saint Augustin.

[6] S. Athanas. *Orat. contra gent.* c. XVIII, t. I, p. 18.

[7] Arnob. *Advers. gent.* l. VI, fol. 68.

[8] Theodoret. *In conf.* Dialog. II, t. IV, p. 84 et 85. — Id. *De Provid.* orat. III, p. 341.

[9] S. Athanas. *loc. cit.* c. XX; p. 20.

» de l'illusion [1]. — Que Praxitèle fut habile ! Il donna à Vénus
» les formes de sa maîtresse, afin qu'elle parût réellement une
» divinité [2] ! — On n'est pas grand artiste parce qu'on étale
» dans un tableau de nombreuses couleurs, semblables aux
» fleurs des prairies ; l'habile peintre est celui qui nous présente
» des figures vraies, animées, parlantes [3]. — Artistes, écrivains,
» ne précipitez point l'exécution de vos ouvrages : Phidias pro-
» duisait des chefs-d'œuvre, parce qu'il y employait un temps
» suffisant [4]. »

Ces sages maximes font sans doute la critique des artistes du
quatrième siècle ; mais si, d'une autre part, on voulait connaître
l'opinion des saints Pères sur le degré d'estime que méritent,
soit les arts d'imitation en général, soit la beauté elle-même,
on remarquerait dans leurs écrits des idées bien différentes de
celles des anciens Grecs. Ardents ennemis d'un culte qui avait
subjugué les esprits en charmant les sens, ils fondaient leur
doctrine sur le mépris de toutes les voluptés. Quoiqu'ils fissent
admirer la grandeur de Dieu dans le chef-d'œuvre de ses mains,
le corps d'un bel homme n'était à leurs yeux qu'un sépulcre
blanchi [5]. Plusieurs d'entre eux assimilaient la peinture et la
sculpture aux arts les plus grossiers, à l'art du doreur, à celui
de façonner nos vêtements, à celui d'assaisonner nos mets, arts
inutiles, arts dangereux, disaient-ils, et inventés pour des jouissances criminelles [6]. Faut-il, dans cette espèce de contradiction,

[1] S. Clem. Alex. *Admon. ad gent.* p. 39.

[2] S. Greg. Naz. *Iambic.* VIII.—Lorsque les saints Pères rappelaient aux chrétiens
que les artistes ne faisaient qu'imiter la nature, et qu'un homme sage ne devait
pas se laisser séduire par le prestige de l'illusion, ils voulaient éclairer le peuple sur
les égarements de l'idolâtrie, et prouver qu'il n'y avait dans les statues rien de divin ; mais leur témoignage n'est pas moins digne de remarque en ce qui concerne
les principes des anciens maîtres.

[3] S. Greg. Naz. *Carm.* x.

[4] Themist. *Orat.* xxv, p. 310.

[5] S. Chrysost. *Ad Theod. laps.* l. I, c. XIII, t. I, p. 22.

[6] S. Clem. Alex. *loc. cit.; Homil.* XLIX, t. VII, p. 509, 510. — Theodoret. *De
Provid.* orat. v, t. V, p. 364.

placer l'état d'avilissement où les Pères jetaient les beaux-arts parmi les causes qui contribuèrent à leur décadence? Nous n'examinerons point cette question. Toujours est-il vrai que les principes des anciens maîtres se conservaient encore chez quelques hommes de lettres, chez tous les hommes de goût, mais que la plupart des artistes, cédant à des causes générales, avaient cessé de les mettre en pratique.

Tel était enfin l'état des arts sous le règne de Constantin et celui de ses fils. La richesse était préférée à la beauté; l'antique simplicité grecque avait été proscrite par l'orgueil de Rome[1]. Dans l'architecture, la noblesse du style avait disparu sous le poids des ornements; les formes mêmes s'étaient appesanties. Dans la peinture, le dessin était négligé, l'étude de l'anatomie abandonnée. Les draperies offraient encore des restes remarquables du beau style, les têtes de la vérité, on pourrait dire même quelque expression; mais les contours des membres étaient souvent pauvres et lourds[2]. Les articulations surtout commençaient à manquer de justesse; et ce vice radical, en mettant au jour

---

[1] Un des panégyristes de Constantin disait en parlant en général des monuments que ce prince avait fait élever ou embellir : « L'or qu'on y voit resplendir de toutes parts accuse l'indécente parcimonie de nos pères. » *Sed illa ipsa quæ ante hac magnificentia ima putabantur, nunc auri luce fulgentia, indecoram majorum parcimoniam prodiderunt.* Il ajoutait, au sujet du grand cirque que cet empereur avait fait réparer : *Circo ipsi maximo sublimes porticus, et rutilantes auro columnæ, tantum inusitati ornatus dederunt, ut illo non minus cupide conveniatur loci gratiâ quam spectaculi voluptate.* (Nazar. c. XXXV, *Paneg. vet.* p. 274.) Ces mêmes panégyristes se permettaient aussi d'avancer que les peintres, leurs contemporains, surpassaient Apelles et Parrhasius. (Incert. *Paneg. Maxim. et Const.* c. VI, *ibid.* p.193.) Rappelons en même temps des idées plus justes: la plupart des écrivains ne se dissimulaient point qu'il était désormais impossible d'égaler les anciens maîtres. Dire qu'une belle femme, dire qu'une production des arts offraient *une beauté antique*, c'était en faire un éloge auquel un homme de goût croyait ne pouvoir rien ajouter. Themist. orat. XXII, p. 281. — Heliod. *Æthiop.* l. II in fin.

[2] On peut remarquer de grandes différences dans le style des productions de cette époque. Il doit paraître certain que Constantin et ses fils n'employèrent pas toujours les artistes les plus habiles.

l'ignorance des dessinateurs, annonçait plus que tout autre que la dégradation n'aurait point de terme [1].

C'est dans cet état de décadence que la peinture, méprisée et cependant reconnue nécessaire, fut appelée à tracer les premiers types des figures de Jésus-Christ, de la Vierge et des Apôtres, et à représenter les mystères de la religion chrétienne. Une si grande entreprise était d'autant plus difficile, que, dans ce qui pouvait concerner l'art, les opinions relatives à la plupart des personnages de la hiérarchie céleste étaient incertaines et quelquefois contradictoires. Nous ne ferons pas remarquer l'importance de ces canons primitifs qui devaient à jamais servir de guides aux peintres du moyen âge et aux artistes modernes. Il aurait fallu, pour les dessiner, des maîtres tels que les Parrhasius ou les Polygnote : la Grèce, dans son déclin, n'en possédait plus ; et s'il en eût existé quelqu'un, peut-être l'aurait-on repoussé, dans la crainte qu'une haute beauté ne devint une occasion de scandale. Ces anciens types ne furent pas tous également dignes des sujets qu'ils devaient présenter à la vénération publique.

Vers le milieu seulement du neuvième siècle, suivant toute apparence, des artistes français eurent les premiers l'heureuse hardiesse de peindre l'Éternel sous les formes humaines [2]. L'idée

[1] Je ne cherche point à faire remarquer toutes les causes qui contribuèrent à la dégradation de l'art, soit avant Constantin, soit après le règne de ce prince. Je me borne à signaler les erreurs auxquelles il aurait été possible d'opposer des barrières, et notamment les vices dont les artistes modernes ont dû triompher pour s'élever encore une fois vers la perfection. Ce que je pourrais dire de plus serait étranger à mon sujet.

Combien de fois, depuis que je m'occupe de cet essai, n'ai-je pas regretté d'être forcé de le mettre au jour avant de connaître le savant traité, depuis si longtemps attendu, où M. d'Agincourt va nous offrir le vaste tableau de la décadence et du nouveau perfectionnement des arts du dessin en général, depuis Constantin jusqu'à Raphaël ! Que de lumières j'aurais puisées dans les réflexions de cet illustre connaisseur ! Forcé de hâter mon travail, et de me resserrer dans un petit nombre de pages, je m'estimerai heureux si j'ai du moins saisi les traits principaux, et si ce bel ouvrage ne m'accuse pas de trop de négligence.

[2] Le pape Benoît XIV, dans une dissertation où il traite des différentes manières

de renfermer ce pur esprit dans un corps charnel avait répugné jusqu'alors aux chrétiens, et même aux idolâtres, toujours prêts à censurer les usages qui s'introduisaient dans l'Église [1]. Une main sortant d'un nuage, un rayon qui descendait du ciel, étaient les seuls emblèmes par lesquels on rappelât sa puissance

de représenter la Trinité, dit qu'il ignore l'époque où s'est introduit l'usage de peindre l'Eternel. (*Miscell. ad materiam sacr. rit.* c. XII, § 25, p. 106, t. III, op. ed. Bassan, 1767.) Il cite Fr. Christ. Lupus, qui fait le même aveu. (*Synod. canon. not. illustr.; de septima Synod. generali,* c. v, t. II, p. 1175.) Gori ne connaissait point de peinture de l'Eternel antérieure au treizième siècle (*Thes. vet. dipt.* t. III, p. 156 et 193). Jacques Basnage veut que les plus anciennes soient postérieures de sept ou huit cents ans au concile d'Elvire, tenu vers l'an 300, ce qui les placerait au onzième siècle. (*Hist. de l'Eglise,* l. XXII, c. III, § 5, t. II, p. 1321.) Paquot dit, dans ses notes sur Moland, qu'on a commencé à peindre l'Eternel sous des formes humaines au dixième siècle; mais il ne rapporte aucun exemple. (J. N. Paquot, Not. in Molan. *De hist. SS. Imag.* l. II, c. III, p. 34, not. B.). Le monument sur lequel je fonde mon assertion n'était point à la portée de ces savants écrivains. C'est une très-belle Bible latine, grand in-folio, sur vélin, de notre Cabinet royal (n° 1 des manuscrits latins), que Montfaucon a citée dans les *Monuments de la Monarchie française* (t. I, p. 303), mais qu'il n'a point décrite entièrement. Elle fut donnée à Charles le Chauve par les chanoines de l'église de Saint-Martin de Tours, en l'an 850. L'Eternel est peint quatre fois sur la première miniature, qui est divisée en trois bandes : parlant à Adam qu'il vient de créer; touchant les côtes du premier homme, qui est endormi; lui présentant Eve ; appelant les deux époux après qu'ils ont mangé du fruit défendu. Il est représenté sous la forme d'un homme de trente ans sans barbe, pieds nus, vêtu d'une tunique bleue, et d'un manteau rouge et or ; sa tête est ornée d'un nymbe en or plein, bordé de rouge ; il tient en main un sceptre.

[1] Cels. apud *Origen. contra Cels.* l. IV, c. XXXVII, t. I, p. 530. — Origen. *ibid.* c. XXXVII et XXXVIII. — S. Cyrill. Alex. *Adv. Anthropomorph.* c. III et IV, t. VI, op. p. 370 et 371. — S. Aug. *Confess.* l. VI, c. III. — Greg. II, pap. *Epist.* I, *ad Leon. Isaur.* Act. Concil. t. IV, col. 5. — Théodore Studite, quoique zélé défenseur des images, nous assure pareillement que les Grecs de son temps ne peignaient jamais l'Eternel; il ajoute qu'on ne doit point, et qu'on ne saurait même le peindre, puisque l'imagination ne peut lui attribuer aucune forme. (*Antirretic.* I, c. II et X, p. 90 et 98 ; *Antirretic.* II, c. XL et XLI, p. 147 ; ed. Sirmond.) Il est à remarquer que cet écrivain mourut en 826, et que le manuscrit que je viens de citer date de l'an 850. — Nicéphore Calliste, qui écrivait dans le treizième siècle, reprochait encore aux Jacobites de peindre l'Eternel, et appelait cela une absurdité. *Eccl. Hist.* l. XVIII, c. LIII.

suprême[1]. Les premiers essais de nos peintres français furent extrêmement grossiers. On voit cependant qu'ils tentèrent d'exprimer la beauté immortelle du Créateur : c'est dans cette intention qu'ils le représentèrent jeune et sans barbe. Deux cents ans s'écoulèrent, il y a du moins lieu de le croire, avant que des maîtres grecs osassent imiter leur exemple ; mais ces artistes surpassèrent facilement les nôtres. Retraçant les grandes images offertes par les prophètes, ils peignirent *l'Ancien des jours*, tel qu'il avait apparu à Daniel, sous les dehors d'un vieillard majestueux et plein de bonté ; ils le montrèrent assis sur des nuages, débrouillant le chaos, faisant jaillir la lumière du sein des ténèbres[2]. Mal exprimées sans doute, ces conceptions étaient déjà élevées et poétiques ; et lorsque Michel-Ange et Raphaël traitèrent les mêmes sujets, leur génie, sans éprouver d'obstacle, n'eut qu'à les revêtir de formes plus nobles pour les rendre sublimes.

Jamais les Pères ne se permirent d'affirmer directement que la Vierge fût belle ; saint Ambroise la dépeignit cependant en un seul mot, sous des traits divins, en disant que sa physionomie annonçait la pureté de son âme[3]. Cette pensée paraît avoir guidé de bonne heure les artistes. Quelque changement que la

---

[1] Tels sont les seuls emblèmes qui rappellent l'Eternel dans les monuments décrits par Aringhi, Ciampini, Buonarotti, etc., et dans le Ménologe de l'empereur Basile le Jeune, composé vers l'an 984. — On voit une main sortant d'un nuage, sur la médaille qui représente l'apothéose de Constantin. — Cette idée peut avoir été empruntée des prophètes. Jerem. I, 9. — Id. XXVII, 5. — Ezech. II, 9, etc.

[2] Daniel, c. VII, vers. 9. — M. Fr. Fontani, dans ses notes sur la Dissertation de Lami relative aux peintres qui ont fleuri en Italie, depuis l'an 1000 jusqu'à l'an 1300, cite deux manuscrits du onzième siècle, dont un latin, de la bibliothèque *Riccardiana*, à Florence, et l'autre grec, de la bibliothèque *Mediceo Laurenziana*, ornés l'un et l'autre de miniatures, où l'on voit ces compositions très-intéressantes à cause de leur antiquité. J'en parle d'après la description donnée par cet écrivain. G. *Lami, Dissert. etc., adgiunt. al Tratt. della pitt. di Leon. da Vinci*; Firenze, 1792, not. 9 et 11, p. 61 et 64.

[3] *Ut ipsa corporis species simulacrum fuerit mentis, figura probitatis. Bona quippe domus in ipso vestibulo debet agnosci.* S. Ambr. *De Virgin.* l. II, c. II, col. 164.

religion chrétienne eût produit sur l'esprit des Grecs, comment d'ailleurs auraient-ils honoré une femme d'un culte religieux, sans embellir son image autant que leur art le permettait? Depuis les plus anciennes figures de la Vierge, peintes soit avant, soit après le concile d'Ephèse [1], jusqu'à ce chef-d'œuvre où Raphaël a exprimé tout à la fois, avec une vérité si touchante, l'innocence d'une jeune fille, la tendresse d'une mère, le respect d'une mortelle pour son Dieu, les peintres ne cessèrent jamais de répandre sur le visage de Marie toute la grâce, toute la dignité dont leur imagination et leur pinceau pouvaient l'embellir.

Les peintres modernes, se livrant à une idée riante, n'ont vu dans saint Jean à l'époque où il écrivait son Evangile, que le jeune frère adoptif de Jésus-Christ, que le disciple bien-aimé. Qui ne se rappelle à ce sujet les admirables peintures de Raphaël et du Dominiquin ! Les artistes du moyen âge se permettaient quelquefois la même licence [2]; mais plus souvent, fidèles aux traditions, ils peignaient dans cet évangéliste le vieil-

---

[1] Jacques Basnage veut que l'on n'ait commencé à peindre la Vierge qu'après le concile d'Ephèse, tenu en 431. (*Hist. de l'Egl.* l. XIX, c. I, § I; l. XX, c. III, § VII et X.) Les écrivains catholiques qui ont traité de ces matières reconnaissent qu'on n'a peint la Vierge tenant l'enfant Jésus sur ses genoux qu'après le concile d'Ephèse (Buonarotti, *Osserv. sopra alcuni vasi di vetro*, tav. I, fig. 2 et 3, p. 10. — Ciamp. *Vet. mon.* p. I, c. XXII, p. 205; p. II, c. XXIV, XXVI, XXVIII, p. 142, 151, 157); ils ajoutent seulement qu'on la peignait auparavant sans l'enfant Jésus, debout, une main sur la poitrine, l'autre élevée vers le ciel, gémissant sur la mort de son fils. Il en est qui citent jusqu'à sept portraits de la Vierge attribués à saint Luc, et dont quatre sont conservés à Rome. On trouve des gravures de ces portraits dans les histoires des églises auxquelles ils appartiennent. (Casim. Romano, *Mem. ist. della chiesa di S. Maria in araceli*, p. 130, 131. — Flor. Martinello. *Imag. B. M. Virg. quæ apud SS. Sixt. et Dominic. asservatur*, etc., etc.). Lami et Lanzi paraissent avoir prouvé que tous ces portraits sont l'ouvrage d'un peintre florentin nommé *Luca*, qui vivait dans le onzième siècle. (G. Lami, *loc. cit.* p. 66, 67. — Lanzi, *Stor. pitt.* ed. 1795, t. I, p. 349, 350.) Dans cette diversité d'opinions, il est un fait généralement reconnu, c'est qu'on n'a peint la Vierge tenant l'enfant Jésus sur ses genoux qu'après le concile d'Ephèse, et il suit de là que tous les monuments où elle est représentée dans cette attitude doivent être postérieurs à l'an 431.

[2] Ciampini, *Vet. monim.* t. II, tab. XLIX et LIII, p. 150, 163, etc.

lard de Patmos, qui écrivit, dit-on, son livre vers l'âge de quatre-vingt-quatorze ans ; ils lui donnaient une tête vénérable, un visage ovale, un front large et chauve, une grande barbe et des cheveux blancs [1].

Les anges, introduits dans les compositions des tableaux dès le quatrième siècle, étaient toujours représentés jeunes, beaux, quelquefois les pieds nus, quelquefois chaussés d'un cothurne, les ailes déployées, entièrement vêtus de blanc, ou portant un manteau blanc et une tunique bleue. C'est à peu près ainsi que les dépeint saint Grégoire de Nazianze [2].

Les figures des apôtres, au contraire, furent mâles et austères, plutôt que nobles et gracieuses. On assure qu'une vision de Constantin attesta la fidélité des portraits de saint Pierre et de saint Paul qui sont parvenus jusqu'à nous : deux vieillards inconnus à l'empereur lui avaient apparu pendant son sommeil ; le pape saint Sylvestre mit sous ses yeux les portraits des deux princes des apôtres : Constantin déclara que ces peintures ressemblaient aux deux saints présents à sa mémoire [3]; et dès ce moment ces images, que l'on croit posséder encore à Rome [4], devinrent des modèles dont il ne fut plus permis aux artistes de s'écarter.

Le portrait de Jésus-Christ exigea de plus longues recherches. Il y a lieu de croire que les images *Acheiropoïètes*, c'est-à-dire les images faites sans la participation de la main des hommes, qui ont été honorées dans des temps postérieurs, ou n'étaient pas généralement connues, ou n'avaient point acquis une entière authenticité [5]. Il est au moins douteux que l'on possédât

---

[1] Gori, *Thes. vet. dipt.* t. III, tab. XXIV et XXIX, p. 220 et 221. — *Evangel.* manuscrit grec du dixième siècle, du Cabinet royal, n° 541, in-4°, etc., etc.

[2] Saint Greg. Nazianz. orat. XXIII et XXV.

[3] Hadrian. I, *Epist. ad imp. Const. et Iren.* Concil. Nicœn. II, act. II; *Act. Concil.* t. IV, col. 81 et 82.

[4] Ces deux portraits sont peints sur un même tableau que l'on conserve à Rome dans la basilique de Saint-Pierre. Ils ont été gravés souvent.

[5] Les images de Jésus-Christ, dites *Acheiropoïètes,* qui ont eu le plus de célébrité,

le signalement envoyé, dit-on, par Lentulus au sénat romain, et dans lequel le Sauveur est dépeint comme le *plus bel homme qui jamais ait paru sur la terre* [1]. Les traditions mêmes étaient incertaines [2]. Dès le second siècle de l'Église, la figure de Jésus-Christ avait été un sujet de controverse. D'une part, on soutenait qu'il était en effet d'une beauté accomplie ; de l'autre, qu'il était entièrement dénué de noblesse et de beauté, *sine decore et specie*. Les païens et les chrétiens avaient pris part à cette singulière discussion.

Le premier entre les Pères, du moins à notre connaissance, saint Justin se persuada que le Christ s'étant montré aux hommes dans un état d'humiliation, avait dû se revêtir de formes abjectes, et que le mystère de la rédemption devenait par là plus touchant et plus sublime [3]. Cette opinion si contraire

sont la Sainte-Face, ou *la Véronique*, dont tout le monde connaît l'origine, et le portrait que Jésus-Christ forma lui-même, par le moyen de l'impression, en appliquant un linge sur son visage, et qu'il envoya, dit-on, à *Abgare*, prince qui régnait à Édesse. (Evagr. *Hist. eccl.* l. IV, c. XXVII. — Procop. *De bell. Persic.* l. II, c. XII.) On conserve la Sainte-Face à Rome, dans l'église de Saint-Pierre. Elle est gravée plus ou moins fidèlement dans divers ouvrages. La figure est très-longue, le nez un peu large par le bas : cette image est cependant celle de toutes les peintures du même genre où la tête de Jésus-Christ a le plus de dignité. Le portrait donné à *Abgare* fut, dit-on, transporté d'Édesse à Constantinople, sous le règne de Constantin Porphyrogénète, et ce prince assure que Abgare l'avait fait coller sur bois. (Const. Porph. *Orat. de imag. Edess.* apud Gretzer, *De imag. non manufact.* c. IV, t. XV, op. p. 185.) On croit le posséder à Rome, dans l'église de *San Silvestre in capite.* Il est gravé dans l'histoire de cette église, donnée par Carletti. Les formes du nez ont un assez bon caractère ; mais les yeux sont ronds, les sourcils très-arqués : l'ensemble manque de grâce et de noblesse.

[1] *Epist. Lentuli ad Senat.* apud Fabric. *Cod. apocryph. Nov. Testam.* p. 301, 302.

[2] Saint Augustin dit formellement que l'on ne connaissait avec assurance, de son temps, ni la figure de Jésus-Christ, ni celle de la Vierge. *Nam et ipsius Dominicæ facies carnis, innumerabilium cogitationum diversitate variatur et fingitur, quæ tamen una erat, quæcumque erat... Neque enim novimus faciem Virginis Mariæ... Nec novimus omnino, nec credimus.* S. Aug. *De Trinit.* c. IV et VIII, t. III, col. 869 et 870.—Saint Irénée dit la même chose, *Contr. hæres.* l. I, c. XXV.

[3] Ἀειδῆ καὶ ἄτιμον φανέντα... καὶ ἀειδής... καὶ ἄνθρωπος ἀειδής, ἄτιμος. S. Justin. *Dialog. cum Tryphone,* c. LXXXV, LXXXVIII, C.

aux idées du paganisme prêta de nouvelles armes aux idolâtres. Zélé défenseur des anciennes divinités, digne nourrisson des Grecs, Celse enorgueilli s'écria : « Jésus n'était pas beau ! donc » il n'était pas Dieu [1]. » Saint Clément d'Alexandrie proclama de nouveau l'opinion de saint Justin [2]. Origène, quoique son disciple, embrassa une opinion moyenne, et accusa Celse de mauvaise foi. Vous citez, lui dit-il, ce passage d'Isaïe : *Nous l'avons vu, ses dehors étaient abjects, il n'avait ni beauté ni grâce.* Pourquoi taisez-vous ces paroles de David : *Ceins ton épée, roi puissant, ô le plus beau des enfants des hommes, règne, triomphe par l'éclat attrayant de ta beauté.* Peut-être, ajoutait Origène, manquait-il quelque chose à la beauté du Sauveur ; mais l'expression de son visage était noble et céleste [3]. L'Africain Tertullien ne pouvait garder le silence sur une semblable question : « Si Jésus était laid aux yeux des hommes, » dit-il, si ses traits étaient grossiers et vils, je reconnais en lui » mon Dieu [4]. » Les Pères du quatrième et du cinquième siècle furent partagés. Grégoire de Nysse, Jérôme, Ambroise, Augustin, Chrysostome, Théodoret, enseignèrent ce qu'en effet semblent attester les livres saints, que Jésus charmait, entraînait les hommes par la majesté de ses traits, autant qu'il les touchait par la sainteté de sa doctrine [5]. Non, certes, dirent-ils unanimement, Isaïe n'a point prédit que Jésus serait laid dans ses formes extérieures ; loin de nous cette pensée ! C'est l'ignominie

---

[1] Cels. apud Origen. *Contra Cels.* l. VI, c. LXXV.

[2] S. Clem. Alex. *Pædag.* l. III, c. I. — Id. *Stromat.* l. III, p. 368, 471.

[3] Isaï. c. LIII, vers. 1, 2 et 3. — *Psalm.* XLIV, vers. 4 et 5. — Origen. *loc. cit.* c. LXXV, LXXVI et LXXVII. — On a mal interprété Origène quand on l'a rangé avec les Pères qui voulaient que Jésus-Christ fût laid.

[4] *Ne aspectu, quidem honestus.* (Tertull. *Adv. Jud.* c. XIV.)—*Nec humanæ honestatis fuit corpus ejus.* (Id. *De carn. Christ.* c. IX.) — *Si inglorius, si ignobilis, si inhonorabilis, meus erit Christus : talis enim habitu annuntiabitur.* Id. *Adv. Marcion.* l. III, c. XVII.

[5] S. Hieronym. *Epist.* LXV, *Ad Princip.* c. VIII et IX, t. I, col. 376, 377. — Id. *In Matth.* c. IX et XXI, t. VII, col. 50 et 164.—S. Chrys. *In Matth.* Homil. XXVII, c. II, t. VII, p. 328.

2

de la croix, ce sont les tourments de la passion que le prophète a annoncés sous l'emblème de la laideur du Christ [1]. « Roi de » gloire, image visible de l'invisible majesté du Très-Haut [2], » Jésus fut choisi entre dix mille ; les proportions de son corps » étaient élevées et pures ; tout ce qui était créé en lui était » plein de grâce et de vérité [3]. — Son père céleste versa sur lui » à grands flots la grâce corporelle qu'il dispense aux mortels » goutte à goutte [4]. — Il était beau dans le sein de sa mère, » beau dans les bras de ses parents, beau sur la croix, beau dans » le sépulcre [5]. — Il ne voila sa divinité qu'autant qu'il était » nécessaire pour ne pas blesser les regards des hommes [6]. » Attachés au sentiment de saint Justin et de Tertullien, Basile le Grand, et Cyrille, évêque d'Alexandrie, continuèrent, au contraire, à enseigner que Jésus-Christ, par humilité, s'était revêtu des formes d'un esclave, qu'il était laid, et même, dit saint Cyrille, *le plus laid des enfants des hommes* [7]. Jamais l'Église ne prononça ; mais l'enthousiasme de ces deux orateurs parut avoir entraîné l'opinion publique.

La représentation du mystère de la passion offrait des difficultés d'un autre genre. Les idolâtres tournaient en dérision la

[1] S. Hieronym. *In Isaï.* l. XIV, c. LIII. — S. Ambr. *De fide,* l. II, c. VIII. — S. Aug. *In Psalm.* XLIV. t. IV, part. I, col. 382. — Id. *Serm.* XXVII, t. V, part. I, col. 145. — Id. *Serm.* XCV, *ibid.* col. 509.

[2] S. Ambr. *De myst.* c. VI, col. 334.— Id. *De fide,* l. II ; prolog. col. 471 et 472,

[3] S. Greg. Nyss. *In cant. Cant.* Homil. XIII et XIV, col. 662 ad 672, et 674 ad 685. — Saint Grégoire, dans ses Homélies sur le Cantique des cantiques, se complaît à décrire la beauté de chacune des parties du corps du Sauveur.

[4] S. Chrysost. *In Psalm.* XLIV, c. II, col. 162, 163.

[5] S. Aug. *In Psalm.* XLIV, t. IV, part. I, col. 382.—Id. *Epist.* CCV, *aliàs* CXLVI, t. II, col. 768.

[6] S. Greg. Nyss. *In Cant. cant.* Hom. IV, col. 522.

[7] S. Basil. *In Psalm.* XLIV, c. IV et V, t. I, p. 162 et 163. — S. Cyril. Alex. *De nudat. Noë,* l. II, t. I, p. 43. — Ἀλλὰ τὸ εἶδος αὐτοῦ ἄγιμον, ἐκλείπον, παρὰ πάντας τοὺς υἱοὺς τῶν ἀνθρώπων. Id. *Glaphyr. in Exod.* t. I, p. 250. — David, dit encore saint Cyrille, n'a point prédit que Jésus-Christ serait beau dans ses formes corporelles ; *gardons-nous de le croire.*

mort ignominieuse du Sauveur [1]. Les Pères appréhendaient que l'image de Jésus crucifié ne devînt un sujet de scandale et d'éloignement pour les faibles ; ils usèrent pendant longtemps de grands ménagements [2]. Cette image fut exposée très-rarement dans les temples de la Grèce avant la fin du septième siècle, et dans ceux de l'Italie avant le commencement du huitième [3]. Jusqu'alors le mystère de la croix n'était exprimé que par de pieuses allégories.

Cet état de choses fit imaginer des peintures très-différentes les unes des autres. Les premières productions de l'art des chrétiens sont pour la plupart allégoriques. L'allégorie offrait l'avantage de rappeler les faits sans exciter la critique ; de toucher les cœurs, et de ne point compromettre le respect exigé pour les mystères. Elle était employée à peindre Jésus-Christ comme Dieu ; la forme historique devait seulement le représenter comme homme. Ces anciens ouvrages peuvent cependant

[1] S. Paul. *Ad Corinthios*, Epist. I, c. I, vers. 22, 23. — Arnob. *Adv. gent.* l. I, fol. v et vii, ed. 1542. Lactant. *Divin. inst.* l. iv, c. xvi.

[2] S. Maxim. Taur. episc. *Serm.* vii et ix, *De Paschate.* — Casali, *De rit. sacr. Christ. rit.* p. I, c. I, p. 2. — Aringhi. *Rom. subt.* l. vi, c. xx, t. II, p. 557. — Fr. Gori, *De mitrato cap. J. Chr. crucif.* c. v, § iii et c. viii, § iv ; *In Symbol. litt. med. œvi*, t. III, p. 104 et 179.

[3] Casali, *loc. cit.* p. 3. — Gori, *loc. cit.* c. viii, § 1 et 3, p. 172 ad 178. — Id. *Thes. vet. diptych.* t. III, p. 158, 159. — Quelques écrivains, et notamment Gretzer, ont voulu prouver que l'on peignait déjà des crucifix dans le temps de Tertullien. Le passage de ce Père sur lequel ils se fondent ne le dit nullement. (Tertull. *Apol.* c. xvi. — Gretzer, *De cruce*, l. II, c. II ; t. I, op. p. 183.). On ne commence à voir le Christ sur la croix qu'au sixième siècle. C'est en France qu'on le trouve. Grégoire de Tours dit que de son temps on en voyait un dans la cathédrale de Narbonne. Le Sauveur était nu ; l'évêque fit placer un rideau devant le tableau. (Greg. Tur. *De glor. martyr.* c. xxiii.). Cet exemple me paraît être le plus ancien qu'on puisse citer. Le Beau a fait erreur quand il a dit que Constantin avait fait placer *un Crucifix* de bronze, à Constantinople, sur la porte du *Chalcé.* (*Hist. du Bas-Emp.* t. xiii, p. 359.) Les auteurs dont il fait mention, parlent d'une statue représentant Jésus-Christ. Στήλη χαλκῆ ; — τοῦ Κυρίου εἰκόνα ; — τοῦ Σωτῆρος Χριστοῦ τὸ ἐκτύπωμα. C'est ainsi que du Cange et Tillemont l'ont entendu. Du Cange, *Constant. Christ.* l. II, p. 116. — Tillemont, *Hist. des Emp.* t. iv, p. 236.

être divisés en trois classes : les uns n'ont pour objet que d'honorer la divinité du Christ, ou de célébrer le mystère de la passion : la composition en est purement allégorique ; les autres représentent Jésus-Christ manifestant sa puissance par ses miracles : on y trouve l'allégorie associée à l'histoire ; la troisième classe renferme les sujets simplement historiques, ceux où Jésus voilait totalement sa divinité sous des dehors mortels : c'est dans cette classe que se rangent les portraits ; on peut y comprendre aussi les images du Christ enseignant, qui, suivant l'esprit de ces temps anciens, durent en général être traitées comme des portraits, attendu que lorsqu'il enseignait sa doctrine, le Christ ne laissait voir que sa nature humaine et n'opérait d'autre miracle que celui de la persuasion.

Dans les pures allégories, exempt d'entraves, au milieu du quatrième, du cinquième, du sixième siècle, le génie des Grecs déploie encore avec dignité sa verve poétique. On croirait presque, en voyant leurs ouvrages, être remonté avec eux dans les temps anciens. Tantôt, pour rappeler la divinité de Jésus-Christ, ils nous peignent un adolescent, doué d'une grâce et d'une beauté immortelles, foulant de ses pieds nus le lion et le dragon [1] ; tantôt, pour honorer sa mission, sous l'emblème du bon Pasteur, ils le représentent comme un jeune berger, sans barbe, d'une taille élégante, portant sur ses épaules la brebis qui s'était égarée[2]; ou bien, sous l'emblème d'Orphée, ils le peignent

[1]On voit des exemples de cette manière de représenter Jésus-Christ sur un diptyque d'ivoire, sculpté, suivant toute apparence, vers le septième ou le huitième siècle et publié par Gori ; sur un verre peint, publié par Boldetti, etc., etc. (Gori, *Thes. vet. dipt.* t. III, tab. IV, p. 25 et seq. — Boldetti, *Osserv. sopra i cimeteri de S.S. Mart.* l. I, c. XXXIX, tav. II, fig. 2, p. 192.) C'est par une extension du même principe que les patriarches, les prophètes et les apôtres étaient quelquefois peints jeunes et sans barbe. Ils sont représentés de cette manière, ainsi que Jésus-Christ, sur une table d'ivoire, que Gori croit du dixième ou du onzième siècle. L'artiste n'a donné la barbe qu'à saint Pierre et à saint André. Gori, *loc. cit.* t. III, tav. XXXIV, p. 266 et seq.

[2] Parmi les monuments de sculpture où est représenté le bon Pasteur, je citerai de préférence, comme les plus remarquables pour le mérite de la pose et de l'exé-

assis au haut d'une montagne, un instrument de musique dans ses mains, entouré d'animaux cruels qu'il charme par la douceur de ses accents [1]. Des allégories également ingénieuses et intéressantes rappellent, en le voilant, le double mystère de sa mort et de sa résurrection. Nouveau Daniel, Jésus est entièrement nu parmi des lions, dont sa grâce ravissante a désarmé la férocité [2]; nouveau Jonas, il est dévoré par la baleine, qui doit

cution, ceux qui ont été publiés par Bosio, p. 59. 95. 291. 513; par Aringhi, t. I, p. 291. 327. 619, et t. II. p. 143, 267; par Bottari (*Rom. sotter.*), tav. XX et XXVIII; parmi les peintures, celles qu'on trouve gravées dans Bosio, p. 307. 311. 331. 343. 363. 369. 475. 547, et dans Aringhi, t. II. p. 25. 29. 59. 71. 91. 97. 213. 303. Ces peintures sont du quatrième, du cinquième et du sixième siècle. Elles existent encore à Rome, dans les catacombes de Saint-Calliste, de Saint-Marcellin, de Sainte-Agnès, etc. — Le bon Pasteur tient souvent en main une flûte à sept tuyaux. Quelquefois il est représenté comme un homme de quarante à cinquante ans avec la barbe; mais ces exemples sont rares. (Bosio, p. 223. — Aringhi, t. II. p. 189. — Boldetti, p. 200.) Il est presque toujours jeune et sans barbe. Les chrétiens peignaient déjà l'image allégorique du bon Pasteur sur les calices employés au saint sacrifice, et même sur leurs verres à boire, à la fin du second siècle de l'Église, dans le temps de Tertullien. Tertull. *De pudicitiâ*, c. VII et X. — Aringhi, l. VI. c. XVIII, t. II. p. 551.

[1] L'image d'Orphée entouré d'animaux qu'il charme par ses accords fut employée dans les peintures chrétiennes les plus anciennes, comme un emblème de la mission de Jésus-Christ. (Eus. *Laud. Const.* l. XIII, c. XV. — Aringhi, l. VI. c. XXI, t. II, p. 560.—Fed. Borrom. *De pict. sacr.* l. II, c. II; *in Symbol. litt. med. æv.* t. VII, an. 1754, p. 47.) Cet Orphée allégorique est représenté assis, coiffé d'un bonnet phrygien, et jouant de la lyre. C'est ainsi qu'on le voit dans Bosio (p. 239. 255), et dans Aringhi (t. I, p. 547, 563). Les gravures publiées par ces deux antiquaires sont faites d'après les peintures du cimetière de Saint-Calliste. Elles sont du même style, et très-remarquables par leur élégance. On voit dans l'une des deux, au dessus d'Orphée, l'image de la Vierge tenant l'enfant Jésus sur ses genoux : ce fait annonce, ainsi que je viens de le dire (p. 22. not. 1), que cette peinture est postérieure à l'an 431. Nous ferons remarquer tout à l'heure que les peintures des cimetières de Saint-Calliste, de Saint-Marcellin, etc., ne datent pas toutes de la même époque. C'est en parlant de celles dont il s'agit ici, qui sont les plus anciennes, que Boldetti a dit : *Elles sont bonnes, sinon excellentes.— Buone, se non excellenti.* Ce savant les croyait du temps de Néron (*Osserv. sopra cimet. de S. Mart.* l. I, p. 5, c. XVIII), ce qui me paraît une erreur.

[2] Bosio, p. 235, 259, 377, 387. — Aringhi, t. I, p. 543, 567; t. II, p. 105, 115, 189, 199. — Dans toutes ces peintures, Daniel est entièrement nu, et tient les

le rendre à la lumière dans trois jours [1]; agneau soumis et éclatant de blancheur, il expire au pied d'une croix qu'il arrose de son sang [2]; Phénix radieux, vainqueur des esprits de ténèbres, il s'élève dans les airs ou se pose à la cime d'un palmier, emblème de sa victoire [3]. S'agit-il de peindre les miracles de l'Homme-Dieu, les artistes, voulant exprimer sa puissance surnaturelle, le représentent encore comme un beau jeune homme, sans barbe, qui tient un sceptre ou une baguette dans ses mains : c'est ainsi qu'ils nous l'offrent multipliant les pains, guérissant le paralytique, ressuscitant Lazare, et même, le sceptre seulement excepté, entrant en triomphe dans Jérusalem, ou comparaissant devant Pilate [4]. Malgré l'incorrection du dessin, on croit voir que dans ces occasions les artistes grecs ne craignaient point de consulter les beaux ouvrages de leurs ancêtres; ils semblent du moins n'avoir totalement oublié ni les proportions ni les poses faciles des chefs-d'œuvre honorés dans l'antiquité.

Les portraits de Jésus-Christ offrent un autre caractère. Dans cette sorte d'images, où généralement l'allégorie dut cesser, la

bras en croix. On le trouve vêtu sur un sarcophage publié par Ciampini, *De sacr. œdif.* tab. III, p. 14.

[1] Bosio, p. 225, 377, 449. — Aringhi, t. I, p. 533; t. II, p. 71, 91, 97, 105. — Jonas est toujours nu; il est quelquefois représenté avec la barbe, mais rarement. Bosio, p. 289. — Aringhi, t. I, p. 617; t. II, p. 331.

[2] Casali, *De vet. sacr. Christ. rit.* part. I, c. I, p. 3. — Ciampini, *Vet. mon.* c. XXV, t. I, p. 240.

[3] Casali, *loc. cit.* p. 5. — Aringhi, t. I, p. 295. — Ciampini, *Vet. monim.* c. VII, tav. 16; c. XXV, tav. 47; c. XXVII, tav. 52; t. II, p. 61, 148 et 162. — Toutes ces mosaïques subsistent. Celle de Sainte-Praxède, que Ciampini donne à la page 148, a été exécutée vers l'an 818; le Phénix y est représenté avec une auréole. Celle de Saint-Côme et Saint-Damien, qu'on voit à la page 61, date de l'an 350, ou environ. Le Phénix y est peint dans les airs; sa tête étincelle de neuf rayons.

[4] Aringhi, t. I, p. 289, 295; t. II, p. 59, 71, 87, 91, 101, 109, 159. — Buonarotti, *Vasi antic. di vetro,* tav. VII, p. 51. — Fr. Gori, *Thes. vet. dipt.* t. III, tav. XIII, p. 107.—Quelquefois Jésus-Christ est représenté opérant des miracles, vieux, et une baguette à la main (Aringhi, t. II, p. 329, 333.). Quelquefois aussi, on le voit prêchant, au milieu de ses disciples, jeune et sans barbe. Aringhi, t. I, p. 277, 281, 317, 321.

beauté du Christ s'évanouit presque toujours avec elle. C'est l'opinion de Tertullien, de saint Basile et de saint Cyrille, qui paraît avoir dirigé la main du sculpteur ou du peintre. Quelquefois les traits conservent une sorte de grandeur ; mais ce mérite est rare : plus souvent ils se dégradent ; les sourcils s'arrondissent ; la tête s'allonge ; elle devient maigre, et même triste et vieille [1]. Ce n'est point ici un effet de l'ignorance ou du hasard. Les artistes ont évidemment été conduits par leurs opinions religieuses : on n'en peut douter, puisqu'on voit fréquemment dans le même siècle, sur le même monument, d'un côté, le bon Pasteur, Jonas ou Jésus-Christ même opérant des miracles, représentés jeunes, ornés de toute la beauté où l'art pouvait atteindre ; et de l'autre, Jésus qui prêche devant ses disciples, portant la barbe, maigre, bien plus âgé que les traditions de l'Église ne l'enseignent, dénué enfin de toute grâce et de toute majesté [2].

[1] Aringhi, t. I, p. 295, 301, 307. — Ciampini, *Vet. monim.* t. II. tav. XXVIII, p. 102.— Id. *De sacr. œdif.* tav. XIII, p. 42 ; tav. XIV, p. 49 ; tav. XXX, p. 131. — On peut consulter les médailles grecques où est représentée la tête de Jésus-Christ. Elles sont gravées dans du Cange, *Famil. aug. Byzant.* p. 116, 123, 128, 136. — Parmi les anciens portraits de Jésus-Christ que les artistes ont dû considérer comme des types originaux, il faut compter encore celui que l'on conserve à Rome dans la chapelle de Saint-Jean de Latran, dite *Sancta Sanctorum.* Il est gravé, mais peu fidèlement, dans l'histoire de cette chapelle, donnée par Marangoni, ainsi que dans les *Notizie delle sacre teste de' SS. Apostoli Pietro et Paolo,* du savant Cancellieri. M. Denon a gravé dans son *Voyage d'Égypte* (pl. 110) une tête syrienne, dessinée sur la nature, où il croit avoir retrouvé à peu près le type que la plupart des artistes du moyen âge ont suivi et enlaidi.

[2] Voyez le sarcophage de marbre du cinquième siècle, qu'on croit être celui d'Olybrius et de Julienne sa femme, dans Aringhi, t. I. p. 301, 303, et dans Bottari (*Rom. sott.*), tav. XXV et XXVI, p. 99. — On peut remarquer cette différence sur la même face du même monument, dans Aringhi, *ibid.* p. 293, 295, 297, 299. — L idée de peindre Jésus-Christ vieux dans ses portraits peut avoir pris sa source dans l'opinion de saint Irénée, qui croyait que le Sauveur était mort âgé de près de cinquante ans (S. Iren. *Contra hæres.* l. II, c. XXII, p. 147, 148.). — Toutes ces choses au surplus durent varier, durant tout le cours du moyen âge, suivant les opinions religieuses des artistes, ou celles des supérieurs ecclésiastiques qui les dirigeaient. La laideur du Christ pouvait être une allégorie, de même que sa beauté;

Lorsque le concile *quinisexte*, tenu à Constantinople en 692, ordonna de préférer la réalité aux images, et de montrer le Christ sur la croix [1], l'esprit d'allégorie, malgré ce décret, ne s'anéantit point entièrement. Le génie des Grecs semblait se refuser à peindre Jésus-Christ couronné d'épines, percé d'un coup de lance, épuisé par l'agonie. Les Latins eux-mêmes, qui connurent plus tôt que les Grecs ces peintures lugubres, paraissent ne les avoir adoptées qu'à regret. Longtemps encore, après avoir peint Jésus souffrant, ils le représentèrent sur la croix jeune, sans barbe, inaccessible à la douleur, coiffé d'un bandeau royal, d'une mitre ou d'une tiare, et quelquefois même assis au milieu de ce bois mystérieux, comme sur un trône [2]. Mais peu à peu les peintures chrétiennes s'approchèrent davantage du genre historique. Souvent l'allégorie se confondit si bien avec l'histoire, qu'on ne la distingua presque plus. Cette grande révolution, qui devait enfin conduire l'art à un nouveau perfectionnement, ne servit pendant longtemps qu'à dégrader la figure du Christ. Les peintres s'attachèrent à exprimer dans les traits du Sauveur crucifié les effets de ses souffrances; et, incapables d'apprécier les difficultés de ce genre d'imitation, ces dessinateurs ignorants enlaidirent de plus en plus l'Homme-Dieu, en croyant donner à son visage une expression vive et touchante [3].

elle pouvait être le symbole de son mépris pour les grandeurs humaines, de sa descente dans le tombeau, etc. C'est en ce sens que quelques docteurs ont cru reconnaître Jésus-Christ dans un emblème égyptien représentant un hibou qui porte une croix sur la tête. (*Factus sum sicut nycticorax in domicilio.* Psalm. CI, vers. 7.) Jac. Bosius, *De triumph. cruce,* l. v, c. X, p. 472. — Casali, p. 11.

[1] *Antiquas ergo figuras et umbras, ut veritatis signa et characteres ecclesiæ traditos, amplectentes, gratiam et veritatem præponimus, eam ut legis implementum suscipientes. Itaque..... jubemus, etc. Concil. quiniscxt. in trullo,* can. LXXXII.

[2] Casali, p. 2. — Ant. Bosio, p. 581. — Aringhi, t. II, p. 355. — Ciampini, *Vet. monim.* t. II, tav. XIII, p. 48. — Gori. *De mitr. cap. Jesus-Christ. crucif.* c. IV, §§ 3 et 5; c. VIII, §§ 2 et 8; *In Symbol. litt. med. æv.* t. III, p. 96 et seq. p. 176 et seq.

[3] On peut voir les crucifix publiés par Gori, *Vet. dipt.* t. III, tav. XVI et XVII, p. 116 et 265, etc., etc.

L'opinion que le Christ était laid dut s'accréditer avec d'autant plus de facilité, que la plupart des peintres grecs du moyen âge furent des moines de l'ordre de Saint-Basile, attachés par état à l'esprit de leur fondateur. Cette opinion convenait d'ailleurs entièrement à des artistes qui avaient cessé d'étudier la nature, puisqu'elle semblait excuser leur négligence.

En vain saint Jean Damascène et Adrien Ier, dans le huitième siècle, dépeignirent encore Jésus-Christ comme un nouvel Adam, modèle des formes les plus accomplies [1]; en vain saint Bernard, notamment, dit dans le douzième siècle, avec la vivacité et l'enthousiasme qui le caractérisaient, que la beauté physique du Christ surpassait celle des anges, qu'elle faisait l'admiration et la joie de ces êtres célestes [2] : l'avis de ces écrivains célèbres ne ramena pas les esprits. Les modernes ont encore été divisés d'opinion [3]. Quelques docteurs ont pensé que Jésus était très-beau [4] : c'est le plus petit nombre. Plusieurs ont soutenu qu'il était laid [5]; d'autres, que sa beauté ne consistait que dans l'expres-

---

[1] S. Joan. Damasc. *Epist. ad. Timoph. imp.* c. III. p. 631. — Hadrian. pap. *Epist. ad Carol. reg. pro synod. Nycen. II.* in act. VI, c. XX; *Act. Concil.* (Paris, 1714) t. IV, col. 783.

[2] S. Bernard. *Serm. II, domin. prim. post octav. Epiph.* t. I, col. 807. — Id. *Serm. I, in fest. omn. Sanct.* t. I, col. 1023.

[3] Le père Vavasseur, qui publia sa Dissertation *De formâ Christi,* à Paris, en 1649, dit qu'à cette époque les femmes voulaient que le Christ fût beau, et les hommes qu'il fût très-laid, *horrens aspectu* (*De form. Christi,* in ejusd. op. p. 317). Les savants à qui nous devons l'édition de Winckelmann imprimée à Milan, font remarquer que Léonard de Vinci *n'était pas le seul de son temps, dans cette ville,* qui crût que les peintres devaient représenter le Christ très-beau, *non fra noi il solo.* L. V, c. I, t. I, p. 235 et 236, not. 1.

[4] J. C. Scaliger. *Exercit. ad Cardan.* Exercit. CCCVII, n° 11, Francof. 1576. — Pilartius, *De singulari Christi pulchrit.* Paris, 1651, in-8°. — J. Février, *De la beauté de Jésus-Christ,* Paris, 1657, in-12. — Rabenerus, *De Christi formâ,* in ejusd. *Amœn. litt.* Lipsiæ, 1695, in-8°, p. 372 et 373. — J. Fecht, *De forma faciei Christi,* in ejusd. *Noct. Christ.* Rostoch, 1706, in-8°, p. 359 et seq. — J'indique les dates, parce que cette circonstance me parait intéressante pour l'histoire de l'art et pour celle des progrès du goût.

[5] Cornel. à Lapide, *Comment. in Isaï.* c. LIII (*Comm. in quat. proph. max.* An-

sion de la douceur et de l'humilité dont il offrit l'exemple [1]; ceux même qui l'ont voulu parfaitement beau sont demeurés attachés à des types qui ne l'étaient point [2].

C'est ainsi que des opinions accréditées ont aggravé les difficultés que présentait l'imitation de la figure retracée le plus souvent dans nos peintures religieuses.

Souvent, dans les derniers temps, on a reproché aux peintres modernes de n'avoir pas donné à la figure de Jésus-Christ toute la grâce et toute la dignité que notre imagination peut attribuer à cet être surnaturel [3]. Les disputes théologiques que nous venons de rappeler serviront à venger nos écoles. Il est facile de voir, en effet, combien une pareille diversité de sentiments a dû opposer d'obstacles au génie. Les artistes modernes voulaient-ils s'élever aux grandes idées des Grégoire, des Augustin et des Chrysostome, il fallait heurter une croyance qui semblait consacrée par le respect des siècles. Devaient-ils peindre Jésus seulement *doux et humble de cœur*, ils étaient obligés de re-

---

tuerp. 1622, p. 470.). Ce théologien dit en propres termes : *Non erat aspectabilis; non habebat aliquid dignum aspectu.* — Saumaise, *De cruce, Epist. ad Bartholin;* à la suite de la Dissertation de Bartholinus, *De latere Christi,* 1646, p. 502. — Rigault, *Observ. ad Tertull. lib. de patientiâ,* 1664, p. 45. — Les pères Pouget et Martianay, dans leurs notes sur saint Jérôme (1693, t. I, col. 377, not. *a,* et t. **VII**, col. 50.). Ces deux écrivains veulent que le Christ fût laid, et que cependant il parût beau dans de certains moments. — Le père de la Rue, dans ses notes sur Origène (*Origen. op.* 1733, p. 689.). Ce savant bénédictin reproche aux peintres d'avoir pris trop de licence lorsqu'ils ont représenté le Christ beau. J'omets une foule d'autres théologiens qui ont soutenu la même opinion.

[1] Tel est le sentiment de Vavasseur; il veut que Jésus-Christ ne fût ni beau ni laid (*loc. cit.*). Tel est aussi celui de D. Calmet (*Dissert. sur la beauté de Jésus-Christ; Comment. sur Isaïe,* in-4°, p. 110.). On peut ranger dans la même classe E. S. Cyprianus (*De pulchr. Christi,* inter ejusd. *Select. progr.* Coburg. 1708, Dissert. **XIII**, p. 88 et seq.). Ce dernier demande que l'on s'oppose à ce que les artistes donnent à Jésus-Christ une beauté trop remarquable. *Ib.* p. 93.

[2] Fred. Borrom. *De pict. sacr.* l. **II**, c. **v**, *loc. cit.* p. 62.

[3] Lomazzo, *Tratt. della pitt.* l. **VII**, c. **II**. — Winckelm. *loc. cit.* — Webb, *Recherches sur les beautés de la peinture, Dialog.* **VII**. — Lavater, *l'Art de connaître les hommes par la physionomie,* édit. de M. Moreau, t. **VII**, in-4°, p. 176, 177, etc.

noncer à la grandeur et à la majesté d'un Dieu. Dans cette alternative, quelquefois avec une habileté vraiment prodigieuse, sans se trop éloigner des anciens types, ils sont parvenus, malgré les défauts de ces modèles, à peindre la tête du Christ noble, douce, divine ; tel est le mérite peut-être inimitable d'un des plus beaux ouvrages de Léonard de Vinci [1] : quelquefois, laissant à l'écart des types grossiers, ils ont osé puiser dans les chefs-d'œuvre de l'antique Grèce des modèles d'une beauté extraordinaire ; telle a été dans plusieurs tableaux l'heureuse audace de Michel-Ange, de Raphaël, d'Annibal Carrache, du Poussin [2]. Mais dans ces occasions, d'amères critiques [3] les ont bientôt avertis qu'ils faisaient violence à l'opinion la plus générale de leurs contemporains. Gênés par des systèmes si différents, les esprits timides n'ont embelli la figure du Christ qu'en hésitant, et d'une manière imparfaite. Par une contradiction qui prouve la contrainte où ils se trouvaient, ils ont orné Jésus enfant de toutes les grâces de son âge, et ils n'ont pas osé le peindre, étant homme, aussi beau que son enfance le promettait.

[1] Le Christ de la Cène de Milan.

[2] Je place ici Michel-Ange à cause du Christ de son *Jugement dernier* ; Annibal Carrache, à cause de deux compositions citées par Winckelmann (*Hist. de l'Art,* l. IV, c. II, § 3, t. II, p. 72), et notamment à cause du tableau représentant *le Christ mort, sur les genoux de la Vierge,* qui a été gravé ; le Poussin, pour son tableau représentant *un des miracles de saint François-Xavier dans l'Inde,* et quelques autres ; et enfin Raphaël, à cause d'un dessin dont Winckelmann fait le plus grand éloge (*Ibid.*). Raphaël, au surplus, a presque toujours suivi les anciens types.

[3] Le Dolce, Richardson, Roland Fréart, ont critiqué le *Jugement dernier* de Michel-Ange, sur ce que le Christ est sans barbe, et ne ressemble point aux types anciens. On connaît les chagrins que le Poussin éprouva à Paris à l'occasion du tableau de saint François-Xavier, que nous venons de citer, peint en 1641. Ses ennemis lui reprochaient avec amertume d'avoir donné à Jésus-Christ les traits *d'un Jupiter tonnant.* C'est à ce sujet qu'il écrivait à M. Desnoyers : « Je ne puis » et ne dois jamais m'imaginer un Christ avec un visage de *torticolis,* ou *d'un* » *père Douillet,* vu qu'étant sur la terre, parmi les hommes, il était même difficile » de le considérer en face. » Félib. *Entret.* t. IV, in-12, p. 38 et 49.

Ainsi donc, le défaut reproché aux peintres modernes, moins commun toutefois qu'on ne l'a supposé, ne saurait être imputé ni à la religion elle-même, puisque la majorité des Pères a tant parlé en faveur de la beauté du Christ, ni à la discipline de l'Église, puisque l'Église ne prononça jamais : il ne doit son origine qu'à une opinion exaltée qui trouva sans cesse des contradicteurs, à l'ignorance des artistes du moyen âge, à des types équivoques, trop respectés sous le rapport de l'art, et dont on peut dire seulement que nos maîtres auraient dû s'écarter avec plus de hardiesse.

N'abandonnons pas l'ordre des temps : continuons à examiner l'état de l'art dans chaque siècle, sous chaque règne, peut-être découvrirons-nous quelques faits intéressants qui n'ont point encore été remarqués.

Sous le règne d'Arcadius et d'Honorius, et même pendant celui de Théodose, la multiplication des images religieuses fut extrêmement rapide. Tandis que ces princes détruisaient par le fer et le feu jusqu'aux derniers vestiges des anciens temples [1], les églises des chrétiens étaient décorées avec une magnificence capable de faire oublier aux Gentils convertis celle qui environnait auparavant les idoles. Le paganisme n'étant plus à craindre, on se livrait sans inquiétude à la vénération des tableaux et même des figures en relief, simulacres purement physiques sans doute, mais destinés à élever les pensées vers des êtres incorporels.

Déjà s'établissait l'usage, suivi dans la plus grande partie de l'Europe jusqu'au onzième siècle, de revêtir entièrement l'intérieur des églises de peintures ou de mosaïques [2]. Les murs, les

---

[1] Libani us, *Pro templ.* passim. — *Cod. Theod.* leg. 36, l. xv, *De op. publ.* leg. 16 et 25, l. XVI, *De Pagan. sacr. et templ.* — Dans cette dernière loi, Théodose le Jeune répète, en parlant des temples des païens, les expressions dont s'était servi Honorius au sujet des idoles : *s'il en subsiste encore : Cunctaque corum fana, templa, de lubra, si quæ etiam nunc restant integra..... destrui præcipimus*

[2]   *Regia pompa loci est ; Princeps bonus has sacravit arces,*
        Lusitque magnis ambitum talentis.

voûtes, le sol même en étaient ornés. De quelque côté que les fidèles portassent les yeux, les Pères voulaient qu'ils fussent touchés par des images pieuses, ou du moins disposés au recueillement par l'accord des couleurs et par les effets mystérieux de la lumière [1]. On retrouvait dans divers tableaux les histoires de l'Ancien et du Nouveau Testament, la mort des martyrs, les portraits des apôtres et ceux des évêques [2] : on y voyait même assez souvent des paysages, des marines, des animaux, des chasseurs [3], soit que ces compositions fussent allégoriques, ou qu'elles eussent seulement pour objet de faire admirer la grandeur de Dieu dans les merveilles de la création [4]. Auprès de ces peintures, sur un fond d'azur ou de pourpre, on lisait des sentences

(Prudent. *Peristeph.* hymn. XII. vers. 47 et 48.) Le mot *lusit* est pris ici pour *pinxit* : cette expression est familière à Prudence.

> *Propterea, visum nobis opus utile, totis*
> *Felicis domibus picturâ illudere sanctâ.*

(S. Paulin. *De S. Felice Nat.* carm. IX. vers. 580 et seq. p. 157.)

Nous verrons cet usage devenir une loi sous Charlemagne, et se maintenir sans interruption, notamment en France et en Allemagne, jusqu'à la fin du dixième siècle. Nous remarquerons aussi qu'il subsista longtemps encore après cette époque, mais sans obligation et d'une manière moins générale.

[1] Gori a fait remarquer ce fait. *Vet. dipt.* t. III, tab. XXXI, p. 261.

[2] S. Basil. *Homil.* XVII, *In Barl. mart.* et Homil. XIX, *In quadr. mart.* t. II, p. 141 et 149.—S. Greg. Nyss. *Orat. de S. Theod. mart.* t. II, p. 1011.—S. Chrysost. *Encom. S. Melet.* Homil. XLVII, t. VII, p. 191. — S. Aug. *In Solemn. Steph. mart.* Serm. CCCXVI, c. V, t. V, part. II, col. 1270. — Prudent. *Hymn.* IX et XI. — S. Paulin. *Epist.* XXXII, *ad Sever.* n. 2. — Id. *De S. Felice Nat.* carm. X, vers. 10 et seq. vers. 171 et seq. etc. — Plusieurs des faits dont saint Paulin fait mention se rapportent à la France.

[3] S. Paulin. *De S. Felice Nat.* carmen X, vers. 473 et seq. — S. Nil. *Epist. ad Olympiod.* l. IV, *Epist.* LXI. — Olympiodore demandait à saint Nil s'il devait couvrir entièrement les murs de son église, à *droite et à gauche*, de figures d'animaux et de sujets représentant des chasses, des pêches, etc. Saint Nil ne s'oppose point à l'exécution de ce projet : il se borne à dire qu'il aimerait mieux revêtir entièrement l'église, *de chaque côté* (ἔνϑεν καὶ ἔνϑεν), de peintures dont les sujets seraient puisés dans l'Ancien et le Nouveau Testament.

[4] Boldetti, *Osservat. sopra i cimet.* l. I, c. VI.

écrites en lettres d'or [1]. De larges draperies quelquefois ornées de figures flottaient devant les portes autour du sanctuaire [2], au dessus de l'autel ; et vers le faîte, des vitraux diversement colorés [3], sorte d'embellissement dont l'origine remonte à Théodose,

[1] Anast. *Vit. Pontif.* in S. Damas. p. 24. — Id. in Sixt. III, p. 26. — S. Paulin. *Epist.* XXXII, *ad Sever.* n. 3, 4, 5 et seq. — Muratori fait une erreur évidente, lorsqu'il croit qu'au temps de saint Paulin on plaçait rarement des peintures dans les églises, que l'on se contentait d'y tracer des vers, et que l'usage de les peindre *entièrement* commença plus tard. (Murat. in *Leo. Ost. Chronic.* l. I, c. X, ad not.) Les vers mêmes de saint Paulin prouvent le contraire : ils furent composés pour être placés sous des peintures.

[2] S. Epiphan. *Epist. ad Joan. episc. Hier.* t. II, p. 317. — Hospinian. *De templ.* l. II, c. I. — Ciampini, *Vet. monim.* t. I, c. XIX, p. 179, tab. XLIII, fig. 2 ; et c. VII, p. 64, tab. XXV ; t. II, c. XI, tab. XXIV ; Id. *De sacr. ædif.* tab. XVII et XX. — On connaît le goût des Romains pour ce genre de décorations.

[3] Les écrivains qui ont fait des recherches sur l'antiquité et l'emploi du verre ont souvent confondu le verre *teint*, le verre *peint* et le verre *émaillé*. Le nom de *verre peint* est devenu une expression générique par laquelle on a désigné le verre empreint d'une couleur factice, de quelque manière qu'elle lui ait été donnée. Cette erreur a jeté de l'obscurité dans l'histoire de la *peinture sur verre* proprement dite.

Tous les ouvrages antiques de verre que Buonarroti, Boldetti, M. de Caylus, et d'autres savants ont fait connaître, étaient teints, dorés ou émaillés, quelquefois ornés par plusieurs de ces moyens réunis ; aucun n'était *peint*.

L'usage de teindre les vitres des fenêtres est moins ancien que celui des vitres mêmes, et que celui de teindre ou d'émailler le verre employé dans les bijoux, dans des vases et d'autres ustensiles. Les premiers qui entreprirent de couler le verre par feuilles pour le substituer à la pierre spéculaire dans les châssis des fenêtres, ce qui ne saurait remonter beaucoup au delà du règne de Néron (*Senec. Epist.* XC), cherchèrent sans doute à le faire blanc ; aussi voyons-nous que les fragments de vitres trouvés à Herculanum étaient de verre de cette espèce, quoique mal fabriqués, et d'un blanc verdâtre. (D. A. Nixon. *De laminis quibusdam candidi vitri è ruderibus Herculaneis effossis; Philos. Transact.* an. 1757, p. 88 ; *Giorn. de' lett. Roma,* an. 1759, p. 163.) L'idée de fondre des vitres de diverses couleurs ne dut naître que pour le service des églises. Les poëtes qui ont célébré cette invention prouvent, par la nature de leurs éloges, que les premiers chrétiens, toujours avides d'allégories, voulurent, en employant du verre de cette espèce, retrouver à toute heure sur leurs vitraux une image *des effets de l'aurore* ou *des feux du soleil naissant.*

Les plus anciens vitraux de ce genre que j'aie pu découvrir furent placés dans la basilique de Saint-Paul de Rome, dite *Saint-Paul hors des murs,* bâtie par Constan-

contribuaient, en mitigeant l'éclat du jour, à frapper les esprits
d'une religieuse terreur [1].

tin, agrandie par Théodose, et embellie de nouveau par Honorius. C'est Prudence
qui en a fait mention dans le passage que je viens de citer.

> *Regia pompa loci est : princeps bonus has sacravit arces,*
> *Lusitque magnis ambitum talentis.*
> *Bracteolas trabibus sublevit, ut omnis aurulenta*
> *Lux esset intùs ; ceu jubar sub orta.*
>
> . . . .
>
> *Tum camuros hyalo insigni varié cucurrit arcus :*
> *Sic prata vernis floribus renident.*

(Prudent. *loc. cit.*) « La magnificence de ce temple est toute royale. Le prince pieux
» qui l'a consacré en a fait peindre le pourtour à grands frais. Les lambris sont
» revêtus d'or, afin que la lumière qui s'introduit dans l'intérieur imite les clartés
» de l'orient. . . . . Dans les fenêtres arrondies se déploient des vitraux de di-
» verses couleurs : ainsi brillent les prairies ornées des fleurs du printemps. »

Le père Chamillard, dans son édition de Prudence, et M. Féa, dans ses notes sur
Winckelmann (t. III, p. 208, 209, not. *e*), ont reconnu dans ce passage des vitraux
de diverses couleurs. Arévalo, dans ses notes sur Prudence, pense au contraire qu'il
s'agit d'une mosaïque. Mais les mots *arcus camuros* indiquent évidemment des fenêtres. Celles de l'église de Saint-Paul étaient en effet *arrondies*, et existent encore
dans cet état. Je ne crois pas que le mot *hyalus*, qui présente l'idée soit de la
transparence, soit de la teinte verdâtre naturelle au verre, ait jamais été employé
pour désigner des mosaïques. Si enfin il s'agissait d'ornements de ce genre, le poëte
n'aurait pas dit sans doute *hyalo insigni varié*, car il serait par trop inconvenant
de louer un ouvrage de peinture ou de mosaïque sur ce qu'il présente plusieurs couleurs.

L'épithète de *princeps bonus* ne semble pas devoir se rapporter à Honorius, qui
vivait lorsque Prudence composa son poëme, et que ce poëte aurait loué avec plus
d'emphase. Il n'est pas plus vraisemblable que les vitraux fussent du temps de
Constantin, puisque Théodose fit rebâtir la basilique presque en entier. Quelques-
uns d'ailleurs des écrivains qui ont rappelé les bienfaits de Constantin envers les
églises, Eusèbe, Lactance ou Anastase, en auraient parlé. Il faut donc placer l'invention des vitraux *teints* et de diverses couleurs, au règne de Théodose.

Tous les vitraux dont Fortunat, Grégoire de Tours et Anastase ont fait mention,
étaient pareillement de verre *teint*. Aucun de ces écrivains ne dit qu'on y dessinât
des ornements. Tous se bornent à admirer la diversité des couleurs, qui imitaient
le jeu de l'arc-en-ciel, les tons dorés de l'aurore, les feux du soleil levant. Nous ne
verrons naître la peinture sur verre que dans le neuvième siècle. Ce n'est qu'au
dixième que les auteurs commencent à en parler.

¹ *Terror namque ibidem Dei, et claritas magna conspicitur.* Greg. **Tur.** *Hist.*
eccl. **Fr.** lib. **II**, cap. **XVI.**

Les palais des grands semblaient rivaliser de magnificence avec les édifices publics. Ces vastes habitations renfermaient des colonnes et des statues sans nombre ; souvent les statues étaient revêtues de lames d'or[1]. Les murs étaient couverts de bas-reliefs, de mosaïques, de peintures empreintes sur le plâtre ou le stuc[2]. Une prodigieuse quantité de vases d'or et d'argent, enrichis de gravures, de *niellures*, d'émaux et de bas-reliefs, s'élevait en pyramide dans les angles des salons, à côté des coupes de jaspe et d'émeraude travaillées dans l'Orient, et des argiles légères, presque aussi précieuses[3], qui se fabriquaient encore à Athènes, à Rhodes et à Syracuse. Si les portes des appartements, les siéges, les lits, si les coffrets offerts aux jeunes épouses[4] n'étaient

[1] S. Chrys. *In Epist. ad Philip.* Hom. X, cap. 3 ; t. XI, p. 279. — Claudian. *In prim. cons. Stil.* vers. 174 et seq. — Am. Marcell. lib. IV, cap. 6 ; lib. XXII, cap. IV. Saint Chrysostome se récrie justement contre les vices que ce luxe désordonné introduisait dans l'architecture. *Ibid.* et *infrà*, not. 4.

[2] Libanius, *Progymn.* t. I, p. 148. 174. 181 et al. loc. — S. Chrysost. *De Lazar.* Concion. IV. c. II. t. I, p. 754; *In Matth.* Homil. XLIX, aliter L, t. VII, p. 509, 510. — Sidonius Apollinaris présente comme une exception l'espèce de mérite qu'il s'attribue de n'avoir pas fait peindre les murs de sa maison de campagne, et de les avoir seulement fait revêtir *d'une couche de plâtre blanc* (l. II, *Epist.* II). Dans la riche habitation dont les ruines existent encore aux environs de la Ciotat, et qu'on avait prises précédemment pour des restes de la ville de *Tauroentum*, la surface intérieure des murs est entièrement couverte de peintures. Ce monument a paru du quatrième ou du cinquième siècle aux deux savants qui nous en ont donné la description. On peut voir à ce sujet le mémoire intéressant lu par M. Thibaudeau à l'Académie de Marseille en 1804 (*Mém. de l'Acad. de Marseille*, t. III, p. 112), et le *Voyage* de M. Millin *dans le Midi de la France*, t. III, p. 370.

[3] Prudent. *Peristeph.* Pref. vers. 13 et seq.

[4] S. Chrysost. *De Lazar.* Concion. I, cap. VII. t. I, p. 707; Homil. I, *In illud salut. Priscil. et Aquil.* c. IV, t. III, p. 177; Homil. *De capt. Eutrop.* c. III, t. cod. p. 388 ; *In Epist.* I *ad Corinth.* Homil. XXI, t. X, p. 189. — Auson. *Edyl.* XIII. *Oblat. mun. spons.* — Il a été trouvé à Rome en 1793, dans une ruine sur le mont Esquilin, une quantité considérable d'argenterie, dont les pièces principales avaient dû composer la toilette d'une dame romaine, vers la fin du quatrième siècle ou le commencement du cinquième. L'objet le plus riche de ce trésor était une cassette d'argent longue de deux palmes et demie, large de deux, qui, suivant l'inscription tracée sur le couvercle avec du *nigellum*, avait été présentée à *Projecta*, lors de son mariage, par *Turcius Secundus*, son nouvel époux, ou par quelqu'un de sa famille.

pas d'ivoire, d'ébène, de bronze, d'argent massif ou revêtus d'argent, un peintre habile était chargé de les décorer [1].

Le même luxe régnait dans les habillements. Depuis que le commerce et les manufactures des Ptolémées avaient rendu plus commun dans l'Europe l'usage de la soie, l'art de tisser des étoffes à personnages s'était tellement perfectionné sous la main des Grecs, qu'aujourd'hui même, quelle que soit notre habileté, ses productions ont droit de nous étonner. La toge d'un sénateur chrétien renfermait quelquefois jusqu'à six cents figures : l'adroit artisan y représentait la vie entière de Jésus-Christ, les noces de Cana, la résurrection de Lazare, et tous les autres mi-

Cette cassette était ornée de bas-reliefs, parmi lesquels on distinguait les portraits des deux époux, avec cette inscription niellée, *Secunde et Projecta vivatis*. Plusieurs autres pièces, telles que des chandeliers, des bracelets, etc., étaient aussi ornées de *nigellum*. Cette découverte a donné à M. Visconti le sujet d'une dissertation intitulée, *Lettera su di una antica argenteria, etc.* in Roma 1793.

M. Gosselin, membre de l'Institut, possède une pièce très-précieuse qui provient du même trésor. C'est une espèce de casserole d'argent, à laquelle tient un manche plat, de même métal, semblable à celui des patères. Dans le fond on voit en bas-relief une figure de Vénus entièrement nue, qui arrange les nattes de ses longs cheveux, et auprès d'elle deux Amours. Sur le manche est Adonis tenant un javelot. Cet instrument, suivant l'opinion de M. Visconti, est un de ceux dont les anciens se servaient pour faire arroser leurs membres dans les bains *par fusion*, et qu'ils nommaient *Aryballi*. On remarque dans les contours des figures une indécision qui annonce un artiste livré à la routine ; mais les attitudes ont de la grâce, les proportions sont assez justes ; la figure de Vénus offre même quelque élégance dans l'ensemble. Le style de cette figure ressemble à celui des peintures qui subsistent dans les catacombes de Sainte-Priscille et de Saint-Calliste, dont nous allons parler. Ce monument devient par là doublement important pour l'histoire de l'art. Il nous fait connaître avec certitude l'état de l'orfévrerie et celui du dessin au commencement du cinquième siècle. — J'ai parlé de l'art de *nieller*, abandonné depuis longtemps, dans le *Discours historique sur la Gravure*, placé à la tête du troisième volume du *Musée Français*.

[1] Auson. *Epigr.* XXVI, *In divit. quemd.* — Claudian. *Epithal. Honor. et Mar.* vers. 213 et seq. — L'usage d'orner de peintures divers meubles de bois, tels que les lits, les coffres, les armoires, les boucliers, etc., remonte à une plus haute antiquité. (Virgil. *Æneid.* l. I, vers. 712 ; l. IV, vers. 206, etc., etc.) Il se lie essentiellement à l'histoire de la peinture du moyen âge. Nous en parlerons plus amplement quand nous serons parvenus au douzième ou au treizième siècle. Il faut seulement en remarquer ici l'origine.

racles [1]. Il paraît que ce perfectionnement de l'industrie manufacturière, dû à la pratique de la peinture, en offrant au luxe un nouvel aliment, produisit une grande sensation sur les esprits. La plupart des écrivains contemporains l'ont célébré. Singulier changement dans les mœurs et le goût! Claudien décrit avec autant de soin la robe de Proserpine, qu'Homère le bouclier d'Achille [2]! *« Toute notre admiration, dit saint Chrysostome, est aujourd'hui réservée pour les orfévres et pour les tisserands [3]. »*

Ainsi les arts du dessin devaient tout embellir. On eût dit que la peinture était aussi estimée sous le règne d'Honorius qu'aux temps de Périclès et d'Alexandre. Mais l'excès du faste dont les grands donnaient l'exemple continuait à corrompre le goût général. Les Grecs eux-mêmes préféraient de vaines richesses à la perfection exigée par leurs aïeux. Le peintre jouissait encore de quelques priviléges ; mais les lois mêmes qui les lui accordaient le confondaient avec le doreur, le stucateur, le plombier, et avec tous les autres ouvriers employés à la construction des édifices [4].

---

[1] S. Asterius, *Homil. de div. et Laz.* ed. Rub. p. 3 et 4. — Auson. *Grat. act. pro consul.* § 53. — Theodoret. *De Provid.* Orat. IV, t. IV, p. 361. — Théodoret décrit dans ce passage les diverses opérations de l'art de tisser les étoffes à figures. Les fabricants étaient parvenus à tracer dans le tissu les portraits des princes, ou ceux des personnes à qui les étoffes étaient destinées. On voit un exemple de cette sorte d'ornements sur un diptyque représentant Sextus Anicius, gravé parmi ceux de Gori, t. II, p. 238, § 18, tab. VII.

[2] Claudian. *Rapt. Proserp.* l. II, vers. 42 et seq. — Homère avait décrit le manteau d'Ulysse ; Apollonius, contemporain des Ptolémées, celui de Jason; Catulle, la couverture du lit de Thétis et de Pélée ; mais on voit que ces poëtes étaient plus occupés des fables représentées dans les broderies ou dans le tissu des étoffes que de l'art lui-même. Claudien veut appeler particulièrement l'attention sur le mérite du travail.

> *Pectinis ingenio nunquam felicior arti*
> *Contigit eventus : nullæ sic consona telæ*
> *Fila, nec in tantum veri duxere figuram.*

[3] S. Chrysost. *In Joan.* Homil. LXIX, aliàs LXVIII, c. III, t. VIII, p. 411.

[4] L. 2 et L. 4, *Cod. Theod.* De exc. art. lib. XIII, tit. 4.

On a beaucoup trop exagéré les ravages d'Alaric, et en général ceux qui accompagnèrent l'irruption des barbares. Nous venons de voir que les causes qui avilissaient les arts avaient exercé leur influence longtemps auparavant. Lorsque l'armée des Goths se répandit dans la Grèce et dans l'Italie, les édifices consacrés au paganisme étaient partout renversés, les idoles brisées : de l'Hellespont jusqu'au fond de la Laconie, des campagnes de Sparte jusqu'aux champs romains, le torrent s'avança parmi des ruines : seuls, ou presque seuls dans ces contrées, les temples d'Athènes et de Rome, défendus par une population nombreuse, demeuraient debout au milieu de la destruction universelle[1], et les barbares n'eurent ni le temps ni la volonté de les démolir[2].

Alaric ne s'arrêta dans Rome avec son armée que trois jours. A peine il en fut sorti que le luxe y reprit son empire ; les jeux du cirque recommencèrent ; les grands firent restaurer leurs palais : les arts embellirent encore une fois les temples de Jupiter, de Pallas, d'Hercule, d'Esculape, dégradés seulement par le pillage, et ces antiques édifices, suivant le témoignage d'un auteur contemporain, redevinrent dignes, par leur magnificence, d'être *le séjour des dieux* [3].

[1] *Les monuments de toutes les villes grecques sont renversés*, dit Libanius. *une seule a conservé les siens.* (Orat. x, *In Julian. necem*, t. II. p. 314). Les Romains ne montrèrent pas moins d'attachement que les Athéniens pour les édifices consacrés au paganisme. Ils obligèrent les empereurs à les respecter, et s'appliquèrent avec un soin extrême à les réparer, et même à les embellir. Procope assure que ces antiques monuments subsistaient encore de son vivant, *malgré la domination des barbares*, et que le temps même semblait ne les avoir altérés en rien. (*Bell. Got.* l. iv, c. 22.). Le pape saint Grégoire a été accusé d'en avoir détruit un grand nombre, et on est forcé de reconnaître que ses apologistes ne l'ont pas pleinement justifié. Sabinien, son successeur, avait lui-même consigné le fait dans ses écrits. Platina. *De vit. pontif.* in Greg. I, et in Sabin.

[2] Procope dit que lors de la prise de Rome par Alaric, les Goths *dévastèrent toute la ville* : Τὴν τε πόλιν ὅλην ληϊσάμενοι. (*De bell. Vandal.* l. I, c. II) Cela ne doit s'entendre que du pillage. Le fait conservé par Procope lui-même, et énoncé dans la note précédente, en est d'ailleurs une preuve.

[3] *Exaudi, genitrix hominum, genitrixque deorum !*

Bientôt, le courage s'étant ranimé, de nouvelles églises attestèrent la piété des princes et des prélats chrétiens. En l'an 425, Placidie, revenue de Constantinople à Ravenne avec ses enfants, élève dans cette dernière ville l'église de Saint-Jean l'Évangéliste, place des vitraux du côté de l'Orient, revêt de mosaïques les murs, le sol et les voûtes ; on la voit ensuite fonder celle de Saint-Nazaire et Saint-Celse, où devait être placé son tombeau, et y prodiguer, comme dans celle de Saint-Jean, des ornements de tous les genres[1]. Vers le même temps, quatre évêques de Ravenne, qui se succèdent immédiatement, ajoutent de nouvelles décorations au palais épiscopal, terminent l'église de Sainte-Agathe-Majeure, construisent une salle pour les banquets, un baptistère, et plusieurs autres édifices, qu'ils couvrent de mosaïques, de peintures et de sentences morales. La plupart des mosaïques exécutées par les soins de ces prélats, de même que celles de Saint-Nazaire et Saint-Celse, existent encore aujourd'hui après treize siècles[2].

Non procul à cœlo per tua templa sumus.

. . . .

Confunduntque vagos delubra micantia visus :
Ipsos crediderim sic habitare deos.

. . . .

Abscundet tristem deleta injuria casum ;
Contemptus solidet vulnera clausa dolor.

(Rutilius Numat. *Itiner.* l. I, vers. 49, 95, 119). Rutilius Numatianus, né dans les Gaules, quitta Rome pour revenir dans sa patrie, l'an 1169 de la fondation de cette ville, en 416 ou 417 de l'ère chrétienne, six ans après la retraite d'Alaric. (*Ibid.* l. I, vers. 136 et 137). C'est à cette époque que se rapporte la description qu'il fait de l'ancienne capitale de l'Empire romain. Les deux cent dix premiers vers de son poëme sont employés à en célébrer les beautés.

[1] *Spicil. Raven. hist.* apud Muratori, *Script. rer. ital.* t. I, part. II, p. 567, 570. — Les mosaïques que Placidie fit exécuter dans l'église de Saint-Nazaire et Saint-Celse sont gravées dans l'ouvrage de Ciampini, qui en admire la richesse et même l'élégance. (T. I, p. 224, 227, pl. LXV, LXVI, LXVII.) Elles subsistent encore. Beltrami, *Il forest. istruit. della cit. di Rav.* p. 154.

[2] *Lib. Pontif. Raven.* apud Murat. *loc. cit.* t. II, part. I, p. 58, 59 et 194. — Une des mosaïques exécutées sous l'évêque Pierre, vers l'an 425 ou 430, existait encore

A Rome, Célestin Ier, Sixte III, saint Hilaire, Simplicius, décorent avec une pareille magnificence les églises de Sainte-Sabine, de Saint-Paul, de Sainte-Marie-Majeure, de Saint-Jean de Latran, de Saint-André. Le temps a respecté aussi une partie de leurs monuments[1].

Les prélats des Gaules ne manifestent pas moins de zèle. Patient, archevêque de Lyon, sous les Bourguignons, rebâtit sa cathédrale, l'enrichit de marbres et de mosaïques, et orne les fenêtres soit de vitraux, soit de pierres spéculaires, couleur d'or[2]. Perpétuus, évêque de Tours, élève dans la sienne cent vingt colonnes[3]; Numatius en place soixante-dix dans celle qu'il bâtit à Clermont. L'ancienne épouse de cet évêque achève les embellissements de celle de Saint-Étienne, et fait couvrir les murs de peintures dont elle choisit les sujets dans l'Ancien et le Nouveau Testament[4].

Les Barbares eux-mêmes n'étaient pas insensibles aux charmes et à l'utilité des beaux-arts. Si dans nos provinces méridiodales, où les Goths avaient établi leur domination, quelques églises catholiques étaient abandonnées, d'autres s'embellissaient

au temps de Ciampini, qui en a donné une gravure (T. I, c. XX, p. 184, tab. XLVI.) Elle a péri en 1688. (Beltrami, *loc. cit.* p. 64.) Celles de Néon et de Pierre Chrysologne, qui subsistent, sont gravées dans Ciampini (t. I, c. XXV, p. 235, 237, tab. LXX, LXXI, LXXII), et dans Muratori, *loc. cit.* p. 194.

[1] Ciampini, t. I, p. 187 ad 200, tab. XLVII ad LXIV; p. 238 ad 243, tab. LXXIV, LXXV, LXXVI. La mosaïque gravée à la planche LXXV ne subsiste plus. — Sous le pape Léon 1, Placidie en fit exécuter une dans l'église de Saint-Paul, ou on la voit encore. Ciamp. *ibid.* p. 228, 230, tab. LXVIII.

[2]   *Intùs lux micat, atque bracteatum*
         Sol sic sollicitatur ad lucanar,
         Fulvo ut concolor erret in metallo.

(Sid. Apollin. lib. I, *Epist.* 10.) S'agit-il ici de verre ou de pierre spéculaire? Ce n'est pas le lieu d'examiner cette question. Remarquons seulement que le mot de *metallum* a été employé quelquefois pour désigner la pierre spéculaire, et plus souvent pour désigner le verre.

[3] Greg. Tur. *Hist. Eccl. Fr.* l. II, c. XIV.

[4] Id. *ibid.* l. II, c. XVI et XVII.

pour servir au culte des ariens, dont ce peuple avait grossi la secte. Telle fut celle de *Notre-Dame*, bâtie à Toulouse vraisemblablement sous leur règne, et que la richesse de ses mosaïques fit appeler *la Daurade*[1]. La cour de Théodoric II, qui siégeait dans cette capitale, offrait, suivant l'expression de Sidonius Apollinaris, une image de l'élégance grecque et de l'abondance gauloise[2]. Ricimer fit exécuter à Rome, dans l'église de Sainte-Agathe, une mosaïque qui n'a péri que depuis peu de temps[3]. Attila se fit peindre dans un des palais de Milan, assis sur un trône, recevant des tributs que les empereurs romains prosternés déposaient à ses pieds[4].

Quels que fussent enfin les malheurs publics, on peut dire que l'art, encouragé par une aussi grande quantité de travaux, n'avait point dégénéré depuis Constantin. Il semble même, autant qu'il est permis d'en juger par les sculptures et les mosaïques, et principalement par les peintures proprement dites qui nous restent, que le dessin s'était amélioré. Les figures étaient devenues plus sveltes ; les attitudes avaient souvent de la naïveté, nous pourrions dire de la grâce. Les formes n'étaient pas exemptes sans doute d'incorrection et de mollesse ; mais on voit aussi qu'en se livrant à la routine, les artistes étaient guidés par le souvenir des chefs-d'œuvre antiques.

C'est dans ce moment de prospérité et de ferveur des églises chrétiennes que furent sculptés les beaux sarcophages représen-

---

[1] L'antique église de Toulouse appelée *la Daurade* (*S. Maria Deaurata*), avait reçu cette dénomination à cause d'une mosaïque qui en ornait le sanctuaire depuis le sol jusqu'à la voûte. Il résulte de ce que Dom Vaissette, Jean Chabanel et la Faille ont écrit sur cette église, qu'elle dut être construite et décorée par Placidie ou par Théodoric II. La mosaïque subsistait encore en 1713. (Marienne et Durand, *Voyage litt.* part. II, p. 47.) Elle a été détruite, ainsi que le sanctuaire, vers le milieu du siècle dernier.

[2] Sidon. Apoll. l. I, *Epist.* 2.

[3] Ciampini, *loc. cit.* t. I, c. XXVIII, p. 271, tab. LXXVII. — Cette mosaïque se détacha du mur en 1592. Ciampini l'a publiée d'après un dessin conservé dans la bibliothèque du Vatican. Id. *ibid.*

[4] Suidas, in voc. Μεδιόλανον, et voc. Κόρυχος.

tant le Bon Pasteur, Daniel, et Jésus paré à tous les âges des grâces de la jeunesse, que nous venons de décrire : ouvrages pleins de noblesse et de génie, où l'on reconnaît encore le ciseau des Grecs, quoique vieilli[1].

C'est pareillement à cette époque où le christianisme était devenu non-seulement la religion du prince, mais celle de l'état, et où les chrétiens triomphants honoraient d'un culte assidu les reliques des martyrs dans les catacombes de Rome, considérées en quelque sorte comme leur propriété, qu'ils durent commencer à orner ces souterrains de peintures. Alors, si nous ne sommes dans l'erreur, furent exécutés les plus anciens ouvrages de ce genre qui subsistent encore. Nous rangeons dans cette première classe les peintures les plus remarquables des catacombes de Sainte-Priscille, faites vraisemblablement sous Célestin 1er ; une partie de celles du cimetière de Saint-Calliste, où l'on voit la Vierge tenant l'Enfant Jésus sur ses genoux, et qui doivent par conséquent être postérieures au concile d'Éphèse ; et enfin celles du cimetière de Sainte-Agnès, qui méritent le plus d'estime, et qui ressemblent aux précédentes quant au style. Ce sont ces diverses peintures qu'Aringhi et une foule d'autres antiquaires ont cru exécutées pendant les premières persécutions : le mérite qu'ils y ont remarqué les a trompés ; *elles sont trop bien dessinées*, dit Boldetti, *pour ne pas remonter à Néron ou à Domitien ; elles sont bonnes, sinon excellentes*[2] ; mais cette opinion en ce qui concerne l'antiquité des monuments, quelque accréditée qu'elle puisse être, si on la considère

---

[1] On peut voir deux sarcophages de personnages inconnus dans Aringhi (*Roma subt.* t. I, p. 289 et 291) ; celui d'Olybrius, fils de Probus (*ibid.* p. 301, 303, 305) ; deux autres (p. 227, 233), etc. Dans celui de la page 227, on remarque la Vierge tenant l'enfant Jésus sur ses genoux, ce qui le place après l'an 431. Probus, père d'Olybrius, mourut en 395, lorsque son fils était consul : par conséquent le sarcophage d'Olybrius doit être aussi du cinquième siècle. Le style de ces ouvrages, dont les dates sont certaines, confirme mon observation relative aux peintures des catacombes.

[2] Boldetti, *loc. cit.* l. I, c. V, p. 17 et 18.

avec attention, paraîtra également dénuée de preuves et de vraisemblance[1].

[1] Cette opinion, quoique généralement adoptée, manque de tout fondement. Aringhi, à l'exemple de Bosio, regardant apparemment le fait comme authentique, l'a affirmé, et ne s'est point mis en peine de le prouver. (*Roma subt.* l. v, c. VI, t. II. p. 465.) Boldetti ne s'est appuyé que sur deux motifs; le premier est le mérite des peintures, qui le portait à les croire du temps de Néron ou de Domitien; le second, la nécessité où se trouvaient les chrétiens, pendant les persécutions, de dérober à leurs ennemis les signes de leur croyance, tandis qu'après Constantin ils jouirent d'une pleine liberté. Dans les trois premiers siècles de l'Église, dit-il, on reprochait aux chrétiens de n'avoir point de peintures : cela vient de ce qu'ils les cachaient dans des souterrains. (*Loc. cit.* p. 17 et 19.)

L'invraisemblance de ce système est frappante. Aussitôt que l'usage d'enterrer les morts eut été substitué chez les Romains à celui de les brûler, les catacombes devinrent le lieu de la sépulture des idolâtres comme des chrétiens : ce fait est attesté par un très-grand nombre d'inscriptions. Dans les temps de persécution, les chrétiens ne se réunissaient dans les catacombes que furtivement. Numérien, Maximin et d'autres empereurs leur en défendirent l'entrée sous peine de la vie. (Euseb. *Hist.* l. VII, c. II; l. IX, c. II; Baronius, *Annal.* an. 260, §§ XVII et XXIII.) Souvent ils y furent poursuivis et mis à mort. (Baronius, *ibid.* an. 261. § IV, etc. etc.) On en murait les portes sur eux quand ils y étaient renfermés. (Greg. Tur. *De glor. Mart.* c. XXXVIII.) Exposer des peintures religieuses dans des lieux aussi dangereux, n'était-ce pas les livrer à la dérision et aux outrages des païens? Dioclétien fit raser tous les temples consacrés au nouveau culte (Euseb. *Hist.* l. VIII, c. II; l. X, c. 2) : n'aurait-il pas détruit plus facilement les peintures des cimetières, si dans des moments de tranquillité des chrétiens en eussent placé dans ces lieux publics?

Déjà plusieurs écrivains, Burnet, dans son *Voyage d'Italie*, Lalande, dans le *Voyage d'un Français*, et l'ingénieux auteur du *Voyage dans les catacombes de Rome*, imprimé à Paris en 1810, ont fait valoir ces considérations. Mais il est une preuve encore plus forte, c'est le silence ou le témoignage négatif de tous les anciens auteurs chrétiens que leur sujet conduisait à parler de ces peintures. Ni Anastase, dans tout ce qu'il rappelle de relatif aux anciens papes; ni Eusèbe, qui n'omet aucun des actes religieux de Constantin; ni saint Jérôme, qui descendit par dévotion dans les catacombes; aucun de ces écrivains n'en a fait mention. Les docteurs qui, dans le huitième et le neuvième siècle, défendirent le culte des images contre les iconoclastes, saint Jean Damascène, Grégoire II dans ses Lettres à Léon l'Isaurien, n'en parlent point, quoiqu'elles leur eussent offert de si puissants arguments, si en effet elles eussent été antérieures à Constantin, ou du moins à Théodose. Les Pères mêmes du second concile de Nicée ne les ont pas nommées parmi les anciennes peintures qui ont servi à prouver la solidité de leur doctrine.

Des circonstances qui semblaient devoir anéantir les arts, contribuèrent à les perpétuer. Épuisée par de continuelles révolutions, livrée plusieurs fois aux barbares par ses propres citoyens, l'Italie retrouva quelque repos sous un prince étranger. Le grand Théodoric joignait les vues d'un habile administrateur à l'activité d'un conquérant. Sous son gouvernement paternel les lois reprirent leur empire, la population s'augmenta. Il était réservé à ce roi de gémir sur les dévastations ordonnées par Théodose et ses fils. Tandis qu'il établissait des professeurs de belles-lettres et d'éloquence, il instituait des magistrats spécialement chargés de veiller à la conservation des chefs-d'œuvre de l'antiquité. « Comment, écrivait-il à Symmaque, n'admirerions-nous

Ne doit-on pas conclure de là que la tradition donnait à ces monuments une origine encore récente ? Prudence, dans son poème *Sur les couronnes des Martyrs,* et Adrien dans sa lettre à Charlemagne sur les images, sont les premiers, les seuls peut-être jusqu'au règne de ce pape, qui en aient parlé. Prudence composa son poème vers l'an 414 ; il décrit une peinture représentant le martyre de saint Hippolyte, mort en 261 : cette peinture n'existe plus ; elle était déjà détruite au temps d'Adrien ; elle est par conséquent étrangère à l'objet de nos recherches. Adrien ne désigne comme anciennes, il ne nomme même que celles du cimetière de Sainte-Priscille, où Célestin 1 fut enterré, et il dit formellement qu'elles furent exécutées sous le pontificat de ce pape, après le concile d'Éphèse : *Et de sancto tertio concilio proprium suum cœmeterium picturis decoravit.* (*Epist. ad Car. mag.* in Act. Concil. Paris, t. IV, col. 812.) Nous avons déjà fait remarquer effectivement qu'une de ces peintures représente la Vierge tenant l'enfant Jésus sur ses genoux, et l'on sait que cette manière de la peindre est postérieure au concile d'Éphèse.

Cette conséquence doit donc paraître incontestable : les peintures du cimetière de Sainte-Priscille, dont le style est le meilleur, sont les plus anciennes de toutes celles qu'on a découvertes jusqu'aujourd'hui dans les catacombes de Rome, et elles furent exécutées de l'an 431 à l'an 432. Nous ne dirons donc point enfin, comme Boldetti : Ces peintures présentent quelque mérite quant au dessin ; donc elles ne sont pas du cinquième siècle : nous dirons au contraire : Ces peintures ne sont pas dépourvues de tout mérite quant au dessin ; donc, vers le commencement du cinquième siècle, à l'époque où les Grégoire et les Chrysostome avaient rappelé les beaux jours de l'éloquence grecque, tandis que Claudien et Rutilius faisaient revivre avec quelque éclat les muses latines, les peintres, réveillés de leur assoupissement, jetèrent un dernier regard sur les chefs-d'œuvre de l'antiquité pour y chercher des modèles, et le génie d'Apelle les guida de loin encore une fois.

» pas ces beaux ouvrages, puisque nous avons eu le bonheur de
» les voir ! — Conservez-les ; veillez sans cesse. La dégradation
» de ces merveilles doit être un sujet de deuil pour le public[1] !»
Rome, où, suivant ses propres expressions, il lui fut encore permis d'admirer *un peuple de statues et des troupeaux de chevaux
de bronze*[2], devint l'objet particulier de son affection. Toutes les
villes de son royaume furent réparées ou embellies. A Ravenne,
à Pavie, à Naples, à Monza, il construisit des bains publics, des
temples, des palais, des portiques, et enrichit ces édifices de
mosaïques, de peintures et de sculptures[3]. Sa statue équestre
de bronze, colossale et entièrement dorée, placée au milieu de
sa capitale, servit à prouver combien l'art statuaire et celui de
la fonte des métaux étaient encore capables d'élever de grands
monuments[4]. Le temps n'a pas détruit tous les ouvrages de ce
prince[5].

[1] *Tibi concedimus dignitatem, ut fideli studio, magnoque nisu quæras improbas
manus..... quia justè tales persequitur publicus dolor, qui decorem veterum fœdant
detruncatione membrorum,* etc. Apud Cassiod. *Var.* l. **IV**, Epist. 41, et l. **VII**,
formul. 13.

[2] *Nam quidem populus copiosissimus statuarum, greges etiam abundantissimi
equorum, tali sunt cautelá servandi, quali et curá videntur affixi. Ibid.* lib. **VII**,
formul 13.

[3] Procop. *De bello Goth.* l. **I**, c. **XXIV**. — Paul. Diac. *De gest. Langob.* l. **II**,
c. **XXVII** ; l. **IV**, c. **XXII**.—Agnel. *Lib. Pontif. Rav.* in S. Agnel. et Petr. Sen. c. **II** ;
apud Murat. *Script. rer. ital.* t. **II**, part. **I**, p. 113, 123.—*Erat enim amator fabri-
carum et restaurator civitatum.* Anonym. Vales. ad calcem Am. Marcel. p. 668.

[4] Agnel. *loc. cit.* p. 123.

[5] Beltrami semble se refuser à croire que des ouvrages faits par un prince arien
aient été conservés sous Justinien et ses successeurs (*loc. cit.* p. 84 et 134), et dans
cette idée, il attribue la mosaïque de *S. Maria in Cosmedin*, bâtie par le roi goth, à
l'évêque Maximien, et toutes celles de Saint-Apollinaire le Neuf à l'évêque Agnel.
Ciampini donne avec plus de vraisemblance celles de *S. Maria in Cosmedin*, à Théodoric. (T. **II**, c. **x**, p. 78, tab. **XXIII**.) Quant à celles de Saint-Apollinaire, il faut
faire une distinction : la mosaïque où l'on voit le portrait de Justinien (Giamp.
c. **XII**, tab. **XXV**), date nécessairement du règne de ce prince ; celles où est représenté le palais de Théodoric (*Ibid.* tab. **XXVI**) doivent par la même raison appartenir au roi des Goths.—L'église de Saint-Apollinaire le Neuf, dédiée à Saint-
Martin par Théodoric, était appelée Saint-Martin *in cœlo aureo*, à cause des mosaïques qui ornaient la voûte.

Pendant son règne ou peu après lui, les catacombes, depuis longtemps le lieu ordinaire de la sépulture des papes, reçurent, ainsi que les temples de Rome, de nouveaux embellissements, principalement sous Jean Ier et sous Félix IV, dont les ouvrages subsistent en grande partie[1]. Amalasonte commença l'église de Saint-Vital, terminée sous Justinien, et dans laquelle il existe encore des monuments intéressants de cette époque reculée[2].

Sous Bélisaire même, et sous Narsès, les évêques Maximien et Agnel firent exécuter à Ravenne, dans les églises de Saint-Michel, de Saint-Vital et de Saint-Apollinaire *in Classe*, des mosaïques conservées jusque aujourd'hui[3]. Le même Maximien couvrit l'église de Saint-Étienne de mosaïques *dans tout son contour*, et donna à cette église des rideaux d'autel où étaient représentés les miracles de Jésus-Christ : toutes les figures tracées sur ces étoffes, au jugement d'un écrivain du moyen âge, *paraissaient vivantes*[4]. Le pape Jean III témoigna une dévotion particulière pour les catacombes, et les orna aussi de peintures[5].

---

[1] Il y a lieu de croire que Jean I fit exécuter une partie des peintures qui subsistent dans les catacombes de Sainte-Priscille. *Renovavit cœmeterium Priscillæ.* (Anast. in Joan. I.) Les peintures qu'on peut attribuer à ce pape ou à Jean III, mort en 570, sont vraisemblablement celles qui ont été publiées par Bosio, p. 515 à 529, et par Aringhi, l. IV, t. II, p. 269 à 283. On y voit encore Daniel et Jonas, nus presque entièrement, ce qui me paraît annoncer une époque antérieure au concile Quinisexte, tenu en 692. — Les mosaïques de Félix IV, qui existent dans l'église de Saint-Côme et Saint-Damien, sont gravées dans Ciampini, t. II, c. VII, tab. XV et XVI.

[2] Ciampini, t. II, c. IX, tab. XVIII ad XXII. — Murat. *Not. in Agnel.* Vit. saint Joan. Ang. et Joan. II, *loc. cit.* p. 73. — Du Cang. *Famil. Byz.* cap. VIII, p. 96.

[3] Ciamp. t. II, c. VII, tab. XVII, et cap. XI, tab. XXIV. — Dans toutes les mosaïques, soit des évêques de Ravenne, soit de Théodoric, les têtes sont très-petites, ce qu'on peut regarder comme un retour vers le bon goût; mais le dessin du nu est très-corrompu.

[4] *Et in gyro, mirificè, opere vitreo constructa est.* Agnel. *Vit. S. Maximian.* c. II, *loc. cit.* p. 106. — *In carne omnes vivæ sunt. Ibid.* c. VI, p. 108.

[5] Anast. in Joan. III.

En France, malgré des guerres intestines sans cesse renaissantes, Ruricius Ier, évêque de Limoges, et dans son voisinage la *magnifique* Céraunia, avec une louable émulation, entretenaient auprès d'eux des peintres pour l'ornement des temples[1]. Childebert Ier bâtit l'église de Saint-Germain des Prés, dédiée alors à saint Vincent; il fit orner le sol d'une mosaïque, les plafonds de dorures, les murs de peintures qui parurent *très-élégantes*. C'est à cause de ces embellissements qu'on nomma dans la suite cette église *Saint-Germain le Doré*[2]. La cathédrale de Paris fut pareillement enrichie, sous le règne de ce prince, de colonnes, de dorures et de vitraux en diverses couleurs[3]. Gondebaud, qui se disait fils de Clotaire Ier, s'appliquant lui-même à l'art de peindre, couvrit de ses ouvrages les murs et les voûtes de plusieurs oratoires[4]. L'illustre Grégoire de Tours fit peindre entièrement son église de Saint-Martin et celle de Saint-Perpétuus[5]. Déjà dans nos provinces, à Toulouse, à Clermont, à Tours, à Rouen, à Saintes, à Bordeaux, les Francs s'enorgueillissaient d'employer des architectes et des peintres de leur propre nation : *Ce ne sont point des artistes venus de l'Italie,* disaient-ils ; *ce sont des barbares qui ont exécuté ces grands ouvrages*[6].

---

[1] *Ut pictorem vobis antea non transmitterem, hæc res fuit, quia, etc..... Sed..... pictorem, quamlibet hic esset occupatus, cum discipulo destinavi, quia malui meæ detrahere necessitati, undè vestræ satisfacerem petitioni..... Quemadmodum ille parietes variis colorum fucis multimoda arte depingit, ita vos animam vestram, quæ est templum Dei, diversis virtutum generibus excolatis.* Ruricius, Magnif. Ceraunio, l. II, *Epist.* 14; apud Canisium, *Lect. antiq.* t. I, p. 389.

[2] *Elegantibusque picturis..... hinc* INAURATI GERMANI *aula olim vulgi ore celebratur.* Mabill. *Annal. Ord. S. Bened.* t. I, l. v, c. XLIV, p. 120.

[3] Fortunat. l. XVII, *Carm.* XI. — On voit bien qu'il s'agit de l'ancienne cathédrale. — L'église de Saint-Germain des Prés a aussi été rebâtie.

[4] Greg. Tur. *Hist. eccl. Franc.* l. VII, c. XXXVI.

[5] Fortunat. l. X, *Carm.* VI.

[6] *Gregorius, ego, indignus, basilicas S. Perpetui adustas incendio reperi, quas in illo nitore, vel pingi, vel exornari. ut prius fuerant,* ARTIFICUM NOSTRORUM OPERE, *imperavi.* Greg. Tur. *Hist. eccl. Franc.* l. X, c. XXI, § 19.

Quod nullus veniens Romanâ gente fabrivit;

Justinien répara ou fit élever dans toute l'étendue de son empire tant et de si riches monuments, qu'un des meilleurs écrivains de son siècle a cru devoir en composer la description et l'histoire[1]. La basilique de Sainte-Sophie atteste les dépenses incroyables de ce prince, qui eut lui-même la manie d'être architecte, et qui se flatta d'avoir persuadé que des anges lui communiquaient ses plans[2]. Quelques poëtes grecs de son temps rendaient hommage aux vrais principes de la peinture et de la sculpture, proclamés autrefois par Platon et par Aristote, et ne cessaient point d'admirer les chefs-d'œuvre antiques, remarquables par une imitation fidèle de la nature. « Est-ce » Céphée, disait Arabius, est-ce le peintre qui a enchaîné An-

> *Hoc vir* BARBARICA PROLE *peregit opus.*

(Fortun. l. II, *Carm.* IX.) — Ces deux écrivains font mention d'un grand nombre d'autres églises bâties par divers évêques français, leurs contemporains, qui étaient ornées de peintures, de bas-reliefs, de sculptures en bois, et d'ouvrages en marqueterie. (Greg. Tur. *ibid.* l. VII. c. XXII; id. *De glor. Mart.* c. LIX; *De glor. Conf.* c. XXXV et XXXVI.)

> *Sacra sepulchra tegunt Bibiani argentea tecta.*
>
> . . . .
>
> *Ingenio perfecta novo tabulata coruscant ;*
> *Artificemque putes hic animasse feras.*

(Fortun. l. I, *Carm.* XII.)

> *Hic scalpta cameræ decus interrasile pendet ;*
> *Quos pictura solet, ligna dedêre jocos.*
> *Sumpsit imagineas paries simulando figuras :*
> *Quæ neque tecta priùs, hæc modo picta nitent.*

(Id. *ibid. Carm.* XIII.) — Les Goths de la Provence et du Languedoc se répandaient dans le nord de la France, pour y être employés comme architectes et comme maçons. Ce furent des artistes de cette nation qui bâtirent l'église de Saint-Pierre de Rouen, sous Clotaire Ier. *Denique ipsa ecclesia..... miro opere, quadris lapidibus, manu gothicâ, à primo Lothario, rege Francorum, olim est nobiliter constructa.* (Fridegod. *Vit. S. Andoëni,* c. v, apud Bolland. *Act. sanct.* XXIV august. p. 818, 819.) Mais ils bâtissaient à la manière romaine, *quadris lapidibus.* Il n'y eut jamais, à proprement parler, d'architecture *gothique.*

[1] Procop. *De ædif.*

[2] Id. *ibid.* l. I, c. I et XXIII; l. II, c. III; l. v, c. VI.

» dromède au pied de ce rocher? L'habile artiste a mis tant de
» vérité dans son ouvrage, qu'il trompe les yeux les plus atten-
» tifs [1]. — Arrêtez cette Bacchante, disait Paul le Silentiaire
» en parlant d'une ancienne figure grecque. — Que crains-tu?
» elle est de marbre. — N'importe, elle va s'enfuir [2]. » Éloges
inutiles! vains conseils! L'art recommençait à décliner. Le luxe
toujours croissant défigurait ce qu'il croyait embellir. Justinien,
qui dans son faste oriental surpassait Constantin lui-même,
semblait s'attacher à corrompre le goût de ses contemporains.
Tout devint lourd et insipide par l'effet d'une magnificence extraordinaire. Dans l'architecture, plus de simplicité, plus de
véritable grandeur : embrasser un vaste terrain, accumuler
dans les ornements d'innombrables richesses, tel était le triomphe de l'art. Dans la peinture, on n'admirait plus que la multiplicité, le choc des couleurs, et l'éclat de l'or qu'on y entremêlait sans ménagements [3]. Le langage même s'était corrompu
avec les idées. Le plus beau titre dont on crût pouvoir honorer

[1] Arabius, apud Banduri, *Imp. Orient.* t. I, p. 141. Brunck, *Analecta,* t. III,
p. 110, n° IV.

[2] P. Silent. apud Banduri. *ibid.* p. 138. — Brunck, *ibid.* p. 208, n° CCLXXVIII.
— Je pourrais multiplier les citations de ce genre. « Ce cheval respire; je crois
l'entendre frémir; il va s'élancer; fuis, hâte-toi, de crainte qu'il ne te blesse. »
(Banduri, *ibid.* p. 178, etc). On a quelquefois critiqué ces épigrammes comme empreintes de mauvais goût. Il en est en effet qui méritent ce reproche, quant aux
tournures et aux expressions; mais elles prouvent en même temps quelle fut la
constante admiration des Grecs pour cette imitation fidèle et parlante de la nature,
qui va jusqu'à produire l'illusion. On retrouve chez tous les écrivains grecs l'expression du même sentiment, dans l'enfance de l'art, à l'époque de son plus haut
perfectionnement, et dans sa décadence.

[3] Procop. *De œdif.* l. I, c. II.—Paul. Silent. apud du Cange, *Const. Christ.* l. III,
c. XLV. — C'est en parlant de l'église de Sainte-Sophie que ces deux écrivains
nous font connaître l'égarement de leur siècle. Il semble qu'ils se soient attachés
l'un et l'autre à critiquer Justinien, en feignant de louer son ouvrage. Procope paraît admirer la multiplicité des couleurs, le choc du rouge et du blanc. Paul le
Silentiaire va plus loin encore: *Les mosaïques, mêlées d'or,* dit-il, *jettent un si vif
éclat, les rayons dorés qu'elles réfléchissent sont si brillants, qu'on a de la peine
à y attacher les regards; la vue en est fatiguée.*

un architecte, était celui d'*habile mathématicien*[1]. L'habitude d'employer la mosaïque continuait à faire ranger tous les genres de peinture parmi les *arts mécaniques*[2]. Dans les siècles précédents, au lieu de dire *peindre* une galerie ou une église, on disait la *faire jouer*, la *brillanter*[3]; dans celui-ci, le mosaïciste, parce qu'il dorait quelquefois ses cristaux, était appelé un *doreur*[4], et le terme même de *dorer* commençait à être confondu avec celui de *peindre*[5].

De nouvelles causes de décadence se manifestaient en Italie. Une grande partie de cette malheureuse contrée avait encore une fois changé de maîtres. Les Goths avaient été détruits. A ces guerriers aussi spirituels que braves, peu instruits encore, mais disposés à s'instruire, *presque semblables aux Grecs*[6], avaient succédé les Lombards, nation superstitieuse, indisciplinée, féroce, qui se polit enfin, mais lentement. L'anarchie féodale commençait parmi eux les ravages qu'elle devait étendre chez tous les peuples de l'Europe. Les petits tyrans se multipliaient. Sous ce gouvernement oppresseur, si toutefois un pareil désordre mérite le nom de gouvernement, les arts, les lettres, les mœurs, tombaient dans un égal mépris.

Cependant la peinture, utile à la religion, au luxe des grands et à l'intérêt des monastères, ne cessa d'être cultivée ni à Rome,

---

[1] Procop. *De œdif.* l. I, c. I. — Agnel. *Lib. Pontif. Raven.* in Petr. Chrys. c. III, apud Muratori, *loc. cit.* p. 79.

[2] Agnel. *ibid.* in Eccl. c. II, *loc. cit.* p. 95.— Id. *ibid.* in S. Agnel. c. II, p. 114.

[3] Prudent. *Peristeph.* hymn. XI, vers. 129, 130.— Id. *ibid.* hymn. XII. vers. 148. — S. Paulin. *De S. Fel. Nat.* Carm. IX, vers. 580. 581. — *Camera musivo illusa;* Id. *Epist.* XXXII, *ad Sever.* § 10. — Virgile dit, *Illusas auro vestes;* mais dans le passage où il emploie cette expression, il ne s'agit que de broderies ou d'étoffes brochées. *Georg.* l. II, vers 464.

[4] *Aurifex tribunam ipsam musivis ornabat auratis; cæteris jam depictis......* etc. Spic. *Hist. Rav.* apud Murat. *Script. rer. ital.* t. I, part. II, p. 545.

[5] C'est de cette confusion des mots qu'étaient venues les dénominations de *Sainte-Marie la Daurade, Saint-Martin au Ciel d'or, Saint-Germain le Doré,* etc. L'abus devint encore plus grave dans le siècle suivant.

[6] *Græcisque penè consimiles.* Jornand. *De reb. Get.* c. v.

ni même dans le royaume des Lombards. Leur reine Théode-linde fit peindre à Monza, sur les murs de son palais, des traits puisés dans leur propre histoire[1]. On exécutait à Vérone, dans les souterrains de l'église de Saint-Nazaire, des peintures qui subsistent encore[2]. Les papes Jean III et Pélage II ornaient les églises de nouvelles mosaïques, les catacombes de nouvelles peintures[3]. Grégoire le Grand, qui prohibait avec des expressions si énergiques la lecture de tous les auteurs profanes, ne cessait d'inviter les évêques à multiplier les saintes images, et lui-même faisait placer son portrait à côté de ceux de son père et de sa mère, dans le couvent qu'il fondait sur le mont Cœlius[4].

Ses successeurs suivirent cet exemple avec constance. Honorius Ier renouvela les peintures des catacombes de Saint-Marcellin, releva l'église de Sainte-Agnès, l'orna de colonnes en bronze doré, de mosaïques et de vitraux en diverses couleurs[5].

---

[1] Paul. Diac. *De gest. Langob.* l. IV, c. XXIII. — Tiraboschi, *Stor. della lett. ital.* t. III, l. II, c. VI, § 3. — Muratori, Ciampini et Frisi ont publié des gravures d'après les monuments de Théodelinde qui existent encore à Monza, à Pavie et à Naples. *Script. rer. ital.* t. I, part. I, p. 460. — *Vet. monim.* t. II, c. IV, tab. IV. — *Mem. di Monza ;* var. loc.

[2] Scip. Maffei, *Verona illustr.* part. III, c. 3, col. 55. — Ces peintures couvrent entièrement les murs : *Ogni parete si vede pitturata.* Maffei les croit du sixième ou du septième siècle. *Ibid.* c. VI, col. 143. Le chevalier Dionisi les a fait graver en plusieurs feuilles.

[3] Anast. in Joan. III, et in Pelag. II. — On voit dans Ciampini la gravure d'une mosaïque de Pélage II, qui existe encore à Rome, dans l'église de Saint-Laurent, dite *in Agro Veterano,* t. II, c. XIII, p. 101.

[4] Joan. Diac. *Vit. S. Greg.* l. IV, c. LXXXIII et LXXXIV; in *S. Greg. op.* t. IV, col. 176. — S. Greg. *Regist. Epist.* l. XI, Epist. 13 et 54; *ibid.* t. II, col. 1100 et 1140. — Le tableau où ce pape s'était fait représenter entre son père et sa mère n'existe plus ; il est gravé d'après une ancienne copie, dans les Annales de Baronius, à l'an 604 ; dans l'ouvrage d'Ange Roca, intitulé *S. Gregorii ejusque parentum imagines,* et ailleurs.

[5] Anast. in Honor. I. — Ciampini, tom. II, c. XIV, tab. XXIX. — On voit encore, dans une tribune de l'église de Sainte-Agnès, une inscription placée au temps d'Honorius, qui renferme ces vers :

Aurea concisis surgit pictura metallis,

Jean IV, Théodore Ier, Agathon, placèrent aussi des mosaïques à Saint-Venance, à Saint-Étienne *in monte Cœlio*, à Saint-Pierre aux liens, à Saint-Pierre du Vatican : quelques-uns des ouvrages de ces pontifes nous ont été conservés[1].

Parmi nous, Dagobert, assisté de l'orfèvre saint Éloi, qui était devenu son ministre, construisit la basilique de Saint-Denis ; il y prodigua le marbre, l'argenterie, l'or, les pierreries, et suivant l'expression de son historien, *toutes les espèces d'embellissements connues dans tout l'univers.* Il ne fit point peindre l'intérieur de cet édifice ; mais, par une magnificence plus grande, et dont il semble avoir donné l'exemple, il couvrit entièrement les murs, et même les colonnes, de tentures tissues d'or et enrichies de perles[2] ; fait remarquable, car nous verrons ce faste s'étendre successivement, et l'usage des tapis-

Et complexa simul clauditur ipsa dies.
Fontibus è niveis credas aurora subire,
Correptas nubes ruribus aura rigans ;
Vel qualem inter sidera lucem proferet Irim,
Purpureusque pavo ipse colore nitens.

(Ciam. *ibid.* p. 105.) Combien le sage abbé Fleury et Tiraboschi ont erré lorsqu'ils ont placé l'invention des vitraux de diverses couleurs au pontificat de Léon III !

[1] Anast. in Joan. IV, Théod. et Agath. — Ciamp. t. II. c. XV, XVI, XVII: tab. XXX ad. XXXIII.— Théodore 1 nous a laissé dans l'église de Saint-Étienne une mosaïque digne d'une grande attention. Elle représente une croix ornée de pierreries (*crucem gemmatam*). Le Christ n'y est point attaché, il est peint en buste dans un cadre circulaire posé sur la sommité de la croix. Au dessus du portrait est une main qui descend du ciel et qui tient une couronne. On voit une gravure de ce monument dans Ciampini, t. II, p. 111, tab. XXXII.) Ce n'est point ici une représentation historique du crucifiement : l'Église n'avait encore adopté par aucun décret cette manière de peindre la mort du Sauveur: c'est un emblème du règne de Jésus-Christ établi ou préparé par le mystère de la Passion. Cette peinture tient le milieu entre les croix qui n'étaient que *gemmées*, ornées de fleurs et de couronnes, marquées des lettres alpha et oméga, et les véritables crucifix.

[2] *Nam et per totam ecclesiam auro textas vestes, margaritarum varietatibus multipliciter exornatas, in parietibus et columnis atque arcubus suspendi devotissimè jussit.* Gest. Dagob. c. XX, apud D. Bouquet, *Recueil des Hist. des Gaul.* t. II, p. 585. — Trithème confirme ce fait : *Ipsosque parietes intrinsecùs tapetibus, margaritis et unionibus decentissimè intextis, pulcherrimè decoravit.* Op. hist. part. I, in Compend. lib. prim. Annal. p. 50.

series, en devenant commun de plus en plus dans les grandes églises de la France, finir par y faire abandonner celui d'en peindre les murs.

Au sein de nos provinces, de riches prélats : à Autun, Siagrius ; à Nevers, Saint-Colomban ; à Auxerre, Didier et Pallade, firent exécuter dans leurs églises des peintures et des mosaïques, et leur donnèrent une grande quantité d'argenterie ornée d'émaux, de *niellures* et de bas-reliefs, qui représentaient, suivant le goût du temps, ou des animaux, ou des traits de l'Apocalypse, ou des sujets allégoriques[1].

En Italie, peu de temps après, le pape Sergius Ier reconstruisit l'église de Sainte-Euphémie, et l'orna de mosaïques[2]. Estienne, abbé de Subiaco, agrandit et fit peindre celle de son monastère[3]. Luitprand, roi des Lombards, qui illustra son règne par un grand nombre de monuments, plaça des mosaïques dans l'église de Saint-Anastase, qu'il élevait auprès de sa maison de plaisance d'Olonna[4], et embellit avec encore plus de prodigalité la basilique célèbre de *Saint-Pierre au ciel d'or*, qu'il fondait à Pavie[5].

La fin du septième siècle et le commencement du huitième présentent deux événements de la plus haute importance dans l'histoire de la peinture. Le premier, dont on n'a peut-être point remarqué jusqu'à présent les rapports avec l'art, est la révolu-

---

[1] Ph. Labbe. *Nov. bibl. man.* t. I, p. 423, 425 et 427. — Lebeuf, *Mém. concern. l'Hist. d'Aux.* t. I, part. I, c. VII, p. 128 et 137. — *Miscell. epist. et dipl.* apud d'Achery, *Spicil.* t. III, p. 405.— Dans le passage donné par d'Achery, la peinture est désignée par les mots *honestas parietum.*

[2] Anast. in Serg. — Ciamp. t. II, c. XVIII, tab. XXXV.

[3] *Chron. subl.* apud Murat. *Script. rer. ital.* t. XXIV, col. 930.

[4] Grutter. *Inscript.* p. MCLXVIII, n° 8, 9 et 10. — Paul. Diac. *De gest. Langob.* l. VII, c. LVIII.

[5] Paul. Diac. *ibid.* — Capsoni a fait graver la façade de cette église : *Mem. ist. di Pavia*, t. II, tav. II, p. 231. — Les Florentins, pour flatter apparemment les rois lombards, en construisirent une sur un dessin à peu près semblable, la décorèrent de la même manière, et lui donnèrent la même dénomination. — J. Lami, *S. Eccl. Flor. monum.* t. III, p. 1403.

tion opérée par le décret du concile de Constantinople, appelé le concile *Quinisexte* ou *in Trullo*, et célébré en 692, dont nous avons déjà parlé, qui ordonna de préférer la peinture historique aux emblèmes, et notamment d'abandonner l'allégorie dans la représentation du crucifiement de Jésus-Christ[1] : le second est la proscription des images religieuses, prononcée par Léon l'Isaurien en l'an 726, et la persécution soufferte par les peintres grecs, qui en fut la suite, et qui dura pendant cent vingt ans.

Quoique le décret du concile *Quinisexte* ne fut jamais exécuté rigoureusement dans l'Église latine, il mit fin à un excès devenu ridicule. L'usage de l'allégorie, d'abord nécessaire, ainsi que nous l'avons dit, pour voiler les mystères de la nouvelle religion, avait totalement égaré les esprits. Les peintres, ou plutôt les supérieurs ecclésiastiques qui les dirigeaient, semblaient vouloir renchérir les uns sur les autres dans leurs inventions de ce genre. Ils n'admiraient plus que ce qui était faux et extraordinaire. Les compositions pittoresques étaient devenues une sorte d'hiéroglyphes dont il fallait avoir le secret. Les quatre Évangiles étaient représentés par quatre fleuves qui allaient répandre leurs eaux sur toute la terre; les Gentils convertis, par des cerfs qui se désaltéraient à une eau vive, par une vigne ou par une montagne; les fidèles, par des arbres, des plantes, des moutons, des oiseaux[2]. La pose, les gestes mêmes des personnages étaient significatifs, et se trouvaient déterminés par des coutumes dont il ne semblait plus permis de s'écarter. Mais le décret qui proscrivit cet abus, insuffisant pour rappeler les ar-

---

[1] *Suprà*, p. 32, not. 1. — Ὡς ἂν οὖν τὸ τέλειον..... etc. *Ut ergo quod perfectum est vel colorum expressionibus omnium oculis subjiciatur, ejus qui tollit peccata mundi, Christi Dei nostri, humanâ formâ characterem etiam in imaginibus deinceps, pro veteri Agno, erigi ac depingi jubemus.* Can. 82; *Act. Concil.* Paris, 1714, t. III, col. 1691 et 1692.

[2] Ciamp. t. I, c. XXVII, p. 247; t. II, c. III, p. 7, etc. — Boldetti, *loc. cit.* l. I, c. VI et VII, p. 23, 25, etc. — Mamachi a fait graver un grand nombre de figures de ce genre. *Orig. et ant. christ.* t. III, p. 16 ad. 105.

tistes à l'étude de la nature, ne pouvait par conséquent ramener l'art vers sa perfection. Livrés à la routine qu'avaient suivie leurs maîtres, au lieu de s'attacher au dessin, les peintres adoptèrent une routine nouvelle, se firent de nouveaux poncis. Par un effet indirect du décret, le nu, généralement employé jusqu'alors dans les images allégoriques, disparut même pour longtemps, si ce n'est dans quelques figures de martyrs. On crut apparemment que la sévérité de l'histoire prohibait ce qu'on s'était permis dans des compositions emblématiques. Daniel, Jonas, Jésus sur la croix, furent vêtus [1]. Dès lors la connaissance des formes du corps humain dut paraître encore moins nécessaire qu'auparavant, et le système adopté par les Pères, qui devait produire à la renaissance des arts de si heureux résultats, rendit la décadence plus rapide.

Ce fut, comme nous l'avons dit, après ce concile, désavoué d'abord et ensuite reconnu tacitement par les papes, que les images de Jésus-Christ sur la croix commencèrent à se multiplier. Il y a lieu de croire que les Grecs peignirent alors le crucifix pour la première fois. Il semble qu'on en puisse citer des exemples dans des tableaux portatifs qui se vendaient à Rome, sous Jean V, vers l'an 686 [2] ; mais ces exemples, si toutefois ils

[1] Daniel et Jonas, entièrement nus dans les peintures des catacombes de Sainte-Priscille et de Saint-Calliste, que nous avons dit devoir être du cinquième et du sixième siècle, sont vêtus dans celles du Ménologe de l'empereur Basile le Jeune, peint vers l'an 984. Cette différence vient de ce qu'avant le concile *Quinisexte*, Daniel dans la fosse aux lions et Jonas dévoré par la baleine, étaient considérés comme des personnages allégoriques, emblèmes de Jésus crucifié, et qu'après le décret qui ordonna de placer Jésus-Christ sur la croix, ils n'offrirent plus que des sujets historiques. — Les exemples du Christ élevé sur la croix avec ses habillements sont très-nombreux parmi les monuments des huitième, neuvième et dixième siècles. Martenne et Durand en citent plusieurs qu'ils avaient remarqués dans les églises de France. *Voyage litt.* p. 137, etc.

[2] Béda rapporte que Biscops, abbé de Wiremouth, lors d'un voyage qu'il fit à Rome, sous le pape Agathon, vers l'an 680, acheta, parmi un grand nombre de peintures, un tableau représentant *la mort de Jésus-Christ ;* mais il ne dit pas quel était le genre de la composition, et s'il se fût agi d'un crucifix, ce fait aurait été trop remarquable pour qu'il n'en eût pas fait mention d'une manière positive. Biz-

paraissent convaincants, devaient être très-rares en Italie, même à cette époque. C'est Jean VII, Grec de naissance, élu pape en l'an 705, qui paraît avoir le premier consacré le crucifix dans l'église de Saint-Pierre. Deux fois en 706 il fit représenter ce sujet dans des mosaïques dont il couvrit une chapelle de ce temple dédiée à la Vierge : au-dessus de l'arc qui en formait l'entrée, et sur les murs intérieurs. Dans la première de ces peintures on voyait Jésus vêtu d'une tunique qui descendait jusqu'aux talons ; au pied de la croix étaient deux bourreaux, dont l'un perçait le corps du Sauveur d'un coup de lance, et l'autre lui présentait une éponge imbibée de vinaigre ; à sa droite était saint Jean, à sa gauche la Vierge, tous deux debout ; le soleil et la lune se montraient dans les airs, comme pour être témoins du sacrifice de l'Homme-Dieu. Mais cet être divin ne paraissait point souffrir ; sa tête était droite ; ses yeux ouverts offraient en quelque sorte un emblème de son immortalité. Dans la mosaïque qui ornait l'intérieur de l'oratoire on ne voyait point les deux bourreaux ; deux anges en adoration se tenaient élevés auprès de la croix : tout le reste était semblable à la première composi-

cops, dans un voyage subséquent, fait sous Jean V, en 686, acheta à Rome quatre tableaux, *composés*, dit Béda, *avec un grand sens*, et qui devaient montrer par leur rapprochement *la concordance de l'Ancien et du Nouveau Testament*. Le premier représentait Isaac portant le bois du sacrifice ; et le second, Jésus-Christ portant sa croix ; le troisième, le serpent d'airain ; et le quatrième, *le fils de l'homme élevé sur le bois sacré*. Il est vraisemblable qu'on n'avait point dans ce dernier tableau qu'un portrait de Jésus-Christ posé au-dessus de la croix, comme dans l'exemple que je viens de rapporter, et dans ceux que je citerai encore : on peut cependant supposer que l'auteur parle d'un véritable crucifix. Quoi qu'il en soit, Biscops en plaçant ces peintures dans son église, les associa l'une à l'autre, de deux à deux ; et les compositions historiques se trouvèrent rapprochées des anciennes allégories qu'elles expliquaient, et qui seules en avaient tenu lieu pendant longtemps. *Imagines quoque ad ornandum monasterium ecclesiamque Beati Pauli nostri, de concordiâ Veteris et Novi Testamenti summâ ratione compositas, exhibuit. Verbi gratiâ, Isaac ligna quibus immolaretur portantem , et Dominum crucem in quâ pateretur æquè portantem, proximâ super invicem regionem picturâ conjunxit. Item serpenti in heremo à Moyse exaltato, filium hominis in cruce exaltatum, comparavit.* Vener. Beda, *Hist. abbat. Wiremut.* l. I (ed. 1664), p. 6.

4

tion. Voilà les plus anciens types connus de ce sujet si intéressant dans l'histoire de la peinture moderne[1] ; sujet pöétique,

[1] Divers faits me paraissent autoriser l'opinion que j'avance, que l'image de Jésus-Christ sur la croix fut accueillie en Italie très-peu de temps avant le concile Quinisexte ; qu'elle y fut très-rare jusqu'à ce concile, et que Jean VII est le premier pape qui l'ait consacrée publiquement.

Le canon du concile Quinisexte, en ordonnant de renoncer aux emblèmes, prouve d'abord avec évidence que jusqu'à cette époque on n'avait point généralement le crucifiement de Jésus-Christ que sous des images allégoriques. Des monuments existants en donnent aussi la preuve, en nous montrant les progrès de l'opinion générale.

Je puis citer les bas-reliefs exécutés sur les fioles de métal que l'on conserve dans l'église de Saint-Jean-Baptiste de Monza, et que M. A. F. Frisi, qui les a publiés dans son ouvrage intitulé *Memorie storiche di Monza*, t. I, c. IV, croit du temps du pape saint Grégoire, c'est-à-dire de l'an 600 environ. L'artiste a représenté sur le bas-relief qui porte le n° 3 (tav. IV) une croix nue ; au dessus de la croix, le buste de Jésus-Christ ; les deux larrons empalés, l'un à droite, l'autre à gauche ; Adam et Eve à genoux, un de chaque côté : sur celui qui porte le n° 4 (tav. v), Jésus-Christ debout, les bras étendus en forme de croix, vêtu d'une tunique talaire et d'un grand manteau ; les deux larrons empalés, Adam et Eve à genoux, le soleil et la lune dans les airs : sur celui du n° 5, une croix nue, formée par des palmes ; le buste du Christ au dessus ; le soleil et la lune aux deux côtés du buste ; Adam et Ève à genoux. Ce ne sont toujours là que des emblèmes du crucifiement ; rien n'y manque cependant pour en faire des compositions historiques, si ce n'est l'image de Jésus sur la croix : il doit donc paraître certain que l'usage le plus général de l'Eglise n'admettait point encore cette représentation. On était bien près de la peinture historique, et on n'osait pas abandonner totalement le voile de l'allégorie.

Je puis citer en second lieu la mosaïque de l'église de Saint-Etienne *in monte Cælio*, dont je viens de parler, attribuée au pape Théodore I, mort en 649, et dont le style annonce en effet une époque peu antérieure au concile Quinisexte.

Le fait concernant Biscops peut faire présumer que sous Jean V, vers l'an 680, les Romains commençaient à peindre le crucifix ; mais dans ce cas il prouvera qu'ils n'osaient point encore séparer cette image d'avec les emblèmes qui seuls avaient été en usage jusqu'alors. L'opinion avait fait des progrès lents. Les allégories s'étaient rapprochées pas à pas de la peinture historique.

Le pape Sergius étant demeuré inébranlable dans son opposition au concile Quinisexte, cette fermeté dut retarder la multiplication des crucifix en Italie. Jean VII au contraire, Grec de naissance, auprès de qui l'empereur Justinien Rhinotmète envoya des légats pour le presser d'adhérer aux décisions de ce concile célébré sous son règne, quoiqu'il ne s'expliquât jamais d'une manière positive, prouva par sa noble, sublime, quoi qu'on en ait pu dire, mais dégradé dans la suite par les idées tristes qu'on y associa, et par un effet de l'opinion dominante qui voulait que Jésus-Christ fût laid [1].

conduite qu'il l'adoptait tacitement, en ce qui n'était pas contraire à ses opinions.

On ne cite enfin aucun témoignage, aucun monument authentique, d'où il soit possible de conclure que les papes eussent placé des crucifix, sculptés ou peints, dans les églises de Rome, avant cette époque. Gori croit celui des catacombes de Saint-Jules postérieur au concile Quinisexte. (*De mitrato capit., c.* VIII. *in Symb. litt.* t. III. p. 173, 176.) Son sentiment doit suffire pour faire rejeter celui de Gretzer et de quelques autres écrivains. Il y a lieu de croire que cette peinture est d'Adrien Ier. La croix stationale de la cathédrale de Ravenne, qu'on dit faite par saint Agnel, vers le milieu du sixième siècle, est évidemment du treizième ou du quatorzième : c'est le jugement qu'en porte Ciampini. (*Vet. mon. c.* VI. *tab.* XIV, t. II. p. 47. 48.) La croix pectorale d'or des évêques de Monza, où Jésus-Christ est peint en émail, suspendu par quatre clous, vêtu, la tête droite et les yeux ouverts, et que l'on croit la même que celle qui fut donnée par le pape saint Grégoire à Théodelinde, pour le jeune roi Adaloalde (Frisi, *ibid.* p. 32 et 33), ne saurait être antérieure au huitième siècle. Saint Grégoire ne dit point, dans sa lettre à cette princesse, je vous envoie un crucifix, mais seulement, *je vous envoie une croix renfermant du bois de celle de Notre Seigneur : Excellentissimo autem filio nostro Adaloaldo regi, transmittere phylacteria curavimus, id est, crucem cum ligno sanctæ crucis Domini.* L'inscription en langue grecque prouve d'ailleurs que cette croix a été faite dans la Grèce, et ce ne peut être par conséquent qu'après le concile Quinisexte.

Nous avons vu précédemment qu'il existait une peinture du crucifix, au sixième siècle, dans une église de Narbonne. Cet exemple paraît être le plus ancien qu'on puisse citer hors de l'Italie, de même que celui de Jean VII est le plus ancien, sinon en Italie, du moins dans l'église de Saint-Pierre. Il est assez remarquable que les Français soient les premiers qui aient osé peindre l'Éternel (*suprà*, p. 19, not. 1), et les premiers qui aient peint Jésus crucifié. Éloignés de Rome et de Constantinople, qui étaient le centre des traditions, de Rome particulièrement, où la police religieuse dut être d'autant plus sévère que cette ville avait été un des derniers foyers du paganisme, ils se livrèrent à leur imagination plus que les Grecs et les Italiens.

La mosaïque placée par Jean VII sur l'arc qui formait l'entrée de la chapelle de la Vierge dans l'église de Saint-Pierre, a été publiée par Ciampini. (*De sacr. ædif.* p. 75, tab. XXIII.) Celle de l'intérieur de cette chapelle est dessinée dans un ouvrage manuscrit de Jacques Grimaldi, composé en 1618, lorsque la mosaïque existait encore, et intitulé, *De sacro sancto Veronicæ sudario.* Ce manuscrit appartient à S. A. E. monseigneur le cardinal Fesch.

[1] Un des premiers effets de cette tendance à représenter Jésus-Christ sur la croix, laid et souffrant, fut de le peindre la tête penchée : c'est ainsi qu'on le voit dans la

Ce fut pareillement après le concile *Quiniscate*, et sous le règne de l'empereur Justinien II, que pour la première fois l'image de Jésus-Christ fut empreinte sur les monnaies de l'empire d'Orient [1].

Ne nous faisons pas de fausses idées sur l'hérésie des iconoclastes. Jamais, en détruisant les images religieuses, ni Léon l'Isaurien ni ses successeurs n'eurent le projet d'anéantir l'art. Leurs statues, leurs portraits, ceux de leurs épouses et de leurs fils, ne cessèrent point d'être offerts dans toutes les villes de l'empire aux hommages de leurs sujets [2]. Les habitations de ces monarques fastueux offraient une magnificence excessive. Les murs, les plafonds, les pavés de leurs vastes palais, étaient couverts de peintures et de mosaïques où l'on voyait représentés des marines, des paysages ornés de figures, des chasseurs combattant contre des bêtes féroces, et même des sujets historiques [3]. Souvent ils faisaient tracer des peintures allégoriques dans les temples, à la place des images qu'ils avaient brisées [4]. Plus les bourreaux d'ailleurs appelaient de peintres au martyre, plus il s'en formait de nouveaux. Les bois, les antres en étaient peu-

---

peinture des catacombes de Saint-Jules. (Aringhi, t. II, l. IV, c. XLII, p. 355.) Tel fut le premier degré de corruption de la noble idée qui le faisait élever sur la croix dans l'attitude d'un roi triomphant. On commença, dans le onzième siècle, en le peignant nu, à le représenter maigre, décharné, pour faire allusion à ce passage de l'Écriture : *Dinumeraverunt omnia ossa mea.* (Psalm. XXI, v. 18.) Cet usage se conserva jusqu'au renouvellement de l'art. Les Grecs continuent à lui donner sur la croix un visage décharné : de là vient que dans nos provinces méridionales on dit d'un homme extrêmement maigre, qu'il ressemble *au crucifix des Grecs.*

[1] *Nova epigraphe et typus, deinceps in numis perfrequentes.* Eckhel, *Doct. num. vet.* t. VIII, p. 228.

[2] Concil. Nicæn. act. VI. (*Act. concil.* t. IV, col. 375, 376.) — *In civitatibus et in plateis adorantur.* Carol. mag. *De imag.* l. III, c. XV. — Anast. in Constant. — On peut voir à ce sujet deux dissertations de M. Heyne, dans les Commentaires de la Société royale de Gottingue, t. XI, p. 36 ; t. XIII, p. 3.

[3] Cedrenus, *Compend. hist.* p. 540. — Const. Porph. Continuat. l. III, c. XLII et XLIII. (*Hist. Byz. Script. post Theoph.* p. 86, 87, 90.) — Nous retrouvons dans la Grèce, à cette époque, l'usage de peindre entièrement l'intérieur des églises : *Ut omnes dealbarent depictas ecclesias.* Anast. in Greg. II.

[4] Cedren, *loc. cit.* p. 518. — Const. Porph. Continuat. l. III, c. X, *loc. cit.* p. 62.

plés[1]. Si on leur brûlait ou si on leur coupait les mains, la Vierge, disait-on, leur en rendait l'usage[2]. Chaque jour des miracles de ce genre, recueillis par la piété ou par le fanatisme, réchauffaient leur enthousiasme, et excitaient de nouveau leur dévouement. Non-seulement enfin le fer des iconoclastes n'interrompit point la filiation des peintres grecs, mais il y a lieu de croire que la persécution en augmenta le nombre.

Les papes, intéressés au succès de cette lutte, fondèrent pour les moines-artistes qui s'enfuyaient de la Grèce de vastes monastères[3], et montrèrent à les employer d'autant plus de zèle, que la guerre déclarée aux images devant briser les liens qui unissaient Rome avec Constantinople, le culte qu'ils leur rendaient allait augmenter leur pouvoir temporel. Les bienfaits de Pepin, qui accrurent dans le même temps la richesse et l'autorité du saint-siége, devinrent en quelque sorte le patrimoine des beaux-arts. L'ancienne Rome sortit de ses ruines, ou plutôt Rome moderne commença. Les murs de la ville relevés, les aqueducs rétablis; des bains consacrés à l'usage des pauvres; de nouvelle-églises bâties à grands frais; les anciennes restaurées; dans l'intérieur de ces basiliques une quantité incroyable de châsses, de couronnes, de lampes, de candélabres, de devants d'autel en bas-relief, de bustes, de statues même, en argent et en or; un nombre non moins étonnant de tentures de soie à personnages, enrichies d'or et de pierres précieuses; des colonnes, des autels, des pavés entiers, revêtus de lames d'argent; partout des mosaïques, partout de vastes peintures couvrant l'intérieur des églises *dans tout leur contour*[4] : tels furent les premiers moyens

[1] Const. Porph. Continuat. *ibid.*

[2] Vita S. Joan. Damas. § 17. t. L, op. p. XI. — Cedren. *loc. cit.* t. II, p. 520. — Const. Porph. Cont. l. III. c. XIII. p. 64, 65.

[3] Anast. in Paul. I, Adrian. I et Pasch. 1. — Leo Allat. *De perpet. consens.* l. 1, c. VI, p. 122. — Alph. Clavel. *Antiguedad de la religion y regla di S. Basilio Magno,* c. VII. § 7. p. 497, et c. IX, § ult. p. 568. — La plupart de ces moines étaient de l'ordre de saint Basile.

[4] *Renovavit parietum picturas. — Basilicam construxit ac totam depinxit. — Diversas historias pinjens....., in circuitu decoravit. — Dextrá lævaque picturá*

de la politique des papes pour exciter l'étonnement et la vénération de l'univers, lorsque après avoir anathématisé les Grecs schismatiques, ils s'appliquèrent à consolider et à faire aimer leur puissance mal affermie. Dans les églises et dans les catacombes, de nombreux monuments de Grégoire III, d'Adrien Ier, de Léon III, attestent encore aujourd'hui la munificence et la sagesse de ces pontifes[1].

Le règne glorieux et prospère de Charlemgne ne fut pas moins utile au maintien des arts. Au sein de la barbarie où se plaisaient ses vassaux, ce grand homme conçut la pensée de régénérer à la fois les sciences, les lettres, l'architecture, la peinture, la musique même, en rétablissant l'ordre et le bonheur public, et il aurait atteint l'objet de ses vœux, si ses contemporains eussent été capables d'apprécier un tel bienfait.

Lorsque des considérations de politique, autant peut-être que l'intérêt de la religion, le portèrent à soumettre au concile de Francfort les canons de celui de Nicée qui maintenaient les images[2], cette conduite n'eut rien de contraire aux idées qu'il professa constamment. Il ne s'agit jamais ni en France, ni en

---

splendentes. — *Et alias absidas decem, dextrá lævàque diversis historiis depictas.* — *Ipsum verò baptisterium diversis in circuitu decoravit picturis,* etc. Anast. in Greg. III, Zachar. Adrian. I, Leon. III.

[1] Ciamp. *loc. cit.* t. II, c. XIX, XX, XXI, tab. XXXVI ad XL. — Aleman. *De Lateran. pariet.* c. II et III, p. 6 et 7, tab. I; c. VIII et IX, p. 30 et seq.; tab. III, IV, V et VI. — Rasponius, *De Triclin. Leon.* ad calcem Alemanni, *loc. cit.* p. 122, tab. III. — Adrien fit repeindre un grand nombre de catacombes, entre autres celles des saints Abdon et Sennen, qu'on appelle les catacombes de Pontien. (Anast. in Adrian. I. — Aringhi, l. II, c. XIX, t. I, p. 361 et seq.) Les peintures qui subsistent dans ces catacombes paraissent appartenir à des époques différentes. Celles où l'on voit des croix ornées de roses et *gemmées* (Bosio, p. 131 et 135; Aringhi. t. I, p. 379, 383) peuvent être de Jean III. Celle où sont représentés le Bon Pasteur et les quatre Saisons (Bosio, p. 189, Aringhi, p. 389) est évidemment plus ancienne. Il est vraisemblable que celles où sont peints les saints Abdon et Sennen furent exécutées sous Adrien Ier. — Ce pape et Benoît III, mort en 858, sont les derniers à qui l'on puisse attribuer quelqu'une des peintures qui ornent les catacombes, si on veut s'en rapporter au témoignage d'Anastase. Après Benoît III, ces souterrains dangereux, qui s'écroulaient de toutes parts, furent successivement abandonnés.

[2] Daniel, *Hist. de Fr.* t. II, p. 83, 85, 87.

Allemagne, de savoir s'il fallait détruire les statues ou les tableaux : on rechercha seulement par l'ordre du prince de quel genre de culte il convenait de les honorer [1]. L'ancienne opinion que les églises devaient être peintes *sur toute leur surface intérieure* subsistait encore parmi nous comme en Italie. L'empereur la confirma par une loi. Les envoyés royaux, qui plusieurs fois chaque année parcouraient les provinces, étaient chargés, en inspectant les églises, d'examiner l'état où se trouvaient non-seulement les murs, les pavés, et les autres parties essentielles des édifices, mais encore *la peinture* [2]. Des règlements plusieurs fois renouvelés déterminaient le mode des contributions ordonnées pour ce dernier objet. S'agissait-il de *la peinture* d'une église royale, l'évêque et les abbés voisins devaient y pourvoir : d'une église dépendante d'un bénéfice, c'était le bénéficier [3]. Jusqu'au milieu des camps, si l'empereur faisait un oratoire, les murs étaient couverts de peintures *sur toute leur surface* [4]. Tant

[1] *Nam dum nihil nos in imaginibus spernamus præter adorationem.. ... in basilicas Sanctorum imagines, non ad adorandum, sed ad memoriam rerum gestarum et venustatem parietum, habere permittimus.* Carol. mag. *De imag.* l. III, c. XVI, p. 380.

[2] *Volumus itaque ut missi nostri per singulos pagos prævidere studeant..... primùm de ecclesiis, quomodò structæ aut destructæ sint. in tectis, in maceriis, sive in parietibus, sive in parimentis, NEC NON IN PICTURA, etiam et in luminariis, sive officiis.* Capitul. an. 807, c. VII ; apud Baluz. *Capit. Reg. Franc.* t. I, col. 460. — Un capitulaire postérieur, de Charlemagne et de Louis le Débonnaire, porte ces mots : *Ut missi nostri, unà cum episcopis propriis, magnam curam habeant quatenùs dirutæ ecclesiæ* PLENITER *restaurentur atque ornentur.* Capit. Kar. Mag. et Lud. Pii, l. VI, c. LXIX : *loc. cit.* col. 935. — La loi précédente paraît prouver que le mot *pleniter* se rapporte à la peinture.

[3] Capitul. IV, ann. 869, c. V, *loc. cit.* col. 612. — Capitul. Kar. Mag. et Lud. Pii, l. IV, c. XXXV, et l. V, c. XCVII ; *loc. cit.* col. 785, 855. — *Si verò essent ecclesiæ ad jus regium propriè pertinentes, laquearibus* VEL MURALIBUS ORDINANDÆ PICTURIS, *id à vicinis episcopis aut abbatibus curabatur.* etc. Monach. Sangall. *De eccl. cur. Kar. Mag.* c. XXXII, apud D. Bouquet, t. III, p. 119. — Il est bien étonnant que ni Mézerai, ni Daniel, ni Velly, ni même Gaillard, n'aient daigné rappeler ces capitulaires. Combien les arts occupent peu la plupart des historiens !

[4] Voyez le fait que rapporte le Moine de Saint Gal, *De reb. bell. Kar. Mag.* c. XXII ; *loc. cit.* p. 132.

qu'une église n'avait pas reçu ce genre d'ornements, on ne la croyait pas terminée[1]. Suivant les sentiments des docteurs français, les peintures avaient un double objet : instruire le peuple, embellir le monument[2]. Dans la pensée du prince, elles en avaient un troisième qu'il ne dissimulait point, et qui se rapportait aux Saxons devenus chrétiens : effacer à leurs yeux par une extrême magnificence la richesse de leurs anciens autels[3].

Un grand nombre d'édifices élevés par les soins du bienfaiteur de la France et de l'Italie prouvèrent combien il existait d'artistes dans ses états. Les temples, les palais, les thermes d'Aix-la-Chapelle, les mosaïques, les peintures, les bronzes, les vitraux dont on les décora, tout fut dirigé et exécuté par des maîtres choisis dans l'Empire latin, *en deçà des mers*[4].

Une nouvelle émulation animait les prélats français. « Réparez » votre église, hâtez-vous, s'écrivaient–ils les uns aux autres : » vous connaissez les ordres et la fermeté de l'empereur[5]. » En Provence, d'où les Sarrasins venaient d'être chassés, on bâtit les

---

[1] *Adeo invaluit ecclesias depingendi consuetudo, ut nisi picturæ adjectæ fuissent, ecclesiæ minimè absolutæ putarentur.* Muratori, not. in Leo. Ost. Chron. Monast. Casin.; *Script. rer. ital.* t. IV, p. 275. Muratori parle ici de l'Italie ; mais les faits que je rapporte prouvent suffisamment qu'on peut dire la même chose de la France.

[2] *Ob pulchritudinem et recordationem.* Jonas. *De cultu imag.* l. I ; in *Bibl. Patr.* ed. Lugd. 1677, t. XIV, p. 171.

[3] *Ut honorem habeant majorem et excellentiorem quàm fana idolorum.* Capitul. de part. Sax. an. 789, c. I, *loc. cit.* col. 251.

[4] *De omnibus cismarinis regionibus.* Monach. Sangall. *De eccl. cur. Kar. Mag.* c. XXX, *loc. cit.* p. 118. — Une des mosaïques exécutées par ordre de Charlemagne, dans le dôme d'Aix-la-Chapelle, existait encore, mais en très-mauvais état, au commencement du dix-huitième siècle. Ciampini en a donné une gravure. (*Vet. mon.* t. II, tav. XLV, p. 134.) Elle fut détruite à cette époque, et l'on exécuta avec les cristaux dont elle était composée celle qui décore aujourd'hui la coupole. — On voit dans Montfaucon deux gravures faites d'après d'autres peintures anciennes d'Aix-la-Chapelle. (*Monum. de la Mon. franç.* t. I, p. 276, pl. XXII.) — Walafride Strabon nous a laissé des vers sur des figures d'anges et de saints qui étaient peintes dans l'église. Apud Canisium, *Lect. antiq.* (ed. Basnag.) t. II, p. 256 ad 262.

[5] Lettre de Hette, archevêque de Tréves, à Frottaire, évêque de Toul. Dormay, *Hist. de Soissons*, t. I, p. 314.

cathédrales d'Avignon, de Sisteron, de Digne, d'Embrun, et notamment celle de Vence, appelée *Sainte-Marie la Daurade*, à cause des mosaïques dont on la décora[1]. Ebbon jeta les fondements de l'église de Reims, qu'Hincmar, son successeur, orna de peintures, de tapisseries, de vitraux, et d'un pavé en mosaïque représentant des anges et des saints[2]. Angilbert, abbé de Saint-Riquier, rebâtit son église; il y prodigua l'argenterie, les tentures, les tapis, les devants d'autels en bas-reliefs, les sculptures et les mosaïques[3]. Angelbert, archevêque de Milan, fit couvrir le chœur de la basilique de Saint-Ambroise d'une mosaïque qui subsiste encore[4]. OEgil, abbé de Fulde, orna de peintures l'abside de son église; ce fut le moine BRUUN, surnommé CANDIDUS, peintre et poëte, qui exécuta ce grand ouvrage, et ce religieux célébra lui-même dans des vers qui sont parvenus jusqu'à nous, *et ses faibles talents*, et la magnificence de son abbé[5]. Raban, successeur d'OEgil, un des littérateurs les plus illustres de son

[1] H. Bouche. *Hist. de Provence.* t. I. p. 721. — Martenne et Durand. *Voyage litt.* p. 270.

[2] Flodoard. *Hist. Eccl. Rem.* l. III, c. V. — Martenne et Durand, *loc. cit.* part. II. p. 80. — Le tombeau d'Hincmar fut orné d'un bas-relief, qui a été publié par Montfaucon : *Monum. de la Mon.* fr. t. I. pl. XXVIII.

[3] *Vita S. Angilb.* apud d'Achery et Mabillon. *Act. SS. ord. S. Bened.* t. V. p. 169 ad 127.

[4] Cette mosaïque est gravée dans Puricellus, (*Ambros. Basilic.* fol. 133.) Elle fut exécutée vers l'an 832. La tradition l'attribue à un moine nommé GAUDENTIUS. *Ibid.* p. 112.

[5]
> *Absida quam super exstructa namque immisit ingens,*
> *Quamque egomet quondam hic Christi nutritus in aula*
> *Presbyter et monachus, BRUUN, vilisque magister,*
> *Depinxi ingenio tenui, parcaque Minerva,*
> *Formans expressi varios ferrugine vultus.*

BRUUN, *Vit. OEgil.* apud d'Ach. et Mabill. *Act. SS. ord. S. Bened.* t. V, p. 255. — Christ. Brower. *Antiq. Fuld.* p. 114, 116. — Le portrait de BRUUN, peint en miniature par un religieux du même couvent, nommé MODESTUS, son contemporain, se trouve gravé, ainsi que celui de Modestus lui-même, dans les *Antiquités de Fulde,* p. 170.

siècle, fit peindre l'église de Rathesthoph[1]; Arno, évêque de Saltzbourg, le tombeau de saint Virgile[2]. Anségise signala encore plus son zèle : abbé de Fontenelle, de Luxeuil et de Saint-Germain de Flaix, il revêtit *entièrement* de peintures les murs et les plafonds des églises, des réfectoires, et même des dortoirs de ses trois abbayes : le peintre MADALULPHE, chanoine de Cambrai, fut chargé de tous ces travaux, et il y acquit une très-grande réputation[3].

On dirait que tous les peuples cherchaient à se conformer aux désirs ou à l'exemple de Charlemagne. A Nicée, on venait de placer dans la cathédrale les portraits des trois cent dix-huit évêques qui avaient été présents au concile[4]. A Naples, le consul Anthime faisait peindre l'église qu'il dédiait à saint Paul[5]. Au mont Cassin, l'abbé Potto élevait un temple à saint Michel, et le couvrait de *belles peintures et de vers dans tout son contour*[6]. L'Angleterre même commençait, quoique faiblement, à s'occuper des beaux-arts. Biscops, abbé de Wiremouth, avait transporté récemment dans son monastère une grande quantité de tableaux achetés dans les États Romains, et en avait couvert l'intérieur de ses trois églises, de toutes parts, *à l'orient, au midi et au septentrion*[7]. Charlemagne avait invité le roi Offa à

[1] *Quam picturis decenter ornavit. Vita B. Rab.* apud d'Ach. et Mabill. *loc. cit.* t. VI, p. 16.

[2] Eberhard. *Monum. Salisbury.* part. II, c. XI, apud Canisium, *loc. cit.* t. III, part. II, p. 289.

[3] *Dormitorium nobilissimis picturis..... refectorium variis picturis, in maceriâ et in laqueari..... universamque basilicam variis picturis decorari jussit. Vita S. Anseg.* apud d'Ach. et Mabill. *loc. cit.* t. V, p. 634, 635, 636. — *Chron. Fontanel.* c. XXVII, apud d'Ach. *Spicil.* t. II, p. 280, 281.

[4] *Hodœporicon S. Willibaldi;* apud Canisium. *Lect. antiq.* t. II, part. I, p. 114.

[5] Johan. Diac. *Chron. episc. Neap. eccl.;* apud Murat. *Script. rer. ital.* t. I, part. II, p. 312.

[6] *Eamque (ecclesiam) et picturis insignibus, et carminibus, in gyro decoravit.* Leo. Ost. *Chron. Casin.* l. I, c. X ; apud Murat. *loc. cit.* t. IV, p. 275.

[7] *Romanis è finibus..... picturas detulit..... quibus (picturis) mediam et ejusdem ecclesiæ testudinem, ducto à pariete ad parietem tabulato præcingeret..... quibus australem ecclesiæ parietem decoraret..... quibus septentrionalem æquè parietem*

protéger la peinture : ce conseil, à la vérité, avait produit peu d'effet[1] ; les murs des églises en général n'étaient que *blanchis*[2] ; mais déjà l'on en décorait richement *les fenêtres et les pla-fonds*, et on les ornait de tentures de soie *achetées au dehors*[3].

L'usage de peindre non-seulement les églises, mais encore les dortoirs et les réfectoires, s'était si bien établi dans les monas-tères de la France, que si, par esprit d'humilité, quelque abbé rejetait ce genre d'ornements, les auteurs des chroniques croyaient devoir faire mention de ce sacrifice. « Constamment » simples et humbles, dit l'historien du couvent de Saint-Sau-» veur d'Aniane, ces saints religieux ne voulurent orner de » peintures ni les murs ni les plafonds de l'intérieur du mo-» nastère[4]. »

Nous avons dit que les fureurs des iconoclastes, en excitant un nouvel enthousiasme pour les images, avaient donné de l'acti-vité à l'industrie. En effet, tandis que ces sectaires détruisaient les peintures empreintes sur les murs, brisaient les mosaïques, les bustes et les statues[5], les productions des arts que leurs di-mensions permettaient de recueillir dans les oratoires et les bi-bliothèques, devinrent chez les Grecs, et bientôt chez les Latins,

---

ornaret. — Quibus ecclesiam in gyro coronaret.— Les images de la Vierge et des apôtres occupaient le côté de l'orient ; les sujets puisés dans les Évangiles, le côté du midi ; ceux de l'Apocalypse, le septentrion. (Ven. Beda, *Hist. abbat. Wiremut.* l. I, p. 28, 30 et 36.) Il n'est pas difficile de reconnaître la pensée qui avait réglé cette distribution.

[1] Hume, *Hist. de la maison de Plantag.* in-4°, t. I. p. 64.

[2] William. Malmesh. *De gest. pontif. Angl.* l. III ; in *Rer. Angl. script. post. Bed.* p. 261.

[3] *Fragm. De pontif. eccl. Ebor.;* apud d'Ach. et Mabill. *loc. cit.* t. IV. p. 561, 566. — Je ne parle pas des Arabes qui occupaient l'Espagne : on peut consulter sur ce point le *Voyage pittoresque de l'Espagne*, de M. Alex. de Laborde. Pourquoi tenterais-je de répéter ce que cet habile connaisseur dit avec tant de précision et d'élégance ?

[4] *Vit. S. Bened. abb. Anian.* apud d'Ach. et Mabill. *loc. cit.* t. V, p. 197. — Il en était de même pour les dortoirs, dans l'ancienne discipline du Mont Cassin : *In dormitorio nihil pictum aut variatum.* Mabill. *Annal. ord. S. Bened.* t. II, p. 145.

[5] Cedrenus, t. II, p. 467.

l'objet d'une dévotion plus fervente. Les tableaux portatifs se multiplièrent : les anciens diptyques d'ivoire, déjà consacrés à la décoration des autels, furent encore plus recherchés qu'auparavant : on en sculpta aussi de nouveaux. A défaut d'ivoire, l'art de *nieller* fut employé à couvrir d'ornements délicats des planches en or et en argent, qu'on offrit à la vénération des fidèles dans les processions et au baiser de paix. Par une extension d'un usage antique, le pèlerin le plus pauvre renferma des peintures et des sculptures dans des diptyques et des triptyques en bois, qu'il transportait dévotement dans ses voyages [1]. Le culte des reliques, répandu de plus en plus, et dégénéré même en une superstition aveugle, contribua puissamment à favoriser l'orfévrerie, qui mettait en œuvre tous les arts du dessin. Soit piété enfin, soit ostentation, soit amour de l'art, les princes et les prélats recherchèrent à l'envi les manuscrits ornés de miniatures : tous les monastères en voulurent posséder [2]. Sous Charlemagne, sous Louis le Débonnaire et Charles le Chauve, un grand nombre de peintres français s'appliquaient à cette manière de peindre [3]; et si nos miniatures étaient en général inférieures à celles des Grecs pour le dessin, on peut dire qu'elles les surpassaient souvent par la hardiesse et l'originalité des pensées.

[1] Gori, *De mitrato capite*, cap. VIII, § 9 ; in *Symbol. litt.* (1749), t. III, p. 189. — Id. *Thes. vet. dipt.* t. III, p. 231 ; Passeri, *ibid.* p. 225. Cet usage subsiste encore : les Grecs portent fréquemment dans leurs voyages d'antiques peintures renfermées dans des triptyques, et se les transmettent de père en fils.

[2] Une assez grande partie des manuscrits conservés pendant longtemps dans diverses églises de France dataient du neuvième et du dixième siècle. Baluze, Mabillon et Montfaucon ont publié des gravures de plusieurs miniatures françaises de cette époque. Celles des Heures de la reine Emme, femme de Lothaire, mort en 986, sont un chef-d'œuvre pour le temps où elles furent exécutées. On les voit dans Mabillon, *ibid.* t. IV, p. 33, et dans Montfaucon, *Monum. de la Mon. fr.* t. I, p. 346, 347.

[3] Il faut compter parmi les peintres en miniatures, français, italiens ou allemands, du neuvième siècle, ERIBERT, contemporain de Louis le Débonnaire, SINTRAMNE et MODESTUS, moines de Saint-Gall ; et parmi ceux du dixième, MARCELLUS, religieux du même couvent, et HELDRIC, abbé de Saint-Germain d'Auxerre, mort en 1010.

Ce siècle, qui vit élever tant de grands monuments, nous offre cependant de nouvelles causes de décadence, tant chez les Grecs que chez nos pères. L'hérésie des empereurs d'Orient contribuait à la corruption du goût par l'exaltation même qu'elle produisait dans les esprits. Brûlant d'un amour fanatique pour les images qu'on lui voulait arracher, le Grec persécuté abjura les lumières et la critique qui avaient honoré ses ancêtres ; il se prosterna devant les tableaux les plus grossiers, *les adora*, les couvrit de baisers, et ne se permit plus d'en considérer l'exécution ; à peine osa-t-il même les regarder[1]. Dans toute la chrétienté, les peuples encensèrent des peintures barbares qu'on disait descendues du ciel. C'est de cette époque que datent tant d'images prétendues *acheïropoïètes*, qui attestent encore aujourd'hui l'ignorance des peintres qui les exécutèrent.

La crainte que conçurent les autorités ecclésiastiques de voir les ennemis des images y découvrir des sujets de scandale, rendit aussi plus sévères les lois qui pesaient depuis longtemps sur les artistes. Le second concile de Nicée nous donne une preuve authentique de la servitude où ils étaient retenus. Le passage est bien remarquable. «Comment, disent les Pères, pourrait-on » accuser les peintres d'erreurs? l'artiste n'invente rien ; c'est » par les antiques traditions qu'on le dirige... sa main ne fait » qu'exécuter : il est notoire que l'invention et la composition » des tableaux appartiennent aux Pères qui les consacrent : à » proprement parler, ce sont eux qui les font[2]. » Telle était la

---

[1] Voyez Gibbon, *Hist. de la décad. de l'emp. rom. c. XLIX.*

[2] Οὐ ζωγράφων ἐφεύρεσις ἡ τῶν εἰκόνων ποίησις, ἀλλὰ τῆς καθολικῆς ἐκκλησίας ἔγκριτος θεσμοθεσία καὶ παράδοσις..., μενοῦν γε αὐτῶν [πατέρων] ἡ ἐπίνοια καὶ ἡ παράδοσις, καὶ οὐ τοῦ ζωγράφου· τοῦ γὰρ ζωγράφου ἡ τέχνη μόνον, ἡ δὲ διάταξις πρόδηλον τῶν δειμαμένων ἁγίων πατέρων. κ. τ. λ. Concil. Nic. II, act. vi, t. IV, col. 360. (*Act. Concil.* ed. 1714.) Les Pères ajoutent : *Ainsi le voulait saint Basile;* ce qui remonte au milieu du quatrième siècle. — Gori et d'autres écrivains ont parlé de cette espèce de droit qu'exerçaient les évêques et les abbés du moyen âge de diriger les peintres dans la composition des sujets religieux; mais ils n'ont point donné

domination que les prêtres égyptiens exerçaient sur les peintres et les sculpteurs ; et jamais dans l'Égypte, avant Alexandre, la peinture ni la sculpture ne sortirent d'une longue enfance.

Charlemagne porta involontairement un coup non moins fatal à la peinture : il l'attaqua dans sa source. Nous sommes ici obligés de remonter vers l'antiquité.

Les anciens Grecs avaient peu de chevaux ; ils combattaient presque tous à pied. Les oplites portaient un casque, une cuirasse, quelquefois des bottines, et dans des temps moins reculés une armure qui protégeait le haut des bras ; mais le visage, et, dans une grande partie des troupes, les bras entiers et les membres inférieurs demeuraient ordinairement à découvert. La vivacité, la souplesse, la grâce même des mouvements, étaient comptées, ainsi que le courage, au nombre des qualités nécessaires aux guerriers. De là les encouragements accordés à la gymnastique. De là, en ce qui concerne la beauté du corps humain, une théorie simple et lumineuse, qui devint familière à tout le peuple. «Nous savons tous, disait Socrate, en quoi consiste la » beauté du corps de l'homme et celle de chaque animal[1].» Cette connaissance de la beauté des formes humaines, déjà dédaignée par les saints Pères, s'affaiblit encore dans l'empire grec lorsque l'usage des cottes de mailles y fut presque général. Le système militaire adopté par Charlemagne et confirmé par ses successeurs la détruisit entièrement. Ce prince en multipliant la grosse cavalerie, peu nombreuse parmi nous jusqu'alors, lui donna des armes propres à jeter la terreur chez ses ennemis, mais pour cela bien plus pesantes que les anciennes. Doué d'une taille très-élevée et d'une force extraordinaire, le premier ou un des premiers, il se revêtit tout à la fois d'un ample haubert à doubles mailles, d'un casque, de brassards, de gante-

---

de preuves positives, et quelques-uns se sont même bornés à présenter ce fait comme probable. Le passage que je rapporte, et qu'apparemment ils n'ont pas connu, ne laissera aucun doute.

[1] Plat. *De leg.* l. II, t. II, p. 669.

lets, de grèves et de cuissards en lames de fer[1]. Trop faibles la plupart pour supporter cette armure complète, ses officiers ne l'adoptèrent d'abord que partiellement[2]; mais ils parvinrent ensuite à se la rendre familière. Toute l'Europe les imita. Le plébéien seul combattit à pied, armé à la légère ; le paladin, de qui les artistes devaient tracer l'image, ne parut dans les armées que sous un épais harnois, qui le couvrait de pied en cap, et sur un cheval bardé d'acier comme lui. Cette révolution anéantit totalement ce qui pouvait subsister d'idées saines sur la beauté du corps. La force fut encore estimée, mais on n'estima que la force. La convenance réciproque des parties, la juste saillie et le moelleux des contours, la grâce des mouvements, qui faisait dire chez les anciens qu'un héros *avait bien dansé dans le combat*[3], ces qualités rares perdirent de leur prix devant des juges qui n'en reconnaissaient plus l'utilité. Par une suite de cette indifférence, bientôt l'habillement des femmes fut aussi dépourvu de goût que l'armure des guerriers était difforme. L'empire de la beauté subsista toujours dans les cœurs; mais la théorie du beau se perdit. Aux jugements solennels que rendait autrefois la Grèce assemblée, succédèrent les décrets frivoles du caprice et de la mode : il y eut autant de divinités que d'amants.

Ainsi le peintre du neuvième et du dixième siècle fut entraîné de toutes parts dans l'erreur. Dans les sujets de piété, on l'aurait accusé de blesser la religion et les mœurs s'il eût osé consulter des modèles nus; dans les sujets purement historiques, s'il en

---

[1] *Tunc visus est ipse ferreus Karolus*..... etc. Mon. S. Gal. *De reb. bell. Kar. Mag.* c. XXVI ; apud D. Bouquet, t. III, p. 132.

[2] *Juxta possibilitatem.* Ibid. — Plusieurs écrivains ont exprimé le sentiment de terreur que cette armure fit éprouver aux Lombards. *Ferrum campos et plateas replebat*..... *O ferrum! Heu ferrum! Clamor confusus insonuit civium*..... Mon. S. Gall. *ibid.*

Et stupet inscia tellus :
At concussa tremit sub tanto pondere ferri.

De Kar. Mag. et Leon. Pap. Poem. vers. 421 ; *ibid.* t. V, p. 395.

[3] Lucian. *De saltat.* c. XIV.

traitait quelquefois de semblables, les guerriers couverts de fer n'offraient à ses regards que des surfaces inanimées, des lignes droites, des masses informes. Devenu par là étranger à la connaissance du corps humain, non-seulement il ignora ce qui en constitue la beauté réelle, mais il ne sut distinguer ni les contours les plus apparents des muscles, ni le jeu et la place même des articulations : exemple terrible pour l'artiste qui, réduit à peindre habituellement des figures vêtues, et à retracer des costumes ingrats, ne ferait pas auparavant de profondes études sur la nature !

Le mouvement imprimé par Charlemagne se soutenait cependant encore. Charles le Chauve réitéra implicitement l'ordre de peindre les églises, en renouvelant la loi de son aïeul qui ordonnait aux envoyés royaux de veiller à ce qu'elles fussent *pleinement restaurées et ornées*[1]. Quoique le goût se dégradât de plus en plus, on entreprenait partout de grands ouvrages.

A Rome, Pascal Ier, Sergius II, Léon IV, Benoît III, Nicolas Ier, Adrien III, Formose [2]; à Aquilée, la duchesse Gi-

---

[1] *Capitul. Kar. Calv.* tit. XI, c. I et III; apud Baluz. *Capit. reg. fr.* t. II, col. 53, 54.

[2] On voit des mosaïques de Pascal Ier à *S. Maria in Dominica*, à Sainte-Praxède et à Sainte-Cécile. (Ciamp. *Vet. monim.* t. II, tab. XLIII ad LII, p. 142 ad 162.) — Ce pape fit peindre des portraits de plusieurs saints dans les dortoirs du couvent de Sainte-Agnès. (Mabill. *Annal. ord. S. Bened.* t. II, p. 443.) — Il y a des peintures de Sergius II à Saint-Jean de Latran, dans la chapelle appelée *Sancta Sanctorum.* M. Pouyard dit dans sa Dissertation *Del bacio de' piedi de' sommi Pontefici*, qu'elles sont *in gran parte imbiancate* (p. 31, not. 1). D'autres subsistent dans l'oratoire *della Scala santa;* elles représentent des fleurs, des oiseaux et des griffons, distribués dans des ornements circulaires. (*Ibid.* p. 36, ad not.) — Léon IV avait rebâti l'église appelée *S. Maria Nova*, et *ne l'avait pas ornée de peintures* : Nicolas Ier y fit exécuter plusieurs mosaïques, dont une est gravée dans Ciampini. (Anast. in Nicol. I; — Ciampini, *loc. cit.* p. 163, tab. LIII.) — Ange Rocca attribue à Adrien III une mosaïque qu'on voit encore dans l'abside de l'église de S. *Pudentiana*, et la qualifie de *admodum elegans.* (*De SS. Ap. Petri et Pauli prælat.* t. I op. p. 92.) Ce monument a été publié par Ciampini, qui le croit du dixième siècle. (*Ibid.* p. 20, tab. VI, n° 1.) — Tiraboschi dit, sur le témoignage de Ricobaldi Ferrarese, que Formose *renouvela les peintures de l'église de Saint-Pierre.* L'assertion de Ricobaldi doit être fort exagérée; mais elle prouve du moins qu'on restaura

sèle[1]; à Naples et à Capoue, les évêques Anastasius[2] et Hugo[3]; au Mont-Cassin, l'abbé Gisulphe[4], firent exécuter des mosaïques et des peintures que le temps a pour la plupart respectées.

Parmi nous, Angelme, évêque d'Auxerre, multipliait les tapisseries; Héribald, son successeur, faisait peindre les murs et les plafonds de la cathédrale et de l'église de Sainte-Marie, et s'efforçait en même temps d'inspirer à ses chanoines l'amour des lettres[5].

Dans la Grèce, où l'iconomachie avait cessé, Basile le Macédonien semblait vouloir racheter, par la richesse de ses monuments, l'hérésie et les cruautés de ses prédécesseurs. Aucun empereur d'Orient, si l'on excepte Constantin et Justinien, n'avait construit autant d'édifices : le jaspe, l'albâtre, le porphyre, y éclataient de toutes parts; les murs, les plafonds, les soubassements, les pavés, les portiques extérieurs, étaient couverts de peintures, et plus souvent de mosaïques, où l'on voyait représentés tantôt des fleurs, des paons, des aigles et d'autres animaux; tantôt de plus nobles sujets, l'empereur, sa famille, ses généraux, les batailles qu'il avait gagnées, les villes qu'il avait conquises[6]. Le luxe avait fait de tels progrès, que la peinture,

sous le pontificat de Formose plusieurs peintures de cette riche basilique. Ricob. Ferr. *Compil. chron.* apud Murat. *loc. cit.* t. IX, col. 237. — Id. *ibid.* t. eod. col. 168.

[1] Bertoli, *l'Antichità d'Aquileja*, p. 406. La peinture qui paraît avoir été exécutée par l'ordre de Gisèle, fille de Louis le Débonnaire, existe encore dans une petite église d'Aquilée. Elle représente le Christ sur la croix, la Vierge, saint Georges, la duchesse Gisèle, et diverses images allégoriques. Bertoli en a donné une gravure. *Ibid.* n° DLXXXVI.

[2] Johan. Diac. *Chron. episc. Neap. eccl.* apud Murat. *loc. cit.* t. I, part. II, p. 316.

[3] La mosaïque exécutée à Capoue sous l'évêque Hugo n'a pas été détruite : elle est gravée dans Ciamp. t. II, p. 166, tab. LIV.

[4] *In circuitu , figuris pulcherrimis.* Leo. Ost. *Chron. Casin.* apud Murat. *loc. cit.* t. IV, p. 290.

[5] Labbe, *Hist. episc. Autiss.* c. XXXV et XXXVI; in *Nov. bibl. man.* t. I, p. 432, 433. — Le Bœuf, *Mém. concern. l'hist. d'Aux.* t. I, part. I, p. 173, 178.

[6] Const. Porph. *Basil. Maced.* c. LXXXI ad LXXXVIII; in *Script. post. Theoph.* p. 198 ad 206. — Const. Porph. Continuat. l. III, c. XLII; *ibid.* p. 86 ad 90. — Cedren. t. II, p. 587, 588.

la sculpture et la mosaïque même ne suffisaient plus ; les murs
et les pavés d'un oratoire que Basile dédia au Sauveur furent
entièrement revêtus de plaques d'argent enrichies d'or et de
pierreries ; les bases des colonnes étaient en argent, les chapi-
teaux et les architraves en or ; on voyait en divers endroits l'i-
mage de Jésus-Christ peinte en émail sur le métal [1].

En Angleterre, Alfred le Grand cherchant à polir ses guerriers
saxons , construisait des édifices avec une magnificence inconnue parmi eux jusqu'alors, appelait des ouvriers de toutes les
parties de l'Europe, et vraisemblablement des peintres, désignés
par les écrivains anglais contemporains sous le nom de *doreurs*.
Ami des lettres et des arts, ce prince multipliait aussi les manuscrits et les faisait orner de miniatures [2].

Alors vivait à Constantinople le peintre LAZARE, que l'empereur Michel envoya à Rome en ambassade auprès de Benoît III [3] ;
et à Rome même, METHODIUS, Romain de naissance, qui, appelé
à Nicopolis dans la Bulgarie, peignit le jugement dernier sur
les murs du palais du roi Bogoris, et fut cause par cette hardiesse que ce prince et sa cour se firent chrétiens [4]. A la même
époque, les religieux de Richenaw ornaient de peintures diverses
églises de l'Allemagne [5]. Ceux du monastère de Saint-Gall sem-

---

[1] Const., Porph. *Basil. Maced.* c. XCVI, p. 203.

[2] Asserus, *De Alfred. reb. gest.* in *Angl. norman. à vet. script.* p. 13 et 20. —
Il existe encore quelques manuscrits anglais, ornés de miniatures, qui datent à
peu près de cette époque. M. J. Strutt y a copié des miniatures qu'il a publiées
dans son ouvrage intitulé *Angleterre ancienne*, traduit par M. Boulard. Elles se
trouvent dans les vingt-quatre premières planches, avec d'autres qui sont des deux
siècles suivants.

[3] Anast. in Bened. III, p. 206. — Const. Porph. Continuat. l. III, c. XIII, p. 64, 65.

[4] Cedrenus, t. II, p. 540.

[5] Eckerhard, *Carmina*, apud Canisium, t. II, part. III, p. 227 et seq. — On lisait
au-dessous des *élégantes peintures* dont les religieux de Richenaw (*Divitis Augiæ*)
avaient orné *les murs* de l'église de l'abbaye de Pfaltz, l'inscription suivante :

> *Aula palatinis perfecta est ista magistris :*
> *Insula pictores tramiserat Augia claros.*

Ibid. p. 228. Les architectes étaient des moines de l'abbaye même, les peintres
des moines de Richenaw.

blaient toutefois les surpasser : « Où trouver, disait-on, des ar-
» tistes aussi habiles dans tous les genres qu'à Saint-Gall [1]? »
Tutilon, un de ces religieux, peintre, poëte, musicien, ciseleur
et statuaire, entreprit des voyages pour connaître les monuments
de peinture et de sculpture qui existaient de son temps, et laissa
en divers pays des ouvrages qui rendirent son nom célèbre [2].

Le règne de Charles le Chauve, ou celui de Louis le Débonnaire, nous offrent un fait très-mémorable : c'est l'invention de
la *peinture sur verre*, art difficile, pendant longtemps délaissé,
jamais perdu, et renouvelé depuis quelques années avec de si
heureux perfectionnements. Nous trouvons dans la ville de Dijon
les essais les plus anciens de cet art qu'il nous ait été possible
de découvrir. L'historien du monastère de Saint-Bénigne, qui
écrivait vers l'an 1052, assure qu'*il existait encore de son temps
dans l'église de ce monastère un très-ancien vitrail*, représentant le martyre de sainte Paschasie, et que cette peinture avait
été retirée de la vieille église restaurée par Charles le Chauve. Il
faut croire par conséquent que ce monument *antique et élégant*,
suivant les expressions de la chronique, datait au moins du règne de l'empereur ; mais il ne saurait remonter beaucoup au
delà [3].

[1] Ermenric, *De grammaticâ;* apud Mab. *An. ord. S. Bened.* l. XXXI, c. XXXVI,
t. II, p. 571.

[2] *Pictor, poeta,* etc. Anonym. *Hymn.* apud Canisium, t. II, part. III, p. 215. —
Multas propter artificia simul et doctrinas peragraverat terras. Eckerhard, *Decan.*
S. Gal. c. XXII, *ibid.* p. 567. — Mabill. *Annal. ord. S. Bened.* l. LXI, c. LXX,
t. III, p. 340.

[3] *Ut quædam* VITREA ANTIQUITUS FACTA, *et usque ad nostra perdurans tempora,
eleganti præmonstrabat picturâ.* Chron. *S. Benig. Divion.* apud d'Achery, *Spicil.*
t. II, p. 383, col. 2. — Tout porte à croire que ce vitrail *peint* est un des premiers
de ce genre qui aient existé. Si l'art de peindre les vitraux des fenêtres eût été
connu au temps de Charlemagne et des papes Adrien 1er et Léon III, ces princes
magnifiques l'auraient certainement mis en œuvre. Léon III ne se serait pas contenté d'employer à Saint-Jean de Latran du verre *de diverses couleurs : fenestras
de absidâ ex vitro diversis coloribus conclusit* (Anast.). Les poëtes contemporains
n'auraient pas manqué de célébrer une invention si remarquable. L'auteur anonyme
qui nous a laissé un traité écrit en latin sur l'art de *teindre* le verre, celui de la

Quel lugubre tableau présente au dixième siècle l'empire d'Occident ébranlé! Les descendants de Charlemagne déchus de la grandeur ainsi que des vertus de leur aïeul; l'autorité royale avilie, les lois méconnues, et par une suite de cette révolution le peuple opprimé; les provinces hérissées de forteresses; la tyrannie et l'anarchie devenues le droit public; la superstition sollicitant par des offrandes le pardon du meurtre et du brigandage; plus d'honneurs pour le mérite; plus d'émulation, si ce n'est pour envahir et pour dominer! Au milieu de tant de désordres, l'art totalement inutile aux intérêts de la politique, privé presque partout de l'appui indispensable des princes, tombe enfin dans l'Italie, dans la France et dans l'Allemagne, au dernier terme de sa décadence. Cependant il ne périt point : des évêques vertueux, de pieux cénobites le protégent avec sollicitude dans les cloîtres, afin qu'il serve encore à l'ornement des temples et des autels.

Rendons à ceux de ces ecclésiastiques bienfaisants dont l'histoire nous a transmis les noms, la justice qui leur est due. Les évêques d'Auxerre semblent se léguer l'un à l'autre l'amour des

dorer, etc., et que Mabillon et Muratori croient contemporain de Charlemagne, cet auteur notamment en aurait parlé, et l'on ne voit dans son ouvrage rien qui s'y rapporte. (Apud Muratori, *Antiq. med. œvi.* t. II, *Dissert.* XXIV, col. 365 et seq. — *Tempore Caroli Magni scriptus.* Mabill. *Mus. Ital.* part. I, p. 188.)

Il est échappé une double erreur aux savants Bénédictins qui ont composé le sixième volume de l'*Histoire littéraire de la France,* lorsqu'ils ont dit qu'au dixième siècle la plupart des vitres des églises étaient *peintes ;* que quelques copistes continuaient à mettre des vignettes à leurs manuscrits; mais qu'on ne produit point d'autres monuments, qu'on ne trouve pas même d'autres vestiges de l'usage qu'on faisait alors de la peinture en France (t. VI, p. 66). Il est évident que ces illustres écrivains ont confondu les vitraux *peints,* connus certainement, mais encore très-rares au dixième siècle, avec les vitres de verre *teint,* dont l'usage était général. L'abbé Gouget paraît les avoir copiés. (*De l'état des sciences en France depuis la mort de Charlemagne,* etc. p. 62 et 65.) Il invoque le témoignage de Flodoard, qui ne dit rien de semblable. — Le Vieil, d'un autre côté, croyait que la peinture sur verre n'avait été inventée que vers le commencement du onzième siècle. (*L'art de la peinture sur verre,* part. I, c. VI.) On voit qu'il faut remonter plus loin.

bonnes études; Gaudéric orne de peintures les plafonds de l'é-
glise de Sainte-Eugénie; Gui, son successeur, enrichit l'autel de
la cathédrale de bas-reliefs en argent, et fait représenter sur les
murs les supplices de l'enfer et les concerts du paradis[1]. Saint
Hugon, abbé du monastère d'Autun, place dans son église des
colonnes de marbre et des mosaïques[2]. Swelphe fait peindre les
voûtes de son palais épiscopal de Reims[3]. Hadémar, aidé par la
munificence d'Othon le Grand, rebâtit l'église de Fulde, et couvre les plafonds de peintures qui subsistaient encore dans toute
leur fraîcheur au dix-septième siècle[4]. Gérard, évêque de Toul,
peint sa cathédrale[5]. Amalbert, abbé de Saint-Florent de Saumur, rebâtit son monastère, orne de peintures *les plafonds du
plus grand nombre des chapelles, et les murs de tous les édifices
presque en entier*[6]. Robert, son successeur, fait achever les
peintures des cloîtres[7]. Fulques, abbé de Lobbes, peint le dôme
de son église, et enrichit plusieurs autels de bas-reliefs en argent[8]. Saint Gebehard, évêque de Constance, qui dédie une
église à saint Grégoire, sème les lambris d'étoiles en or, et revêt les murs de peintures *dans tout leur contour*[9].

[1] Labbe, *loc. cit.* c. XLIV et XLV, p. 443 ad 446. — Le Bœuf, *loc. cit.* t. I, part. II,
c. I et II.

[2] *Et musivo opere mirificè decoravit. Vita S. Hug.* c. VIII; apud d'Ach. et Mab.
Act. SS. ord. S. Bened. t. VII, p. 95.

[3] Flodoard. *Hist. eccl. Rem.* l. IV, c. XIX.

[4] Chr. Brower, *Antiq. Fuld.* c. VI, p. 123. Une de ces peintures représentait la
vision d'Ézéchiel.

[5] *Chron. Abb. Senon.* c. XIII; apud d'Achery, *Spicil.* t. II, p. 615.

[6] *Reliquum ædificiorum lignorum camerá depictá operiebatur..... Ac penè
cuncta picturis optimis decoravit. Hist. mon. S. Flor. Salm.* apud Martenne,
Vet. script. et monum. ampl. collect. t. V, col. 1097.

[7] *Ibid.* col. 1106.

[8] Fulcuin, *De gest. abb. Lob.* c. XXIX, apud d'Achery, *Spicil.* t. II, p. 740.

[9] *Muros verò per circuitum variá picturá perornavit..... ad ædificationem in-
tuentium. (De vitá S. Gebehardi,* l. I, c. XIII; apud Canis. *loc. cit.* t. IV, p. 826.)
— *Præsertim enim muri basilicæ erant ex omni parte pulcherrimè depicti; ex
sinistrá, veteris Testamenti materias habentes,* etc. (*De S. Gebehard. episc.* ex
Chronographo Const. apud d'Ach. et Mab. *Act. SS. ord. S. Bened.* t. VII, p. 841.)
— Saint Gebehard fut nommé évêque de Constance en 983, et mourut en 995.

5.

A Rome, Jean XII orne de mosaïques le vestiaire de Saint-Jean de Latran [1]. On décore d'une mosaïque le tombeau d'Othon II, placé dans l'église de Saint-Pierre [2]. A Milan, on exécute dans la cathédrale des peintures qui existent encore [3]. Au Mont-Cassin, l'abbé Aligéran fait peindre les murs de son église *de tous côtés* [4]. A Salerne, les Bénédictins élèvent une église à la Vierge, et la peignent *entièrement* [5]. A l'abbaye de Farfa, l'abbé Jean en dédie une à saint Pierre, et la couvre de peintures *en dedans et en dehors* [6].

Nommons aussi des artistes. Vers l'an 950, vivait au monastère de Saint-Gall l'illustre Notker, peintre, médecin et poëte [7]. Vers l'an 990, florissait dans la même abbaye le peintre Jean, né en Italie. Othon III l'appela auprès de lui à Aix-la-Chapelle, pour qu'il enrichît de peintures un oratoire du palais *qui,* suivant la remarque de l'historien, *n'avait point encore été peint* [8]. Hugues, du couvent de Moutier-en-Der, peintre et statuaire, exécuta en 999 de nouvelles peintures dans l'église de Châlons-sur-Marne, *à la place des anciennes*, effacées par l'effet du temps [9]. Dunstan, évêque de Cantorbéry, contemporain de ces religieux, avait la réputation d'être un habile facteur d'instru-

---

[1] Une de ces mosaïques est gravée dans Ciampini, *De sacr. œdif.* c. II, p. 14, tab. IV.

[2] Alemannus l'a publiée dans son ouvrage intitulé *De Lateran. pariet.* c. X, p. 56. — On la conserve dans les souterrains de l'église de Saint-Pierre.

[3] Lanzi, *Stor. pitt.* (ed. 1795), t. II, p. 387.

[4] *Parietes undique depinxit.* Leo Ost. l. II, c. III; apud Murat. *Script. rer. ital.* t. IV, p. 431.

[5] Id. l. II, c. XXX; *ibid.* p. 358.

[6] *Intùs et foris.* — *Chron. Farf. ibid.* t. II, part. II, col. 481.

[7] D'Achery et Mabillon, *Act. SS. ord. S. Bened.* t. VII, p. 11 et 21.

[8] *Cum antea nondum eo in loco picturæ haberentur.* — Othon nomma cet artiste évêque de Liége. — Son épitaphe renferme ces deux vers :

Quâ probat arte manum, dat Aquis, dat cernere planum,
Picta domus Karoli, rara sub axe poli.

On y voit aussi qu'il était né en Italie : *Italiæ natu pollens. Ægid. De gest. pontif. Leod.* apud d'Ach. et Mabill. *ibid.* t. VIII, p. 597, 598.

[9] *Ibid.* t. III, p. 855, 856.

ments et un habile peintre. Tous ses ouvrages ne sont pas détruits [1].

Dans le même temps, ou vers le commencement du onzième siècle, vivaient deux maîtres qui méritent une place encore plus honorable dans notre souvenir : l'un est le peintre ERACLIUS, Romain, ou du moins Italien de naissance, qui nous a laissé un traité sur son art [2]; l'autre est le moine THÉOPHILE, né peut-être en Allemagne, et plus vraisemblablement dans la Lombardie, à qui nous devons un traité écrit en latin, comme celui d'ERACLIUS, et beaucoup plus étendu [3]. L'amour de la religion inspira cet

[1] Gervasius, *Act. pontif. Cantuar. in Hist. Angl. script.* X. t. I, col. 1647. Strutt a publié une miniature ou Dunstan s'est peint lui-même à genoux aux pieds du Sauveur. *Loc. cit.* pl. XVIII.

[2] Cet ouvrage est intitulé, *De coloribus et de artibus Romanorum.* Eraclius était peintre : *Nil tibi scribo quidem quod non priùs ipse probassem.* Il parle de la peinture à l'huile : *De omnibus coloribus cum oleo distemperatis.* Nous devons par cette raison nous appliquer avec soin à connaître l'époque où il vivait.

M. Raspe, qui a publié le traité *De coloribus* dans son ouvrage intitulé *A critical essay on oilpainting,* d'après un manuscrit vraisemblablement incomplet, remarque que cet artiste n'est pas antérieur au septième siècle (p. 45). Il se fonde sur ce qu'il cite Isidore de Séville, mort en 636. Cette observation est juste, mais insuffisante. Le manuscrit de notre bibliothèque royale peut nous donner des renseignements plus exacts. L'auteur traite de la peinture sur verre : *Quomodo pingere debes in vitro.* Nous devons conclure de ce fait qu'il n'est pas plus ancien que Charles le Chauve. Mais de plus, il se plaint des désordres qui affligeaient Rome de son temps, et du mépris où les arts étaient tombés dans cette ville *dont auparavant ils faisaient la gloire* :

> *Jam decus ingenii, quo plebs Romana probatur,*
> *Decidit, ut periit sapientum cura senatum.*
> *Quis nunc has artes investigare valebit?*

Ces plaintes ne peuvent se rapporter au pontificat d'aucun des papes qui ont régné depuis Léon IV, contemporain de Charles le Chauve, jusqu'à Formose : elles prouvent par conséquent que l'auteur a vécu ou vers la fin du dixième siècle, sous Jean XI, Jean XIII, Grégoire V, ou au commencement du onzième, sous Jean XIX ou Benoît IX, indignes pasteurs qui déshonoraient la chaire de saint Pierre. Sa mauvaise latinité convient d'ailleurs fort bien à l'époque où il me paraît devoir être placé.

[3] L'ouvrage de Théophile est intitulé, dans le manuscrit de la Bibliothèque royale de Paris, *De omni scientiâ picturæ artis.* Il a été publié sous le titre de

écrit au bon THÉOPHILE. Il y a renfermé dans trois livres des préceptes relatifs à l'art de l'orfévrerie, à la sculpture, à la peinture en général, et à l'art particulier de fabriquer et de *peindre* le verre. « O toi qui liras cet ouvrage, dit-il dans l'introduction, qui
» que tu sois, ô mon cher fils! je ne te cacherai rien de ce qu'il
» m'a été possible d'apprendre : je t'enseignerai ce que savent les
» Grecs dans l'art de choisir et de mélanger les couleurs; les Ita-
» liens, dans la fabrication des vases, dans l'art de dorer, dans
» celui de sculpter l'ivoire et les pierres précieuses; les Toscans,
» dans l'art de *nieller*, et celui de travailler l'ambre; les Arabes,
» dans la ciselure et les incrustations. Je te dirai ce que prati-
» que la France dans la fabrication des précieux vitraux qui or-
» nent ses fenêtres; l'industrieuse Germanie, dans l'emploi de
» l'or, de l'argent, du cuivre, du fer, et dans l'art de sculpter le
» bois. Conserve, ô mon cher fils! et transmets à tes disciples
» ces connaissances que nous ont léguées nos anciens : néces-
» saires à l'ornement des temples, elles sont l'héritage du Sei-
» gneur [1]. » Cet ouvrage renferme en effet une foule de notions très-curieuses, sinon pour la théorie de l'art, du moins pour l'histoire de ses procédés.

Tandis que ces hommes pieux conservaient dans les monastères de l'Occident une lumière faible et vacillante, Constantinople, ou plutôt la Grèce entière, sous Léon le Philosophe, sous Constantin Porphyrogénète et leurs successeurs, était encore le sé-

---

Diversarum artium schedula, dans les *Mém. d'hist. et de litt. tirés de la Bibl. du duc de Wolfenbuttel;* Brunswick, 1781, sixième partie, p. 291 et suiv. — L'auteur se qualifie, *Humilis presbyter, servus servorum Dei, indignus nomine et professione monachi.* — Le manuscrit de Cambridge, suivi par M. Raspe (*loc. cit.*), porte ces mots : *Incipit tractatus Lumbardicus.* On peut conjecturer d'après cela que Théophile était né dans la Lombardie. L'époque où il vivait est déterminée par l'âge du manuscrit de la bibliothèque de Wolfenbuttel. Lessing et les autres éditeurs des Mémoires de cette bibliothèque l'ont jugé du dixième ou du onzième siècle : *les plus habiles connaisseurs,* dit M. Raspe, ont tous pensé de même. Il n'existe à cet égard aucun sujet de doute.

[1] Theoph. presb. l. I, Prolog.; *Divers. art. sched.* loc. cit. p. 293. Au lieu de *Rusca,* le manuscrit de Paris porte *Tuscia.*

jour des peintres, des statuaires, des mosaïcistes, des fondeurs, des architectes les plus habiles de l'Europe. Vers l'an 966, saint Nicon élevait une église magnifique dans les environs de Sparte, et l'ornait de peintures qui égalaient, disait-on, *ce que Zeuxis et Polygnote avaient produit de plus accompli* [1]. En 977, Venise, celle de nos villes qui a conservé le plus longtemps les habitudes, et si nous pouvons parler ainsi, la physionomie du moyen âge, jetait les fondements de la basilique de Saint-Marc, bâtie par des architectes qu'elle avait appelés de la Grèce [2]. Vers 984, Basile le Jeune faisait peindre son célèbre Ménologe, témoin irrécusable sans doute de l'ignorance des artistes qui l'ont exécuté; prodige de style et de goût dans presque toutes ses parties, si on le compare aux ouvrages français et italiens du même temps [3].

La plupart des sujets traités par les peintres étaient les mêmes dans l'Église grecque et dans l'Église latine. On représentait, comme aux siècles précédents, les histoires de l'Ancien et du Nouveau Testament, la passion de Jésus-Christ, les figures de l'Apocalypse [4]; on peignait aussi des combats, des paysages, des chasses, des pêches, des marines [5], des animaux fabuleux,

---

[1] *Vita S. Nicon.* apud Martenn. et Durand. *Vet. script. et monum. ampl. collect.* t. VI, col. 865.

[2] *Venet. descrit.* da Fr. Sansov. l. I, c. IV et VI.

[3] *Menologium Græcorum*, ed. card. Albani, Romæ. — Le manuscrit original de cet ouvrage est conservé dans la bibliothèque du Vatican. Les peintures diffèrent beaucoup les unes des autres quant au style. Huit artistes y ont travaillé; ce sont : PANTALEO, SIMÉON, MICHAEL BLACHERNITA, GEORGIUS, MÉNAS, SIMÉON BLACHERNITA, MICHAEL PARVUS, NESTOR.

[4] « Déjà, mon fils, dit Théophile, couvrant de tes peintures les plafonds, les » murs et les fenêtres de la maison du Seigneur, tu as représenté les joies des » saints, les tourments des damnés, la passion de Jésus-Christ, la mort des mar- » tyrs : *Si oculus humanus respicit laquearia, vernant quasi pallia; si considerat* » *parietes, est paradisi species.* Apprends maintenant, etc. » Theoph. l. III, Prolog. *loc. cit.* p. 347.

[5] Agobard. *De imag.* in ejus. op. ed. Baluz. t. I, p. 266. — Agobard écrivait vers l'an 824, mais il ne s'était point opéré de changement à cet égard dans le dixième siècle.

tels que des griffons et des licornes [1], des associations bizarres d'animaux et d'ornements imitées dans les temps anciens d'après les étoffes de l'Inde[2], et nommées plus tard des *arabesques*. Mais, il faut l'avouer, la manière latine ne ressemblait même plus au style dégénéré des Grecs modernes. Les Grecs étaient appelés encore quelquefois à retracer des faits puisés dans l'histoire civile ; les Latins beaucoup plus rarement : cette différence seule devait en produire une très-grande sur le goût. Chez les Grecs, les anciennes traditions n'étaient pas totalement oubliées. « On n'ignorait pas que le principal mérite de la peinture » consiste dans la parfaite ressemblance de l'imitation avec » l'objet imité. Quelques hommes instruits avaient soin de rappeler que la peinture peut retracer tout ce que raconte l'histoire ; qu'elle doit s'énoncer clairement comme le discours ; » qu'*écrire* et *peindre*, dans le sens figuré, ne sont à peu près » qu'une même chose[3]. On savait même que le peintre doit » choisir pour modèles les êtres les plus accomplis [4]. » Ces maximes avaient peu d'influence sur l'art : cependant les compositions en général ne manquaient pas de dignité ; elles offraient souvent une symétrie monotone, presque jamais des images ignobles. Chez les Latins, au contraire, tout sage principe semblait anéanti : quoique le goût des allégories n'eût pas entièrement cessé [5], les plus beaux sujets de la religion étaient dégradés par le désir immodéré de les rendre touchants ; plus

---

[1] *Antiq. Fuld.* p. 90. — J. Bosius, *Crux triumphans*, l. III, c. v, p. 148, 154. — Les figures d'aigles, de lions, de paons, de griffons, de licornes, étaient très-communes, non-seulement dans les peintures de cette époque, mais encore dans les ouvrages de sculpture et dans les étoffes brochées.

[2] Anast. in Leo. IV, et *al. loc.* — Gori, *Vet. dipt.* t. III, p. 231, tab. xxv. — *Discours historique sur la gravure*, t. III du *Musée Français*, p. 10 et 11.

[3] S. Niceph. patriarch. Const. *De diff. imag. Christi et crucis;* apud Canisium, *Lect. antiq.* t. IV, p. 277, 278.

[4] Const. Porph. Cont. l. II, c. VIII; *loc. cit.* p. 32.

[5] Anast. in Leo. IV. — J. Bosius, *Crux triumphans*, l. VI, c. XLI, p. 612 et seq. — Ciamp. *Vet. monim.* t. II, c. VI, p. 38 et seq. — Gori, *De mitr. cap.* c. VIII, § 2, *loc. cit.* p. 175.

on jugeait les cœurs endurcis, plus on s'efforçait de les émouvoir par des images lugubres ; le peintre devenait trivial en voulant être pathétique. Chez les Grecs, le crayon incertain ne rendait avec exactitude ni les formes des muscles, ni les saillies des articulations ; mais à cette incorrection, effet inévitable du défaut de savoir, le dessin associait je ne sais quelle grandeur, qu'il faut attribuer au souvenir et à l'habitude ; l'artiste le plus ignorant montrait une sorte de grâce et même de majesté ; les draperies offraient un assez beau développement, les têtes, du caractère et de l'esprit [1] : les profils des membres formaient communément de grandes lignes courbes, où l'on retrouvait une application aveugle des règles antiques [2]. Chez nos pères, les figures étaient généralement courtes, les têtes grosses, les longueurs comparatives des membres dénuées de toutes proportions ; les articulations n'étaient pas même indiquées ; les profils, presque toujours droits et secs, annonçaient un oubli total des formes de la nature [3].

[1] Voyez, dans Ciampini, t. II, les planches XLIII à LIV ; — dans Lastri, la figure de Josué haranguant les chefs de son armée (*l'Etruria pittrice*, t. I, pl. I, n° 1) ; — dans Gori, le beau diptyque d'ivoire des franciscains de Cortone, et un bas-relief en bronze doré, représentant saint Etienne, que le père Lami a jugé du dixième ou du onzième siècle. (Gori, *Vet. dipt.* t. III, p. 115, tav. XV, et p. 129, tav. XVIII ; — Lami, *Dissert. relat. ai pitt. che fiorirono dal* 1000 *al* 1300, p. LXV.) On peut placer aussi parmi les bons ouvrages grecs à peu près du même temps, un portrait de saint Anastase, moine persan, conservé à Rome dans l'église de *Saint-Anastase aux trois Fontaines.* Ce portrait a été gravé plusieurs fois.

[2] Ciampini, *ibid.* pl. XLIX et L.

[3] Voyez, dans Montfaucon, les images du comte Vulfoalde et d'Adalsinde, son épouse, peintes dans le huitième siècle sur les murs de l'ancienne église du couvent de Saint-Michel, près de Verdun, où elles doivent exister encore, et le tombeau d'Hincmar, placé à Reims vers l'an 862. (*Monum. de la mon. fr.* t. I, p. 305 et 348 ; pl. XXVIII et XXXI.) Voyez, dans Gori, un diptyque d'ivoire du neuvième ou du dixième siècle, et le fameux diptyque d'ivoire de *Rambona* ou *Arabona*, sculpté au commencement du dixième siècle (t. III, p. 80, 84, pl. IX ; p. 155 *et seq.* pl. XXII). Voyez aussi le bas-relief sculpté vers l'an 996 sur l'architrave de la porte de l'église de Saint-Nazaire et Saint-Celse de Milan. (Giulini, *Mem. di Milano*, t. III, p. 444.) — Toutes les sculptures latines du neuvième et du dixième siècle ne sont pas aussi mauvaises que celles-là : les bas-reliefs en argent qui décorent l'au-

La dégradation était plus sensible dans la sculpture que dans les mosaïques et dans les peintures proprement dites, plus dans les grands ouvrages que dans les miniatures. Il ne serait pas difficile d'indiquer les causes de cette différence.

Ajoutons à ces observations que les compositions présentaient peu de variété; que dans les sujets religieux les peintres se copiaient souvent les uns les autres. Disons aussi que cette habitude de répéter des compositions déjà connues doit être attribuée au défaut d'émulation, et plus encore à la servitude où les autorités ecclésiastiques n'avaient pas cessé de retenir les artistes.

Si les principes des anciens maîtres étaient oubliés à ce point et dans l'Occident et dans la Grèce, il n'en était pas de même de leurs procédés; la pratique constante des arts les avait fait conserver presque tous; et le luxe, qui semblait avoir anéanti jusqu'au goût naturel, avait aussi donné lieu à quelques inventions nouvelles.

Une de nos erreurs les plus fatales a été de croire que toutes les peintures trouvées sur des murs antiques, ou que du moins le plus grand nombre, étaient des fresques, et que ce genre de peinture était le plus usité chez les Romains et chez les Grecs. Il s'en est suivi que la plupart des grands maîtres italiens ont exécuté leurs principaux ouvrages de cette manière, et nous

---

tel de la basilique Ambroisienne, à Milan, exécutés vers l'an 840 par l'orfévre WOLVINUS, approchent beaucoup de la meilleure manière grecque du même temps. Giulini en a donné des gravures. (*Ibid.* t. I, p. 182.) Les miniatures de MARCELLUS, quoique le graveur moderne ait pu les embellir, doivent être encore bien supérieures à ces bas-reliefs. (*Antiq. Fuld.* p. 90.) Mais ces exemples sont rares.

Mon savant compatriote et ami, M. Pouyard, si profondément versé dans la connaissance des arts, et notamment des antiquités religieuses, indique un autre moyen de distinguer les ouvrages latins d'avec les productions grecques de cette époque. Les monuments, dit-il, où les inscriptions, soit grecques, soit latines, ont été placées vers le haut et perpendiculairement, sont grecs ou exécutés par des artistes qui avaient appris leur art des Grecs; ceux où les inscriptions se trouvent vers les pieds des personnages, et tracées horizontalement, sont purement latins. *Del bacio de' piedi de' sommi Pontefici,* p. 41 et 42.

voyons aujourd'hui avec regret que ces chefs-d'œuvre, déjà fort endommagés, sont menacés d'une ruine prochaine[1].

Les anciens employèrent sur les murs trois sortes de peintures, la fresque, l'encaustique au pinceau, et la détrempe vernie.

Personne n'ignore que l'art de la fresque consiste à appliquer sur la couche de mortier qui forme le dernier crépiment d'un mur, lorsqu'elle est encore molle, des couleurs généralement choisies parmi des matières terreuses, détrempées à l'eau, et mêlées à un peu de chaux seulement. La matière colorante qui pénètre dans le mortier se durcit avec lui, et ne forme avec le crépiment qu'un seul corps. Les anciens donnaient aux diverses

[1] Pendant longtemps la plupart des artistes et des antiquaires ont paru persuadés que les anciens ne peignaient sur les murs qu'à fresque, ou du moins que cette manière de peindre était chez eux la plus générale. Les mots de *peinture sur les murs* et celui de *fresque* étaient devenus en quelque sorte synonymes. L'empire de l'habitude était si puissant, que les traducteurs appelaient du nom de *peintures à fresque* les peintures exécutées sur des murs dont les auteurs anciens n'indiquaient pas le procédé, et que lorsqu'ils rencontraient dans les textes originaux les mots de *peinture à la cire, de cire fondue* ou d'autres semblables, fort souvent ils n'en faisaient pas mention. Caylus, à qui les arts ont l'obligation d'avoir rappelé l'attention de l'Europe sur la peinture à l'encaustique, fit des recherches insuffisantes ; il attaqua cette erreur, et ne la détruisit point. (*Mém. de l'Acad. des Bel. Let.* t. XXVIII, p. 179 et suiv.) Depuis que cet illustre amateur a écrit, on a pris encore pour des fresques des peintures où l'on a reconnu la présence du *minium*, et où l'on a vu que les couleurs étaient *incorporées à du bitume.* (Correvon, *Lett. sur Hercul.* lett. VIII, p. 240.) D'un autre côté, l'abbé Réquéno, qui a retrouvé par ses expériences les principaux éléments de l'art de peindre à l'encaustique, et qui en a rendu la pratique familière à plusieurs artistes, s'était pénétré d'un tel enthousiasme pour sa découverte, qu'il allait jusqu'à croire que les anciens ne peignaient point à fresque, ou du moins que leur manière de peindre à fresque différait beaucoup de la nôtre ; et il a seulement prouvé qu'ils y apportaient beaucoup plus de précautions et de soins que les modernes. (V. Réquéno, *Saggi sul ristibilemento dell' antica arte de' Grec. et de' Rom. pitt.* Saggio II, c. III.) Il serait impossible de bien connaître les procédés usités chez les peintres du dixième siècle, si on ne fixât d'abord ses idées sur ces questions importantes. Elles doivent d'ailleurs inspirer un grand intérêt : comment se dire sans regrets que si Michel-Ange et Raphaël eussent exécuté les peintures du Vatican à l'encaustique, ces chefs-d'œuvre conserveraient encore toute leur fraîcheur ?

couches de mortier tant de solidité, ils polissaient même quelquefois leurs fresques avec tant de soin, que des fragments de ces peintures enlevés de dessus les murs servaient à former des tables, et étaient conservés comme des objets de curiosité[1].

Les procédés de l'encaustique au pinceau, vainement cherchés pendant longtemps, sont à peu près connus depuis les expériences intéressantes de Réquéno, et pourront l'être encore mieux, si l'on rapproche les uns des autres les passages des écrivains de l'antiquité qui s'y rapportent. Dans ce genre de peinture, qu'il faut distinguer d'avec l'encaustique au cestre ou au stylet[2], la cire et les couleurs étaient mêlées à des substances résineuses, que nous trouvons désignées dans les auteurs sous le nom générique de *pharmaca*[3]. Ces substances étaient de la sarcocolle, du bitume solide, du mastic ou de l'encens[4]. La cire que ces gommes résineuses tenaient en dis-

---

[1] Vitruv. *De archit.* l. VII, c. III. — L'usage d'exécuter les fresques sur un mortier fait avec de la poudre de marbre rendait ce polissement facile. Philandre dit, dans son Commentaire sur Vitruve, que de son temps on l'exécutait à Venise avec du tripoli. Not. *aa.*

[2] *Resolutis igni ceris, penicillo utendi ; quæ pictura in navibus, nec sole, nec sale, ventisque corrumpitur.* Plin. l. XXXV, c. XI.

[3] Καὶ αἱ ὕλαι (ζωγράφου), κηρὸς, χρώματα, φάρμακα, ἄνθη : *Atque materiæ ipsæ (pictoris), cera, colores, pharmaca, pigmenta.* (Jul. Pollux, *Onom.* l. VII, c. XXVIII, segm. 128.) Je m'attache à ce premier fait, attendu que Caylus, Monnoye, et les autres écrivains du même temps qui se sont occupés de l'encaustique, sont partis d'un principe faux, lorsqu'ils ont cru que les anciens n'employaient dans ce genre de peinture *que de la cire et des couleurs.* — Il est évident que le mot *pharmaca* n'est point employé ici comme synonyme de *colores.* L'auteur veut désigner *les diverses matières* employées par les peintres, et il entend par *pharmaca* les *drogues* en usage comme gluten ou comme vernis. Je traduis ἄνθη par *pigmenta* et non par *flores*. Pollux a voulu sans doute désigner par ce mot les couleurs fines, que Pline appelle les *couleurs florides.* Cette version est autorisée par le passage suivant de Suidas : Ἄνθεσι κεκοσμημέναι, οἷον ψιμμιθίῳ, φύκει, καὶ τοῖς ὁμοίοις. *Variis pigmentis ornatæ, ut cerussâ, fuco, et aliis similibus* (in voc. Ἐξηνθισμέναι). Si on préférait le mot *flores*, il ne pourrait être pris que dans un sens figuré.

[4] Plin. l. XII, c. XVII; l. XIII, c. XI; l. XIV, c. XX; l. XVI, c. XII; l. XXIV, c. VII; l. XXXIV, cap. IV. — *Cauterium in pictorum instrumentis continetur, quo bitumi-*

solution formait avec elles le gluten dont la chaux tient lieu dans la fresque. Le mur bien sec recevait d'abord une couche d'huile ; ensuite une seconde couche composée de poix grecque, de mastic, ou d'autres matières de cette nature. Un réchaud, dont la face antérieure était plate (*cauterium*), présenté devant la muraille, en fondant de nouveau ces corps résineux, les faisait pénétrer dans le plâtre ou dans le mortier [1]. Sur cette couche était appliquée l'*impression*, qui était un composé de cire, peut-être de mastic [2], et d'une matière colorante ordinairement blanche [3]. C'est sur cette *impression* que l'artiste exécutait son ouvrage, sans le secours du feu, après avoir broyé ses couleurs à l'eau [4], avec le mélange de résine et de cire, qu'il avait auparavant fait durcir [5]. Quand la peinture était achevée,

nationes et fortiones quæ per coagulationes copiantur, inerimé in ed picturâ quæ ἐγκαυστική, appellitur. Ce passage prouve l'emploi du bitume. Il a été répété dans tous les dictionnaires et par tous les commentateurs. (Cœl. Rhodeig. *Antiq. lect.* l. VII, c. XIII, etc., etc.) — Réquéno, guidé par Pline, a remplacé avantageusement cette matière par le mastic (résine de lentisque). Les expériences de cet amateur sont ici fort utiles. Si on veut les répéter, on en reconnaîtra l'exactitude.

[1] Ce procédé, conservé sans doute par tradition, nous est indiqué par Vasari et par Raphaël Borghini, qui conseillent de l'employer comme une préparation pour la peinture à l'huile sur les murs. Vasari, *Introduzione*, c. XII. — R. Borghini, *Il risposo*, l. II, p. 175, éd. 1584.

[2] Voyez les expériences de Réquéno : elles sont en partie confirmées par la découverte d'une table de bois préparée pour être peinte, qui a été trouvée à Herculanum. Réquéno, *loc. cit.* p. 162.

[3] Galen. *De usu part.* l. X, c. III ; ed. Chart. t. II op. p. 534. — L'usage des impressions blanches se conservait dans le septième siècle. Isid. Hisp. *Orig.* l. VI, c. X.

[4] Pline dit que les peintres, en travaillant, nettoyaient leurs pinceaux dans de l'eau, et que le minium tombait au fond du vase. (L. XXXIII, c. VII.) Ce fait peut se rapporter à la détrempe ainsi qu'à l'encaustique ; mais il ne saurait appartenir à la fresque, puisqu'on ne peut pas employer le minium. Il faut y joindre les contes répétés par Pline et par Dion Chrysostome, au sujet des éponges imbibées d'eau et de couleurs où Apelles et Protogène frottaient leurs pinceaux. — Les couleurs étant broyées avec la cire et les résines, tout autre gluten devenait inutile.

[5] Ce fait est une conséquence du précédent. L'idée de Caylus de peindre avec de la cire chaude était une chimère. Si les anciens eussent employé un procédé aussi difficile, quelque auteur en aurait parlé. Le mot de Pline, *resolutis igni ceris,* se rapporte à la *cautérisation*.

il la recouvrait d'un vernis dont la préparation était malheureusement le secret de chaque maître [1]; mais qui, dans l'usage
le plus général, dut être composé de cire vierge, de mastic, et
peut-être de quelque bitume liquide [2]. Venait ensuite la *cautérisation* ou le brûlement, qui s'exécutait avec le réchaud employé à la première opération [3], et de la même manière. La chaleur en pénétrant le vernis, la peinture qu'il recouvrait, l'impression, et la couche préparatoire, jusqu'à faire *suer* le dehors [4],
formait un seul tout de ces matières résineuses : de là le nom
d'*en—caustique*, *in-ustion* ou *brûlement intérieur* [5]. On polissait enfin l'ouvrage avec un linge, soit à la chaleur affaiblie
du réchaud, soit à celle d'un faisceau de bougies : la surface

[1] On sait qu'aucun peintre ne put reconnaître en quoi consistait celui d'Apelles.
Plin. l. XXXV, c. X.

[2] Les Grecs et les Turcs emploient encore aujourd'hui à cet usage le bitume
blanc et liquide de Perse, qu'ils appellent *huile de nephthe*, et que les anciens
appelaient *naphtha* ou *huile de Médée*. Suidas dit que ce bitume était particulièrement désigné sous le nom de *pharmacon*. (Suid. in voc. Φάρμ.) Vitruve et Pline
ajoutent à la cire *un peu d'huile de lin*. (Vitruv. l. VII, c. IX. — Plin. l. XXXIII,
c. VII.) Mais ils ne parlent que des murs coloriés d'une seule teinte. Pourrait-on
employer de l'huile sur la peinture proprement dite, sans que cette matière noircît
les couleurs? C'est à l'expérience à donner des lumières sur ce point.

[3] *Pictoris instrumento legato, ceræ, colores, similiaque horum, legato cedunt;
item penicilli, et cauteria et conchæ.* L. XVII, D. *De instructo vel instr. leg.* —
Jul. Paul. *Recept. sent.* l. III, t. VI, § 63. — Le brûlement n'avait lieu que lorsque
la peinture et toutes les *bituminations* étaient achevées. *Cauterium in pictorum
instrumentis continetur, quo bituminationes et fortiores quæque conglutinationes
coquuntur.* (Ci-dessus, p. 90, not. 4.) — On lit dans divers auteurs : *Coloribus
ustis;* Ovid. *Fast.* l. IV, vers. 274; — *Encaustus Phaëton;* Martial. l. IV, *Epigr.* 47;

Picturam inurere; Plin. l. XXXV, c. II. — Il faut distinguer le *Cauterion* d'avec
le *Rabdion.* Le premier était employé dans l'encaustique au pinceau, le second
dans l'encaustique au cestre.

[4] *Ceram apprimè cum pariete calefaciendo sudare cogat.* Vitruv. l. VII, c. IX. —
Ad sudorem usque. Plin. l. XXXIII, c. VII. — Cette opération exigeait sans doute
de grandes précautions; mais il faut remarquer que l'action du feu portait principalement sur le vernis, et que l'épaisseur de cette couche extérieure empêchait
tout déplacement de couleurs.

[5] *Est enim* ENCAUSIS *apud Græcos, non simplex quædam ustio, sed* INUSTIO, *etc.*
J. Scheffer. *De arte pingendi,* § XVI, p. 57.

acquérait par cette dernière opération l'éclat du marbre [1] ; et la peinture, garantie par la cire et la résine de l'humidité interne du mur et du contact de l'air, demeurait brillante et ineffaçable.

La peinture en détrempe sur les murs telle que la pratiquaient les anciens, n'était à proprement parler qu'un encaustique imparfait. Les couleurs, fixées par un gluten formé vraisemblablement de *taureau-colle* [2], étaient recouvertes du vernis employé dans l'encaustique. L'ouvrage devait être chauffé et poli par les mêmes procédés [3].

Si l'on compare l'une à l'autre ces trois manières de peindre, il est facile de reconnaître que la détrempe vernie et *cautérisée* offrait quelques-uns des avantages de l'encaustique, mais qu'elle était loin de les réunir tous. Les couleurs ne pouvaient ni s'attacher contre le mur avec la même solidité, ni résister aussi longtemps à l'influence de l'air. La fresque dut être bien moins estimée encore que l'encaustique, bien moins même que la détrempe *cautérisée*. Cette sorte de peinture devant être exécutée sur le mortier humide, l'artiste ne saurait y employer aucune des matières dont la chaux attaque le principe colorant [4]; et ces matières, que Pline appelle les *couleurs florides*, telles que le *purpurissimum*, belle laque rouge [5], le *cœruleum*, laque bleue [6], la chrysocolle, laque jaune ou verte [7], l'*indicum*, vrai-

---

[1] Vitruv. *ibid.* — Plin. *ibid.*

[2] Vitruv. l. VII, c. X. — Dioscorid. *De med. mat.* l. III, c. CI. — *Glutinum præstantissimum fit ex auribus taurorum et genitalibus.— Rhodiacum fidelissimum ; eoque pictores et medici utuntur.* Plin. l. XXVIII, c. XVII.

[3] Vitruv. l. VII, c. IX. — Plin. l. XXXIII, c. VII.

[4] Le peintre à fresque est obligé de s'interdire la plus grande partie des couleurs tirées des métaux, le minium, l'orpin, toutes les couleurs végétales et animales, et notamment les laques, qui sont des terres coloriées par des teintures. Il ne peut presque employer que des terres qui portent avec elles leur couleur. Voyez l'*Encyclop. méth.* au mot *Fresque.*

[5] *Purpuris tingitur.* Plin. l. XXXV, c. VII.

[6] *In sud coquitur herbâ.* Id. l. XXXIII, c. XIII.

[7] La *chrysocolle* naturelle était la même matière que le borax. Elle recevait une

semblablement l'indigo, l'*armenium* [1], l'orpin, le *minium*, étaient celles dont le luxe voulait que les murs fussent entièrement couverts [2]. Le peintre à fresque, pressé par le mortier qui se durcit, est obligé de tracer, de colorier, de terminer chaque jour une partie de son ouvrage, avant que la partie voisine soit esquissée sur l'enduit qui n'existe pas encore. Point de retouches, du moins solides ; point de lendemain, si ce n'est pour le repentir. Ne pouvant embrasser l'ensemble d'un seul coup d'œil, l'artiste est privé même de comparer les objets correspondants entre lesquels doit s'établir l'harmonie ; et quelque expérience qu'il ait acquise, le mordant plus ou moins âcre de la chaux qui agit diversement sur les teintes dérange à chaque instant ses calculs. Le peintre à l'encaustique emploie au contraire toutes les couleurs soit naturelles ou factices ; il les fond, les glace, les accorde entre elles à son gré ; il peut corriger et perfectionner son ouvrage avec une sage lenteur. Dans la peinture à fresque, la matière colorante demeure, il est vrai, attachée au mortier tant que le crépiment ne s'est pas décomposé, mais elle n'en prolonge point la durée : pour prévenir l'altération des teintes, il faudrait vernir le mur, ou du moins le polir : l'encaustique, plus solide, en conservant aux couleurs toute leur vivacité, protége le mur lui-même.

Ces considérations, qui avaient frappé les anciens, déterminèrent leur choix. Il existe sur ce point des témoignages positifs. « Nous employons la cire dans la peinture, dit Pline, non-seule» ment pour la beauté des tableaux, mais aussi pour la conser-

teinture. *Illa quoque herbâ quam lutum appellant tingitur..... Pingiturque antequam pingat.* Id. l. XXXIII, c. v. — Vitruv. l. VII, c. v et XIV.

[1] L'*armenium* était une laque verte, composée pour imiter la *chrysocolle*, et moins chère. Dioscor. *De med. mat.* l. v, c. LV. — Plin. l. XXXV, c. VIII. — *Le vert appien* était aussi une laque verte, mais moins estimée que l'*armenium*. Plin. *ibid.* — Nous voyons dans tout ceci que les anciens faisaient un grand usage des laques. Ils s'en servaient particulièrement comme les peintres modernes, pour former des glacis. Plin. *Ibid.*

Vitruv. l. VII, c. v. — Dioscor. *De med. mat.* l. v, c. CIX. — Plin. l. XXXIII, c. VII ; l. XXXV, c. VII.

» vation des murs qu'ils décorent[1]. La vue (d'une belle femme),
» dit Plutarque, ne laisse dans l'esprit d'un homme indifférent
» qu'une image prompte à s'effacer ; telle est une peinture à
» fresque : dans le cœur d'un amant, cette image est en quel-
» que sorte fixée par la puissance du feu ; c'est une peinture à
» l'encaustique ; elle semble respirer, agir, parler ; le temps ne
» l'efface jamais[2]. »

Il y a lieu de croire que l'emploi de la fresque fut très-rare
chez les Grecs depuis Pamphile. Ce peintre, ainsi que Lysippe
qui l'avait précédé, Aristide, son contemporain, Apelles et Pausias, ses élèves, Nicias et Protogène, qui vécurent peu de temps
après lui, peignaient sur les murs à l'encaustique au pinceau[3].
La détrempe vernie obtint du crédit à Rome, sous Auguste,
lorsque le luxe exigea que les appartements qui n'étaient point
ornés de tentures asiatiques fussent entièrement couverts de
peintures. On connaît les plaintes de Vitruve sur l'abus de cette
manière expéditive, qu'il accusait de nuire à la perfection de
l'art et à la pureté du goût[4]. La fresque dut aussi à cette époque être employée plus fréquemment qu'elle ne l'avait été jusqu'alors. L'encaustique continuait cependant à jouir d'une telle
faveur, que pendant bien longtemps les peintres qui décoraient les murs furent désignés sous la dénomination générique
d'*encaustes* ou *encausticiens*[5].

---

[1] *Ad parietumque etiam et armorum tutelam.* Plin. l. XXXI, c. XIV.

[2] Ἡ γὰρ ὄψις ἔοικε τὰς μὲν ἄλλας φαντασίας ἐφ' ὑγροῖς ζωγραφεῖν,
ταχὺ μαραινομένας καὶ ἀπολειπούσας τὴν διάνοιαν· αἱ δὲ τῶν ἐρω-
μένων εἰκόνες, ὑπ' αὐτῆς οἷον ἐν ἐγκαύμασι γραφόμεναι διὰ πυρὸς,
εἴδωλα ταῖς μνήμαις ἐναπολείπουσι κινούμενα, καὶ ζῶντα, καὶ φθεγ-
γόμενα, καὶ παραμένοντα τὸν ἄλλον χρόνον. Plutarch. Amator. t. II, p. 759.

[3] Plin. l. XXXV, c. IV, X et XI. — Stat. Silv. I, l. vers. 100.

[4] Il paraît que ce fut le peintre Ludius, contemporain d'Auguste, qui donna du
crédit à ce *demi-encaustique*..... *blandissimo aspectu, minimoque impendio.* Plin.
l. XXXV, c. X. Vitruv. l. VII, c. V.

[5] Ἐγκεκαυμένη, ἐζωγραφημένη· ἐπεὶ ἐγκαυσταὶ λέγονται οἱ ζωγρά-
φοι, οἱ διαγράφοντες τοὺς τοίχους. *Encausta, picta : quia Encaustæ dicun-
tur pictores qui muros pingunt.* Etymol. magn. verb. Ἐγκεκαυμένη.

Si nous considérons les ruines des monuments construits depuis l'époque où Pline écrivait, jusque vers le milieu du neuvième siècle, nous trouverons rarement dans les peintures des signes non équivoques qui annoncent des encaustiques, plus rarement peut-être des caractères positifs qui annoncent des fresques. Le temps a consumé presque toutes les résines ; on ne reconnaît avec certitude que la nature de quelques matières colorantes et celle des crépiments [1]. Mais si nous consultons les écrivains qui se sont succédé pendant une longue suite

[1] Il est, en général, assez difficile de distinguer les anciennes peintures à l'encaustique d'avec les fresques. On ne voit pas toujours avec assurance si les couleurs ont pénétré dans le mortier. L'analyse même des gluten et des matières colorantes est rarement heureuse, soit parce que les opérations chimiques s'exercent sur de trop petites quantités, soit parce que le temps a fini par détruire toutes les résines. Le savant professeur de chimie, M. Thénard, qui a bien voulu à ma prière analyser divers fragments de peintures antiques que je lui ai soumis, n'a obtenu que des résultats peu satisfaisants, malgré l'intérêt que son amour pour les arts lui a fait attacher à ces opérations. Il n'a reconnu avec certitude que la nature des mortiers, composés originairement de chaux et de poudre de marbre, ou de chaux et de sable, et réduits plus ou moins à l'état de carbonate de chaux ; et dans les matières colorantes, que le cinabre et les oxydes de fer rouges ou violets. Mais il est très-vraisemblable que parmi les peintures antiques qui subsistent, il se trouve beaucoup plus d'encaustiques qu'on ne croit communément.

De ce que des peintures sont exécutées sur du mortier, il ne s'ensuit pas nécessairement que ce soient des fresques : le peintre à fresque ne saurait opérer sur le plâtre ; mais le peintre à l'encaustique peint très-bien sur le mortier, pourvu que la couche soit sèche.

Les fresques de Fontainebleau ne sont presque plus visibles : à combien plus forte raison les peintures de l'ancienne Rome, renfermées pendant près de deux mille ans dans des souterrains humides ou ensevelies dans des décombres, n'auraient-elles pas été détruites par le salpêtre, si elles eussent été exécutées à fresque ? La solidité et le poli du crépiment ont contribué sans doute à les maintenir ; mais il n'y a que la cire et les résines qui aient pu faire conserver aux couleurs la vivacité qu'on y a souvent admirée.

Mengs, Cochin, Réquier, ont cru faussement voir des fresques dans toutes les peintures d'Herculanum et de Pompeïa. Winckelmann, Fougeroux et Lalande ont reconnu cette erreur, lorsqu'ils ont remarqué que la couleur s'enlevait par écailles, et laissait voir ou le crépiment nu ou la couche préparatoire ; mais ils se sont trop hâtés de conclure que toutes ces peintures avaient été exécutées à la *détrempe*. Quelques-unes peuvent être des détrempes *cautérisées*, d'autres des encaustiques.

d'années, Apulée, Tertullien, Eusèbe, Nazaire, saint Ambroise, saint Athanase, saint Chrysostome, Himérius, Ausone, Prudence, Boëce, Procope, les rédacteurs des lois de Justinien, saint Jean Damascène, les Pères du second concile de Nicée, Nicéphore, patriarche de Constantinople, mort vers l'an 828; tous semblent s'être attachés à rappeler que les peintures dont ils parlent, soit portatives, soit imprimées sur des murs, étaient exécutées *à la cire et au pinceau ;* tous parlent de *cire fondue,* de *cire pénétrée par l'action du feu* [1]; et nous sommes obligés de tirer de là cette conséquence, que l'encaustique fut encore de leur temps non sans doute la seule manière de peindre, mais la plus estimée et vraisemblablement la plus générale.

La fresque et l'encaustique étaient quelquefois associées l'un à l'autre dans le même ouvrage. C'est ainsi que furent exécutées des peintures de la *villa Hadriana* et des Thermes de Titus, dont il subsiste des fragments, et une partie de celles des plus anciennes catacombes. Une fresque d'une seule teinte, imprimée

---

[1] *Cerâ inustum.* Apul. *Apolog.* ed. ad usum, p. 424. — *Pingit illicitè, nubit assiduè..... bis falsarius, et* CAUTERIO *et stylo, totus adulter.* Tertull. *Adv. Hermog. pict.* c. I. — Euseb. *De vitâ Const.* l. III, c. III. — Nazar. *Paneg. vet.* p. 259. — S. Ambr. *Hexam.* l. VI, c. VIII, t. I, col. 131. — S. Athan. *De Sab.* apud S. Joh. Damas. *De imag.* Orat. II, p. 344. — Ἐγὼ καὶ τὴν κηρόχυτον γραφὴν ἠγάπησα (*Ego quidem picturâ cerâ liquenti confectâ delectatus sum*). S. Chrys. *Serm. Quod vet. et nov. Test.* etc.; apud eumd. p. 343. — Πῦρ δὲ ὑπηρετείσθω τῇ γραφῇ (*Ignis autem ministretur picturæ*). Himer. *Eclog.* IV, *In divit.* — Auson. *Eidyl.* VII, p. 289. — *Paries habet illitus..... è minio..... lepidâ picturâ, cerâ liquenti.* Prudent. *Contra Symmach.* l. II, vers. 41, 42. — Boët. *De arith.* præf. — Ἐναβρύνεται δὲ ταῖς γραφαῖς ἡ ὀροφὴ πᾶσα, οὐ τῷ κηρῷ ἐντανέντι καὶ διαχυθέντι ἐνταῦθα παγεῖσα, ἀλλ'..... κ. τ. λ. (*Tota camera picturis ridet, non ceris inustis, illitisque compacta, sed aptâ tesserulis colorum omnium varietate nitentibus*). Procop. *De ædif.* l. I, c. X. — L. XVII, D. *De instr. et fundo instr.* — Johan. Damas. *loc. cit.* — Concil. Nic. II, act. V, col. 309; act. VI, col. 375, 376 (ed. 1714). — Τοῦ Σωτῆρος καὶ τῶν ἁγίων οὔσας διὰ ψηφίδων χρυσῶν, καὶ κηροχύτου ὕλης εἰκονογραφίας ἀπέξυσε (Νικήτας). *Christi Dei ac Sanctorum imagines, opere tessellato, atque cerâ liquenti factas, erasit* (*Nicetas*). Niceph. C. P. *Brev. hist.;* apud Labbe, *Corp.* [...] p. 49.

6

sur un mortier de marbre et soigneusement polie, forme le fond : des ornements et des figures peints à l'encaustique se relèvent sur cette couche uniforme [1]. Il semble qu'on ait voulu concilier dans ces monuments la richesse et l'économie.

Dans le neuvième et le dixième siècle, l'obligation de couvrir de peintures toute la surface intérieure des églises, et les dilapidations fréquentes des bénéficiers, devant faire souvent rechercher les procédés les moins coûteux, l'usage de la fresque devint plus commun ; et l'encaustique fut tellement négligé, même pour les tableaux portatifs, que les écrivains contemporains, qui nous indiquent avec beaucoup de détails les procédés de la fresque, des détrempes et de la peinture sur verre, ne parlent plus que très-indirectement de cette antique manière de peindre [2].

Le changement ne fut pas subit. L'encaustique reparaît partiellement, soit dans des vernis, soit dans l'usage du réchaud,

[1] M. E. A. Gibelin, à qui nous devons la belle fresque qui décore l'amphithéâtre des Ecoles de Médecine, celles des frontons des deux pavillons méridionaux de l'ancienne Ecole militaire, et celle de l'abside de l'ancienne église des Capucins de la Chaussée-d'Antin, malheureusement couverte aujourd'hui d'un lait de chaux, m'écrivait, en date du 4 juin 1809 : « J'ai dans mon cabinet plusieurs fragments de » peintures anciennes que j'ai moi-même recueillis.... Celui que je trouvai à la *Villa* » *Hadriana* a été poli, et sur ce fond poli qui est blanc, on a tracé des linéaments et » des fleurs avec un gluten qui peut-être, et probablement, a été préparé suivant le » procédé de l'encaustique. » — J'ai fait la même observation sur un fragment de peinture des plus anciennes catacombes, dont le fond est rouge. Je soupçonne qu'une partie des peintures de *Taurocntum*, dont M. Magloire Olivier, membre du conseil général du département des Bouches-du-Rhône, qui a dirigé les fouilles avec tant de zèle et de lumières, m'a envoyé des fragments, sont exécutées de cette manière ; mais le mauvais état de ces peintures, attachées généralement à un mortier peu solide, m'a mis dans l'impossibilité d'en juger avec assurance.

[2] Isidore de Séville, dans son livre des *Origines*, parle de la plupart des laques indiquées par Pline, de la *chrysocolle*, du *purpurissimum*, etc., et il ne dit autre chose de la fresque, sinon que la chaux vicie toutes les couleurs : *omnes colores calcis admistione corrumpuntur.* (L. XIX, c. XVI et XVII.) Théophile au contraire traite de la fresque avec beaucoup de détails. Il enseigne l'art de choisir et de mélanger les couleurs propres à ce genre de peinture, et même celui de retoucher la *bonne fresque* à sec, avec des couleurs fines mêlées à du jaune d'œuf. L. I, c. XIV, XV et XVI.

au onzième, au treizième, au quatorzième siècle, et même plus tard [1]. Nous le trouvons clairement désigné dans le quinzième par un écrivain natif des états de Venise, qui semble en parler comme d'un procédé usité de son temps [2]. Aujourd'hui même dans la Grèce, quelques-uns des héritiers infortunés d'Apelles et de Pausanias s'en transmettent encore l'un à l'autre la connaissance comme un secret précieux [3]. Nous pouvons néanmoins avancer deux propositions : l'une, que l'encaustique fut fréquemment employé jusque vers le milieu du neuvième siècle; l'autre, que dans le courant du dixième il fut généralement abandonné dans la France, l'Allemagne et l'Italie.

Les abbés les moins riches faisaient exécuter des fresques; les prélats les plus magnifiques, des mosaïques. Les fresques étaient souvent recouvertes d'un vernis composé d'huile, de diverses résines, et peut-être de cire [4]; on tempérait les couleurs

[1] Voyez Lanzi, *Stor. pitt.* (ed. 1775), t. I, p. 60. Il rend compte de l'analyse qui a été faite à Pise de plusieurs tableaux du treizième et du quatorzième siècle, dans lesquels il a été trouvé de la cire, qu'on a cru avoir été employée comme vernis.— Dans le onzième siècle, les habitants encore idolâtres de la ville de Stetin ornaient de sculptures et de peintures l'intérieur et l'extérieur de leurs temples. L'historien dit en parlant des peintures : *Quodque rarum dixerim, colores imaginum extrinsecùs nullâ tempestate nivium vel imbrium fuscari vel deleri poterant, id agente industriâ pictorum. Vita Otton. episc. Baberg. cap.* XXI; *apud Canis. loc. cit.* t. III, part. II, p. 70. — Ce fait, qui appartient à un pays du nord, doit exciter particulièrement notre curiosité. — V. Vasari et Borghini, ci-dessus, p. 91, not. 1.

[2] Cœlius Rhodiginus, né à Rovigo, dans les États de Venise en 1450. SUNT ET SUA PICTORIBUS CAUTERIA *in eâ pingendi ratione quam vocant Encausticen ; Latini Inustariam dicimus, coloribus inustis, et ceris igne resolutis. Antiq. lect.* l. VII, c. XXXI.

[3] Voyez ce que M. A. L. Castelan dit dans ses *Lettres sur la Morée*, ouvrage également instructif et agréable, au sujet du *secret* de l'encaustique, qu'un peintre de l'île de Zante ne voulut lui dévoiler qu'à moitié. (Part. II, p. 134 et 136.) L'auteur fait espérer qu'il publiera ses propres expériences. — Voyez le *Tableau historique de l'Empire Ottoman*, de M. W. Eton. Ce voyageur dit avoir connu aux Dardanelles un peintre grec qui fixait les couleurs par le moyen du feu, et il annonce aussi un ouvrage sur l'encaustique. T. I, p. 275.

[4] Theoph. l. I, c. XIX. —Théophile ne dit pas textuellement qu'il faille vernir les fresques, mais il invite à appliquer le vernis dont il donne la composition, *sur toute*

avec de la chaux[1]. Les mosaïques étaient formées de cristaux colorés ou dorés, rendus plus brillants par une lame de verre sans couleur dont on avait soin de les revêtir[2].

Le dixième siècle et le suivant nous offrent un fait qui n'est pas moins remarquable, c'est l'emploi et l'abandon d'un genre de peinture inconnu ou plutôt négligé chez les anciens, et employé dans le plus grand nombre des chefs-d'œuvre modernes : nous voulons parler de la peinture à l'huile. Théophile et Éraclius, auxquels nous pouvons joindre un anonyme à peu près du même âge, en font mention comme d'un procédé qu'ils pratiquaient tous les jours. Rien de plus clair, rien de moins équivoque que leur assertion[3]. D'une autre part, on ne saurait douter que Jean Van Eyck n'ait *inventé* cette belle manière de peindre vers 1420 ou 1430. En vain quelques savants refusent au célèbre peintre de Bruges le mérite de cette invention, puisque l'Italie et l'Europe entière en ont constamment rendu té-

espèce de peinture, et la fresque est celle dont il traite le plus longuement : la conséquence paraît naturelle. — Une fresque vernie peut avoir un luisant qui empêche de la voir également bien de tous les côtés. Je tiens de M. E. A. Gibelin, qui doit faire autorité dans une semblable matière, que la crainte de tomber dans cet inconvénient l'a empêché de vernir ses ouvrages. Nous devons cependant regretter que cet artiste, si fécond en nobles idées, n'ait pas eu plus de hardiesse, car déjà ses belles compositions commencent à changer de ton. Un vernis encaustique où la cire dominerait n'aurait qu'un éclat très-modéré.

[1] Theoph. l. I, c. XVI. — Je remarque ce fait parce que Vitruve et Pline n'en parlent point.

[2] Id. l. II, c. XIV. — *Petulas inter vitrum duplicatum inclusas cautè*. Eraclius, *loc. cit.* p. 103. C'est ainsi qu'étaient préparés les cristaux des mosaïques d'Aix-la-Chapelle, conservés dans la mosaïque moderne qu'on a exécutée à la place où était l'ancienne.

[3] Theoph. l. I, c. XVIII, XXII et XXIII. — Eraclius, apud Raspe, *loc. cit.* p 119. — Je puis joindre à ces autorités celle de l'auteur d'un fragment intitulé *Alia tabula*, manuscrit de notre Cabinet royal, in-4° lat. n° 6741. (In voc. *Staneas petulas*, et voc. *Tabulas*, fol. 16 et 17, versò.) Ce fragment, qui paraît du même âge que celui de Théophile et celui d'Eraclius, est renfermé dans le même volume, avec quelques autres écrits moins anciens sur la peinture. Il y a lieu de croire que lorsque le premier propriétaire de ce manuscrit, copié en 1409 et 1410, forma sa collection, l'ouvrage auquel cette table appartenait n'existait plus.

moignage [1]. Comment donc concilier des faits en apparence contradictoires? Théophile lui-même nous en donne le moyen. Novices dans un genre de travail où maintenant tout nous paraît facile, les peintres du dixième siècle n'avaient tenté que des expériences incomplètes. Ils ignoraient l'art d'unir les matières colorantes suivant leurs divers principes, les unes avec de l'huile pure, les autres avec des huiles plus ou moins siccatives : de là des difficultés qui leur paraissaient insurmontables. « Toutes les » couleurs, sans exception, dit le bon religieux, se mêlent très- » bien avec l'huile de lin ; mais ce genre de peinture ne con- » vient qu'à des tableaux qui peuvent sécher au soleil ; car lors- » qu'on a posé une couleur, il faut attendre pour en établir une » seconde par-dessus que la première ait séché ; ce qui est long » et fastidieux quand on peint des figures. Veux-tu hâter ton » travail, emploie de la gomme de cerisier : toutes les matières » s'allient avec cette gomme, excepté le minium, la céruse et le » carmin, que tu broieras avec du blanc d'œufs [2]. » Ce passage intéressant nous fait connaître à la fois le peu de progrès qu'a-

---

[1] M. le baron de Budberg pense qu'on n'employait la peinture à l'huile dans le dixième siècle que *pour des enduits nus (ou plats), sans figures ou autres orne-ments. (Versuch,* etc. *Essai sur l'époque de l'invention de la peinture à l'huile.* Gœtting. 1792. — *Esprit des journaux*, octobre 1792, p. 417.). Cette opinion est suffisamment réfutée par divers passages de Théophile. — Lessing et M. Raspe ont voulu prouver au contraire que la peinture à l'huile n'avait pas cessé d'être en usage depuis Théophile jusqu'à Van Eyck ; mais ils n'ont rien dit de concluant. *OEuvres* de Lessing, t. VIII, p. 289 et suiv. — Raspe, *loc. cit.*) Tout le monde sait qu'Anto-nello de Messine alla à Bruges tout exprès pour apprendre *les secrets* de Van Eyck, qui faisaient un grand bruit en Italie. L'épitaphe de cet artiste, qu'on a vue long-temps à Venise sur son tombeau, renfermait ces mots : *Coloribus oleo miscendis, splendorem et perpetuitatem primus italicæ picturæ contulit.* (Vasari, *Vita d'Ant. da Messina.* — Ridolfi, *Marav. dell' arte*, t. I, p. 49.) Comment l'Italie aurait-elle avoué aussi solennellement un fait de cette nature, si elle n'y eût été forcée par la vérité? C'est l'emploi des vernis à l'huile qui a fait croire qu'on peignait avec ce glu-ten dans le dixième et le quatorzième siècle.

[2] *Quia quotiescunque unum colorem imposueris, alterum ei superponere non po-tes, nisi prior exsiccetur, quod in imaginibus diuturnum et tædiosum nimis est.*— Theoph. l. I, c. XXIII.

6.

vaient fait les peintres du moyen âge dans la peinture à l'huile, la cause du discrédit où tomba ce procédé, et la véritable gloire qui appartient à Van Eyck, souvent appliqué, nous dit-on, à des essais chimiques sur les huiles cuites et les vernis [1].

L'art de peindre sur toile, dont l'origine remonte à des temps assez reculés, s'était conservé sans interruption [2]. On peignait, comme sous les premiers empereurs, comme au troisième et au huitième siècle, sur des toiles libres [3] et sur des toiles collées sur bois [4]. On peignait aussi sur cuir [5]. Les peintres employaient l'huile, la gomme, la colle de taureau [6], le blanc et le jaune d'œufs. S'ils devaient peindre sur le bois nu, ils y appliquaient d'abord plusieurs couches de céruse, ou broyée avec de l'huile ou mêlée au feu avec de la cire. S'ils voulaient coller une toile ou un cuir sur le bois, le gluten se composait de lait caillé et de chaux vive. L'impression était un mélange de plâtre ou de craie, et d'une colle de cuir et de corne de cerf bouillis ensemble [7]. L'usage des fonds dorés, connu, mais rare chez les anciens [8],

---

[1] Vasari, *Vita d'Antonello da Messina.*

[2] Cicer. *In Verrem*, IV, c. I. — Tertull. *Apolog.* c. XVI. — S. Asterius, *Paneg. S. Euphem.* apud Comb. *Patr. Bibl. nov. auct.* t. I, col. 209. — *Ac depingendæ manibus tabulæ, ceræ, colorum fuci, lintea..... multiplicem materiam præstant.* Boët. *De arithmet.* præf. — S. Leont. apud S. J. Damas. *Orat.* III, *De imag.* t. I, p. 374.

[3] S. Nil. *Orat. altera in Paschd.*

[4] Constantin Porphyrogénète dit que l'image d'Edesse, envoyée à Abgare par Jésus-Christ, fut collée sur bois par l'ordre de ce prince. (*Suprà,* p. 35 , not. 5.) Cette assertion prouvera du moins qu'au temps de ce roi Abgare, c'est-à-dire au temps de Tibère, on peignait sur de la toile collée sur bois. Que devient l'opinion de Vasari, qui regardait Margaritone comme l'inventeur de ce procédé? *Vita di Margaritone.*

[5] Theoph. lib. I, c. XVII et XIX. — Eracl. *loc. cit.* p. 118.

[6] Isid. Hispal. *Orig.* lib. XIX, c. XVII. — Saint Isidore parle ici de la peinture à la détrempe sur les murs.

[7] Theoph. *ibid.* — *Tabula colorum* (autre fragment renfermé dans le manuscrit déja cité du Cabinet royal), in voc. *Gypsus,* fol. 6.

[8] Le Musée royal possède un fragment d'une peinture antique, exécutée sur un mur, et représentant Apollon et Marsyas, dont le fond est doré : c'est M. d'Agincourt qui en a fait hommage.

était devenu très-fréquent [1]. Quelquefois le peintre empâtait et fondait ses couleurs avec soin : plus souvent, pour hâter son travail, principalement dans les grands ouvrages, il se contentait d'étendre une couleur principale sur chaque partie, et de marquer sur cette base des clairs et des ombres par des hachures de tons différents [2]; manière expéditive, qui entraînait aisément dans la froideur et la sécheresse. Quelquefois aussi des teintes légères, des glacis transparents, acquéraient de la vigueur par l'effet des feuilles d'or ou d'étain que l'artiste avait appliquées sur l'impression : ce genre de travail s'appelait *peinture auréole* ou *translucide* [3]. On exécutait sur les draperies et dans les autres accessoires des ornements rehaussés d'or [4]. Les diverses laques en usage dans l'antiquité continuaient à être familières aux artistes [5]. L'outremer était prodigué même dans les peintures des plus grands monuments [6]. De quelque manière que fût peint un tableau, soit à l'huile, soit à la colle ou au blanc d'œufs, un vernis généralement composé d'huile de lin, de galbanum, de myrrhe, de mastic ou d'autres résines, donnait aux teintes de l'éclat et de la solidité [7].

---

[1] Theoph. lib. I, c. XXII et XXV.

[2] Id. lib. I, c. III, VIII, IX et XIV.

[3] Theoph. lib. I, c. XXV. — *Tabula colorum*, in voc. *Aureola*, fol. 1.

[4] Theoph. lib. I, c. XXI. — On employait l'or indifféremment dans la peinture sur bois, et dans la peinture sur toile. *Telam lineam aut canapinam præparare, ut possit in ipsâ pingi et aureum poni. Alia tabula*, in voc. *Telam*; loc. cit. fol. 17, versò.

[5] *Tabula colorum*, in voc. *Coccus, Croceus, Ceruleus*, etc. — *Alia tabula*, in voc. *Sanguineus color*, etc.

[6] Lorsque S. Gebehard, évêque de Constance, fit exécuter dans l'église de Saint-Pierre, de cette ville, les peintures dont nous venons de parler (p. 81, not. 9), l'évêque de Venise lui fit présent d'un boisseau d'outre-mer; *Venetiarum namque episcopus modium plenum Graici coloris, qui Lazurius dicitur, contulit. De S. Gebehardi episc. ex Chronogr. Const.* apud d'Ach. et Mab. *Act. SS. ord. S. Bened.* t. VII, p. 841.

[7] Theoph. l. I. c. XIX. — *Alia tabula*, in voc. *Vernicum* et *Verniciare*; fol. 17, versò, et 18, versò.

Les malheurs publics avaient peu diminué le luxe des grands : les coffres, les lits, les siéges, les litières, les selles des chevaux, continuaient à être sculptés, dorés, ornés de peintures, et souvent de ciselures et d'incrustations en argent et en or [1].

Les peintres en miniatures qui décoraient les livres employaient, suivant la convenance, la gouache et le lavis [2].

La peinture sur verre était encore dans l'enfance. Il ne faut pas croire cependant que les artistes ne fussent parvenus qu'à tracer des hachures en noir sur des verres de diverses couleurs [3]. Ils peignaient également sur du verre teint et sur du verre sans couleur : dans le premier cas, ils exprimaient les formes des corps par des traits et des hachures qui offraient tantôt des tons noirs ou bleuâtres, tantôt deux et jusqu'à trois nuances de la teinte fondamentale : dans le second, ils posaient d'abord sur le verre une couche uniforme, en *épargnant* convenablement le fond pour ménager des clairs, et ils formaient ensuite les traits et les hachures, ou avec des tons noirs, ou avec des nuances de la teinte principale, de même que dans l'opération précédente. Les couleurs étaient puisées dans des verres teints réduits en poudre, ou dans des préparations métalliques, et elles s'incorporaient au feu avec la matière qui leur servait de support [4].

Les vases de verre étaient peints, dorés ou émaillés. Les couleurs destinées à ce genre de peinture étaient puisées dans des verres teints réduits en poudre : la peinture était exécutée par les procédés employés sur les vitraux. Souvent sur des feuilles

---

[1] Theoph. l. I, c. xx ; l. III, c. LXXI et LXXIV.

[2] On peut remarquer ces deux manières de peindre dans divers manuscrits, et notamment dans celui de Charles le Chauve, que nous avons cité ci-dessus p. 19, not. 2.

[3] Telle était l'opinion de le Viel. (*L'art de la peinture sur verre*, part. I, chap. VII, p. 22.) Cet estimable artiste l'avait fondée sans doute sur des verres du onzième siècle peints de cette manière. Mais le témoignage de Théophile prouve que l'art était plus avancé.

[4] Theoph. l II, c. XVIII, XIX et XX.

d'or que fixaient d'abord quelques gouttes de gomme, l'artiste traçait des fleurs, des feuillages ou des figures humaines, avec un stylet qui découvrait le fond transparent du cristal : une couche de verre pilé, en se revivifiant dans le fourneau, formait sur cette dorure un vernis ineffaçable [1].

Les peintures qui ornaient les vases d'argile étaient exécutées par deux procédés différents, ou avec du verre teint employé comme matière colorante [2], ou avec d'autres matières vitrifiables mêlées à de la poudre d'un verre très-pur [3] dans lequel il n'était point entré de plomb [4]. L'ouvrier posait sur ces ornements le même vernis que sur les coupes de verre.

Nous ne parlerons point de l'art de travailler l'ambre, de l'imiter avec des verres colorés et d'y tracer des ornements et même des figures avec des matières vitrifiables, procédés trop éloignés de la véritable peinture [5]. Nous ne traiterons ni de l'art de colorier l'argenterie et de celui d'y incruster des ornements, pour lesquels Théophile donne la palme aux Arabes [6], ni de

---

[1] Id. l. II, c. XII et XIII. — Eraclius, *loc. cit.* p. 103. — Le dernier de ces procédés est celui dont parle Buonarotti. (*Fram. di vas. ant. di vetro*, prefat. p. CXI), et que les Italiens modernes appellent *Pittura a sgraffio*.

[2] Eraclius, *loc. cit.* p. 102, 107 et 108. — *Alia tabula*, voc. *Vasa fict.* voc. *Viride* et *Virentem*, fol. 18.

[3] Theoph. l. II, c. XV.

[4] Eraclius, qui est ici une de mes autorités, n'affirme point ce fait expressément. Mais il désigne d'abord le verre qui doit être employé comme *fondant*, sous la dénomination particulière de *Vitrum romanum*. (*Loc. cit.* p. 102.) Distinguant ensuite deux espèces de verre, celui où il entre du plomb, et celui qui n'en renferme point, il traite des moyens de fabriquer des verres de différentes couleurs propres à la peinture, et ne fait point mention du plomb (p. 107, 108 et 111); et il parle plus tard de l'art de fabriquer du verre avec du plomb (p. 113). On voit dans la *Table des couleurs*, déjà citée, que l'auteur de l'ouvrage auquel elle appartenait avait fait de même. (Voc. *Viride vitrum*, *Vitrum album*, *Vitrum de plumbo*, fol. 18 et 19, verso.) Cet ordre paraît convaincant. On sait ce qu'il en a coûté de recherches et de temps à Montamy pour retrouver ce *mordant universel*, si utile aux peintres en émail. *Traité des couleurs pour la peinture en émail*, chap. II.

[5] Theoph. l. II, c. XI; l. III, c. LII, LIII et LIV.

[6] Id. *De op. interrasili; de op. punctili;* l. III, c. LXXI et LXXII. — Le cabinet

l'art de peindre en émail sur les métaux, dont nous avons déjà rapporté de nombreux exemples ; ni même de l'art de *nieller*, sorte de peinture métallique à laquelle l'impression de la gravure en taille-douce doit son origine, et dont nous avons parlé plusieurs fois. On sait à quelle perfection cet art, que les Toscans avaient reçu des Grecs, fut porté dans le quatorzième et le quinzième siècle. Les orfévres l'ont malheureusement abandonné dans des temps postérieurs.

Nous trouvons en France, à la fin du dixième siècle, un autre genre d'industrie longtemps particulier aux Orientaux ; c'est la fabrication des tentures et des tapis employés à la décoration des églises, et dont l'usage devenait de jour en jour plus commun. Vers l'an 985, il existait dans l'abbaye de Saint-Florent de Saumur une manufacture où les religieux tissaient des tapisseries ornées de fleurs et de figures d'animaux [1].

Les toiles imprimées de la Syrie, portées par le commerce jusque dans les provinces du nord, avaient dû y répandre ou y perpétuer la connaissance de la gravure en bois [2].

L'art de dorer continuait à être associé à la peinture dans la décoration des plafonds et des murs intérieurs des appartements [3]. L'usage des ornements de sculpture en plâtre, blancs ou coloriés, que nous avons vus employés dans les églises au temps de saint Nil [4], se conservait aussi dans la Grèce, dans l'Italie et dans nos provinces méridionales [5]. Il y subsiste encore

---

de M. de Horn, vendu à Paris en 1809, renfermait plusieurs anciens ouvrages arabes de ce genre, désignés dans le catalogue sous les nᵒˢ 154, etc.

[1] *Binos etiam ex lanâ dossales texi præcepit..... margo erat candidus, bestiæ vel aves rubræ. His. Mon. S. Flor. Salm.* apud Mart. et Dur. *Ampl. collect.* t. V, col. 1106 et 1107.

[2] *Disc. hist. sur la Grav.* t. III du *Musée français*, p. 21.

[3] Theoph. l. I, c. XI.

[4] S. Nil. *Epist. ad Olympiod.* l. IV, epist. 61.

[5] Cassiod. *Var.* l. VII, form. 5. — Isid. Hip. *Grig.* l. XIX, c. VII et XV. Anast. *De vit. Pontif.* in Adrian. I, et Leon. III. Anastase donne cet usage comme très-ancien : *Exemplo olitano.*

aujourd'hui : instruits autrefois par les Grecs, les *gypsoplastes* de l'ancienne Provence n'ont pas cessé d'exécuter des sculptures de ce genre avec une étonnante dextérité.

Ces diverses manières de peindre éprouvèrent peu de changements jusqu'au parfait rétablissement du goût. Si l'on excepte la peinture à l'huile, abandonnée, comme nous l'avons fait voir, à cause de son extrême imperfection, les procédés employés par Guido de Sienne, Cimabue et le Margaritone, étaient à peu près les mêmes que ceux de Théophile et d'Éraclius.

Le onzième siècle prépara la révolution qui devait dans l'Occident rappeler les arts à leurs vrais principes. Nous voyons commencer dès cette époque la lutte courageuse du génie contre la barbarie, de la raison et de l'autorité légitime contre le fanatisme et l'anarchie. Déjà le désir de s'instruire, excité par l'espoir de s'élever à de grands emplois, agitait une foule d'hommes supérieurs ; mais les chaînes qui accablaient les peuples étaient trop pesantes, les guerres obscures qui les désolaient trop habituelles et trop générales, les préjugés trop enracinés, pour que l'essor pût être rapide. L'esprit humain essayait ses forces et faisait peu de progrès.

L'émulation se porta d'abord vers les sciences et les branches de la littérature que le culte divin et les querelles politiques rendaient le plus nécessaires, vers la théologie, la jurisprudence, la géométrie, la dialectique, la rhétorique, la musique ou plutôt l'art de psalmodier. Favorisée par des circonstances particulières, l'architecture s'affranchit de la routine où le goût s'était appauvri ; et se livrant à des conceptions neuves, elle produisit des chefs-d'œuvre de hardiesse et de légèreté qui excitent encore notre admiration. La peinture, moins encouragée, ne sortit point de l'état de dégradation où elle était tombée, parce que malgré cette décadence elle ne cessait pas de produire tout le bien qu'on exigeait de ses ouvrages, celui d'inspirer des sentiments religieux.

L'opinion sinistre que l'expiration de l'an 1000 était le terme marqué pour la fin du monde avait fait négliger l'entretien d'un grand nombre d'édifices ; plusieurs étaient en ruine [1]. Quand le retour de l'année eut rassuré les esprits, un nouveau zèle animant les princes et les prélats, ils brûlèrent de se signaler par de pieuses entreprises. L'ardeur de bâtir devint une passion. Partout furent abattus les anciens temples, même sans nécessité [2]; partout s'élevèrent des basiliques plus vastes et plus riches que les anciennes, et qui, suivant l'expression d'un auteur contemporain, semblaient donner au monde rajeuni une nouvelle parure [3]. Alors furent fondés ou reconstruits : à Dijon, en l'an 1001, l'église de Saint-Bénigne et la rotonde conservée jusque aujourd'hui [4]; à Reims en 1005, à Tours en 1012, à Cambrai en 1020, à Orléans, à Limoges, à Autun, à Avalon, à Nantua, à Poitiers, à Perpignan et dans une foule d'autres villes, des édifices qui subsistent encore [5]; à l'abbaye de Cluny en 1088, un des temples les plus curieux de cette grande époque de l'histoire de l'architecture [6].

[1] *Chron. Will. Godelli ;* apud D. Bouquet, t. X, p. 262. — *Vita Abbonis*, ibid. p. 332.

[2] Glab. Rodulph. *Hist. sui temp.* l. III, c. IV; apud D. Bouquet, t. X, p. 29.

[3] Id. *ibid.*

[4] *Chron. S. Benigni Divion.* apud. d'Ach. *Spicil.* t. II, p. 383 et 384. — La rotonde, qui subsiste encore, est gravée dans l'*Histoire de Bourgogne* de D. Plancher, t. I, p. 499. — Les auteurs du *Voyage pittoresque de la France* ont mal interprété cet historien, lorsqu'ils ont cru pouvoir dire d'après lui qu'elle est du temps du pape saint Grégoire (t. II, n° 55).— C'est dans cette église, bâtie en 1001, que fut placé le vitrail *beaucoup plus ancien* représentant le martyre de Sainte Paschasie , dont j'ai parlé ci-dessus, pag. 79.

[5] Reims : Mabill. *Annal. ord. S. Bened.* t. IV, l. III, n° 14, p. 184. — Tours : id. ibid. l. LII, n° 14, p. 155. — Cambrai : Balderic. *Chron. Camer.* l. III, c. XLIX, p. 333. — Orléans : Helgald. *Vita Roberti reg.* c. XXXI; apud D. Bouq. t. X, p. 115, etc., etc.—Le roi Robert seul bâtit vingt et une églises dont plusieurs subsistent.— On peut voir des gravures représentant les deux portails de l'église d'Avalon , commencée en 1001 , et celui de l'église des Bénédictins de Nantua, qui date à peu près du même temps, dans D. Plancher , *Hist. de Bourgogne* , t. I, p. 514, 516. — Les auteurs du *Voyage pittoresque de la France* ont publié deux vues de l'église de Saint-Lazare d'Autun, commencée en 1060, t. II, n°s 31 et 40.

[6] *Bibl. Clun.* col. 1621, 1622. — On trouve des vues de cette église gravées dans le *Voyage pittoresque de la France ; Gouv. de Bourgogne*, Estamp. t. II, n°s 55, 56.

Il s'en fallut bien que tous ces monuments fussent ornés de peintures comme ceux du siècle de Charlemagne. La loi maintenue sévèrement par ce prince était tombée en désuétude, et la décoration des églises se trouvait abandonnée au zèle et aux opinions des supérieurs ecclésiastiques. Deux causes principales s'opposaient à l'emploi de la peinture dans les temples confiés aux prélats les plus religieux : l'une était le faste, qui multipliait de plus en plus les tentures et les tapis ; l'autre, l'esprit de réforme, qui repoussait au contraire toute espèce d'embellissements.

Les historiens monastiques célèbrent en mille endroits la multiplicité et la magnificence des tentures dont la plupart des riches abbés paraient leurs églises [1]. Les manufactures françaises employées à ce genre d'ouvrages devenaient plus nombreuses, et sans doute perfectionnaient leurs procédés. Vers l'an 1060, Gervin, abbé de Saint-Riquier, fit remarquer sa libéralité par les tentures qu'il acheta et *par les tapis qu'il fit faire* [2]. Il existait à Poitiers, en 1025, une manufacture de tapisseries et de tapis, où les prélats de l'Italie adressaient eux-mêmes des demandes [3]. Le tissu de ces tentures offrait des figures d'animaux,

---

[1] Suivant les règlements de l'abbaye de Cluni, adoptés en 1009 par celle de Farfa, les murs, les bancs et tous les autres sièges du palais destiné aux étrangers, devaient dans les grandes fêtes être entièrement couverts de tapisseries. (Mabill. *Annal. ord. S. Bened.* t. IV, l. LIII, p. 208.) — Il n'était ni extraordinaire ni même rare de voir une église tapissée dans tout son pourtour : cette décoration n'offrait rien que de *décent* et de conforme à l'usage. En 1095, le jour de Pâques, l'église du monastère de Fleuri fut *convenablement* ornée de tentures de soie : *honestissimi holoserici venustata ornatibus.* (*De mirac. S. P. Bened.* c. XXVII; apud d'Ach. et Mab. *Act. SS. ord. S. Bened.* t. VI, p. 408.) — Je pourrais citer des exemples sans nombre. *Pallia addidit.* — *Tribus palliis parietes ornavit.* — *Palliis multis, tapetibus plurimis,* etc., etc.

[2] *In palliis adquirendis, in tapetibus faciendis. Vit. S. Gerv.* c. VII; apud d'Ach. et Mab. *ibid.* t. IX, p. 322.

[3] *Rememora ergo, precor, quàm longum et latum (tapetum) esse velis, et mittetur tibi, si invenire potuero. Sin autem, jubebo tibi fieri quale volueris, si consuetudo fuerit illud texendi apud nostrates. Lettre de Guillaume V, comte de Poitou, à Léon, évêque de Verceil. (Epist.* v; apud D. Bouq. t. X, p. 484]. On ne sera

7

des portraits de rois et d'empereurs, des sujets puisés dans les histoires saintes [1]. Cette fabrication alimentait l'art du dessin, mais elle rendait aussi la peinture proprement dite moins nécessaire.

L'esprit de réforme se montrait d'autant plus sévère, que le faste était quelquefois excessif. Les deux premiers abbés de Citeaux bannirent de leur église tout ce qui offrait l'apparence de la richesse : ils ne permirent que des croix de bois, des chandeliers de fer, point de sculptures, *point de peintures, excepté toutefois des crucifix;* point d'images tissues en soie et en or, même dans les habits pontificaux [2]. D'autres réformateurs plus rigides exigeaient que les monastères n'offrissent aux regards *rien que de pauvre, de vil et d'abject* [3].

Cependant le synode d'Arras, tenu en 1025, disait encore que les peintures des temples étaient *le livre des illitérés* [4]. Saint BERNWARD, évêque de Hildesheim, qui mourut en 1023, protecteur des arts et peintre lui-même, exécutait de sa propre main des mosaïques dans son église, couvrait de peintures les murs et les plafonds, formait des élèves qu'il conduisait dans les cours où il était envoyé en ambassade, et leur faisait dessiner ce qu'il rencontrait de plus curieux [5]. Godehard, son successeur, fonda dans son palais une école d'écriture et de pein-

pas étonné de voir ce même Guillaume offrir au roi Robert de lui donner, outre une grande somme d'argent, cent pièces de tapisseries, s'il veut favoriser ses projets sur l'Italie. *Epist.* XVII, *ibid.* p. 501.

[1] *Hist. episc. Autissiod.* c. LIII; apud Labbe, *Nov. bibl. manuscr.* t. I, p. 457. — Le Bœuf, *Mém. concern. l'hist. d'Aux.* t. I, part. I, p. 258. — *Chron. Gaufredi,* c. IX; apud Labbe, *ibid.* t. II, p. 283. — *Episc. Carnut. Elogia;* apud Mabill. *Analecta vet. monum.* t. II, p. 598.

[2] *Orig. Cisterc.* c. XVII; apud Labbe, *loc. cit.* t. I, p. 646.

[3] *Vita B. Lanfr.* c. II; apud Mabill. *Act. SS. ord. S. Bened.* t. IX, p. 636.

[4] *Illiterati, quod per scripturam non possunt intueri, hoc per quædam picturæ lineamenta contemplantur. Synod. Attrab.* c. III; apud d'Ach. *Spicil.* t. I, p. 62.

[5] *Picturam etiam limatè exercuit ..... Musivum propriâ industriâ composuit... Exquisitâ et lucidâ picturâ tam parietes quàm laquearia exornabat.* (*Vita S. Bernwardi, Hild. episc.* c. I, V et VII; apud Leibnitz, *Script. rer. Brunsw.* t. I, p. 442 ad 445.)

ture [1]. Meinwerc, évêque de Paderborn, créa un établissement semblable, et voulut que les élèves étudiassent Virgile, Horace et Salluste [2]. Burchard, évêque de Halberstadt, ayant reconstruit sa cathédrale, l'embellit, dit son historien, *de toutes les pompes de la peinture* [3]. Othon, évêque de Bamberg, répara son église ravagée par un incendie, et fit exécuter dans le chœur des peintures *aussi belles que celles qui l'ornaient auparavant* [4]. Geoffroy, évêque d'Auxerre, enrichit la sienne de peintures et de vitraux ; il fonda même des prébendes pour un orfèvre, un peintre et un vitrier qu'il attacha au service de ce monument. Humbaud, son second successeur, y plaça de nouvelles peintures [5]. Richard, abbé de Saint-Vanne, fit représenter à l'entrée de son cloître l'empereur Henri IV lui demandant l'habit de religieux [6]. L'abbé de Cruas revêtit d'une mosaïque le sol du sanctuaire de son abbaye [7]. Saint Wolphelm, abbé de Braunweiler, couvrit son église de peintures et de mosaïques *en dedans et en dehors* [8].

Plusieurs peintres français et allemands obtinrent à cette époque une assez grande réputation. Tels furent saint BERNWARD, évêque de Hildesheim, dont nous venons de parler ; ABÉLARD II,

---

[1] *In diverso studio scripturæ et picturæ. Chron. episc. Hild.* apud Leibnitz, *ibid.* p. 744.

[2] *Vita Meinw. ep. Paterb.* c. LII; *ibid.* p. 546.

[3] *Et ædificationem picturis famosè pomparit. Chron. Halberst. ibid.* t. II, p. 125.

[4] *Non ignobiliores prioribus. Vita Otton. episc. Paberg.* lib. 1, c. XV ; apud Canis. *Lect. antiq.* t. III, part. II, p. 51.

[5] *Hist. episc. Autiss.* c. LI et LIII; apud Labbe, *loc. cit.* p. 153 et 156. — Le Bœuf. *loc. cit.* p. 243, 246 et 258.

[6] Cette peinture existait encore dans le siècle dernier. Mart. et Dur. *Voyage litt.* part. II, p. 95.

[7] Cette mosaïque existait aussi à l'époque où Martenne et Durand écrivaient leur voyage. *Ibid.* part. I, p. 297.

[8] *Ejus instantiâ vel tempore, in varios ornatus picturæ vel fabricæ, seu etiam musivi operis decore, intùs et extrà, se status extulit Brunwillerensis ecclesiæ.* (*Vita B. Wolph. abb. Brunw.* c. XIX ; apud Mabill. *Act. SS. ord. S. Bened.* t. IX, p. 686.)

né à Louvain, élu abbé de Saint-Tron en 1055 [1]; HERBERT, moine de Reims, mort à la fleur de l'âge vers l'an 1060, et que ses rares talents firent longtemps regretter [2]; ROGER, son contemporain, moine du même monastère [3]; BERNARD, qui orna de ses peintures le dôme de l'église de Lobbes [4]; THIÉMON, peintre, sculpteur, professeur de belles-lettres, qui, après avoir enrichi de ses ouvrages plusieurs couvents, fut nommé en 1090 archevêque de Salzbourg [5].

Il existait une foule d'autres maîtres dont les noms ne sont point parvenus jusqu'à nous. Quand Bernard, abbé de Quincy, fonda près de Chartres le monastère de Saint-Sauveur, des artistes de tous les genres, des sculpteurs, des doreurs, DES PEINTRES, vinrent se ranger sous sa discipline [6].

Guillaume le Conquérant porta en Angleterre, avec le luxe et les arts de la France, *une nouvelle manière de bâtir*, qui succédait alors *à l'architecture romaine* [7]. Sous son règne et celui de ses deux fils, Lanfranc, né en Lombardie, un des littérateurs les plus renommés de son siècle, et un des premiers régénérateurs de la langue latine, devenu archevêque de Cantorbéry, rebâtit son église, couvrit entièrement les murs de tapisseries, et fit orner le plafond de peintures, *dont la beauté ravissait, dit-on, les esprits* [8]. Anselme, son successeur, et comme lui Lombard de naissance, reconstruisit le chœur de l'église de Cantor-

---

[1] *Chron. Abb. S. Trud.* l. I; apud d'Ach. *Spicil.* t. II, p. 662.

[2] *Hist. Andav. monast.* apud Mart. et Dur. *Ampl. collect.* t. IV, col. 925.

[3] *Ibid.* col. 936. — Ce ROGER était peintre sur verre.

[4] *De gest. abb. Lobb.* apud d'Ach. *Spicil.* t. II, p. 749.

[5] *Vita S. Gebehardi. arch. Salisb.* apud Canis. *Lect. ant.* t. III, part. II, p. 440. — *Passio S. Thiemonis*, *ibid.* p. 103, 109.

[6] Orderic. Vital. *Hist. eccl.* l. VIII; apud Duchesne, *Hist. Norm. script. antiq.* p. 715.

[7] Willielm Malmesb. *De gest. reg. Angl.* l. III; apud *Rer. Angl. scrip. post Bed.* p. 102.—Gervas. *De combust. et reparat. Cantuar. eccl.* apud *Hist. Angl. script. X*, t. I, col. 1291 *ad* 1294.

[8] *Splendore fucorum et pulchritudinis gratiâ, ars spectabilis rapiebat animos.* (Willielm. Malmesb. *De gest. pont. Angl.* l. I; *loc. cit.* p. 214).

béry, et plaça *dans le ciel une belle peinture*[1]. Ernulfe, moine français, prieur sous Anselme, fit décorer le ciel d'une des chapelles de cette cathédrale de peintures *qui charmaient tous les yeux*[2]. Avant même la conquête, Aldred, anglais, archevêque d'York, avait fait décorer et peindre le plafond de la sienne[3].

Souvent les abbés se bornaient à *blanchir* leurs églises[4] : souvent aussi, comme nous venons de le dire au sujet de Cantorbéry, les plafonds étaient ornés de peintures, et les murs *blanchis* pour être ensuite couverts de tapisseries[5] : il paraît que cet usage, perpétué jusqu'à nos jours, était alors assez commun.

L'Italie, sans produire peut-être plus d'artistes, offrait l'apparence d'un rétablissement plus prochain.

On exécutait à Rome, en 1011, dans l'église de Saint-Urbain *alla Caffarella*, des peintures qui existent encore[6]. A Florence, en 1013, on plaçait dans une mosaïque de celle de Saint-Miniate

---

[1] *Ibi cœlum ligneum egregiâ picturâ decoratum.* Gervas. *loc. cit.* col. 1294 et 1302.

[2] *Quæ mirantes oculos trahunt.* Will. Malmesb. *loc. cit.* p. 234.

[3] Th. Stubbs, *Act. pontif. Eborac.* apud *Hist. Angl. script.* X, t. I, col. 1702-1705.

[4] Les auteurs des chroniques n'ont pas dédaigné de nous dire que Théodoric, abbé de Saint-Tron, que Jean, abbé de Mouzon, et plusieurs autres, firent *blanchir* leurs églises. *Culce dealbavit.... Inalbavit parietes ecclesiæ.* Hugon, évêque d'Auxerre, fit blanchir celle de Sainte-Eugénie. *Parietes dealbari faciens.* Ce soin, qui peut sembler aujourd'hui très-minutieux, contribue à prouver qu'une décoration si simple paraissait entièrement nouvelle, du moins dans les grandes abbayes, à des religieux qui jusqu'alors avaient vu les murs couverts de peintures; il paraît attester, en second lieu, que quelques abbés portaient la négligence jusqu'à ne pas faire même blanchir leurs églises.

[5] Vers l'an 1090, Hoël, évêque du Mans, orna le cloître de sa cathédrale de vitraux et d'un pavé de marbre; *et ne voulant rien négliger*, dit l'historien, *de ce qui était conforme à l'usage*, il fit peindre le plafond de l'église, et *blanchir* les murs dans tout le pourtour : *Laquearia depingere, parietes per circuitum dealbare cœpit, et nihil omninò prætermittere quod usui fore crederet aut decori.* (*Act. pontif. Cenomm.* c. XXXIV; apud Mab. *Analecta vet. mon.* t. III, p. 219 et 299). Vers 1063, Guido, évêque de Beauvais, fit aussi *blanchir* son église *undique*; il l'orna de tapisseries *in gyrum*, et fit exécuter des peintures dans les plafonds. *Vita. S. Rom.* c. IV; apud d'Ach. *Spicil.* t. II, p. 136.

[6] *Lavoro che nulla avendo del greco..... è da recarsi piuttosto a pennello italiano* (Lanzi, *Stor. pitt.* t. I, p. 1).

une tête du Christ d'un style évidemment grec, différente de
tous les types connus jusqu'alors, et la plus noble que le moyen
âge nous ait transmise[1]. Poppo, patriarche d'Aquilée, faisait représenter, vers l'an 1030, dans le chœur de sa cathédrale, l'empereur Conrad le Salique, Henri, jeune fils de ce prince, nommé
dans la suite Henri III, les saints protecteurs de la cité, le bap-
tême de sainte Euphémie, et d'autres sujets semblables[2]. Vers
le même temps vivait en Toscane le peintre Luc, confondu dans
des temps postérieurs avec saint Luc l'évangéliste[3]. En 1066,
l'abbé Didier, qui jetait les fondements des nouveaux édifices
du Mont-Cassin, appela de la Grèce des mosaïcistes et des mar-
briers ou *quadrataires*, non sans doute, comme l'a dit l'historien de son monastère, parce que l'art de la mosaïque et celui
d'incruster le marbre étaient oubliés en Italie depuis cinq cents
ans, mais dans l'intention d'obtenir des ouvrages d'un goût
moins corrompu. Les murs intérieurs de l'église, les voûtes, les
pavés, tous les portiques, tous les cloîtres, furent recouverts
d'incrustations, de mosaïques et de peintures[4]. L'abbé du monastère de la Cava, celui de Subiaco, et plusieurs autres, imitèrent l'exemple de Didier[5].

---

[1] Lami, *Dissert. relat. ai pitt. che fiorirono dal 1000 al 1300*, p. lxvj. —
M. d'Agincourt l'a publiée. *Hist. de l'Art*, troisième livraison des gravures,
pl. xviij, n° 3.

[2] Ces peintures ont été recouvertes par d'autres en 1733. Bertoli, qui les avait
dessinées, en a publié des gravures dans son ouvrage intitulé : *Le antichità d'A-
quileja*, p. 369, 407, 409, n. 539, 540, 587, etc.

[3] Lami, *loc. cit.* — D. M. Manni, *Dissert. del vero pitt.* LUCA santo.

[4] Leo Ost. *Chron. S. Mon. Casin.* lib. III ; apud Murat. *Script. rer. Ital*, t. IV,
p. 413 *ad* 486. — L'église de Saint-Martin, que Didier avait fait construire, ne fut
consacrée qu'en 1090, sous l'abbé Odéric, par la raison que la peinture n'avait pas
été terminée du vivant de Didier : *Quoniam et picturæ partem aliquam... ad com-
plendum .. abbas reliquerat. Ibid.* 495.

[5] *Et eam* (*ecclesiam*) *multis picturis et musivis ornavit. Chron. Cav.;* apud
Pratill. an. 1082. *Hist. princ. Langobard.* t. IV, p. 449. — *Fecit ecclesiam et
pingere et consecrare. Chron. Subl.;* apud Murat. *Script. rer. Ital.* t. XXIV,
col. 937.

L'ardeur renaissante du patriotisme commençait à s'unir aux sentiments religieux qui en conservant l'art jusqu'alors, l'avaient cependant laissé languir sous la main des moines. Gouvernées par des administrations municipales que les barbares n'avaient jamais eu d'intérêt à abolir, enrichies par un commerce très-étendu, fières de leur nouvelle jeunesse, les républiques de Venise, d'Amalfi, de Pise, de Lucques, de Gênes, de Milan, éprouvaient déjà cet orgueil national qui s'accroît à la vue d'un riche monument consacré à l'utilité publique. Une vive émulation, utile à leur agrandissement, trop souvent funeste à leur bonheur, animait ces cités rivales. Lorsque en 1063 les Pisans voulurent bâtir leur Dôme, ils transportèrent de la Grèce dans leur patrie une immense quantité de colonnes, de bas-reliefs, de marbres de toute espèce; et un des artistes grecs les plus habiles de son temps, Buschetto, architecte et statuaire, accompagna ce précieux dépôt[1]. Vers le même temps, Lucques, l'istoie et d'autres villes fondèrent leurs cathédrales. Venise, à l'exemple de Pise, transporta dans son sein de tristes mais riches dépouilles de l'Archipel et du Péloponnèse, et orna plusieurs églises de mosaïques[2]. Buschetto, noblement encouragé, forma une école de sculpture qui, s'étant maintenue sans interruption, produisit cent cinquante ans plus tard l'illustre Nicolas Pisan, et eut l'honneur de rétablir, par l'influence de ce maître, les règles de l'art les plus essentielles[3].

Ce siècle nous offre un grand nombre de manuscrits ornés de miniatures, en France, en Angleterre et en Italie[4]. Le culte des

---

[1] Vasari, *Proem. delle vite,* t. I, p. lxxij et seq. — Vasari s'est trompé gravement, lorsqu'il a cru que la bâtisse de la cathédrale de Pise avait été commencée en 1016, et il a induit en erreur un grand nombre d'écrivains qui ont cru pouvoir s'en rapporter à son témoignage. La première pierre fut posée à la fin de l'année 1063 ou au commencement de l'année 1064. On peut consulter Morrona, *Pisa illustrata,* c. I, § I et III.

[2] Sansovino, *Venet. descritt.* c. VII. — Leo Ost. *loc. cit.* l. III, c. 68.

[3] Vasari, *loc. cit.* p. lxxviij.

[4] On trouve des miniatures du onzième siècle gravées dans divers ouvrages. Voy.

reliques et la fabrication des châsses qu'il rendait nécessaires ; la multiplicité des devants d'autels ornés de bas-reliefs ; l'usage fastueux des portes de bronze ou d'argent, perpétué dans les temples à toutes les époques du moyen âge [1], et celui des grands pupitres de cuivre doré qui ornaient les chœurs [2], continuaient à favoriser l'art de fondre les métaux, l'art de modeler, d'émailler, de nieller, de damasquiner, et produisaient souvent des chefs-d'œuvre d'exécution.

Les crucifix en ronde bosse, offerts vraisemblablement pour la première fois au culte des fidèles vers le commencement du neuvième siècle, sous le pontificat de Léon III, s'étaient très-multipliés depuis cette époque dans les églises latines : on n'avait pas cependant abandonné l'usage plus ancien de peindre ou de graver l'image du Christ sur le bois ou sur le métal de la croix [3].

Montfaucon, *Diar. Ital.* p. 322 ; — J. Strutt, *The regal and eccles. antiq. of England ;* et *l'Angleterre ancienne,* du même auteur, traduite par M. Boulard, pl. IV, n. 4 ; pl. VII, n. 5 ; pl. IX, X, XI, XII, etc., etc.

[1] Voyez Ciampini, *Vet. monum.* t. I, c. IV, V et VI.

[2] *Vita B. Richardi, ab S. Viton. Virdun.* c. VI ; apud Mabill. *Act. SS. ord. S. Bened.* t. VIII, p. 541, etc.

[3] Il me paraît très-probable, j'oserais dire certain, que la figure de Jésus-Christ n'a été représentée en ronde bosse sur la croix que dans le neuvième siècle, sous le pontificat de Léon III. Jusqu'à cette époque, Anastase ne parle que de *croix.* — C'est dans la vie de Léon que pour la première fois il emploie le terme de *crucifix ; crucifixum ex argento.* Il se sert même, dans un autre passage, d'une expression qui semble annoncer un usage nouveau : *Imaginem Salvatoris, crucifixi in modum.* Le mot *image,* dans l'acception que lui donne habituellement cet écrivain, signifie *une figure en ronde bosse.* — J'aurais désiré connaître l'opinion que l'abbé Lami doit avoir émise à ce sujet dans la dissertation où il a examiné la question de savoir *quando s'incomminciasse nella chiesa a formar le immagini sacre di tutto rilievo.* Il m'a été impossible de me procurer cette dissertation, imprimée dans les *Nouvelles littéraires de Florence,* en 1767. — Quant aux figures de Jésus-Christ, soit *peintes* sur les croix de bois, soit gravées ou émaillées sur les croix d'or et d'argent, dans le onzième et le douzième siècle, on peut voir Puricellus, *Ambr. basilic.* p. 321 ; Maffei, *Veron. illustr.* part. III, c. VI, col. 144 ; Gori, *De mitr. cap. J. Ch.* c. VIII, § II et VI (in *Symb. litt.*) ; Steph. Borgia, *De cruce Veliternâ,* c. I, p. 23 ; c. XXXV, p. 132.

Les guerres saintes, qui portèrent contre la Syrie toutes les forces de l'Occident, ne tardèrent pas à rendre plus sensible la différence que nous venons de remarquer entre la France et l'Italie. La France, ainsi que deux savants et éloquents écrivains l'ont récemment prouvé [1], délivrée d'une foule de seigneurs turbulents, vit dans son sein l'autorité royale s'affermir, les guerres se calmer, les communes consolider leur administration paternelle, l'humanité reconquérir une partie de ses droits ; mais tandis que notre patrie se couvrait de gloire, elle s'épuisait d'hommes et d'argent, et l'Italie, qui avec moins d'enthousiasme considérait les croisades comme un sujet de spéculation, augmentait sa population et ses richesses, malgré les troubles auxquels elle était en proie.

Les arts éprouvèrent l'action de cette balance inégale. Quelques-uns de nos riches prélats ornèrent encore leurs églises et leurs palais de vastes peintures. Les murs du réfectoire et la chapelle du cimetière de l'abbaye de Cluni en furent couverts : l'abside de l'église fut revêtue d'une peinture mêlée de mosaïques et d'ornements en bronze doré, monument singulier et intéressant, existant encore aujourd'hui au milieu des ruines vénérables de l'abbaye, et menacé d'une destruction prochaine [2].

[1] M. H. L. Heeren, *Essai sur l'influence des croisades*, p. 193 et suiv. — M. de Choiseul d'Aillecourt, *De l'influence des croisades*, sect. I, p. 38 et suiv.

[2] La belle église de Cluni a été démolie presque entièrement pendant les orages de la révolution. La voûte du chœur et la peinture colossale dont elle était ornée ont échappé au vandalisme. M. Millin en a parlé succinctement dans une Lettre qui a été publiée dans le *Magasin encyclopédique* (octobre 1811, p. 360, 362). La peinture représente le Sauveur assis, au milieu des signes allégoriques des quatre évangélistes, entouré de saints, de saintes et de séraphins : « Cette peinture, que » nous avons vue et dessinée, dit M. Lenoir, est de la plus grande conservation : » les couleurs en sont tellement fraîches qu'elles semblent sortir du pinceau de » l'artiste. » (*Musée des mon. franç.* 1810, p. 74.) J'en parle moi-même d'après une note et un dessin que M. Furtin, maire de Cluni, a bien voulu m'adresser. Les peintures qu'on voyait dans le réfectoire représentaient les fondateurs du monastère, les histoires de l'Ancien et du Nouveau Testament, et le jugement dernier. *Ista domus refectorii habetur gloriosa in picturis, tam Novi quam Veteris Testamenti,* etc. (*Chron. Clun.* in *Bibl. Clun.* col. 1640 et 1662. — Mabill. *Annal. ord.*

Suger enrichit la basilique de Saint-Denis de tout ce que les arts pouvaient produire de plus magnifique : sculptures, mosaïques, argenterie émaillée et niellée, portes de bronze rehaussées de bas-reliefs, peintures sur les murs et sur les vitraux, tous les genres d'ornements connus à cette époque y furent prodigués, et exécutés du moins en partie, suivant le témoignage de Suger lui-même, par des artistes *français et lorrains* [1]. Des peintures empreintes sur un des vitraux du chœur retracèrent des événements récents et glorieux pour la nation, le départ et les victoires des premiers croisés, la prise de Nicée, celle d'Antioche, celle de Jérusalem [2]. Sous le pontificat de Pascal II, le chœur de l'église d'Énay, reconstruite à Lyon par ce pape, fut pavé d'une mosaïque [3]. A la mort d'Héribrand, abbé de Tuy, on représenta sur les murs de son église un miracle opéré par son intercession [4]. Pierre, abbé de Grammont, fit peindre l'infirmerie et les cloîtres de son monastère [5]. Guillaume, évêque du Mans, orna une de ses chapelles de peintures *qui non-seule-*

S. Bened. t. V, lib. LXVII, p. 252). — Il s'agit, dit-on, de détruire la partie de l'église qui subsiste encore. Puisse l'amour des arts empêcher l'exécution de ce projet! Pourquoi ne pas laisser subsister un monument d'une si grande importance pour l'histoire de la peinture et de l'architecture, de même que nous conservons les ruines grecques et romaines?

[1] Suger appela des peintres, des orfévres et des vitriers de diverses contrées. *Ascitis melioribus quos invenire potui de diversis partibus pictoribus...... Per plures aurifabros lotharingos..... Vitrearum rarietatem magistrorum multorum de diversis nationibus manu exquisitâ depingi fecimus.* Suger, *De administr. suâ* (apud D. Bouquet, t. XII, p. 96, 97, 99, 101). Mais il doit paraître certain que tous ces artistes étaient français, allemands et italiens : si Suger eût appelé des artistes grecs, il n'aurait pas manqué de le dire. Le dessin roide et sec prouve d'ailleurs avec évidence que les Grecs n'y eurent point de part.

[2] Ces tableaux historiques, au nombre de dix, étaient peints sur le même vitrail. Ils n'existent plus. On en voit des gravures dans les *Monuments de la monarchie française* de Montfaucon, t. I, pl. L à LIV, p. 384 et suiv.

[3] Spon, *Rech. curieuses de l'antiq.* Dissert. II, p. 38.

[4] *Hist. mon. S. Laur. Leodiensis;* apud Martenne, *Script. et mon. ampl. collect.* t. IV, col. 1083.

[5] *Chron. Gaufredi,* c. LXIX ; apud Labbe, *Nov. Bibl. manuscript.* t. II, p. 321.

ment, dit-on, *charmaient la vue, mais paraissaient animées*[1].

Les exemples de ce genre de magnificence furent toutefois moins nombreux que dans les siècles précédents. La réforme monastique, si nécessaire dans ces temps de désordres, mais quelquefois outrée dans ses principes, devenait de jour en jour plus intolérante. Les moines de Cîteaux censuraient avec âpreté ceux de Cluni sur la somptuosité de leurs marbres, sur la magnificence de leurs peintures et de leurs *vitraux saphirés*[2]. Les orateurs les plus éloquents, les personnages les plus renommés par leur sainteté, l'ardent abbé de Clairvaux, le spirituel Abailard, saint Dominique, saint François d'Assise, ne cessèrent de déclamer contre ces décorations, qu'ils appelaient un luxe coupable[3]. Toutes les nouvelles institutions religieuses tentèrent

---

[1] *Viventium speciebus expressis conformatæ : intuentium non solum oculos sed etiam intellectum depredantes. Act. pontif. Cenomen. c.* XXXVIII; apud Mabill. *Analect. vet. mon.* t. III. p. 367.

On peut voir à ce sujet, dans le *Trésor* de Martenne et Durand, un *Dialogue entre un moine de Cîteaux et un moine de Cluni* (*Thes. nov. anecd.* t. V, col. 1570 et seq.). L'auteur, qui était un moine de Cîteaux, écrivait entre les années 1153 et 1174. Le moine de Cîteaux reproche à celui de Cluni les décorations de son église et de son monastère. Celui-ci lui demande : *Quæ sunt illæ?* Le premier répond : *Pulchræ picturæ, variæ cælaturæ, utraque auro decorata, pulchra et pretiosa pallia, pulchra tapetia variis coloribus depicta, pulchræ et pretiosæ fenestræ, vitreæ saphiratæ. Hæ omnia non necessarius usus, sed oculorum concupiscenti: requirit* (col. 1584). L'usage de ces divers ornements était cependant si général, que les religieux de Cîteaux, qui les rejetaient, étaient regardés en cela comme des schismatiques : *Ab omnibus vicinis monachis, tanquam novarum rerum inventores, et scandali, schismatisque inventores reputabantur.* (Mabill. *Annal. ord. S. Bened.* t. V, c. LXXI. p. 531).

[2] Saint Bern. *Apologia ad Guillielm.* c. XII; *in ejusd. op.* t. 1, col. 538. 539. — P. Abæl. Epist. VIII; in *Abæl. et Hel. op.* p. 159 et 184. — D. M. Marchese, *Sagro Diario Domenic.* t. IV, p. 373.   Fleuri. *Hist. eccl.* l. LXXIX, n° 25, t. XVI, p. 614. 615. Le passage de S. Bernard donne une nouvelle preuve de l'emploi de la peinture et de la mosaïque non-seulement dans les églises, mais encore dans les cloîtres, et de la continuation de l'usage des arabesques. *Omitto sumptuosas depolitiones, curiosas depictiones... Assentior : patiamur et hæc fieri in ecclesia... Cæterum in claustris, quid facit illa ridicula monstruositas, ac formosa deformitas? Quid ibi immundæ simiæ! quid feri leones! quid monstruosi centauri!...*

de les proscrire ; et la tendre Héloïse elle-même, qui attachait tant de prix à la possession du portrait de son époux, soumise à ce directeur trop sévère, n'osa placer aucune peinture dans l'oratoire du Paraclet, si ce n'est l'image de Jésus-Christ tracée grossièrement sur une croix de bois[1].

Les tentures étaient recherchées de plus en plus dans les riches abbayes. La manufacture de Saint-Florent de Saumur, qui faisait de nouveaux progrès[2], avait à lutter contre celles de quelques villes de la Flandre et de la Picardie, établies, à ce qu'il paraît, depuis assez longtemps[3]. La sculpture en bois et en pierre ne cessait pas d'être employée à des statues de la Vierge et des

quid milites pugnantes! quid venatores tubicinantes!.... Cernitur hinc in quadrupede cauda serpentis, illinc in pisce caput quadrupedis!... etc. § 29.

[1] *Abæl. et Hel. op.* epist. I, p. 43 ; epist. VIII, p. 159, 184.

[2] Matthieu de Loudun, nommé abbé de Saint-Florent de Saumur en 1133, fit exécuter dans cette manufacture une tenture complète pour son église. On représenta sur une des deux pièces qui devaient orner le chœur les vingt-quatre vieillards de l'Apocalypse; sur l'autre, un sujet tiré du même livre ; et sur celles de la nef, des chasses de bêtes fauves (*Hist. mon. S. Flor. Salm.* apud Mart. et Dur. *Ampl. col.* t. V, col. 1130).

[3] Le fait le plus ancien que l'on cite communément pour prouver l'antiquité des manufactures de haute lisse de la Flandre et de la Picardie, est celui du prince Jean, fils de Louis de Male et de Marguerite, comtesse d'Artois, qui ayant été fait prisonnier par les Turcs en 1396, donna au sultan Bajazet, outre le prix de sa rançon, une pièce de tapisserie exécutée à Arras, et représentant une des batailles d'Alexandre (Fer. Locrius, *Chron. Belg.* ad an. 1396, p. 489. — *Prix de l'Acad. de Bruxelles ;* Mém. couronné en 1777, t. III, p. 137). Il faut remonter plus loin. La grande quantité de tapisseries, de tapis et de portières qu'on remarque à l'abbaye de Saint-Denis, à celle de Saint-Vast, dans diverses églises de la Picardie, de la Normandie, du Mans, etc., aux douzième, onzième et neuvième siècles, doit faire présumer qu'il existait des manufactures peu éloignées. On voit quelquefois que ces tapisseries ne venaient pas de l'Orient. *Dedit autem XI serica dorsalia , diversis floribus et figuris intertexta, quorum operi Constantinopolis sidoniis coloribus invideret* (*Act. pontif. Cenom.* c. XXXVII ; apud Mabill. *Analect. vet. mon.* t. III, p. 354). J'ai donné des preuves directes relativement au Poitou et à la Touraine : il en existe quelques autres pour l'Artois et la Picardie; mais l'histoire des manufactures de tapisseries ne formant qu'un accessoire de celle de la peinture, je ne saurais m'étendre ici davantage. Cette question pourra devenir le sujet d'un travail particulier.

saints, et même à des monuments plus considérables[1]. Les émaux de Limoges avaient acquis de la célébrité jusque dans les pays où les ouvrages des Grecs étaient le plus répandus[2]. Mais on remarque aussi plus fréquemment des églises *blanchies*[3]. Le nombre des peintres de la France et de l'Allemagne était diminué : VAZELIN II, abbé du monastère de Saint-Laurent de la ville de Liége, qui obtint encore quelque estime[4], eut vraisemblablement peu de rivaux illustres.

L'Italie, au contraire, au milieu d'une guerre intestine qui la ravageait d'une extrémité à l'autre, redoublait d'ardeur pour les arts, autant que la France, dans un état bien moins agité, paraissait se ralentir. La doctrine de saint Dominique et de saint François d'Assise n'y fut pas mise en pratique rigoureusement, même dans les monastères fondés par ces rigides instituteurs[5]. A Rome, les papes continuèrent à s'illustrer par de grands travaux. Calliste II couvrit de peintures, *de tous côtés*,

---

[1] On peut citer parmi les grands monuments de sculpture française du onzième et du douzième siècle les portails de plusieurs églises ; le tombeau de saint Front, exécuté en 1077 par le statuaire GUINAMAND ; celui de Guillaume le Conquérant, sculpté en 1087 par OTHON ; le bas-relief qu'on voit encore sur la porte de la cathédrale de Saumur, représentant la mort du comte Dalmace (publié par M. Millin, *Voyage dans le Midi de la France*, pl. XII, fig. 1) ; le groupe représentant la Trinité, qu'Abailard plaça dans l'église du Paraclet, malgré son éloignement pour la peinture et la sculpture, afin de consacrer son opinion relative à ce mystère, etc. Parmi les sculpteurs, nous pourrions nommer encore HUNAUD, moine de Saint-Benigne, FULQUES, moine de Reims, LAMBERT et plusieurs autres.

[2] Ughello, *Italia sacra*, t. VII, p. 1274. — *Abbat. et al. epist.* apud Duchesne, *Hist. Fr. script.* Epist. 519, t. IV, p. 746.

[3] Ce fut vers l'an 1177 que l'on commença à bâtir, à Toulouse, l'église de la Vierge appelée *la Dalbade* ou *la Blanchie*, qui existe encore. On lui donna cette dénomination pour la distinguer d'avec celle de Sainte-Marie *la Daurade*, dont nous avons parlé à la page 46, note 1. J. Chabanel, *De l'antiquité de N. D. la Daurade*, c. XXV, p. 117.

[4] *Hist. mon. S. Laur. Leod.* apud Mart. et Dur. *Ampl. collect.* t. IV, p. 1087.

[5] Denina, *Delle rivol. d'Italia*, l. XII, c. X, ed. Torin. 1791. — Nous parlerons des peintures du monastère de Saint-François d'Assise, quand nous écrirons l'histoire du treizième siècle.

un oratoire dédié à saint Nicolas, et une salle d'audience qu'il construisit à Saint-Jean de Latran : une partie de ces ouvrages subsiste [1]. Les Pascal II, les Honorius II, les Innocent II, les Innocent III, les Anastase, les Eugène, les Adrien, les Clément, placèrent dans les églises des *Santi Quattro Coronati*, de Saint-Chrysogone, de Sainte-Marie *in Trastevere*, de Saint-Eusèbe, de Saint-Grégoire, de Sainte-Marie-Majeure, des peintures et des mosaïques dont plusieurs existent encore [2]. Grimoald,

---

[1] *Oratorium sive ædiculam, quam totam pinxit. — Cubiculorum verò unum iconicis picturis exornavit.* Onuphr. Panv. *De præcip. urb. Rom. basilicis; Patriarch. Lateran.* p. 214, 215, ed. Colon. 1584. — Les peintures de l'oratoire de Saint-Nicolas existaient en entier vers le milieu du seizième siècle, lorsque Onufrius Panvinus écrivit ce traité. On reproche aux Pénitenciers qui ont eu l'usage de cette église d'en avoir fait blanchir les murs (Grimaldi, apud Flor. Martinell. *Roma ex ethnica sacra*, p. 380, 381). La peinture de l'abside, qui subsiste seule, renferme dix-huit figures. Elle a été restaurée par les soins de Benoît XIV. On la voit gravée dans l'ouvrage de ce pape, intitulé : *De servorum Dei beatificatione* (l. I, c. XLI, § X, n° 31 ; in ejusd. *op.* t. I, ed. Rom. 1747, p. 404 et 405) ; dans Muratori (*Script. rer. Ital.* t. III, p. 417), etc. — M. Pouyard se plaint de ce que les restaurations n'ont pas été exécutées avec assez d'exactitude (*Del bacio de' piedi*, p. 30 et 31). Calliste II, à qui nous devons cette peinture, se livra à des sentiments moins religieux, lorsqu'il se fit représenter lui-même sur les murs du palais de Saint-Jean de Latran, foulant aux pieds l'antipape Bourdin, qu'il avait condamné à une prison perpétuelle (S. Baluz. *Vita Maur. Burdini*, c. XXXVIII et XXXIX ; in ejusd. *Miscell.* t. III, p. 511, 512). Mais tous ces faits prouvent également combien la peinture fut employée sous son pontificat.

[2] Malvasia, *Fels. pitt.* t. I, p. 10. — Tiraboschi, *Stor. della lett. ital.* t. III, l. IV, c. VIII, p. 400 et 401. — M. Pouyard, *loc. cit.* p. 33, 36, 37. — Honorius II se fit peindre dans le palais de Latran, couronnant l'empereur Lothaire II. Les partisans de Frédéric Barberousse effacèrent cette peinture sous le pontificat d'Adrien IV (Radev. Frising. *Append. de reb. Frid. I*, l. 1, c. X ; apud Muratori, *Script. rer. Ital.* t. VI, p. 748). La grande et riche peinture exécutée dans l'abside de l'église de Sainte-Marie *in Trastevere*, sous Innocent II, a été gravée en partie et peu fidèlement dans l'ouvrage de Papebroch, intitulé *Conatus chronico-historicus ad Catalog. Rom. Pontif.* part. II, p. 18 (in *Propyl. ad Acta Sanct. maii*). Le style en est grec. M. d'Agincourt l'a donnée en entier dans son *Histoire de l'art*, dont malheureusement le texte ne paraît pas encore (troisième livraison des figures, pl. XVIII, n. 6). On trouve dans Ciampini une mosaïque du même temps, représentant un militaire croisé, à cheval. Le style est latin et très-corrompu (*Vet. mon.* t. I, p. 82, n. 1).

abbé de Pescaire, fit peindre sur les murs de son palais les histoires de l'Ancien Testament[1]. A Ferrare, on représenta des anges et des prophètes dans l'abside et sur le grand arc de la cathédrale[2]. A Vérone, à Pise, à Bologne, on traça dans diverses églises des peintures que le temps a respectées, et sur lesquelles se voient les noms de leurs auteurs, GUIDO, VENTURA, PIETROLINO[3]. Sienne s'enrichit de nouveaux tableaux[4]. Guillaume, roi de Sicile, orna d'une mosaïque la chapelle dédiée à saint Pierre dans son habitation de Palerme[5].

Les Italiens recherchaient plus que jamais les ouvrages portatifs des peintres grecs. Il paraît que les tableaux formaient un objet de commerce, et qu'ANDRÉ RICO, qui vivait dans l'île de Candie au onzième siècle, était un des maîtres les plus estimés[6].

[1] *Chron. Casaur.* l. III : apud d'Ach. *Spicil.* t. II, p. 952.

[2] Cette église, dont on jeta les fondements en 1135, a été démolie en 1711. Frisi en a donné une gravure où l'on retrouve la mosaïque du grand arc et celle de l'abside (*Mem. di Ferrara*, t. II, c. X. p. 124, 126 et 127).

[3] Maffei, *Veron. illustr.* part. III. c. VI. col. 143, 144. — Flam. del Borgo, *Dissert. sull' origine dell' univ. Pis.* — Malv. *loc. cit.* p. 7 et 8. — VENTURA était de Bologne ; il signait VENTURA DE BONONIA. On trouve des tableaux de lui datés de 1197 et de 1217. La peinture exécutée à Rome, sous Paschal II ou Gélase II, de l'an 1110 à 1120, dans la tribune des SS. Quattro Coronati, porte les noms de GUIDO et de PIETROLINO (Tirab. *loc. cit.* p. 400). Celle de Pise, que Flaminio del Borgo a décrite, existe encore (Tirab. *ibid.* p. 402).

[4] Della Valle, *Lettere Sanese*, t. I, p. 163 et seq. 223, 229. — Lanzi, *Stor. pitt.* (ed. 1809), t. I, p. 305, 306.

[5] Tirab. *loc. cit.* p. 401.

[6] On voit dans la galerie de Florence un tableau d'ANDRÉ RICO qui porte cette inscription : *Andreas Rico de Candia pinxit in XI sæculo.* — M. Artaud, auteur de l'ouvrage intitulé *Considérations sur l'état de la peinture en Italie, dans les quatre siècles qui ont précédé celui de Raphaël* (Paris, 1810), possède dans sa curieuse et intéressante collection de peintures antérieures au siècle de Raphaël, dont cet ouvrage renferme le catalogue raisonné, un petit tableau sur bois, à peu près semblable pour la composition à celui de la galerie de Florence. Il présume que ce tableau est un des *échantillons* que RICO envoyait en Italie pour obtenir des demandes (p. 29, et n. 1, p. 59 et 60). Ce connaisseur compte parmi les artistes du douzième siècle qu'il regarde comme Italiens, et dont il possède des peintures, un BARNABA, qu'il dit mort en 1150, et deux BIZZAMANO, qu'il croit avoir vécu vers les années 1184 et 1190. N° 2 à 14, p. 61 à 65.

L'usage d'orner de peintures divers meubles, tels que les siéges, les coffres, les armoires, cet usage antique que nous avons remarqué au quatrième et au dixième siècle, et que les Grecs modernes n'ont pas totalement abandonné, se propageait aussi dans les villes italiennes avec les richesses et le luxe [1].

Un des événements les plus horribles et les plus glorieux de l'histoire des Lombards, en offrant aux arts un but d'utilité depuis longtemps inconnu, les rappela dans la carrière la plus propre à inspirer une vive émulation. Frédéric Barberousse avait conçu le projet d'abolir les administrations municipales des villes commerçantes d'Italie qui le reconnaissaient pour leur suzerain. Les esprits s'enflammèrent; la Lombardie presque entière se souleva. Milan est pris, saccagé, démoli de fond en comble. Tous les habitants, femmes, enfants, vieillards, bannis de son enceinte, sont réduits pendant cinq années à chercher un refuge dans des huttes et dans des marais [2]. Lorsque enfin, soutenus par la ligue lombarde, ils rentrent victorieux au sein de leur antique cité, voulant perpétuer le souvenir de leur long exil et de leur retour triomphant, ils en tracent l'image sur des bas-reliefs de marbre, et attachent ces monuments au dessus de la porte qui la première a reçu leurs bataillons [3]. De tous les ouvrages de la sculpture latine dégénérée, ceux-ci peut-être sont les plus grossiers, les plus informes; mais il faut consi-

---

[1] Lanzi, *Stor. pitt.* (ed. 1809), t. I, p. 34, 36.

[2] Otto de Sanct. Blas. *Chron.* c. XVI ; apud Murat. *Script. rer. Ital.* t. VI, col. 874. — Otto Morena, *Hist. rer. Laudens.* apud eumd. *ibid.* col. 1103, 1104, 1105. — Sire Raoul, *De reb. gest. Frid. ibid.* col. 1187. — M. Sim. Sismondi, *Hist. des rép. ital. du moyen âge*, c. IX, t. II, p. 133. — C'est à cette époque que les théâtres antiques, les thermes et les arcs de triomphe qui avaient échappé aux anciens ravages, furent détruits (Sigon. *De regno ital.* l. XIII, ad an. 1162). Frédéric n'épargna que quelques églises (*Sigeberti Chron. Auct. Afflig.* apud Myreum, *Chron.* an 1162, p. 217).

[3] Ces bas-reliefs ont été publiés par Giulini, *Mem. di Milano*, t. VI, p. 396 à 402, pl. I, II, III et IV. Le sculpteur se nommait ANSELME. Le premier enthousiasme du peuple en fit un Dédale. Une des inscriptions porte : *Hoc opus Anselmus formavit Dædalus alter.*

dérer le sentiment qui les consacra. Voilà la sculpture de nouveau associée aux grands événements politiques, et tout à la fois, ce qui est bien plus important et plus remarquable, aux intérêts et aux passions des peuples : la voilà, comme dans l'antiquité, exposant sur les places publiques des ouvrages dont le sujet inspire un enthousiasme général. Délivré de ses entraves, animé par le noble amour de la patrie, l'artiste va donner un libre essor à son imagination : soumis à la critique d'une nation entière, il sera d'ailleurs contraint de se conformer à ces lois éternelles du goût dont les principes sont inhérents à la constitution même de l'homme. Les bas-reliefs de Milan offrirent, il est vrai, la sculpture au dernier degré de barbarie ; mais cette difformité ne dut pas tarder à frapper tous les yeux ; et l'art reçut une utile leçon en apprenant qu'il devait changer de route.

La paix de Constance, qui après trente années de malheurs laissa l'Italie jouir de la liberté, ne lui rendit pas le calme. Destinées à d'interminables calamités, les villes que Frédéric livrait à elles-mêmes se montrèrent de plus en plus acharnées à se détruire mutuellement ; mais, malgré les discordes qui les affligeaient, elles s'illustrèrent, elles s'enrichirent, et les arts qu'invoquèrent en même temps la religion, l'industrie manufacturière, le patriotisme, nous pourrions dire aussi les factions, reconnurent partout, comme à Milan, la nécessité d'un changement total dans leur doctrine, pour charmer un peuple qui lui-même était presque entièrement régénéré.

Dans une position politique très-différente, une province plus heureuse préparait cette révolution d'une manière non moins efficace. Depuis près d'un siècle, sous le gouvernement bienfaisant des Bérenger, la Provence, en consolidant son administration intérieure, étendait son commerce et polissait ses mœurs. Moins mélangés avec les Francs que les autres peuples des Gaules, polis par leurs liaisons avec les Grecs et avec les Arabes, ses habitants avaient dû conserver plus longtemps un reste de lumière, et se livrer plus tôt aux élans de leur imagination. Déjà ils façonnaient une langue poétique qui par sa douceur, sa concision, sa noblesse et son harmonie, rappelait celles d'Athènes et de Rome, sources illustres d'où elle tirait son origine, et faisait, malgré son état d'imperfection, les délices de toutes les cours. Leurs poésies, qui retentirent dans la France, dans l'Italie et les Espagnes, offrent un caractère distinctif qu'il importe ici de reconnaître. Doué d'un génie bouillant et flexible, le troubadour provençal répandit avec la même fécondité le sentiment le plus délicat dans l'élégie, le sel le plus piquant dans l'épigramme. *Ce poëte malin forma le vaudeville.* La satire renaquit aussitôt que l'ode anacréontique. De joyeuses chansons contribuèrent à rétablir la liberté de penser. Le goût, rappelé à lui-même par la critique, et ennobli par la galanterie, reconquit son empire, et il étendit bientôt son influence non-seulement sur les langues, la poésie et les beaux-arts, mais encore sur toutes les habitudes nationales.

D'une autre part, le plus grand nombre des croisés ne vit point sans admiration les ouvrages des Grecs modernes et les chefs-d'œuvre de l'antiquité qui décoraient Constantinople. Le goût des Grecs n'avait pas dégénéré depuis Constantin Porphyrogénète. Les empereurs Constantin Monomaque et Romain Diogène nous ont laissé quelques monuments dont le mérite a droit de nous étonner, eu égard au temps auquel ils appartiennent, soit que nous considérions la dignité des poses ou la noblesse du style[1]. Les Comnène ne s'illustrèrent pas moins par la

---

[1] Les mosaïques de l'église que Constantin Monomaque bâtit dans l'île de Chio, pour des caloyers de l'ordre de Saint-Basile, subsistent encore. *Elles représentent,* dit M. J. Dallaway, *des traits historiques de la Bible, et sont d'un assez bon style pour le temps* (*Constantinople ancienne et moderne,* t. II, c. IV, p. 78). Du Cange a publié un diptyque représentant Jésus-Christ qui couronne l'empereur romain Diogène et l'impératrice Eudoxie (*Hist. Byz. familiæ Aug. Byz.* p. 162). La pose, les draperies et la tête même du Christ, offrent une noblesse qui prouvent que les artistes grecs conservaient quelque souvenir des anciens modèles. Ce caractère se retrouve dans un diptyque du même temps, représentant Constantin et Hélène, donné par Gori (*Vet. dipt.* t. III, tav. XX, p. 138, 140). On remarquera facilement la différence qui existait à cette époque entre le style grec et la manière latine, si

magnificence de leurs édifices que par les bienfaits dont ils honorèrent les savants. Les lettres retrouvèrent sous leur dynastie un nouvel âge d'or. Des faits assez curieux nous attestent l'estime dont jouissait la peinture chez les Grecs de Constantinople, et la destination qu'ils n'avaient pas cessé de lui donner. Lorsque, sous le règne de Manuel, le protostrate Alexis fut soupçonné de vouloir s'emparer du trône, les peintures dont il couvrit les murs d'un de ses palais contribuèrent à le perdre. « Ce » prince, dit l'historien, ne fit représenter ni les hauts faits des » anciens héros grecs, ni les batailles, ni les chasses non moins » périlleuses où l'empereur avait déployé sa force et son courage, *sujets ordinaires des tableaux exécutés dans les palais* » *des courtisans;* mais il plaça follement sous les yeux de la » cour les victoires remportées par le sultan d'Iconium, et cette » imprudence donna lieu de croire que ce barbare était son » allié secret[1]. » Quelque temps auparavant, Jean Comnène, au lit de la mort, voulant transmettre la couronne à Manuel lui-même, son second fils, disait aux guerriers et aux sénateurs assemblés autour de lui : « Dans la position difficile où se trouve » l'empire, il ne vous faut point un prince sédentaire, attaché à » ses habitations *comme les mosaïques et les peintures qui en* » *couvrent les murs;* mais actif, courageux, entreprenant, » tout à la fois habile administrateur et grand capitaine[2]. »

L'idée des qualités qui constituent la perfection du corps humain avait souffert quelque altération, au sein même de la ville la plus éclairée de la Grèce. La princesse Anne Comnène, qui a dépeint avec tant d'exactitude et d'enthousiasme, dans son *Alexiade*, les traits de l'empereur son père, d'Irène sa mère, de la belle Marie sa sœur, et du prince Bohémond d'Antioche, en offre elle-même la preuve, quoiqu'elle fût nourrie de l'étude

on compare ces deux diptyques à celui que Gori a publié dans la sixième planche du même volume, p. 115.

[1] J. Cinnam. *Hist. Joan. et Man. Comn.* l. VI, c. VI, p. 155, 156.

[2] Nicet. Choniat. *Annal.* c. XII, p. 29.

des meilleurs écrivains. Lorsqu'elle retrace les proportions des diverses parties du corps, telles que les épaules, les reins, les bras, la poitrine, on croit voir les statues les plus accomplies des anciennes divinités; mais quelquefois aussi ses éloges décèlent l'empire des préjugés et de l'esprit de cour. Anacréon admirait sur le front de Bathylle des sourcils droits, formant ensemble l'effet d'une couronne[1] : Anne se plaît au contraire à considérer les sourcils *élevés et arrondis* de son père et de la jeune Marie[2]. Telle était l'opinion du poëte Théodore Prodrome, son contemporain, qui louait les sourcils de Rodanthe, parce qu'ils décrivaient, disait-il, *deux demi-cercles géométriques*[3].

Cette erreur occasionna vraisemblablement celle des peintres grecs, qui dans le treizième siècle donnaient à leurs figures des yeux très-ouverts, hagards, que Vasari, qui en fait la critique, appelle *occhi spiritati*[4]. Mais quels que fussent les défauts des artistes grecs, ce peuple, sur qui les croisades versèrent tant de fléaux, était encore digne de servir de maître aux Latins qui ravagèrent si impitoyablement sa vénérable patrie.

A peine nos armées eurent conquis les lieux saints, que l'église de Bethléhem fut ornée d'une mosaïque, dont il subsiste des fragments[5]. L'artiste, qui se nommait ÉPHRAEM, prenait la double qualité de *mosaïciste* et d'*historiographe*[6]. Les églises

---

[1] Anacréon. Od. XXIX.

[2] An. Comn. *Alexias*, l. III, p. 74, 76, et l. XIII, p. 404.

[3] Theod. Prodrom. *Rodanth. et Dosicl.* l. I, vers. 46 et 47. — M. Coray a fait remarquer cette erreur de Théodore Prodrome, dans son édition de *Théagènes et Chariclée*, t. I; *Lettre à Alexandre, fils de Basile*, p. 19.

[4] Vasari, *Proem. delle vite*, p. LXXIX.

[5] M. de Chateaubriand, *Itinéraire de Paris à Jérusalem*, t. II, p. 153.

[6] Quaresmius, *Elucidatio terræ sanctæ*, t. II, l. VI, c. V, VI et XIII, *Peregr. ij*, p. 641, 645. — La peinture qui était placée entre les fenêtres de la grande église de Sainte-Marie de Bethléhem, a été publiée par Ciampini (*De sacr. œdif.* c. XXIV, p. 150, tab. XXXIII). Elle représente des anges, et au-dessous de ces figures sont des ornements en mosaïque d'une grande richesse. On peut y remarquer les défauts que Vasari reproche aux Grecs du treizième siècle, *occhi spiritati, e mani aperte.*

de Jérusalem ne tardèrent pas à être embellies avec le même soin[1].

Par un effet des lumières acquises dans l'Orient, les sceaux de Philippe-Auguste[2] furent très-supérieurs pour le dessin à ceux de Louis le Gros et de Louis le Jeune : on n'y voit, il est vrai, qu'une routine différente, mais elle est bien éloignée de celle de l'âge précédent.

Ainsi donc, lorsque le treizième siècle commença, les esprits étaient préparés au grand changement qui allait s'opérer dans les arts, et ce changement était devenu nécessaire.

Arrêtons-nous, et considérons notre travail dans tous ses développements. Nous avons suivi la chaîne qui unit sans interruption l'histoire des écoles modernes à celle des artistes du moyen âge et des grands maîtres de l'antiquité. Jamais, quoi qu'on en ait dit, la peinture ne cessa d'être cultivée chez aucun peuple de l'Occident : cette vieille erreur, démentie par une

— C'est dans une inscription placée au bas de cette peinture, et publiée par Quaresmius (*loc. cit.* p. 672), qu'EPHRAEM avait pris les qualités de *mosaïciste* et d'*historiographe*. Mais, par le titre d'*historiographe*, cet artiste ne voulait point annoncer d'une manière particulière qu'il fût *peintre d'histoire* : ce nom n'est ici que l'équivalent de celui de *peintre* proprement dit, par opposition à celui de *mosaïciste*. S. A. E. monseigneur le cardinal Fesch possède, dans son immense et admirable collection de chefs-d'œuvre de toutes les écoles, un tableau gréco-russe représentant saint Jean-Baptiste et saint Grégoire de Nazianze, et vraisemblablement du quatorzième siècle, qui porte cette inscription : ΕΥΣΤΑΘΕΙΟC..... ΙCΤΟΡΗCΕΝ, *Eustathe... l'a historié*, pour *Eustathe l'a peint*. Les exemples de cette manière de parler sont fréquents chez les Grecs modernes. On rencontre souvent chez les écrivains du moyen âge le mot *histoire* employé pour désigner des peintures et même des *bas-reliefs*. Ils appellent aussi les bas-reliefs *sculptura historiata*, et par corruption, *sculptura histriata*. Ils disent pareillement d'une étoffe à figures, *pannus histriatus*. C'est ainsi que nous disons encore *historier* pour *orner*.

[1] Ciampini a publié, dans le même ouvrage, une mosaïque d'une église de Jérusalem, qu'il croit avoir été exécutée dans le douzième siècle, représentant l'Assomption, c. LVIII, p. 182, tab. XXXIV.

[2] Un des sceaux de ce prince a été publié par Montfaucon, *Monum. de la mon. fr.* t. II, pl. XIII, n. 1.

multitude innombrable de faits, va sans doute disparaître. Ce ne sont pas seulement des miniatures, ce sont de vastes tableaux que nous avons vu exécuter parmi nous, aux temps de Charlemagne, du roi Robert et de Louis le Jeune. L'intérieur des églises était couvert *dans tout son contour* de peintures destinées *à instruire le peuple et à décorer le monument.* Les lois mêmes s'occupaient du maintien de cet usage religieux. Chaque siècle, chaque pays eut ses artistes. La France et l'Allemagne se montrèrent longtemps rivales des provinces où les pontifes romains déployaient la plus grande magnificence.

Nous avons indiqué les causes qui reportèrent l'art du dessin jusque vers la barbarie : on a pu les observer à toutes les époques depuis les premiers successeurs des Antonins.

Les ravages des hordes du Nord, leurs habitudes agrestes, leur ignorance, contribuèrent à accélérer la décadence de l'art ; mais la source du mal existait auparavant, dans les révolutions qui déchiraient l'empire, dans l'esclavage et l'épuisement des villes grecques, dans l'extrême inégalité des fortunes, dans la profonde corruption des mœurs.

Le découragement et l'appât du gain entraînèrent les artistes dans des pratiques vicieuses. La routine succéda chez les Grecs, ainsi que chez les Latins, à l'étude de la nature. Un faste immodéré étouffa le goût. Le faux brillant et le choc des couleurs, l'éclat même de l'or qu'on y entremêlait sans mesure, firent oublier le mérite réel du coloris. La beauté du corps humain fut d'abord dédaignée, ensuite méconnue. Réduite, pour ainsi dire exclusivement, dans la plus grande partie de la chrétienté, à la décoration des temples, la peinture n'eut pour juges que des yeux prévenus, que des cœurs livrés d'avance à l'enthousiasme. La critique aurait paru un acte d'irréligion, l'étude du nu une impudicité, celle de l'antique une idolâtrie. Des disputes théologiques altérèrent même l'idée que l'artiste chrétien devait se former de la figure sublime du Sauveur : l'opinion dominante exigea que l'image de cet être divin, principal personnage de la peinture moderne, fût laide, triste, décharnée. Le génie fut réduit en servitude. L'exécution des tableaux appartenait seule aux peintres; la composition était réservée aux évêques et aux abbés.

Tout concourt par conséquent à prouver ce que nous avons dit en commençant, que pour conduire la peinture à un haut degré de perfection, ou pour l'y maintenir, il ne suffit pas de distribuer aux artistes de grands travaux. Il est au milieu des plus vastes entreprises trois sources de corruption également funestes à l'art, l'aveugle présomption, le défaut d'émulation et la contrainte. Esclave, il se dégrade; livré à lui-même, il tombe d'erreurs en erreurs, s'il cesse d'être éclairé par le goût général. Tous les systèmes l'égarent; la nature, qui seule ne saurait le tromper, se rit de ses efforts, aussitôt qu'il croit pouvoir se passer d'elle.

HISTOIRE

DE LA

GRAVURE EN TAILLE-DOUCE

ET DE

LA GRAVURE EN BOIS.

HISTOIRE

DE

LA GRAVURE EN TAILLE-DOUCE

ET DE LA GRAVURE EN BOIS.

L'art de graver, soit des ornements, soit des figures, sur des planches de métal, cet art qui, depuis plus de trois siècles, a fait tant de progrès et a produit tant de chefs-d'œuvre, n'est point en lui-même une invention des modernes. Les écrivains qui en ont recherché l'origine ont fait remarquer que les Égyptiens, les Étrusques, les Romains, le mirent en pratique. Nos maîtres dans tous les arts d'imitation, ces dessinateurs ingénieux qui portèrent à un si haut degré de perfection la sculpture, la peinture, l'architecture, l'art de fondre, de forger, de marier les métaux, de les travailler sur le tour et de les émailler, l'art de graver des médailles, celui de graver sur des pierres fines, l'orfévrerie, l'art de ciseler et celui de damasquiner, les Grecs enfin excellaient pareillement dans l'art de tracer avec le burin sur le bronze, sur le fer, les dessins les plus purs et les plus délicats. Plusieurs ouvrages décrits par Homère semblent prouver que cet art avait déjà fait de son temps, et avant lui, des progrès remarquables. La coupe charmante où voulait boire Anacréon pour célébrer le retour du printemps, devait, suivant les vœux du poète, être embellie par des gravures de ce genre; on peut du moins le présumer d'après ces paroles : « Excellent artiste, étends, aplanis l'ar- » gent; formes-en une coupe; grave dans le contour, sous une » vigne touffue, les Amours désarmés et les Grâces qui sou-

» rient [1]. » Nous retrouvons des traces de cet art antique sur un grand nombre de vases étrusques ou grecs, de patères, de casques et de fragments de différents meubles que le temps a respectés. Nous y voyons de riches ornements, et même assez fréquemment des sujets historiques gravés par un burin ferme, exact et hardi [2].

Rien n'eût été sans doute plus facile, rien ne nous semble aujourd'hui plus naturel que d'introduire un vernis, une matière onctueuse et colorée, dans les sillons tracés sur le métal, et de fixer ensuite l'empreinte de cette gravure par l'action d'une presse, d'une balle ou d'un *frotton* de laine, sur une étoffe ou sur un papier légèrement humecté. Quel service l'inventeur de cette nouvelle manière de peindre aurait rendu aux arts et à son

[1]

Ἀργύριον δ' ἁπλώσας,

. . . .

χάρασσ' Ἔρωτας ἀνόπλους,
καὶ Χάριτας γελώσας, etc.

Anacr. *Sympos.* (Rom. 1781) p. 19 et 20, Od. IV. (XVIII, ed. vulg.)

Il est très-vraisemblable qu'il s'agit dans ce passage de gravures exécutées au burin sur une surface plane.

[2] Parmi les monuments de bronze les plus remarquables de ce genre, je puis citer la patère décrite par Caylus (*Antiq. Etrusq.* t. IV, pl. XXXVII) ; celle qui est gravée dans le *Dictionnaire des graveurs* de Strutt (t. I, à côté du frontispice), et que l'on conserve dans le cabinet du roi d'Angleterre ; celles qui ont été décrites par Gori (*Mus. Etrusc.* tab. LXXXVI ad CXXVII) ; et notamment celle du *Museo Cospiano*, où est représentée la naissance de Minerve, que Gori a donnée sous le n° 120, et qui se retrouve dans Dempster (*Etruria reg.* tom. I, tab. I, p. 78). Je puis citer encore un beau vase décrit par Winckelmann : *Ancor più mirabile... del diametro d'un palmo e mezzo romano, il quale è stato indorato, ed ha sulla pancia incisi de bellissimi ornati ;* etc. (Winckelm. ed. Féa, l. III, c. II, t. I, p. 190, 191) ; et enfin un vase encore plus riche, ayant deux palmes un pouce et demi de hauteur, sur un palme sept pouces et demi de diamètre, dont on voit un dessin dans le *Museum Kirkerianum* (Rom. 1743, t. I, pl. I à VIII). Ce vase est couvert de gravures dont le sujet est pris en partie dans l'histoire des Argonautes. On le conserve à Rome, au *Collège romain*, dans le cabinet formé par Kircher. M. Heyne en a donné une description dans sa Dissertation sur le trône d'Apollon Amycléen. (Pièces intéressantes publ. par M. Jansen, t. V, p. 61 et suiv.)

pays! Quelle source de richesses il aurait offerte à un peuple qui fondait son commerce non-seulement sur les denrées de son territoire, mais plus encore sur les ouvrages de ses manufacturiers, je pourrais dire sur les productions de son génie! Combien les chefs-d'œuvre des peintres et des sculpteurs grecs, multipliés en quelque sorte jusqu'à l'infini par la gravure, en pénétrant dans tous les pays où parvenaient les marchandises d'Athènes, de Corinthe, de Samos, de Milet, auraient eu d'influence sur le goût et peut-être sur les mœurs des nations anciennes! L'idée première ne se présenta point [1]. Rien du moins ne porte à croire que l'on fit quelque tentative dans cette manière d'imprimer. Peut-être la dureté du papier que fabriquait l'Égypte fut-elle un obstacle à une aussi belle invention. Privée du secours de l'impression, la gravure au burin ne fut chez les anciens qu'un art secondaire, subordonné à la sculpture, à l'orfévrerie, et en général à l'art de travailler les métaux. Elle se fit admirer dans la représentation des figures humaines, par la justesse et l'élégance du dessin ; dans les simples ornements, par la régularité, par la hardiesse et la finesse des traits ; elle ne tenta point de produire des effets pittoresques.

Les plans géographiques sont un des objets auxquels les Grecs employèrent le plus anciennement l'art de graver sur les métaux. Le désir d'assurer la conservation de ces plans fit naître l'idée de les tracer sur des tables de cuivre. Hérodote raconte qu'Aristagoras de Milet s'étant rendu à Sparte pour engager les Lacédémoniens à soutenir les Grecs d'Asie dans leur révolte contre Darius, se présenta au roi Cléomène, *tenant à la main une planche de cuivre sur laquelle était gravée la circonférence entière de la terre, avec toutes les mers et les rivières*

---

[1] « Cette réflexion est humiliante, dit à ce sujet M. de Caylus ; cependant elle
» nous regarde également, car il est à présumer que nous touchons à des procédés
» qui nous paraissent impraticables, et dont la simplicité nous ferait rougir, si
» nous étions en état de la prévoir. » *De la gravure des anciens ;* Acad. des belles
lettres, t. XXXII, p. 765.

dont elle est arrosée[1]. L'entreprise que nous vous proposons est aisée. dit-il à ce roi... Les Lydiens sont voisins des Ioniens ; leur pays est fertile et riche en argent. *En disant cela, il lui montrait ces peuples sur la carte de la terre tracée sur la planche de cuivre*[2]. On ne peut douter qu'il ne s'agisse dans ce passage d'une véritable gravure[3]. Les anciens touchaient ainsi de bien près à l'art d'imprimer des cartes géographiques ; mais malgré la nécessité de multiplier ces cartes, l'art ne franchit

[1] Herod. l. v, c. XLIX, trad. de M. Larcher ; éd. 1802, t. IV, p. 52. Le passage grec est conçu en ces termes : ἔχων χάλκεον πίνακα, ἐν τῷ γῆς ἁπάσης περίοδος ἐνετέτμητο καὶ θάλασσά τε πᾶσα, καὶ ποταμοὶ πάντες. Herod. ed. Wesseling, p. 394.

[2] Le texte d'Hérodote porte encore ici mot à mot *gravée* (*loc. cit.* p. 395). — Le voyage d'Aristagoras à Lacédémone doit être placé à la première année de la soixante-neuvième olympiade, cinq cent quatre ans avant l'ère chrétienne. M. Larcher, *ibid.* not. 101, p. 226.

[3] L'usage de graver des plans géographiques sur des planches de métal s'était conservé dans le moyen âge. Charlemagne possédait trois tables d'argent enrichies par des travaux de ce genre. Sur une de ces tables se voyait le plan de la ville de Constantinople ; sur une autre, le plan de Rome ; on avait représenté sur la troisième, par des traits *extrêmement fins et déliés*, la figure des trois parties connues du monde. Charlemagne, par son testament, légua la première de ces tables au pape, la seconde à l'évêque de Ravenne : la troisième, qui était plus grande et d'un plus grand prix, fut comprise dans la partie de ses biens qui devait être partagée entre les pauvres et ses héritiers (*Tertia, quæ ceteris et operis pulchritudine et ponderis gravitate multùm excellit, quæ ex tribus orbibus connexa, totius mundi descriptionem subtili ac minuta figuratione complectitur.... inter hæredes suos... etc.* Eginhard, *Vit. Caroli Mag.* apud D. Bouquet, *Rec. des Hist. des Gaules*, t. V, p. 106). On pourrait supposer que les plans dont il s'agit étaient représentés par des incrustations, et non par de simples gravures. Cependant il y a lieu de croire que si ces tables eussent été en effet incrustées, Eginhard, qui est entré dans beaucoup de détails, n'aurait pas manqué de rapporter un fait aussi important. Des incrustations auraient-elles d'ailleurs été exécutées avec des lames ou des fils assez fins, assez déliés pour que le monde entier fût représenté sur une table qui paraît avoir été placée comme un meuble dans les appartements du prince? Quoi qu'il en soit, des incrustations supposent une gravure préliminaire. On sait que les orfévres modernes ont été conduits à l'impression de la gravure, telle que nous la connaissons, en gravant des planches de cuivre sur lesquelles ils devaient fixer des émaux.

point le faible intervalle qui séparait ici la gravure d'avec l'impression ; les cartes données aux commandants des armées, aux ambassadeurs, aux divers fonctionnaires publics, bien qu'elles pussent être quelquefois exécutées d'après des prototypes gravés, continuèrent chez les Grecs, et ensuite chez les Romains, à être dessinées ou plutôt peintes à la main[1]. Telle est encore la *table* dite de *Peutinger*, que l'on croit faite vers le règne de Théodose ou celui de ses fils, et que le temps a respectée[2].

La gravure, considérée en général, peut se diviser en deux genres principaux. L'un renferme toutes les manières de graver où l'artiste représente les objets en creux, en laissant subsister dans sa hauteur première le champ ou la surface plane qui les environne ; l'autre renferme toutes les espèces de gravures où l'artiste représente les objets en relief, en rabaissant tout autour la matière qui leur sert de fond ou de support. On peut ranger dans le premier genre la plupart des inscriptions tracées sur des monuments, les pierres gravées proprement dites, les coins des médailles, et l'espèce de gravure exécutée sur des planches de métal, que nous appelons *gravure en taille-douce*, à cause de la finesse des traits dont elle se compose. Il faut placer dans la seconde les camées, quelques espèces de sigilles ou de cachets en usage chez les anciens, les poinçons qui servent à frapper les matrices où sont coulés nos caractères d'imprimerie, et enfin la gravure en bois, que les artistes appellent *gravure à taille d'épargne*, parce que le graveur, en taillant le fond, conserve ou *épargne* la partie du bois qui doit offrir l'image de l'objet qu'il veut imiter.

Si l'on n'a égard qu'à la gravure elle-même, il y a lieu de croire que la gravure en creux fut inventée avant la gravure en relief. Dans l'enfance des arts, des hommes peu instruits durent

---

[1] Vitruv. l. VIII, c. II. — Florus, l. I, c. I. — Suetou. *in Domitian.* c. X.

Cogor et è tabulâ pictos ediscere mundos.

Propert. l. IV, eleg. III, vers. 37.

[2] On la voit à Vienne, dans la bibliothèque impériale.

concevoir l'idée de creuser sur des pierres ou sur du métal, soit des figures hiéroglyphiques, soit des inscriptions en caractères vulgaires, avant de tailler ces objets en saillie. Si l'on recherche l'origine de l'impression, l'ordre n'est pas le même. L'idée de poser une couleur onctueuse sur les parties saillantes d'une gravure, d'appliquer ces parties ainsi coloriées sur une étoffe, sur un corps quelconque, et d'en imprimer par ce moyen l'image sur la surface de ce corps, cette idée est peu compliquée. Dans l'impression de la gravure en creux, il faut au contraire introduire la couleur dans les traits gravés sur la planche de métal; il faut purger le champ de toutes les traces que cette couleur peut y avoir laissées; on pose ensuite sur la planche un corps souple et humecté, qui, cédant à l'action d'une presse ou à un frottement modéré, se charge de la couleur renfermée dans les sillons : ces procédés sont plus multipliés, plus difficiles que les précédents; ils supposent des progrès déjà considérables dans les arts en général.

Dans chacun de ces deux genres de gravure, je veux dire dans la gravure en relief et dans la gravure en creux, si la planche que l'on grave est destinée à l'impression, il faut distinguer encore deux choses différentes : *le trait* proprement dit, et *les tailles*, que l'on peut aussi quelquefois appeler *les hachures*. Le trait indique les contours principaux; les tailles marquent les ombres; elles donnent aux objets que l'on représente de la rondeur, de la saillie; c'est par les tailles qu'en imitant les divers accidents de la lumière, on fait fuir les corps, on les fait avancer, et que l'on parvient à rendre tous les effets de la perspective aérienne; c'est par les tailles qu'un habile graveur, élevant son art à la plus haute perfection, et devenant le rival du peintre, force le burin à exprimer le degré d'intensité, et jusqu'à un certain point la différence même des couleurs qui animent un tableau. L'art d'imprimer des images coloriées, avec des gravures en relief au simple trait, présente peu de difficultés; on parvient facilement à imprimer ces images sur des étoffes grossières, et même sur des corps solides : il n'en est pas ainsi de l'impression d'une planche qu'enrichissent des tailles multipliées et délicates, soit en creux, soit en relief : cet art exige non-seulement des ouvriers adroits et des instruments très-perfectionnés, mais encore le concours d'une étoffe moelleuse, fine, d'un ton clair, telle enfin que ces beaux papiers de coton ou de lin que les anciens ne connaissaient point.

Il suit de tout cela, si l'on considère l'ordre des temps, que l'invention de la gravure en creux devait précéder celle de la gravure en relief; il s'ensuit encore que l'art d'imprimer des images coloriées sur des gravures en relief devait au contraire précéder celui d'imprimer sur des gravures en creux, et enfin que l'art admirable d'imprimer des estampes, je pourrais dire *des tableaux*, avec des gravures dans lesquelles des tailles variées concourent par leur accord à imiter non-seulement les traits du modèle, mais encore les effets du plus brillant coloris; que cet art ne pouvait naître qu'au sein des lumières, et après d'autres inventions nécessaires à l'accomplissement de ses chefs-d'œuvre. Tel est en effet l'ordre progressif que l'histoire des arts nous présente.

L'impression de la gravure en bois et en relief remonte à la plus haute antiquité. C'est à l'Asie que l'invention en est due. Les Indiens, auprès desquels la nature multiplia les substances les plus propres à former des tissus légers et moelleux, et à composer des teintures ineffaçables; les Indiens, dès les temps les plus reculés, ne se bornèrent point à peindre à la main sur leurs étoffes des figures de fleurs et d'animaux, à donner à la même toile diverses nuances, en la plongeant successivement ou dans des teintures différentes, ou dans la même teinture avec des apprêts différents; à ouvrer enfin des ornements sur le métier, dans de riches tissus, soit avec des fils d'or, soit avec des laines ou des cotons de diverses couleurs : l'amour du faste répandu dans toutes les classes de la société les conduisit plus loin. Il paraît certain qu'ils apprirent à graver ces mêmes ornements sur des planches de bois, qu'ils les imprimèrent sur leurs étoffes avec les couleurs les plus brillantes, et qu'ils surent imiter, par ce procédé ingénieux et expéditif, les opérations beaucoup plus lentes et plus coûteuses de la peinture [1]. La plupart

[1] Hérodote, Strabon, Arrien et d'autres auteurs, font mention en divers endroits des toiles peintes ou *toiles à fleurs*, fabriquées dans l'Inde dès les temps les plus anciens. Strabon dit qu'elles étaient en usage dans toutes les provinces de ce vaste pays. Il les appelle en général, στολαὶ εὐανθεῖς, στολαὶ εὐανθεῖς, *toiles à fleurs*, *robes à fleurs* (l. XV, p. 688, 709). Malheureusement ces écrivains n'ont pas toujours pris assez de soin pour distinguer les différentes espèces de toiles ou d'étoffes dont ils voulaient parler, et pour nous faire connaître les procédés usités dans la fabrication de chaque espèce. Les anciens employaient indistinctement les noms génériques de *toiles peintes*, de *toiles* ou *étoffes à fleurs*, *toiles* ou *étoffes à figures d'animaux*, pour désigner toutes les toiles et toutes les étoffes ornées de figures coloriées, soit que ces ornements fussent réellement peints, soit qu'ils fussent exécutés par le moyen d'une teinture, soit qu'ils fussent *brochés* ou formés dans le tissu même de l'étoffe, soit enfin qu'ils fussent imprimés, s'il est vrai, comme il y a lieu de le croire, que ce dernier procédé fût employé dans l'antiquité pour ce genre de fabrication. Les Latins se servaient, pour désigner toutes ces espèces de toiles et d'étoffes, ainsi que les différents vêtements auxquels elles étaient employées, des noms de *vela picta*, *vestes pictæ*, *togæ pictæ*, etc. Ils appelaient même les étoffes et les toiles brodées *vestes acu pictæ*, étoffes ou habillements *peints à l'aiguille*. Cet abus de mots subsiste encore parmi nous, relativement aux *toiles peintes* et aux *toiles imprimées* de l'Inde. Il a contribué à mettre de l'obscurité dans l'histoire de l'art de graver en relief et de l'art d'imprimer.

Arrien désigne toutes les espèces de toiles peintes en usage chez les Indiens, sur lesquelles on voyait représentées des fleurs ou des figures d'animaux, par le nom commun de κατάστικτος, ou *vestis distincta maculis* (*Hist. Ind.* c. v, ed. Halis Magd. 1798, p. 32). Ce mot présente l'idée de *piquer*, de *marquer*, d'*appliquer*, de *frapper*. On l'employait dans le temps de Pollux pour désigner les étoffes *brochées* (Pollux, *Onomast.* l. VII, c. XIII, segm. 55). Il pouvait convenir également aux toiles brodées ou ornées *à l'aiguille*. Il pouvait convenir encore aux toiles *imprimées;* car l'impression n'est autre chose que l'application d'une marque ou d'un *stigmate* sur une étoffe ou sur un corps quel qu'il soit; on sait d'ailleurs que les peuples de l'Inde connurent de tous les temps l'usage qu'ils pratiquent encore, de s'appliquer des *stigmates* sur diverses parties du corps, avec des instruments sur lesquels ils gravent en relief une fleur de lotus, une coquille, et d'autres images relatives à leur religion. Tiefenthaler, *Géograph. de l'Indoust.* dans la *Descript. de l'Inde*, de Bernouilli, t. I, p. 398.

Denys le Périégète laisse encore plus à désirer, lorsqu'en parlant des Sères de l'Inde, peuples qui habitaient, soit dans le petit Thibet (Forster, *De bysso antiquar.* Lond. 1776, p. 21), soit entre les sources de l'Hydaspe et celles de l'Indus (d'Anville, *Rech. sur la Sérique*, Acad. des belles-lettres, t. XXXII, p. 601), soit plus loin, vers les bords du Gange (M. Gosselin, *Nouv. rech. sur la Sérique*, p. 11 et 12,

HISTOIRE DE LA GRAVURE.

des écrivains qui ont parlé de l'Inde semblent avoir été persuadés de la vérité de ce fait : elle nous est attestée par les rapports

Extr. du *Journal des Savants*, juin 1772, et qu'il ne faut pas confondre avec les habitants de la grande Sérique, il s'exprime ainsi : *En cardant différentes fleurs d'un pays inculte, ils fabriquent des vêtements diversement ornés et d'un grand prix, semblables, par leurs couleurs, aux fleurs des prairies. Le travail même des araignées ne peut disputer de finesse avec ces belles toiles.*

> Αὔτα δὲ ἐκλέγοντες ἐρέψας ἄνθεα γαίης,
> εἵματα τεύχουσιν..... etc. *De sit. orb.* vers. 754 et seq.

Le savant M. Forster a pensé que ces vers désignaient en général *les toiles de coton peintes*, qui se fabriquaient autrefois dans l'Inde, et qui s'y fabriquent encore aujourd'hui *de la même manière* : Personne, dit-il, ne peut en douter (*ibid.* p. 27, 83, 84). Mais malheureusement le poète ne dit point par quels procédés les Sères peignaient sur leurs toiles ces ornements *semblables aux fleurs des prairies*, qui en augmentaient le prix.

Quelques passages désignent cependant d'une manière assez claire tous les différents procédés que les Indiens mettent encore en pratique de nos jours. Hérodote parle vraisemblablement de peintures faites à la main, lorsqu'il dit, au sujet des peuples qui habitaient le mont Caucase : *Des feuilles broyées et mêlées avec de l'eau leur fournissent une couleur avec laquelle ils peignent sur leurs habits des figures d'animaux. L'eau n'efface point ces figures; et comme si elles étaient tissues, elles ne s'usent qu'avec l'étoffe* (l. I, c. ccIII, trad. de M. Larcher, t. I, p. 165). Strabon a désigné clairement, tantôt les toiles ornées de fleurs par le moyen de la teinture (*ibid.* p. 699 et 712), tantôt les toiles ou les étoffes *brochées* (p. 718). Il dit ailleurs (p. 717) que les Indiens écrivaient leurs lettres particulières sur des toiles, avec des caractères fort élégants : ce fait indique très-bien les procédés encore usités pour tracer des dessins avec des plumes de fer ou avec des bambous, sur les toiles qui doivent être peintes (Sonnerat, *Voyage aux Ind.* t. I, p. 150.— Graudpré, *Voyage dans l'Ind.* t. I, p. 176). Ce même auteur paraît enfin désigner les toiles *imprimées*, lorsqu'il dit en parlant des Massagètes, peuples qui habitaient vers les bouches de l'Araxe : *Ils forment sur leurs habits des ornements variés, en y imprégnant des couleurs dont la fraîcheur est inaltérable* (τὴν δ' ἐσθῆτα ποικίλλουσιν ἐπιχρίστοις φαρμάκοις, δυσεξίτηλον ἔχουσι τὸ ἄνθος, l. XI, p. 513). Il ne s'agit dans ce passage ni d'une teinture ni de dessins tracés à la main, avec des plumes de fer ou avec des bambous; on y voit *des couleurs empreintes* sur l'étoffe; et l'on ne peut guère douter que Strabon n'ait voulu parler d'une véritable impression.

Les Macédoniens croyaient que c'était Bacchus qui avait introduit dans l'Inde l'usage des *toiles peintes* en général. Strabon a rejeté cette tradition fabuleuse (p. 688 et 712) : Arrien l'a adoptée, p. 32.

successifs de tous les voyageurs anciens et modernes [1]. A défaut
d'autres preuves, il suffirait de considérer que cet art d'imprimer les toiles, ainsi que celui de les broder et celui de les peindre, est toujours mis en pratique par les Indiens ; qu'il n'existe
nul indice sur l'époque où ils peuvent l'avoir appris, et enfin
que ce ne sont pas des ouvriers mahométans qui impriment de
nos jours les toiles ou les *chites* de l'Inde, que ce sont des Hindous, toujours attachés à l'ancienne croyance des brahmes [2]. Il
suffirait de se rappeler l'immutabilité du caractère des Indiens :
depuis l'époque où ils furent connus des Européens jusque aujourd'hui, malgré le fanatisme et la tyrannie des maîtres qui
tour à tour les ont opprimés, ils ont conservé, presque sans al-

[1] « On achète dans le Coromandel, dit Raynal, des *toiles imprimées*, dont les pro-
» cédés, d'abord servilement copiés en Europe, ont été depuis simplifiés et perfection-
» nés par notre industrie. On y achète enfin *des toiles peintes* que nous n'avons pas
» entrepris d'imiter... A ne considérer que le peu d'invention des Indiens, on serait
» tenté de croire que depuis un temps immémorial ils ont reçu les arts qu'ils cul-
» tivent de quelque peuple plus industrieux ; mais quand on réfléchit que ces arts
» ont un rapport exclusif avec les matières, les gommes, les couleurs, les produc-
» tions de l'Inde, on ne peut s'empêcher de voir qu'ils y sont nés. » *Histoire phi-
losophique*, in-4°, t. I, p. 338.

[2] De Laval a déjà fait cette observation dans son *Essai historique sur l'ancien
état des arts et des manufactures en Asie* (Mélanges de littér. étrangère, publ. par
M. Millin, t. II, p. 79).—On peut voir aussi Luillier (*Hist. gén. des voyages*, t. IX,
p. 613). — Séronge est une des villes de l'Inde où, suivant le rapport de Tavernier,
il se fabrique le plus de toiles *imprimées* : presque tous les habitants sont idolâtres de père en fils (Tavernier, *Voyage en Perse et aux Indes*, t. II, p. 32).

Il se fabrique dans les états du Mogol, où la plupart des habitants sont idolâtres,
beaucoup plus de toiles imprimées que de toiles peintes : « Les toiles peintes, qu'on
» appelle *calmendars*, dit Tavernier, c'est-à-dire faites au pinceau, se fabriquent
» dans le royaume de Golconde, et particulièrement dans les environs de Mazuli-
» patan ; mais il s'en fait si peu, que quand on mettrait en besogne tous les ou-
» vriers qui s'entendent à travailler ces toiles, malaisément pourrait-on en enlever
» trois balles. Toutes les chites qui se font dans l'empire du Grand-Mogol sont imprimées. » (Tavernier, *ibid.* p. 238.) — La ville de CHITPOUR, dans le royaume
d'Agra, tire son nom des *chites* (ou toiles imprimées proprement dites), dont il
s'y est fait de tout temps un grand commerce Thevenot, *Voyage dans l'Indostan*, p. 117).

tération, la même religion, les mêmes institutions politiques,
les mêmes coutumes, les mêmes mœurs ; nous les avons imités
dans plusieurs de leurs pratiques, ils n'ont presque rien appris
de nous. Quelques savants ont pensé que les connaissances qu'ils
conservaient au temps d'Alexandre sur les sciences et les arts,
leur avaient été transmises par une nation plus ancienne, dont
le vaste empire avait embrassé l'Asie tout entière ; ils ont cru
que les Indiens n'étaient déjà à cette époque qu'un peuple
vieilli et dégénéré. Quoi qu'il en soit, les ouvrages des Hindous
modernes sont entièrement semblables à ceux que leurs pères
exécutaient autrefois pour les peuples du nord et de l'occident
de l'Asie, pour la Syrie et pour l'Égypte. Nous retrouvons imprimées sur leurs toiles les fleurs et les figures d'animaux dont
parlent les anciens auteurs ; nous y retrouvons aussi quelquefois, ce qui n'est pas moins remarquable, les images du culte
toujours subsistant de *Vichnou* et de *Brahma*. Il semble que
les dessins soient toujours également imparfaits ; les ouvriers
indiens paraissent n'avoir rien acquis sur ce point, et n'avoir
rien perdu. Leurs gravures sont encore faites au simple trait,
ou enrichies d'un très-petit nombre de tailles. S'il est vrai que
nous ayons reçu de ce peuple antique un art qui a déjà parmi
nous éprouvé tant de révolutions, ce n'est pas sans doute un
spectacle dépourvu d'intérêt, que de le retrouver au sein de
son pays natal dans le même état d'enfance où il est demeuré
pendant deux mille ans.

Les toiles peintes et imprimées, ainsi que les toiles blanches de l'Inde, se vendaient dans l'Égypte et dans quelques
parties de l'Europe longtemps avant Alexandre [1]. Les Tyriens, et peut-être dans des temps plus reculés les Égyptiens eux-mêmes, les y avaient répandues ; elles y étaient
connues sous les noms génériques de *Sindones*[2] et d'*Otho-*

---

[1] Job, c. XXVIII, vers. 16.—Ezéchiel, c. XXVII, vers. 15, 16 et seq.

[2] Le nom de *Sindon* ou *Sindones* signifie *toiles du Sind* ou *de l'Indus* (Jones,
Rech. asiat. troisième disc. t. I, trad. fr. p. 515. — Robertson, *Recherches
sur l'Inde*, traduction française, p. 392.—M. Langlès, *Notes sur des observations
de Fr. Witford ; Recherches asiatiques*, t. I, p. 445). Il vient de celui de *Sind* ou

nia[1]. Les conquêtes du héros macédonien, les voyages de Scylax, de Néarque, de Mégasthène, d'Aristobule, durent procurer de nouvelles lumières, et sur les pays d'où elles étaient tirées, et sur l'art de les fabriquer.

Les Grecs d'Europe et les peuples de l'Asie-Mineure étaient d'autant plus intéressés à s'instruire de ces détails, que l'art d'imprimer les toiles offrait une manière abrégée d'exécuter des ornements adoptés déjà par le goût général. On sait avec quelle habileté les femmes phrygiennes et les femmes grecques étaient parvenues, dès les temps héroïques, à représenter des fleurs et même des figures humaines, non seulement dans d'élégantes broderies, mais dans le tissu des étoffes[2].

Sindh, que les Indiens donnaient anciennement au fleuve Indus (Plin. l. VI, c. XX), et qu'ils lui donnent encore. Ce fut par extension que ce nom, d'abord consacré aux toiles de coton de l'Inde, servit ensuite à désigner de belles toiles de différentes espèces, fabriquées dans l'Égypte, dans la Grèce, etc. (*Sindonem fecit et vendidit.* Proverb. c. XXXI, v. 24.) Suivant l'opinion de M. Langlès (*ibid.*), le mot de *Sindones* pourrait très-bien se traduire par celui d'*Indiennes*.

[1] Le mot d'*othoné* et celui d'*othonion* étaient souvent employés pour désigner différentes espèces de toiles, et même de toiles de lin (Homer. *Iliad.* l. III, v. 141; *Odyss.* l. VII, v. 107). Mais ils étaient particulièrement consacrés aux toiles de coton de l'Inde (Forster, *loc. cit.* p. 11, 67, 75). Celui d'*othonion* désignait spécialement les toiles fines. M. Langlès pense que ce mot est dérivé du mot arabe *qouthoun*, duquel nous avons fait celui de *coton* (*loc. cit.* p. 445). Le docteur William Vincent, qui, à la suite de son savant ouvrage intitulé: *Periplus of the Erythrean sea*, a donné un catalogue alphabétique des articles de commerce mentionnés dans le Périple d'Arrien, le traduit par *mousseline* (*Appendix*, p. 40). Arrien, qui l'a souvent employé en parlant des *mousselines* de l'Inde en général, fines et communes, blanches et peintes, et notamment des toiles fabriquées par les Sères indiens, dont il paraît qu'on apportait en Égypte *de grandes quantités* (Arrian. *Peripl.* apud *Geogr. min.* t. I, p. 5, 9, 22, 24, 29, 32), s'en est servi aussi pour désigner les étoffes de soie de la grande Sérique; mais il a eu soin de faire distinguer ces étoffes d'avec les mousselines, par cette expression particulière, καὶ τὸ ὀθόνιον τὸ σηρικὸν, *et l'othonion le Sérique;* il a eu de plus l'attention d'indiquer la route par laquelle on apportait ces étoffes de soie, de *Thinæ* à Bactra, et de cette dernière ville à Barygaza, aujourd'hui Baroach, dans le golfe de Cambaye, où les Égyptiens les recevaient en échange de leurs propres marchandises. (Arrian. *ibid.* p. 36.)

[2] Homer. *Iliad.* l. III, v. 125; l. XXII, v. 440. — *Odyss.* l. XIX, v. 225 et

Sous les successeurs d'Alexandre, le luxe faisant de nouveaux progrès, et l'Égypte étant devenue, par les soins des Ptolémées, le centre d'un commerce toujours croissant entre l'Orient et l'Occident, l'Inde fut encore mieux connue. De tous les ports du Guzarate, des côtes du Malabar et de celles du Coromandel, les navigateurs égyptiens transportaient à Bérénice, et de là au marché général d'Alexandrie, tous les objets que ces mêmes provinces de l'Inde nous fournissent encore aujourd'hui ; ils apportaient notamment dans l'Égypte des toiles de coton de toute espèce, tant *simples qu'ornées de fleurs*[1] *blanches et peintes*[2].

Les Ptolémées voulant réunir dans leurs états tout ce que l'industrie des diverses nations produisait de plus riche et de plus élégant, établirent à Alexandrie des manufactures de haute-lisse, où des ouvriers adroits, guidés par des artistes grecs, imitèrent les portières et les tapis, ras et veloutés, ornés de figures, que l'on fabriquait depuis longtemps à Babylone, et ne tardèrent pas à surpasser le travail des Persans[3]. Ptolémée Philadelphe envoya Denis visiter les diverses parties de l'Inde, dans l'objet spécial de recueillir de nouvelles informations sur les productions de ce pays et sur ses manufactures[4]. Bientôt il s'établit dans l'Égypte des fabriques de toiles peintes, où l'on parvint à imiter celles des Indiens. Nous savons par les descrip-

---

seq. — Euripid. *Iphig. Aul.* v. 73. — Val. Flac. *Argon.* l. v, v. 588 ; l. II, v. 210, 251.

[1] Robertson, *Rech. sur l'Inde*, trad. fr. p. 36.

[2] Arrian. *loc. cit.*—Salmas. *Plin. exercit.* t. II. p. 824, col. 2. — Raynal, *Hist. phil.* t. I, in-4°, p. 73.—*Othonia picta, vel acu, vel radio, vel pigmentis.* Forster, *loc. cit.* p. 79.

[3] Plaut. in *Pseud.* act. I, scen. II, v. 14. — Theocrit. *Idyl.* XV, v. 78 et seq. — Plin. l. VIII, c. 48. — Callixen. apud Athen. l. v, c. VI, p. 197. — Hipparch. apud eumd. l. XI, c. VII, p. 477.

> *Hæc tibi Memphitis tellus dat munera : victa est*
> *Pectine Niliaco jam Babylonis acus.*
>
> MARTIAL. l. XIV, epigr. 150.

[4] Plin. l. VI, c. 17.

tions qu'Apulée, Claudien et d'autres écrivains ont faites de ces toiles égyptiennes, que l'on y représentait tous les objets peints ou imprimés sur celles de l'Inde, avec des couleurs peut-être moins durables [1], mais également riches. On y voyait, suivant les termes d'Apulée, *des dragons indiens, des griffons hyperboréens, des animaux d'un autre monde*, imités avec *un coloris très-varié* [2]. Après les folies et les crimes d'Eutrope, dit Claudien, *rien ne doit paraître incroyable ; on peut nous offrir des monstres de toute espèce ; des tortues qui volent, des vautours armés de cornes, des figures humaines mariées à des coquilles de limaçons, tout ce que l'Inde enfante de bizarre, et qui se retrouve sur les toiles peintes aux bords du Nil* [3].

[1] Saint Clément d'Alexandrie, faisant sans doute allusion à ces toiles égyptiennes, ou à d'autres du même genre, dit que l'on peut bien livrer à l'usage des femmes des étoffes souples et fines, mais qu'il ne faut pas fabriquer de ces toiles où *l'on voit des fleurs coloriées, semblables à des peintures* (καθάπερ τὰς γραφὰς), *attendu que cette peinture s'efface en peu de temps.* Clem. Alex. *Pædag.* l. II, c. X, t. I, p. 237.

[2] *Hinc dracones Indici ; inde gryphes hyperborei : quos in speciem pinnatæ alitis generat mundus alter. Hanc Olympiacam stolam sacrati nuncupant* (Apul. *Metam.* l. XI, t. I, p. 388, 389). — MM. Larcher, Goguet et M. Forster ont prouvé que le *byssus* dont il est question dans ce passage, ainsi que dans divers endroits de la Bible, d'Hérodote, etc., n'est autre chose que le *coton* (M. Larcher, *trad. d'Hérodote*, l. II, not. 305, t. II, p. 357 et suiv. — Goguet, *Orig. des lois*, t. I, p. 120 et suiv. — M. Forster, *De bysso antiq.* dissertation déjà citée). L'usage de parer les initiés de robes de coton peintes était sans doute plus ancien que les Ptolémées. Le voile d'Isis était peint de la même manière (Steph. le Moyne, *Epist. ad Cuper.* apud Cuper. Arpocrat. p. 260). Mais nous voyons ici qu'au temps d'Apulée, on représentait sur les toiles de cette espèce les figures peintes sur celles des Indiens.

[3]   *Jam testudo volat ; profert jam cornua vultur ;*

. . . .

Jam cochleis homines junctos, et quidquid inane
Nutrit, Judaicis quæ pingitur India velis.

           CLAUDIAN. in Eutrop. l. I, v. 350 et seq.

Heinsius a fait remarquer qu'au lieu du mot *Judaicis* l faut lire *Niliacis* (Heins. *ad Claudian.* ed. Burman. *loc. cit.*). On pourrait croire aussi qu'au temps de Claudien, et même deux siècles avant lui, les Juifs avaient établi des manufactures

Pline nous a fait connaître une des opérations usitées dans ces manufactures. Après avoir tracé des dessins sur la toile avec différents mordants, acides et alkalins, on la plongeait dans un bain de teinture bleue : elle en sortait chargée de trois couleurs ; les parties sur lesquelles on n'avait point appliqué de mordant, et qu'on n'avait pas garanties de l'action du bain, devenaient bleues ; les figures dessinées avec des alkalis étaient vertes ; celles qu'on avait tracées avec un acide étaient rouges [1]. Cet art de fixer sur les toiles des figures coloriées par le moyen de la teinture, fut sans doute une des connaissances que les Égyptiens acquirent dans l'Inde, où il n'a pas cessé d'être mis en pratique. Mais comment ne pas remarquer que ce procédé ingénieux ne suffisait point, lorsque, pour représenter les fleurs ou les animaux décrits par Claudien et par Apulée, le manufacturier voulait appliquer sur la toile plus de trois couleurs ? Que font encore aujourd'hui les Indiens pour fixer sur leurs belles toiles jusqu'à seize couleurs différentes ? Ils associent à des bains de teinture successifs, dans divers cantons, des peintures faites à la main, dans d'autres, des impressions exécutées avec des planches gravées. S'il est vrai, comme tout porte à le croire, que les Égyptiens eussent appris dans l'Inde le procéd de la teinture à trois couleurs, on ne peut douter qu'ils n'y eussent connu pareillement celui de l'impression opérée par des

de toiles peintes semblables à celles des Égyptiens. Saint Clément d'Alexandrie nous l'apprend, en reprochant aux femmes de ne plus se contenter des toiles de coton égyptiennes, de rechercher encore celles des Hébreux et celles des Ciliciens (*loc. cit.* p. 239). Mais quelque opinion qu'on adopte à cet égard, on doit voir dans le passage de Claudien, que les toiles dont ce poëte fait mention étaient totalement étrangères au culte, qu'elles étaient fabriquées ou dans l'Égypte ou dans la Judée, et que dans les images dont elles étaient ornées, les fabricants cherchaient à imiter les toiles peintes ou imprimées de l'Inde.

[1] Plin. l. xxxv, c. 11. — M. Ameilhon a expliqué ce passage de Pline, dans son savant ouvrage intitulé : *Histoire du commerce et de la navigation des Égyptiens sous les Ptolémées* (p. 266 et suiv.) ; et dans un Mémoire où il traite *des couleurs et de la teinture des anciens*. (Mém. de l'Instit. Litt. et B.-A. t. III, p. 373, 374.)

gravures. Ils durent s'approprier tous les moyens employés par les Indiens, puisqu'ils voulaient représenter les mêmes objets, et élever leurs manufactures au même degré de perfection. Il ne leur était pas même possible de les ignorer. Il est donc très-vraisemblable que Pline n'a pas décrit toutes les opérations usitées dans les manufactures égyptiennes.

Pétrone, dans un passage que l'on a souvent cherché à expliquer, dit *que les Égyptiens, par un excès d'audace, ont inventé un abrégé de la peinture* [1]. Ce fait et celui que rapporte Pline, énoncés par deux auteurs contemporains, ne pourraient-ils pas servir à s'expliquer réciproquement, ou plutôt ne sont-ils pas le complément l'un de l'autre? Plusieurs savants ont pensé que l'invention dont parle Pétrone était cette teinture même à trois couleurs, dont Pline a fait connaître les procédés [2]. Cette explication est insuffisante. Pétrone parle d'une invention hardie, audacieuse, d'une invention qui produisait en abrégé quelques-uns des effets de la peinture : un bain colorant pouvait-il opérer seul cette espèce de miracle? Pour représenter sur leurs toiles toutes les figures peintes sur celles des Indiens, les ouvriers égyptiens étaient obligés de joindre à la teinture décrite par Pline, de nouvelles couleurs, de nouveaux traits, et surtout des ombres formées par quelques hachures : ils durent par conséquent, à l'imitation des Indiens, associer à la teinture, tantôt des peintures faites à la main, tantôt, pour opérer avec plus de

---

[1] *Pictura quoque non aliud exitum fecit, postquam Ægyptiorum audacia tam magnæ artis compendiariam invenit* (Petron. *Satyr.* c. II, ed. Burm. t. I, p. 19). Petrone compare cette manière abrégée de peindre, à des discours et à des vers dont tous les traits se ressemblent, et dont le coloris manque de vérité : *Ac ne carmen quidem sani coloris enituit; sed omnia quasi eodem cibo pasta, non potuerunt usque ad senectutem canescere* (ibid.). Tels sont en effet les traits et les couleurs appliqués sur une toile par l'effet de l'impression.

[2] Gonsal. de Salas, *not. ad Petron.* ibid, t. II, p. 89 et 90. — M. de Paw nie que dans ce passage de Pétrone il s'agisse des toiles peintes de l'Égypte ; il se fonde sur ce que ces toiles n'avaient que trois couleurs (*Rech. philos. sur les Égypt.* sect. IV, p. 227). S'il eût remarqué qu'elles devaient ordinairement en avoir davantage, il aurait pu tirer une conséquence toute contraire.

promptitude et d'économie, des dessins imprimés avec des planches gravées. C'est sans doute de cette association de la teinture et de la gravure que Pétrone a voulu parler : elle offrait en effet un *abrégé de la peinture :* l'impression seule aurait pu d'ailleurs mériter cette dénomination [1].

Julius Pollux après avoir parlé de la broderie, appelée généralement l'*art phrygien,* ou l'*art de peindre à l'aiguille,* ainsi que des étoffes dont les ornements étaient formés dans le tissu, et qu'il appelle *katastictoi,* fait mention d'une autre espèce d'étoffe ou de tunique, en grand usage chez les femmes de son temps, où l'on voyait empreintes diverses images, et notamment des figures d'animaux. « Il y a, dit-il, une espèce de tu- » nique, ornée de diverses figures d'animaux, qu'on a appelée » *sicilienne, sarde, phrygienne,* à cause des divers pays où elle » est en grand usage parmi les femmes. On l'a nommée aussi » *travaillée une seconde fois (deutérourgue);* on a nommé les » ouvriers qui la font, *seconds ouvriers (deutérourgoi);* on l'ap- » pelle aujourd'hui *peinte dessus (epigraphon)* [2]. » Divers commentateurs se sont persuadé qu'il s'agissait ici d'une broderie; mais la broderie, connue de tous les temps, n'a jamais été désignée par des noms aussi incertains, aussi variables. D'autres, rejetant cette fausse idée de broderie, et changeant le nom d'epi-

---

[1] Si depuis l'invention de cet art, ou du moins depuis l'établissement des manufactures égyptiennes, la peinture, ainsi que le dit Pétrone, sembla déchoir, il faut attribuer cette décadence à deux causes; premièrement, à l'imperfection de la gravure employée dans ces manufactures et à celle du genre d'ouvrages auxquels on la faisait servir; secondement, à l'influence que les images bizarres inventées par les Indiens exercèrent bientôt sur le goût; à l'habitude que prirent les hommes riches de se contenter non-seulement dans leurs habits, mais dans leurs meubles et dans la décoration des palais les plus magnifiques, de peintures faites à la hâte et dénuées de vérité, où l'on ne représentait plus ni les hauts faits des héros ni les images des dieux, mais ces griffons, ces dragons, ces tortues volantes, ces hommes à queue de serpents, dont les toiles de l'Inde avaient donné les modèles. Vitruve se plaignait aussi de la décadence de la peinture, et il l'attribuait à la même cause. (Vitruv. l. VII, c. v.)

[2] J. Poll. *Onomast.* l. VII, c. XVII, segm. 77.

graphon en *epignaphon*, ont cru qu'il était question d'un lavage exécuté par les foulons [1]. Cette seconde explication est encore moins admissible que la précédente. Pollux a voulu désigner ou les toiles peintes de l'Inde, où plutôt celles qui se fabriquaient soit en Égypte, soit dans d'autres pays [2], à l'imitation des toiles indiennes. Lorsque ces toiles étaient faites, de nouveaux ouvriers, suivant l'expression de l'auteur grec, y formaient des ornements, en y appliquant différentes couleurs par un travail *épigraphique*. Ce travail était nécessairement ou une peinture, ou une impression, ou plutôt on y voyait associés les trois moyens employés par les Indiens, la teinture, la peinture et l'impression ; il offrait, ainsi que l'invention dont parle Pétrone, *un abrégé de l'art de peindre.*

De tous les faits qui viennent d'être rappelés, on peut conclure que les anciens, et que les Grecs notamment, n'ont point ignoré l'art d'imprimer des images avec des planches de bois gravées en relief. Il y a du moins dans cette opinion un degré de vraisemblance qui équivaut à une preuve complète.

Sans doute on a droit de s'étonner que les Grecs ayant connu les éléments de cet art, ne l'aient pas retiré des manufactures où il languissait dans une médiocrité inévitable, et qu'ils ne l'aient pas fait servir, en le perfectionnant, à retracer les ouvrages des grands peintres. Où sont, dira-t-on, les chefs-d'œuvre qu'ils ont produits ? Mais il faut considérer combien ces gravures des Indiens étaient loin de la perfection à laquelle les artistes grecs étaient accoutumés dans tous les genres d'imitation. L'impression des toiles de l'Inde ne dut guère leur paraître propre à rendre les nobles contours, l'expression vive qui embellissaient leurs divins ouvrages. Il faut joindre à cette réflexion celle que nous avons déjà faite, que les anciens ne possédaient pas comme nous des papiers tout à la fois assez fermes, assez souples, assez moelleux pour représenter les détails d'une

---

[1] Jungermann, *ibid.* not. 10, p. 742, 743.
[2] Clem. Alex. *suprà*, p. 148, not. 1 et 3.

gravure savante et délicate. L'art de graver en bois, si l'on veut, en multipliant les tailles, rendre tous les effets d'un tableau, renferme d'ailleurs des difficultés excessives et en apparence insurmontables. Les artistes modernes n'ont tenté d'imiter ces effets pittoresques que lorsque les graveurs au burin ont excité leur émulation par des ouvrages déjà très-remarquables, et leur ont fait entrevoir, par cet exemple, la possibilité du succès.

A la fin du quatrième siècle, vers le temps de Claudien, le luxe des chrétiens eux-mêmes, accru de jour en jour, contribuait à perpétuer l'art de former des fleurs et des figures dans de riches tissus, celui de teindre, celui de broder, et vraisemblablement celui d'imprimer des ornements sur des toiles. L'art d'enrichir des étoffes par des dessins de tout genre fut porté à cette époque, et dans les siècles suivants, à un degré de perfection que nous pouvons à peine égaler. Une tunique, un manteau renfermait quelquefois jusqu'à six cents figures. On y voyait représentée en différents tableaux la vie entière de Jésus-Christ, *sa nativité, sa passion, sa sortie du tombeau, les noces de Cana, la résurrection de Lazare, le paralytique emportant son lit sur ses épaules.* On y voyait aussi, par un mélange bizarre dont les toiles des Indiens avaient donné l'idée, *des lions, des panthères, des ours, des taureaux, des arbres, des rochers, des chasseurs; tout ce que l'art des peintres, qui s'efforcent d'imiter la nature, peut inventer. Les habits de ces chrétiens efféminés,* disait un orateur qui blâmait ce luxe, *sont peints comme les murailles de leurs maisons* [1].

Il n'est pas à croire que les manufactures de toiles imprimées établies dans l'Égypte, dans la Syrie, dans la Cilicie, s'anéantissent tant que dura cet usage qui leur offrait un nouvel aliment. Nous savons en général que les manufactures d'Alexandrie, de Tyr, de Damas, d'Antioche, où se fabriquaient ces robes à figures, existaient encore après les conquêtes des Sarrasins, lorsque les peuples de l'Occident, attirés dans ces contrées

---

[1] S. Asterius, Homilia *De divite et Lazaro* (ed. *Ruben.*), p. 3 et 4.

par l'esprit de dévotion ou par l'esprit de commerce, y recueillirent les précieux restes de l'industrie des anciens [1]. Celles de
Tyr et d'Alexandrie notamment étaient en pleine activité , sous
la protection des califes, dans le huitième et le neuvième siècle,
pendant les pontificats de Grégoire IV, de Léon IV, d'Étienne VI.
Elles fournissaient encore aux chrétiens des tentures et des habillements où étaient représentés, comme dans les temps précédents, les mystères de la religion chrétienne, les images des
apôtres, et tout à la fois les animaux réels ou fantastiques
qu'on y voyait au temps de Claudien [2]. Les églises de Rome
étaient pleines de leurs ouvrages.

[1] Les Arabes n'étaient pas aussi ennemis des images que les Turcs, qui ont joint
le fanatisme à l'ignorance. Attachés de tous les temps au commerce, ils virent dans
leurs rapides conquêtes un moyen de l'accroître, et protégèrent tout ce qui pouvait le favoriser.

[2] On voyait représentés sur les tentures et sur les diverses étoffes fabriquées dans
ce temps-là à Tyr et à Alexandrie, de même que sur les vêtements dont parle saint
Astérius, différents sujets qui supposent un grand nombre de personnages, tels
que l'histoire de la nativité de Jésus-Christ, le massacre des innocents, la passion,
la résurrection, la descente du Saint-Esprit sur les apôtres, etc. On y voyait aussi
des griffons, des licornes, des lions, des aigles, des faisans, des chevaux, des
fleurs, des arbres, etc., etc. (Anast. *De vit. Pontif.* in S. Hadrian. in Leon. III,
Gregor. IV, Leon. IV, Steph. VI; p. 110, 127, 162, 168, 176, 236, etc.). — Nous
pouvons nous faire une idée de la beauté des étoffes de soie que les fabricants
d'Alexandrie et que les Arabes eux-mêmes exécutaient, soit dans l'Orient, soit en
Espagne, soit en Sicile, dans le dixième et le onzième siècle, par les fragments
trouvés à Paris en 1793, dans le tombeau de Morard, mort en 1014, et dans celui
d'Ingon, mort en 1025, tous deux abbés de Saint-Germain des Prés. Ces fragments,
très-intéressants pour l'histoire des arts, ont été décrits sommairement par M. le
Noir, dans le *Musée des monuments français* (t. I, p. 161 à 165). Ils le seront de
nouveau par M. Willemin, dans son ouvrage intitulé *Monuments français inédits*.
Ils ont donné à M. Desmarest l'occasion de faire une savante dissertation sur quelques étoffes du moyen âge, et notamment sur les procédés employés dans la fabrication des étoffes brochées. *Mém. de l'Instit.* classe des sciences, deuxième se-
mestre, p. 119 et suiv.)

La conservation des manufactures d'Alexandrie , où se fabriquaient les beaux
ouvrages à figures dont nous venons de parler, doit faire juger de la durée de celles
où l'on imprimait des toiles de coton. Les productions de ces dernières étant d'un
débit bien plus considérable, elles ne purent manquer de se soutenir plus long-

D'une autre part, la source où les Égyptiens avaient puisé la connaissance de l'art d'imprimer n'était pas tarie. Malgré les troubles du moyen âge, le commerce de l'Inde fut toujours également actif. En offrant au luxe des grands, dans presque toutes les contrées de l'Europe, des étoffes de pourpre et de soie, des tissus variés, de riches broderies, il ne cessa jamais de répandre parmi le peuple les toiles imprimées, qui étaient une imitation de ces magnifiques parures. Ces toiles formaient un objet important du commerce des Arabes, des Génois, des Pisans, des Vénitiens, des Catalans, des Marseillais. On les trouve mentionnées plus d'une fois dans les descriptions topographiques et dans les récits des voyageurs, depuis le règne de Justinien jusqu'à l'époque où les Portugais abordèrent au Malabar. Elles étaient en usage dans l'Espagne, dans l'Italie, dans le midi de la France, dans les états de Venise, et même dans les villes du Nord, où les Vénitiens, les Pisans et les autres commerçants des pays méridionaux avaient pénétré [1].

temps. Il existe encore aux environs d'Alep des manufactures de toiles communes imprimées, à trois couleurs seulement (rouge, violet et blanc), qui paraissent en être une continuation. Ces toiles, appelées *chafarcanis*, se vendaient en très-grande quantité dans nos provinces méridionales, avant l'établissement de nos propres manufactures.

[1] Quand on remarque le goût de tous les peuples anciens pour les *robes à fleurs* en général, on reconnaît facilement combien les toiles peintes et imprimées durent être recherchées aussitôt que le commerce de l'Inde les eut fait connaître. Elles offraient à bon marché à toutes les classes du peuple des habits ornés de couleurs variées, où l'on pouvait retrouver toutes les images tissues dans les étoffes de soie que les riches achetaient au poids de l'or. Strabon dit que dans la Lusitanie, pays pauvre, où les hommes étaient vêtus de noir, les femmes portaient des *robes à fleurs* (Strabon. l. III, p. 155). Il est très-vraisemblable que ces robes étaient faites ou avec de véritables indiennes, ou avec des toiles imprimées à Alexandrie, que le bon marché y avait rendues communes. Les toiles de coton de toute espèce étaient très-répandues dans le moyen âge. On voit des fondateurs d'ordres monastiques les défendre à leurs moines; on en voit d'autres, tels que le fondateur de l'ordre de Saint-Victor, ordonner qu'on les emploie pour des rideaux de lit (Ducange. *Gloss. inf. lat.* verb. *Bombax*). Les écrivains ont rarement fait distinguer les toiles de coton blanches d'avec les toiles imprimées. L'obscurité a redoublé par l'abus du

L'art d'imprimer des livres était connu à la Chine, suivant quelques écrivains, plus de 300 ans avant Jésus-Christ. Cette opinion n'a pas été généralement adoptée; mais ce qui paraît

mot *bombyx*, qui désigne communément le coton, et qu'on a aussi employé pour désigner la soie; ainsi qu'on a employé celui de *bombacinum*, et le mot italien *bombacio*, pour désigner les étoffes de soie.

Cosmas, qui alla visiter les chrétiens de l'Inde, sous le règne de Justinien, s'est contenté de désigner les toiles de coton de toute espèce que l'on transportait dans ce temps-là d'Asie en Europe, par ces mots génériques : καὶ ἔτερα ἱμάτια, *et les autres marchandises propres à faire des habillements* (Cosmas. *Christ. top.* apud Montf. *Collect. nov. patr.* t. II, p. 337). Elmacin, dans son *Histoire des Sarrasins*, parle plus clairement : il rapporte qu'en l'an 925, Abou-Thaher, prince des Carmathes, ayant pris la ville de Koufa, sur l'Euphrate, il fut trouvé dans le butin quatre mille pièces *de toiles coloriées* (Elmacin, *Hist. Sarac.* l. II, p. 190). Benjamin de Tudèle, qui voyageait en 1173, dit que de son temps on apportait de l'Inde dans la Syrie, par le golfe Persique, *toute sorte d'habits de soie et de pourpre, du chanvre, du coton,* et notamment *des indiennes* (Benjamin. Tudel. *Itiner.* p. 104 ; traduction de de Guignes, Acad. des B.-L. t. XXXVI, p. 477). Castagneda, en décrivant l'arrivée de Vasco de Gama au Malabar, dit qu'avant cette époque, *les Mores, gros marchands, et menant grand fait de marchandises, avaient rendu la ville de Calécut la plus marchande de toute l'Inde,* et qu'ils prenaient dans cette ville *force linge de coton, gros et délié, tant blanc comme peint d'autres couleurs* (F. L. Castagneda, *Hist. de l'Inde,* trad. par N. de Grouchi ; l. I, c. XIII, fol. 30). Lorsque les Vénitiens et les Génois eurent établi leur commerce dans l'Orient, les femmes de Venise adoptèrent le voile élégant appelé *zendale* ou *zendado,* qu'elles portent encore, et les Génoises se couvrirent du modeste *mezzaro,* qu'elles ont également conservé jusqu'à présent. Le *zendale* est de soie ; le *mezzaro* est quelquefois de mousseline, plus souvent d'indienne, c'est-à-dire de *toile moyenne,* peinte ou imprimée. Ces deux espèces de parures vinrent de la même source. Les Arabes et les Catalans répandaient dans le même temps les indiennes dans l'Espagne. Les femmes de la Catalogne conservent encore, de même que les Génoises, l'ancien usage de porter des voiles faits avec des toiles imprimées. Les Vénitiens, les Génois, les Marseillais, les négociants de Pise, d'Ancône et de Bologne, transportèrent pendant longtemps des indiennes dans les Pays-Bas. Ludovico Guichardini semble du moins désigner ces toiles, ainsi que les autres étoffes de l'Inde, par ces expressions: *sciamiti mirabili… mercerie di seta et d' altro* (*Descrit. di tutti i Paesi Bassi,* p. 162). Ces renseignements doivent suffire pour nous convaincre que les toiles imprimées de l'Inde, de l'Égypte et de la Syrie, ont été constamment en usage dans l'Occident depuis les Ptolémées jusqu'aujourd'hui, et que par conséquent les procédés de ce genre de fabrication ne purent jamais être un secret pour les Européens.

du moins incontestable, c'est que cet art y était pratiqué en l'an 932 de notre ère [1]. Les Chinois imprimaient leurs livres, à cette époque reculée, de la même manière qu'ils le font encore aujourd'hui. Chaque page était gravée en relief sur une table de bois. Le papier ne recevait d'empreinte que d'un côté. L'impression se faisait par le moyen de deux brosses : avec l'une l'ouvrier posait la couleur sur la planche ; avec l'autre il comprimait le papier, et lui faisait prendre l'empreinte de la gravure [2]. Tel est à peu près le procédé qu'employaient nos anciens graveurs, et que suivent encore nos fabricants de cartes à jouer. Dès ce même temps, les Chinois joignaient à leurs livres imprimés des estampes gravées pareillement en bois et en relief. Les King, imprimés en 932, furent accompagnés d'ornements de cette espèce [3]. L'art d'imprimer des toiles existait à la Chine longtemps avant cette époque. Suivant le rapport d'un savant missionnaire, les Chinois eux-mêmes sont persuadés que ce fut cette ancienne fabrication qui conduisit leurs ancêtres à l'impression des livres [4].

Les éléments de l'art d'imprimer des gravures en relief, d'un art aussi simple dans sa théorie, et dont les productions étaient d'un usage aussi général, ne pouvaient, à l'époque dont nous parlons, être un mystère pour l'Europe. Si les Grecs ne les

---

[1] Mendoz. *Hist. du gr. royaume de la Chine*, l. III, c. XVI, trad. fr. fol. 75. — Ricci, *Christ. exped. apud Sin.* l. I, c. IV, p. 19. — Couplet, *Tab. chron. monarch. Sin.* p. 65.—*Mémoires concernant les Chinois*, t. II, p. 453.

[2] Ricci, *loc. cit.* p. 19 et 20. — Grosier, *Suppl. à l'Hist. gén. de la Chine, de Mailha*, t. XIII, p. 742. — Macartney, *Voyage à la Chine*, t. III, c. V, p. 571.

[3] Ces figures ont été représentées dans toutes les éditions postérieures. Elles sont réunies dans un ouvrage intitulé : *Lo-King-tou, ou Recueil des figures qui se trouvent dans le King*, cité par de Guignes (*Chou-King*, préf. p. ij). Quelques-unes sont des hiéroglyphes ; les autres représentent des instruments de musique, des vases, des habits, etc. On peut en voir une partie dans le Confucius, *Sin. phil.* vel *Scientia Sinensis* (p. 38 et suiv.). De Guignes en a fait graver beaucoup d'autres dans l'édition qu'il a donnée du Chou-King, traduit par le père Gaubil, p. 319 et suiv.

[4] *Mémoires concernant les Chinois*, t. II, p. 453, 454.

eussent dérobés aux Indiens sous Alexandre ou sous les Ptolémées, ils les auraient connus infailliblement dans les siècles
suivants, par l'effet d'un commerce non interrompu, de même
qu'ils apprirent dans l'Inde l'art de travailler la soie, et d'élever
les insectes qui la produisent. Les lumières de l'Orient se diri-
gèrent vers nous dans tous les temps. Les principes de la gravure ne pouvaient être ignorés des Arabes, poètes, artistes,
commerçants, manufacturiers ingénieux, conquérants intrépides,
qui, en étendant leur domination ou leurs courses, d'une part
jusqu'aux frontières de la Chine [1], de l'autre jusqu'aux bords
de la Loire et aux sources du Rhône, semblaient destinés à
mettre les sciences en équilibre dans les deux mondes. Ils ne
pouvaient pareillement échapper ni à l'œil avide des Vénitiens,
ni aux recherches de cette foule de négociants chrétiens de différentes nations, qui dès le neuvième siècle, et même auparavant, parcouraient toutes les contrées de l'Asie, avec le désir
de connaître les richesses de ces pays industrieux et d'en pro-
fiter [2].

Les Européens enfin ne discontinuèrent jamais, pendant le

---

[1] Les Arabes que le commerce appelait à la Chine dans le neuvième siècle
étaient en si grand nombre, que l'empereur leur avait permis d'avoir à Kang-Tong
un cadi ou juge de leur nation. *Anc. rel. des Indes*, par deux voyageurs mahométans, trad. par Renaudot, p. 9 et 10.—Renaudot, *ibid.* p. 141, 142.—De Guignes,
Notices des manuscrits du roi, t. I, p. 163.

[2] On sait combien dès le temps de Justinien il y avait déjà de chrétiens dans
l'Inde, et même à la Chine. Plusieurs villes de l'Inde avaient des évêques, des
moines, un clergé (Cosmas, *Christ. topogr.* apud Montf. *Collect. nov. patr.* t. II,
l. III, p. 178, etc. — Renaudot, *Remarq. sur les anc. relat.* déjà citées, p. 228 à
270). Dans une révolution qui eut lieu à la Chine, en l'an 877, il périt à Kang-Tong
cent vingt mille étrangers, mahométans, juifs, chrétiens et parsis, qui étaient établis dans cette ville, ou qui étaient venus y trafiquer. Ce fait est rapporté par deux
Arabes, dont l'un voyageait à la Chine l'année même où cette révolution eut lieu;
l'autre écrivait vers l'an 947 (*Anc. rel. des Indes*, p. 51 et 52. — De Guignes, *Notices des manuscrits du roi*, t. I, p. 12). Lors même qu'il faudrait supposer de
l'exagération dans le nombre de cent vingt mille, il serait toujours certain qu'il y
avait à cette époque un très-grand commerce entre la Chine, l'Inde et la Syrie, de
même qu'il y en avait un très-actif entre la Syrie, l'Egypte et l'Europe.

moyen âge, d'employer l'art de graver en relief et celui d'imprimer, à des cachets, à des estampilles, à des monogrammes, et à des lettres séparées, dont ils se servaient pour divers usages. Les cachets de ce genre, dont il existe encore un grand nombre dans les cabinets des curieux, renferment les noms et les prénoms des personnes auxquelles ils appartenaient. Les lettres dont ils se composent sont taillées en relief; le fond est très-évidé; on les enduisait d'une matière colorante; la pression fixait cette couleur sur l'étoffe ou sur le papier [1]. Les instituteurs employaient quelquefois des lettres gravées en relief pour enseigner à lire aux enfants [2]. Quelquefois aussi les écrivains se servaient de moules pour tracer les contours des lettres majuscules dans des manuscrits d'une exécution recherchée; ils ornaient ensuite ces traits de diverses couleurs avec le pinceau [3]. C'est ainsi que dans les toiles de l'Inde, les contours des figures sont souvent imprimés, tandis que les milieux sont de véritables peintures [4].

---

[1] Manni, *Osserv. istor. sopra i sigilli de' secoli bassi* : t. I, ragionamento dell' uso de sigilli, p. 26. 27. — *Mus. Kircher*, p. 170, 171, 172. — Les sigilles de cette espèce étaient aussi appelés *characteria*. Ils étaient souvent employés comme des griffes, pour imprimer des signatures. Mabillon, *De re diplom.* c. X, p. 110. 111; c. XV, p. 132 ; c. XXII, p. 164 et 166.

[2] *Fiant ei litteræ vel buxeæ, vel eburneæ, et suis nominibus appellentur. Ludat in eis, ut et lusus ejus eruditio sit. Et non solùm ordinem teneat litterarum, sed et ipse inter se crebrò ordo turbetur, et mediis ultima, primis media misceantur ; ut eas non sonò tantùm, sed et visu noverit.* S. Hieronym. ad *Lætam*, Epist. LVII, t. IV, col. 592.

[3] Bullet, *Rech. hist. sur les cartes à jouer*, p. 131.—Breitkopf, *Essai sur l'origine des cartes à jouer*, t. II, p. 6, 7, 152, 154.

[4] Les fabricants du moyen âge connaissaient l'art de gaufrer les étoffes. Des fragments trouvés dans le tombeau d'Ingon, dont nous venons de parler, en offrent un exemple (M. le Noir, *Mus. des monum. fr.* t. I, p. 161. — M. Desmarest, *loc. cit.* p. 158). Cette opération se fait par le moyen de deux planches de fer ou de cuivre: sur l'une les ornements sont gravés en relief; sur l'autre ils sont gravés en creux. L'étoffe pressée entre ces deux planches correspondantes, que l'on a soin de chauffer, s'étend dans les parties creuses, et les ornements paraissent en relief sur la surface principale. Ces procédés assez compliqués, dont la gravure est

Il doit suivre de ces différentes remarques, que l'art de graver en relief et d'imprimer des fleurs et d'autres ornements, des figures d'animaux, et même des figures humaines, ne cessa jamais d'être cultivé par les peuples de l'Occident, depuis les conquêtes d'Alexandre jusqu'aux temps modernes. Cette conséquence, il est vrai, tend à ravir aux artistes allemands, ou aux Italiens, l'honneur auquel ils prétendent également d'avoir inventé la gravure en bois; mais elle restitue une propriété légitime à l'Europe entière, et particulièrement au moyen âge, dont l'ignorance dans les arts ne fut pas aussi profonde qu'on l'a souvent répété. Nous avons porté la gravure à un si haut degré de perfection, que nous ne devons point envier à des siècles appelés *barbares* le mérite de s'y être appliqués, et de nous en avoir transmis l'héritage.

Ces remarques donnent un nouvel appui aux conjectures des écrivains qui ont fait remonter l'antiquité de quelques ouvrages de gravure au treizième, au dixième et même au neuvième siècle. Les recherches de ces savants confirment à leur tour nos preuves. L'histoire de la gravure peut devenir complète, si on reconnaît que les Grecs n'ignorèrent point cet art, et que la pratique n'en fut jamais interrompue.

Les anciens livres à figures, gravés sur des tables de bois, tels que la *Bible des pauvres*, l'*Art de mourir*, l'*Histoire de saint Jean*, et autres de ce genre, furent sans doute très-multipliés avant l'invention de l'imprimerie en caractères mobiles. Les différences que l'on remarque entre les exemplaires qui nous restent, et la diversité des langues dans lesquelles on les trouve traduits, en sont une preuve [1]. Tous ces exemplaires, qu'ils

---

la base, sont évidemment une suite de l'art d'imprimer sur des toiles des dessins coloriés.

[1] Heinecken a reconnu cinq éditions différentes de la *Bible des pauvres*, et il a décrit avec soin les particularités qui les font distinguer (*Idée gén. d'une collect. d'estampes*, p. 306 et suiv.). Plusieurs exemplaires de ces différentes éditions sont enluminés. Nyérup dit en avoir vu un manuscrit en ancienne langue saxo-danoise, dont les tableaux étaient richement peints (Nyérup, *Librorum qui ante re-*

soient ou non antérieurs à l'invention de Guttemberg, sont évidemment des répétitions d'éditions faites dans des temps plus reculés. Ils n'appartiennent nullement aux savantes écoles qui brillèrent à la renaissance des arts. Copiés sur d'autres copies, faits la plupart dans des cloîtres, ils ne présentent que les restes d'un art depuis longtemps dégradé. On en sera convaincu si on considère le style roide et ignoble de ces différentes gravures, et si l'on remarque, d'une autre part, combien à l'époque où la plupart de ces exemplaires qui subsistent encore durent être exécutés, c'est-à-dire vers le commencement ou le milieu du quinzième siècle, la peinture régénérée avait déjà produit de beaux ouvrages en Italie, à Venise, et même dans la Flandre.

Une ancienne tradition attribue les gravures originales de la Bible des pauvres à saint Anscharius, religieux de l'ordre de saint Benoît, archevêque d'Hambourg et évêque de Brême, mort en 865. On a remarqué en outre que deux planches de cet ouvrage sont entièrement semblables à deux bas-reliefs en pierre qui se voient dans la cathédrale de Brême ; que ces bas-reliefs existaient avant l'an 1062 ; qu'ils appartenaient à une suite plus nombreuse, dont la plus grande partie a été détruite, et qu'enfin l'invention de ces bas-reliefs est attribuée aussi par la tradition à saint Anscharius[1]. Le concours de la tradition et de cette ressemblance parfaite qui existe entre les bas-reliefs et les gra-

---

formationem in scholis Daniæ legebantur, notitia. Copenhague, 1784. p. xxj. — Camus, *Notice d'un livre imprimé à Bamberg en 1462,* p. 10). Dans tous ces livres à images, on voit au-dessus, au-dessous ou à côté des figures, tantôt les noms des personnages, tantôt des sentences ou des passages de la Bible, gravés pareillement en relief. — M. l'abbé de Tersan possède dans son riche cabinet un grand carré d'indienne sur lequel sont représentés les mystères des incarnations de Wischnou, chaque figure est accompagnée d'un nom ou d'une description en sanscrit.

[1] Heinecken, *ibid.* p. 319 et suiv. — Breitkopf, *Essai sur l'origine des cartes à jouer,* t. II, p. 82. — La Bible des pauvres (*Historiæ veteris et novi Testamenti vulgo Biblia pauperum*) est ordinairement composée de quarante planches. Une seule édition moins ancienne que les autres en a cinquante. On suppose que ces quarante gravures peuvent être des imitations d'un nombre égal de bas-reliefs dont deux seulement subsistent encore.

vures, est en effet d'un très-grand poids. Rien n'empêche par conséquent d'adopter une tradition à l'appui de laquelle concourent d'ailleurs les plus grandes probabilités[1] : mais nous ne saurions regarder ni saint Anscharius, ni tout autre moine de ce siècle, comme l'inventeur de l'art d'imprimer des gravures en bois. Cet âge pouvait sans doute conserver des connaissances acquises ; il serait difficile de croire qu'il eût le mérite d'une aussi belle invention. Nous ne féliciterons donc point l'Allemagne d'avoir inventé à cette époque un art nouveau : nous lui saurons gré d'avoir cultivé dans des temps d'orage un art précieux, qu'elle devait elle-même dans la suite élever à la perfection la plus étonnante.

Papillon raconte qu'en l'an 1719 il vit dans les mains d'un officier suisse neuf estampes gravées en bois, et reliées en un même volume, qui avaient été dédiées au pape Honorius IV. Ce pape monta sur le trône pontifical l'an 1285, et mourut l'an 1287. Les gravures dont il s'agit durent par conséquent être terminées dans l'une des trois années qu'embrassent ces deux époques. Ces estampes représentaient des sujets pris dans l'histoire d'Alexandre. Au-dessous des principales figures étaient gravés leurs noms. Le dessin, suivant le témoignage de Papillon, était demi-gothique ; quelques tailles peu régulières formaient les ombres ; l'impression paraissait avoir été faite avec de l'indigo à la détrempe. Les auteurs étaient deux jeunes gens d'une origine illustre, Alexandre-Albéric Cunio et Isabelle Cunio, frère et sœur jumeaux, nés à Vérone, parents du pape Honorius, et âgés seulement de seize ans. Le livre avait été donné par le comte Cunio, leur père, à un des ancêtres du propriétaire,

---

[1] S. Anscharius, moine du couvent de Corbie, homme instruit et zélé, appelé *l'apôtre du Nord*, prêchait l'Évangile aux Danois et aux Saxons, à l'époque où le culte des images, défendu avec chaleur par l'Église latine contre le fanatisme des empereurs d'Orient, faisait chaque jour de nouveaux progrès, non-seulement en Italie, mais jusqu'au fond de l'Allemagne. Il était contemporain de Grégoire IV et de Léon IV. Le papier de coton était déjà connu en Allemagne de son temps.

qui le conservait comme un monument précieux et honorable pour sa famille. Quoique ce fait très-remarquable ait été rarement cité, nous ne craindrons point de le placer parmi les vérités qui doivent devenir historiques [1]; mais les enfants dont parle Papillon n'inventèrent pas plus la gravure que saint Anscharius. Nous ne croirons pas même que ces deux jeunes gens, nés à Vérone, contemporains du Florentin Cimabué, fussent ses élèves, et que la gravure soit née dans l'atelier de ce peintre célèbre. S'il en était ainsi, les savants italiens n'auraient pas manqué de nous en instruire; l'histoire et les ouvrages d'Albéric et d'Isabelle Cunio, ou de tout autre élève de Cimabué qui aurait inventé l'art, seraient connus du monde entier. La filiation des maîtres qui avaient instruit ces deux enfans remonte par conséquent plus loin [2].

[1] Heinecken a passé ce fait sous silence. Il a en même temps versé le mépris à pleines mains sur l'ouvrage de Papillon, qu'il dit plein de tables, de bévues et d'absurdités (p. 151, 237, not. *l*: p. 239, not. *n*.) Papillon est tombé en effet dans bien des erreurs; mais lorsqu'il s'agit d'un fait dont il est témoin oculaire, il ne peut exister aucune raison de rejeter son témoignage. Cet écrivain n'avait nul intérêt à tromper le public. Il est entré d'ailleurs dans des détails qui doivent faire accorder à son récit une pleine croyance. L'ouvrage dont il parle lui fut montré par un officier suisse appelé M. Gréder. Il appartenait à un autre officier suisse, nommé M. Spirchtvel. Jean-Jacques Turine, natif de Berne, un des ancêtres maternels de M. Spirchtvel, et petit-fils de celui à qui le comte Cunio l'avait donné, avait écrit de sa main sur le dernier feuillet l'histoire des deux jeunes auteurs. Ces différentes personnes doivent être considérées comme autant de témoins. On ne peut pas plus supposer que ces militaires suisses eussent fabriqué des pièces fausses, pour attribuer d'anciennes gravures à des Italiens, qu'on ne peut suspecter la bonne foi de Papillon. Le fait en lui-même n'offre d'ailleurs rien d'invraisemblable; il ajoute seulement une nouvelle preuve à celles que nous avons déjà rapportées sur l'antiquité de l'art. M. l'abbé Zani a réclamé ces gravures en faveur de l'Italie, dans son ouvrage intitulé : *Materiali per servir alla storia dell' incisione in rame e in legno* (p. 83 et seq.). On peut en voir la description, ainsi que l'histoire intéressante des deux jeunes Cunio, écrite par Jean-Jacques Turine, et traduite en français, dans l'ouvrage de Papillon. (*Traité hist. et prat. de la grav. en bois*, t. I, p. 83 à 92.)

[2] Les peintres du treizième et du quatorzième siècle employaient des instruments de fer ou de cuivre gravés en relief pour imprimer des ornements en or dans les

Pour se former une idée juste de l'état des arts dans l'Occident pendant les treizième, quatorzième et quinzième siècles, il faut distinguer deux écoles contemporaines. L'une, que l'on pourrait appeler l'École gothique, fondée sous les Romains dans l'Italie, la Germanie et les Gaules, terminait sa longue carrière en croyant suivre encore les principes des anciens, qu'elle ne connaissait plus; l'autre, ramenée à l'observation de la nature par Cimabué, et même avant lui par Guido de Sienne, nourrie de bonnes études, déjà pleine de vigueur, s'approchait chaque jour de la perfection dont la première s'était de plus en plus éloignée. La jeunesse de cette nouvelle école nous est très-connue; la vieillesse de celle qu'elle remplaça l'est beaucoup moins.

Parmi les écrivains qui ont recherché l'origine des cartes à jouer, quelques-uns se sont persuadé que l'impression de la gravure en bois avait été inventée pour la fabrication des cartes, et qu'ils connaîtraient par conséquent le degré d'antiquité de cet art, si l'époque de l'invention des cartes leur était connue. Cette opinion est évidemment une erreur. Quelque anciennes que puissent être les cartes à jouer, le culte des saints l'est encore davantage, et l'art d'imprimer avec des moules de bois avait précédé même les images des saints.

Les cartes étaient connues en France en l'an 1328, ou du moins dans l'espace de temps écoulé entre les années 1328 et 1342[1]. L'invention de ce jeu est cependant encore plus an-

fonds de leurs tableaux et sur les vêtements de leurs personnages. Ils imitaient par ce moyen les dessins des tapisseries et ceux des étoffes brochées, brodées, imprimées ou gaufrées. On voit des ornements de cette espèce dans les tableaux faits par les Grecs de ces temps-là, dans ceux de Guido de Sienne, qui peignait en 1221, d'Andrea Tafi, de Margaritone, de Cimabué, etc. Cet usage dut être beaucoup plus ancien.

[1] La preuve de ce fait se trouve dans un passage d'un roman intitulé : *le Renard le contrefait.* Ce passage est ainsi conçu :

Si comme fols et folles sont
Qui pour gaigner au bordel vont

cienne. Les cartes étaient défendues en Espagne en 1333[1], et connues en Italie dès l'an 1299[2]. Vers la fin du quatorzième siècle, elles furent proscrites par les prédicateurs, et prohibées par les ordonnances des rois dans la plus grande partie de la chrétienté. Malgré cette prohibition, il s'en fabriquait des quantités prodigieuses. Elles étaient peintes pour les grands, gravées et enluminées pour le pleuple. Ce furent principalement les Vénitiens et les Allemands qui s'attachèrent à cette fabrication. Il paraît que les Espagnols et les Siciliens étaient les plus

> Jouent aux dez aux cartes aux tables
> Qui a Dieu ne sont délectables
>> Fol. 95, première colonne.

L'auteur de ce roman dit l'avoir commencé en 1328, et avoir travaillé treize ans à le composer.

> Tant y pensa et jour et nuit
> En l'an mil iij c xxviij
> En avalant y mist sa cure
> Et continua l'escriture
> Plus de xiij ans y mist au faire.

L'ouvrage fut par conséquent terminé en 1342. — Le P. Menestrier croyait que les cartes avaient été inventées en France, sous Charles VI, en 1393 (*Bibliothèque curieuse et instructive*, t. II, p. 194). Bullet, qui en attribuait également l'invention aux Français, la faisait remonter au temps de Charles V, vers l'an 1376 (*Rech. hist. sur les cartes à jouer*, p. 30 et suiv.). Méerman a reculé cette invention sous le même règne jusqu'à l'an 1367 (*Origin. typogr.* t. I, p. 222). Toutes ces autorités s'écrouleront devant un passage d'un roman. — Je dois la connaissance de ce passage intéressant à M. Van Praet, l'un des savants conservateurs de la Bibliothèque royale. Le manuscrit original sur lequel je l'ai collationné est déposé au cabinet royal des manuscrits. Il vient de a bibliothèque Lancelot, et porte le n° 6985. L'auteur, dont le nom est inconnu, était de Troyes en Champagne.

[1] Rive, *Éclaircissements historiques sur l'invention des cartes à jouer* (Extrait de sa notice sur le roman d'Arthus, p. 10 et suiv.).

[2] Les cartes sont mentionnées dans un ouvrage intitulé : *Trattato del governo della famiglia*, écrit en 1299, par Sandro di Pippozzo di Sandro. Le passage est ainsi conçu : *Se giucherà di danari, o cosi, o alle carte, gli apparecchiarai la via.* Tiraboschi, *Stor. della letterat. ital.* t. VI, part. II, p. 458, 459.—*Vocab. della Crusca*, verb. *Carta.*

forts consommateurs. Les ouvriers seuls de la ville d'Ulm en remplissaient chaque année un grand nombre de tonneaux, qui étaient transportés en Sicile et dans d'autres ports de la Méditerranée [1].

En 1441 , les graveurs de Venise représentèrent au sénat que leur commerce était totalement détruit par l'immense quantité d'images de saints, de cartes à jouer, et d'autres ouvrages imprimés et enluminés qu'on apportait du dehors. Le sénat défendit l'introduction dans les états de la République, non-seulement des cartes à jouer, mais encore de toute espèce d'ouvrages *peints ou imprimés*, *soit sur papier*, *soit sur toile*. Ce décret mérite une grande attention, en ce qu'il rappelle l'art d'*imprimer sur toile*, auquel furent appliqués en Europe les premiers essais de l'art de graver en relief [2]. Il nous prouve que les Vénitiens avaient établi chez eux depuis fort longtemps des manufactures de ce genre. Nous ne conclurons donc point de ce décret avec Heinecken, que les Allemands imprimèrent des cartes avant d'avoir imprimé des images de saints, et que ce fut pour servir

---

[1] Heinecken , *loc. cit.* p. 245. — Breitkopf, *Essai sur l'origine des cartes*, t. II, p. 9. — La passion des Espagnols et des Siciliens pour les cartes est un des motifs qui peuvent faire croire que ce jeu nous vient des Arabes, ainsi que les échecs.

[2] La requête est conçue ainsi qu'il suit : MCCCCXLI. *A di XI otubrio. Conciosia che l' arte e mestier delle carte, e figure stampide, che se fano in Venezia è vegnudo a total deffaction, e questo sia per la gran quantità de carte da zugar, e feyure depente stampide, le qual vien fate de fuora de Venezia, a la qual cosa è da meter rimedio... Séa ordenado, e statuido... che da mo in avanti non possa venir over esser condutto in questa terra aloun lavorerio de la predicta arte, che sia stampido o depento in tela o in carta, come sono anchone e carte da zugare, e cadaun altro lavorerio de la so arte facto à penello e stampido.* (*Raccolta di lett. sulla pitt.* t. V, p 321). Tommaso Temanza, qui a découvert cette requête , ainsi que le décret, dans les registres des arts et métiers de Venise, pense que ces mots : *e fegure depente stampide... facto a penello e stampido,* désignent des gravures enluminées (*ibid.* p. 322). Heinecken en a jugé de même (*loc. cit.* p. 246). Nous voyons ici, par conséquent, des gravures en bois imprimées sur toile et sur papier, et en outre des gravures enluminées.

à la fabrication des cartes qu'ils inventèrent la gravure[1]. Il est évident, au contraire, que la gravure était connue très-anciennement à Venise, de même qu'en Allemagne, puisqu'en 1441 le commerce auquel elle donnait lieu était déjà ruiné. Il est évident, ainsi que l'a remarqué le savant Breitkopf, que ce fut la grande dextérité acquise par les ouvriers allemands et par les Vénitiens dans l'art de graver, soit des images de saints, soit d'autres objets, qui les rendit propres à imprimer des cartes à meilleur marché que leurs concurrents, aussitôt que cette fabrication leur fit espérer de nouveaux profits[2].

Il existe dans quelques cabinets un petit nombre d'exemplaires d'une de ces images de saints, qui occupèrent longtemps le loisir des moines. Elle représente saint Christophe traversant un bras de mer et portant l'enfant Jésus. La composition est entièrement gothique; le trait est sec, lourd et grossier; à peine voit-on quelques hachures dans les draperies. L'impression a été faite avec un frotton, à la manière des cartes. Cette pièce porte la date de 1423[3]. Heinecken la regarde comme une des premières compositions historiques des artistes qui s'étaient formés en gravant des cartes. Malgré notre respect pour les opinions de cet habile connaisseur, nous rejetons au contraire

---

[1] Heinecken, *loc. cit.* p. 245. 246, 249, 251.

[2] Suivant l'opinion d'Heinecken, les premiers graveurs en bois furent appelés *Briefmaler, peintres de cartes* (*loc. cit.*). Breitkopf fait remarquer, au contraire, que dans la Souabe, les fabricants de cartes s'appelaient autrefois des *faiseurs d'images;* il dit qu'à Ulm notamment, toute feuille imprimée sur bois s'appelle encore en langage vulgaire *Halgen* ou *Haeglein,* un *Saint* ou *des Saints;* et il pense qu'on peut faire remonter la gravure des images de saints en Allemagne, jusqu'au neuvième siècle. *Loc. cit.* t. II, p. 153 à 157.

[3] A droite, auprès du saint, on voit un ermite qui l'éclaire avec une lanterne; à gauche est un paysan assis sur sa monture, qu'il conduit vers un moulin; du même côté, sur la croupe d'une montagne, on voit un autre paysan qui porte un sac. Cette pièce a dix pouces et demi de hauteur; elle est excessivement rare. On peut en voir un exemplaire à Paris, dans le cabinet royal. Heinecken dit en avoir trouvé un exemplaire enluminé dans la chartreuse de Buxheim, près de Memmingen. *Loc. cit.* p. 250.

cette gravure, ainsi que beaucoup d'autres à peu près semblables, qu'il dit lui-même avoir trouvées dans des couvents, parmi les derniers ouvrages de la vieille école, qui depuis plusieurs siècles gravait des images de saints. L'ancienne routine était alors sur le point d'expirer. La date de 1423 n'indique point la naissance d'un art inconnu auparavant : elle marque un des degrés les plus bas où devaient descendre la gravure et le dessin des anciens, conservés, ou plutôt dégénérés dans les cloîtres[1].

Nous sommes arrivés à l'époque mémorable où fut inventée l'impression de la gravure en creux. Notre sujet va s'agrandir et inspirer un nouvel intérêt. Il ne s'agira plus seulement dans l'histoire des temps que nous allons parcourir, de toiles imprimées, de sigilles, d'estampilles ou de cartes à jouer, grossièrement exécutées : nous allons voir l'art du burin devenir dans des chefs-d'œuvre inconnus à l'antiquité, l'imitateur et en quelque sorte le rival de la peinture.

Tandis qu'un moine de Buxheim ou de Memmingen traçait la figure gothique de saint Christophe dont nous venons de parler, une lumière nouvelle brillait sur quelques cités régénérées de l'Italie, de la Belgique et de l'Allemagne. Jean Van Eyck, né en 1370, avait inventé dans la ville de Maaseyk la peinture à l'huile ; le Dôme de Florence s'élevait sous le compas de Brunelleschi ; une des portes de bronze du baptistère de Saint-Jean de la ville, admirable ouvrage de Laurent Ghiberti,

---

[1] Il faut ranger pareillement parmi les productions de la vieille école, les gravures jointes à plusieurs ouvrages publiés dans les premiers temps de l'invention de l'imprimerie : celles, par exemple, d'une édition des fables d'Ésope, traduites en allemand, imprimée à Bamberg, en 1461, par Albert Pfister, in-fol., dont on voit un exemplaire à Paris à la Bibliothèque royale ; celles de l'Allégorie sur la mort, du livre de Joseph, etc., publiés par le même imprimeur, en 1462, in-fol. ; celles d'un poëme sur les guerres et la mort de Charles le Hardi, duc de Bourgogne, imprimé à Strasbourg en 1477, in-fol., et plusieurs autres du même genre. — Par l'effet d'une ancienne habitude, les figures imprimées sur nos cartes à jouer nous offrent encore aujourd'hui le style des gravures antérieures à la régénération des arts.

venait d'être terminée[1] ; Taddeo Gaddi, Simon Memmi, le Masolino, perfectionnant l'art de Cimabué, avaient montré aux peintres la véritable route, où marchait déjà le Masaccio[2], précurseur de Léonard de Vinci, de Michel-Ange et de Raphaël. Les ouvrages de ces habiles maîtres semblaient solliciter les secours de la gravure, qui devait non-seulement assurer leur immortalité, mais exercer encore une heureuse influence sur les progrès des arts et des sciences en général.

L'ancien papier fait avec le papyrus, quelquefois très-mince, mais toujours rude, perméable à l'encre et sujet à s'écailler[3], avait été depuis longtemps remplacé par le papier de coton, dont les Indiens enseignèrent la fabrication aux Grecs et aux Arabes, et que ces deux peuples commencèrent à répandre dans l'Europe au neuvième siècle[4]. Les Espagnols avaient substitué le lin au coton; les Français y avaient substitué le chanvre[5]; le papier de lin s'était répandu en Allemagne dès l'an 1315[6]; et enfin, par l'emploi, soit du chanvre, soit du lin, et par un effet du perfectionnement des manufactures européennes, les graveurs avaient à leur disposition un papier plus serré, et cependant plus doux, plus moelleux que le papier de coton lui-même, un

---

[1] Le célèbre concours dans lequel Laurent Ghiberti fut choisi pour exécuter ces belles portes que Michel-Ange jugeait dignes d'être les *portes du Paradis*, eut lieu en 1401. Ce concours marque une des grandes époques de l'histoire des arts. J'en ai rappelé les particularités dans mon ouvrage intitulé : *Recherches sur l'Art statuaire considéré chez les anciens et chez les modernes* (Paris, 1805), p. 419 et suiv.

[2] Le Masaccio naquit en 1401, et mourut en 1443.

[3] Plin. l. XIII, c. XII.

[4] Montfauc. *Académie des Belles-lettres*, t. VI, p. 505, 506. — *Nouveau traité de diplom.* t. I, p. 517. Breitkopf, *Essai sur l'origine des cartes à jouer*, t. I, p. 50 et suiv.

[5] Breitkopf, *loc. cit.* — M. Mongez, *Recherches sur l'emploi du chanvre dans l'antiquité;* Mém. de l'Inst. de France; classe de littér. et beaux-arts, t. V, p. 472, 473.

[6] Wehrs, *Du papier et des matières employées à l'écriture avant l'invention du papier*, p. 312, 361. — M. Bodmann, *Encore un mot sur le diplôme de Schwandner*, § 1 et 27.

papier vraiment propre à recevoir et à conserver les traits les plus déliés de leurs ouvrages.

Nous avons dit que sous le règne de Charlemagne, ainsi que dans l'antiquité, les graveurs au burin traçaient des plans géographiques sur des planches de métal. Les orfévres et les armuriers cultivaient, dans ce même temps, deux autres arts dont la gravure était la base. L'un était la *damasquinure*[1], pratiquée par les Grecs avec le plus grand succès : l'autre était l'art de *nieller*, également connu des anciens, porté par les Florentins au plus haut degré de perfection, et aujourd'hui totalement abandonné. Tout le monde sait que dans la *damasquinure* des ornements en or ou en argent sont incrustés sur un métal ordinairement moins brillant qui leur sert de fond : dans la *niellure* au contraire, après avoir gravé des dessins d'une finesse quelquefois prodigieuse sur un fond d'argent ou d'or, on faisait pénétrer un mélange de plomb, d'argent et de cuivre en fusion, dans les creux les plus déliés tracés par le burin. L'effet de cette matière *noirâtre* attachée à un fond clair était à peu près le même que celui du crayon noir sur une surface blanche[2]. D'habiles burinistes représentaient, par ce moyen,

[1] On peut consulter relativement à la damasquinure, une dissertation de M. l'abbé Francesconi, intitulée : *Di un' urnetta lavorata all' agemina*, Venez. 1800.

[2] Les mots italiens *niello* et *niellare* viennent du latin *nigellum*, noirâtre. — Les procédés de l'art de *nieller* nous ont été conservés par Benvenuto Cellini, dans son traité *dell' orificeria* (l. I, p. 11 à 13, ed. 1568), et par Vasari (*Introd. alle tre arti del dissegno*, c. XXXIII, t. I, delle Vite, p. LXI, ed. 1759). Ils avaient été décrits longtemps auparavant, avec beaucoup de détails, par Theophilus Monachus, qu'on croit avoir vécu vers le dixième siècle, dans son ouvrage intitulé : *De omni scientiâ artis pingendi.* Cet écrivain enseigne les moyens de composer le mélange métallique appelé *nigellum ;* il dit aussi comment il faut répandre ce mélange en fusion sur la planche déjà gravée, nettoyer ensuite la planche et la repolir. *Et frica super omnia loca quæ denigrare volueris, donec tractus omnes pleni sint ; ablatumque ab igne, cum limâ æquali diligenter plana, donec argentum sic appareat ut vix tractus considerare possis, et sic cum rasorio ferro lima, rugas diligenter erade,* etc. Les chapitres XXVII, XXVIII, XXXI, XL et LXXI du l. III, consacrés à cet art, n'ont point été publiés par Raspe, dans sa collection intitulée :

sur des poignées d'épées, sur des bijoux servant à la parure des femmes, sur des boîtes, sur des croix, et notamment sur des planches d'or ou d'argent de quelques pouces de hauteur, appelées des *paix*, parce qu'elles étaient destinées à recevoir le baiser de paix dans les cérémonies religieuses, des ornements étrusques, des arabesques, des portraits et même des compositions historiques.

L'art d'imprimer des estampes sur des planches gravées en creux naquit enfin de l'art de *nieller*. Ce fait, sur lequel on a

A critical essay on oil-painting (Lond. 1781), on a placé des fragments de l'ouvrage de Théophile. On peut les voir dans les Mémoires d'histoire et de littérature tirés de la bibliothèque du duc de Wolfenbuttel, par Lessing, où ce traité, extrêmement intéressant pour l'histoire de la peinture, de la gravure et de l'orfévrerie, est imprimé en entier. Ils seront imprimés de nouveau dans le bel ouvrage que M. le sénateur Durazzo se propose de publier sur la gravure, et particulièrement sur les *nielli*. Cet illustre amateur suivra dans cette édition une copie qu'il a bien voulu me communiquer, faite par les ordres du comte Jacques de Durazzo, son oncle, ambassadeur d'Autriche auprès de la république de Venise, dans le siècle dernier, sur un manuscrit du douzième siècle (in-8° sur parchemin), conservé à Vienne dans la bibliothèque impériale.

Théophile n'est pas le seul écrivain du moyen âge qui parle de l'art de *nieller*. Nicéphore, archevêque de Constantinople, envoya des bijoux ornés de *niello*, au pape Léon III, en l'an 811. Sa lettre se voit dans les Annales de Baronius (t. XIII, p. 484). — Cet art, qui avait déjà pénétré chez les Russes au temps de Théophile, était cultivé en France à une époque plus reculée. Les Marseillais y excellaient sous les rois Clotaire II et Dagobert. Un abbé, Léodebod, légua au monastère de Saint-Pierre de Fleuri, par son testament fait en l'an 646, deux coupes en argent doré *niellés*, fabriquées à Marseille : *Scutellas duo minores Massilienses deauratas quæ habent in medio cruces niellatas* (Helgaud, apud Duchesne, *Hist. Fr. script.* t. IV, p. 61). Il est fait mention d'étriers *niellés* et d'épées *niellées* dans le romau de Garin de Loherans, composé sous le roi Louis le Jeune :

Affichiez s'est ens estriers noelez

. . . .

Cors et gaillard et espié noelé.

On trouve d'autres passages relatifs à la *niellure* dans Ducange (*Gloss. med. et inf. lat.*), aux mots *nigellum*, *nigellatus*, *niellatus*, et dans le dictionnaire étymologique de Ménage, aux mots *nellure* et *nillée*.

L'art de *nieller* était chez les anciens une branche de l'art de peindre en encaustique.

souvent élevé des doutes, est aujourd'hui confirmé par les preuves les plus authentiques. La date, qu'on cherchait aux environs de l'an 1460, est désormais fixée à l'an 1452 ; et par une rencontre assez remarquable, cette époque est la même que celle où Guttemberg et Faust imprimaient à Mayence leur première Bible latine sans date.

Maso Finiguerra, natif de Florence, orfévre et sculpteur, élève de Laurent Ghiberti et de Masaccio[1], exécutait en 1452 une *paix* orné de *niello*, pour la confrérie des ouvriers et des commerçants en laine de sa patrie. Avant de répandre le *niello* sur la planche déjà gravée, avant même de terminer la gravure, voulant juger des progrès de son travail, il prit, suivant l'usage pratiqué dans cet art, une empreinte avec de l'argile; sur cette argile, où les traits étaient en relief, il coula des épreuves en soufre ; et dans les sillons du soufre il répandit du noir de fumée qui lui représentait les effets du *niello*. Pour apprécier ces effets sur un fond plus clair, il conçut l'idée d'imprimer des épreuves sur un papier humecté, ainsi que le faisaient les graveurs en bois. Cette belle expérience fut ensuite répétée avec une encre plus durable, sur la planche d'argent, lorsque l'artiste l'eut enrichie de nouveaux travaux, et Finiguerra obtint de véritables estampes sur cette planche qu'il avait gravée dans une autre intention.

Par un concours de circonstances heureuses, tous les monuments employés à ces premiers essais subsistent encore : deux épreuves en soufre se voient dans les cabinets de deux illustres amateurs ; une épreuve sur papier, peut-être unique, où les travaux sont plus avancés que dans les soufres, vient d'être découverte à Paris, dans le cabinet royal[2] ; la *paix* qui fut

---

[1] Baccio Bandinelli, nelle *Lett. pitt.* t. I, p. 75. — Baldinucci. *Notiz. de Proff. del disegno*, ed. Manni, t. IV, p. 2. Le savant Manni a fait une erreur évidente, lorsque, dans sa note sur ce passage de Baldinucci, il a supposé qu'un Thomas Finiguerra, mort en 1424, était le même que celui qui *niella* la paix de l'église de Saint-Jean-Baptiste.

[2] L'un de ces soufres appartient à M. Seratti, qui était gouverneur de Livourne à

niellée après ces diverses opérations est à Florence, dans l'église de Saint-Jean-Baptiste, pour laquelle elle fut faite; le registre même sur lequel fut consigné le payement fait à l'artiste, en l'an 1452, a été épargné par le temps[1]. Un savant connaisseur dont nous nous faisons un devoir de proclamer le nom, M. l'abbé Zani, a reconnu à Paris l'estampe de Finiguerra; il a confronté les divers monuments, et a donné, par ce rapprochement, la

la fin du siècle dernier. On y voit encore les traces du noir de fumée que Finiguerra avait répandu dans les creux (M. Zani, *Materiali per servire alla stor. dell' incis. in rame*, p. 47. — M. Seratti, *Brev. dissert. sopra lo zolfo di M. Finiguerra*, aggiunt. all' ist. op. di M. Zani, p. 217). L'autre se voyait autrefois dans le musée du célèbre A. F. Gori, qui l'a décrit dans son ouvrage intitulé : *Thesaurus veterum diptychorum* (t. III, p. 315). Il a passé après la mort de ce savant dans le riche cabinet du comte de Durazzo. M. le sénateur Durazzo l'a fait graver, et a bien voulu me communiquer une épreuve de cette gravure encore inédite. En la comparant avec l'estampe du cabinet royal, j'ai eu l'occasion de reconnaître que le travail de la gravure était bien plus avancé lorsque Finiguerra imprima cette estampe, que lorsqu'il coula l'épreuve en soufre. Toutes les parties de la composition se ressemblent parfaitement; mais dans le soufre, on ne voit presque que les premiers traits, et dans l'estampe, tout est fini avec une délicatesse exquise. Le soufre ayant été coulé sur une argile, offre les objets tels qu'ils se présentent sur la *paix niellée;* les noms de saint Augustin et de saint Ambroise, ainsi que l'inscription : *Assumpta est Maria in cœlum, gaudet exercitus angelorum*, se lisent de gauche à droite. Dans l'estampe qui fut imprimée sur la planche d'argent, ces inscriptions se présentent, au contraire, de droite à gauche. On voit à la finesse du burin et à la fermeté du coloris que cette estampe dut être tirée sur la planche d'argent lorsqu'il ne restait plus qu'à la *nieller*. Ces monuments nous dévoilent ainsi toutes les opérations successives de Finiguerra. La gravure du soufre de M. le sénateur Durazzo fera partie de l'ouvrage que nous prépare cet ami des arts. On y verra aussi gravés un assez grand nombre de bijoux d'argent *niellés ;* et en outre des copies de vingt-six épreuves d'autant de différents *nielli*, tirées par des orfévres florentins et lombards qui voulurent imiter Finiguerra, recueillies par des artistes de la famille Gaddi, et acquises d'un membre de cette famille par le comte Durazzo. On sait que le cabinet de M. de Durazzo renferme quarante-cinq mille estampes de toutes les écoles, rangées par ordre chronologique, suivant la naissance des peintres, et présentant l'histoire la plus complète de la peinture et de la gravure.

[1] Gori, *Thes. vet. diptyc.* t. I, p. 316. — *Lett. pitt.* t. II, p. 268. — M. Lanzi, *Stor. pitt.* t. I, p. 87.

preuve complète de l'origine de l'art : c'est à lui que l'Europe en est redevable [1].

L'ouvrage de Finiguerra est aussi remarquable par la beauté de l'exécution que par son antiquité. Il représente l'Assomption, ou plutôt le couronnement de la Vierge. Sur une surface de quatre pouces huit lignes de hauteur, et de trois pouces deux lignes de large, il offre quarante-deux figures, distribuées, il est vrai, avec symétrie, suivant l'esprit du temps, mais avec beaucoup d'intelligence. Le burin est fin et spirituel; le dessin et l'expression même annoncent un très-habile maître [2].

A peine l'Italie venait d'inventer l'art, l'Allemagne en offrait déjà des productions très-nombreuses et également étonnantes. Un burin net, ferme, vif, des traits légers et hardis, caractérisent les ouvrages de Martin Schoen, appelé par les Français *le beau Martin*. Cet artiste, qui était peintre et orfévre, né à Culmbach vers l'an 1420, paraît avoir gravé depuis l'an 1460 jusqu'à l'an 1486, époque de sa mort. Il a laissé environ cent cinquante pièces, parmi lesquelles on en remarque un grand nombre qui sont véritablement prodigieuses pour l'esprit de la composition, le caractère et l'expression des têtes, la délicatesse des détails et même la perspective et les effets de la lumière [3].

---

[1] M. Zani a fait l'histoire de sa découverte dans son ouvrage intitulé : *Materiali per servire alla storia,* etc. (Parma, 1802, in-8°), que nous avons déjà cité. On peut voir dans cet ouvrage (p. 200) une copie gravée de l'épreuve du cabinet royal.

[2] Maso (ou Thomaso) Finiguerra naquit à Florence, vraisemblablement vers l'an 1418 (M. Zani, *loc. cit.* p. 37, 39). — M. Hubert donne la description de vingt-quatre pièces provenant du cabinet du baron de Stosch, et appartenant aujourd'hui à M. Otto de Leipzig, qu'Heinecken avait jugées originales, et qui lui avaient paru de la main de cet artiste. *Manuel des amateurs de l'art*, t. III, p. 30 et suiv.

[3] Nous pouvons citer entre autres, parmi les pièces qui nous paraissent les plus remarquables, deux Nativités (n°s 2 et 3 de la Notice de M. Hubert, *Man. des amateurs*, t. I, p. 108 et 109), douze pièces représentant la Passion, le grand Portement de croix, la Mort de la Vierge, et la Tentation de saint Antoine, morceau fameux, qui a souvent été copié. Ces estampes se trouvent à Paris, dans la collec-

L'impression de la gravure en creux fut-elle inventée dans le même temps en Allemagne et en Italie? on ne pourrait hasarder sur cette question que des conjectures : le fait concernant Finiguerra est au contraire incontestable; et il est d'ailleurs reconnu que cet artiste ne fit point un secret de sa découverte.

Les premiers progrès de l'art ne furent pas rapides. Baldini et Sandro Botticelli demeurèrent loin de Finiguerra, dont ils suivirent les traces [1]. Si l'un des deux Israël Van-Mecheln approcha de l'artiste de Culmbach, ce ne put être que le fils, et vers ses dernières années [2]. Robetta et Benedetto Montagna sont plus dignes d'attention pour le dessin que pour la gravure. Antoine

tion du cabinet royal. Elles font également partie du beau cabinet de M. Vitot-Dufrène : ce savant connaisseur possède plus de vingt-deux mille estampes, choisies avec autant de goût que d'intelligence, parmi lesquelles on remarque tout ce que la gravure a produit de plus accompli et de plus rare depuis Martin Schoen et Botticelli jusqu'aujourd'hui.

[1] Baccio Baldini naquit à Florence en l'an 1436. Cet artiste a gravé, d'après les dessins de Sandro Botticelli, les trois estampes qui ornent le livre intitulé : *Il monte santo di Deo*, imprimé à Florence, en 1477; premier ouvrage qui ait été publié avec des vignettes gravées sur métal. Il a gravé aussi, et toujours d'après les dessins du même peintre, les deux premières planches de l'édition de Dante, donnée à Florence, avec des commentaires de Landini, en 1481. Il en existe dix-sept autres, extrêmement rares, qui n'ont point été imprimées sur les feuillets du livre, mais séparément. Gaburri ne croyait pas pouvoir les attribuer à Baldini ; il les supposait d'une main moins exercée (*Lett. pitt.* t. II. p. 268, 269). M. l'abbé Lanzi a adopté cette opinion (*Stor. pitt.* t. I, p. 82, 83). — Sandro Botticelli naquit à Florence en 1437. On distingue parmi les gravures qui lui sont attribuées vingt-quatre pièces représentant des prophètes, douze représentant des sibylles, et sept paysages (grand in-folio), représentant les travaux de la campagne, et appelés *les sept planètes*. Strutt a donné, à la fin du premier volume de son *Biographical dictionary of engravers*, une copie de la planète de Vénus.

[2] Les deux Israël Van-Mecheln marquaient l'un et l'autre leurs ouvrages, tantôt J M, tantôt J V M, etc. Le père naquit à Mecheln, bourg de Westphalie, en 1424 : le fils mourut à Backolt, bourg de l'évêché de Munster, en 1523. On ne distingue ses gravures d'avec celles de son père que par le mérite de l'exécution.—Matthieu ou Martin Zagel a dans son burin la même finesse que Martin Schoen ; il montre quelquefois un grand talent dans l'art de ménager la lumière; sa pièce représentant un homme et une femme qui s'embrassent dans une chambre, est à cet égard un chef-d'œuvre bien étonnant. Mais cet artiste est généralement sec, et son dessin

Pollajuolo, qui les avait précédés, dessinateur encore plus savant, eut le mérite d'entreprendre de très-grandes planches ; il
parvint à imiter le travail facile du crayon par des hachures al-
longées et serrées, qui, en revenant sur elles-mêmes sans s'in-
terrompre, se croisent en forme de fuseau ; mais cette invention
servit peu à l'avancement de l'art, et fut bientôt abandonnée ;
ses teintes sont d'ailleurs monotones, et ses contours durement
ressentis [1]. Andrea Mantegna est le plus habile maître de ces
premiers temps : son travail, qui ressemble à celui de Pollajuolo,
est plus moelleux et plus varié. Habile peintre, il avait ennobli
son style par l'étude de l'antique ; ce grandiose retracé dans ses
estampes l'élève au-dessus de tous les graveurs ses contemporains [2].

Quel que fût le mérite de ces anciens maîtres, leurs ouvrages
étaient loin sans doute des chefs-d'œuvre de Vorsterman, de
Schelte Bolswert, de Corneille Visscher, de Pontius, de Poilly,
de Nanteuil, d'Édelinck, de Drevet, de Gérard Audran. L'art,
encore enfant, devait faire de longues études avant de parvenir
à la perfection où ces hommes illustres l'ont su conduire. Orgueilleux de ses succès, il devait ensuite s'abandonner à de sé-

---

est souvent gothique. On croit qu'il était orfévre. Il naquit vers l'an 1430. La pièce
dont nous parlons porte la date de 1503.

[1] Cet artiste naquit à Florence en 1426, et mourut dans la même ville en 1498.
Il était orfévre, peintre, et habile ouvrier en *niello* (Vasari, *Vit. d'Ant. et
P. Pollajuoli*, t. I, p. 439). Sa pièce principale représente un combat à l'épée
entre dix hommes nus : cette pièce a environ vingt pouces de large sur quinze de
haut.

[2] Vasari a induit plusieurs écrivains en erreur sur les époques de la naissance et
de la mort d'André Mantegna. Cet artiste naquit aux environs de Padoue, en 1430,
et mourut en 1506 (Lanzi, *Stor. pitt.* t. II, p. 38, et t. III, p. 456). Il a gravé
quelquefois sur de l'étain, ainsi que Baldini et Botticelli. Ce métal a donné à
ses estampes un coloris terne et grisâtre. On en voit aussi quelques-unes qui paraissent avoir été imprimées au rouleau ; d'autres ont été gravées sur cuivre, le
coloris en est bon, elles paraissent imprimées avec une presse. — Les deux frères
Jean-Marie et Jean-Antoine de Bresse suivirent le procédé inventé par Pollajuolo et
adopté par Mantegna. Il ne paraît pas que cette manière de graver ait été employée après eux.

duisantes erreurs; il devait sacrifier les effets pittoresques de ses modèles à la régularité d'un burin éblouissant, vaincre de vaines difficultés, et négliger les beautés les plus essentielles.

Qu'est-ce que la gravure, telle que nos grands maîtres l'ont considérée? quel est son but? quels sont ses moyens? Avant de pénétrer plus loin, il convient d'examiner rapidement ces questions intéressantes. Si nous parvenons à fixer nos idées sur l'essence de l'art, il nous sera plus facile de porter de justes jugements sur le mérite des artistes les plus célèbres.

Les opérations du graveur sont trop lentes, ses erreurs sont trop difficiles à réparer pour qu'il entreprenne d'imiter la nature directement : il place entre elle et lui, soit un tableau, soit un dessin : c'est de ce modèle secondaire qu'il doit tracer une représentation avec toute la fidélité que ses moyens lui permettent.

Le graveur, dans les genres les plus usités et les plus capables de produire de grands effets, n'emploie que deux couleurs, celle de la surface qui lui sert de fond, et celle qu'il y imprime. Il ne considère dans ses modèles que les formes des corps et les lumières qu'ils réfléchissent, ou plutôt il ne retrace que les ombres plus ou moins fortes, qui, par l'opposition, font ressortir et les contours et les lumières. La couleur brune qu'il fixe sur un fond clair, il ne l'étend point comme le peintre sous les touches d'un pinceau moelleux; il l'applique par des points plus ou moins rapprochés, par des traits tantôt parallèles, tantôt inclinés les uns à l'égard des autres, qui se courbent, qui se croisent, qui forment entre eux des carrés, des losanges, des triangles, et dont les couleurs propres aux corps vivants n'offrent nulle part l'image.

La beauté individuelle que nous admirons, et dans les contours, et dans le coloris varié de tous les êtres, n'existe pour le graveur que dans l'élégance et la noblesse de leurs formes; les affections de l'âme ne se manifestent pareillement dans ses ouvrages que par les attitudes du corps et par la contraction des traits. Il imite, dans une grande composition, tous les effets pittoresques qui peuvent être rendus par le rapprochement ou l'isolement des figures et des groupes, par la direction des lignes, par des saillies ou des fuyants, par le contraste ou plus vif ou plus gradué des clairs et des ombres : son art ne saurait aller plus loin.

La gravure ne renferme ainsi que deux parties, le dessin et le clair-obscur. La perfection consiste par conséquent dans ce double mérite : justesse du dessin ; vérité, chaleur, harmonie des lumières.

La régularité, la souplesse des traits que creuse sur le cuivre une main habile, ne sont que des moyens pour dessiner et pour colorer de la seule manière permise à la gravure, c'est-à-dire en opposant des clairs à des ombres. Au delà de ce but, les contours les plus hardis du burin deviennent eux-mêmes un vice. Les effets de la gravure doivent être brillants et énergiques, ses moyens doivent être cachés. Les points, les carrés, les losanges que le graveur substitue au coloris de la nature, blessent les regards aussitôt qu'ils les frappent d'une manière particulière. S'ils captivent trop l'attention, l'harmonie générale est troublée, l'illusion cesse ; ils refroidissent alors l'ouvrage qu'ils devaient animer ; ils rappellent l'impuissance de l'art, au lieu d'en faire admirer les ressources.

La fidélité du dessin, disons-nous, est le premier objet où doivent tendre les efforts du graveur : cela est évident, puisque c'est par le dessin seulement que se retrace dans une estampe la beauté des corps, par le dessin seulement que le burin parvient à exprimer les affections morales dont l'imitation ne lui est pas interdite.

Parmi les effets de la lumière, après avoir saisi les clairs et les ombres qui déterminent les formes particulières de chaque figure, un habile graveur s'attache d'abord à imiter ceux qui dans l'ensemble de la composition marquent les distances, font avancer ou reculer les corps, en fixent la place, et persuadent, par une agréable illusion, que l'air circule dans les divers plans du tableau. Il sait, en imitant le peintre, subordonner les parties au tout, et appeler nos regards vers les objets où réside l'intérêt le plus vif. La perspective, l'accord des lumières et des plans sont à l'ensemble de l'ouvrage ce que la vérité des contours et des raccourcis est à chaque figure et à chaque groupe.

L'art a produit enfin un chef-d'œuvre accompli, si à ces beautés essentielles et fondamentales se joignent un burin varié, chaud, hardi, brillant sans abus, tantôt fin et délicat, tantôt profond et vigoureux, un ton généralement ferme, des lumières larges, différentes entre elles, savamment ménagées, qui fassent en quelque sorte oublier que l'œil n'aperçoit que deux couleurs.

Tel est l'ordre des beautés qu'un goût exercé recherche en appréciant des gravures. L'art ne peut s'en écarter qu'en s'éloignant de son but. Des couleurs fraîches font souvent pardonner dans une peinture l'imperfection du dessin; mais les plus brillants effets de lumière ne sauraient ni dissimuler ni excuser dans une estampe l'absence des beautés premières qui tiennent à la composition, au choix des formes, à l'expression. Dans un art qui n'emploie que deux couleurs, la perspective et l'harmonie générale sont un mérite plus indispensable que l'éclat et la richesse des tons; le dessin est avant tout. Lorsque l'on consulte une estampe, en admirant l'habileté du graveur, c'est principalement l'ouvrage du peintre qu'on veut connaître. Le graveur doit par conséquent imiter d'abord le peintre dans toutes les choses où il lui est possible de l'imiter parfaitement: il doit exprimer la pensée du peintre tout entière; il doit l'imiter dans le développement des contours, dans les mouvements qui manifestent les affections de l'âme, dans l'accord de l'ensemble, dans l'effet général; et ce n'est enfin que pour l'imiter en tout qu'il doit chercher, autant qu'il est possible, à rendre encore la vivacité, l'éclat particulier de quelques-unes des teintes locales qui embellissent le tableau. Une estampe où les traits de l'original sont défigurés, est semblable à un miroir infidèle, qui nous trahit quand nous y cherchons notre image.

On a dit quelquefois que la gravure est une traduction. C'est

Gessner, Diderot, Hagedorn, qui ont mis cette comparaison en
crédit. Elle est ingénieuse, mais inexacte. Les formes des langues n'étant pas les mêmes, le traducteur est presque toujours
obligé de substituer aux tours adoptés par l'auteur original,
ceux qui en approchent le plus dans son propre idiome. Ce ne
sont pas seulement les mots, ce sont aussi les figures, ce sont
les tournures particulières de chaque phrase qui sont rempla-
cées par d'autres; le style est matériellement changé. Le graveur, au contraire, calque trait pour trait son ouvrage sur le
tableau; non-seulement il conserve l'ensemble de la composition, mais il retrace encore chaque objet avec les contours et
le relief que présente le modèle original; la copie est nécessairement littérale; toutes les parties de la peinture qui constituent ce qu'on nomme le style y demeurent matériellement
les mêmes. Les effets du clair-obscur, la force, la place, l'é-
tendue des clairs et des ombres, sont déterminés aussi par le
tableau. Dans l'imitation de ces divers objets, rien n'est arbitraire. Les couleurs locales, c'est-à-dire les couleurs propres à
chaque corps, sont étrangères à la gravure; elle ne les remplace pas, comme on l'a dit, par des équivalents; elle est forcée
de les négliger. Si on voulait toutefois considérer comme une
sorte de traduction ces points, ces lignes que le graveur substitue aux touches du peintre, ou bien encore les moyens par
lesquels il parvient à imiter l'éclat ou le ton mat de quelques
couleurs principales, en exprimant l'intensité ou la faiblesse des
lumières qu'elles réfléchissent, ce rapprochement ne serait pas
entièrement dépourvu de justesse : mais des rapports aussi
éloignés ne suffisent point pour que l'on puisse assimiler dans
son ensemble l'art de graver à l'art de traduire. Quelle que soit
l'autorité des écrivains qui ont appelé la gravure une traduction, nous proscrirons donc, autant qu'il est en nous, cette dénomination trompeuse, ou nous demanderons du moins que la
comparaison sur laquelle elle est fondée soit resserrée dans de
justes limites. On sait dans combien d'erreurs l'abus de quelques mots séduisants entraîna les artistes à diverses époques.

L'art de la gravure serait perdu, si le graveur se croyait permises les licences que doit prendre le traducteur.

Loin de rabaisser l'art, nous relevons au contraire en ceci la gloire des grands maîtres, puisque nous rappelons les difficultés qu'ils ont dû vaincre, les écueils qu'ils ont dû éviter. Combien en effet un habile graveur est digne d'éloges, lorsque, réduit à copier dans un tableau quelques-unes seulement des beautés qui le distinguent, il les rend avec tant de vérité, avec tant de feu, que le spectateur, oubliant la partie du coloris, qu'il était impossible de représenter, croit en quelque sorte voir le tableau lui-même ! De quelle chaleur doit être doué cet homme ingénieux ! Quelle vivacité de sentiment pour saisir tous les traits, tous les effets de lumière de l'original ! Quelle constance pour les retracer tous sur une matière rebelle, et dans un long travail, d'une main tout à la fois sage et énergique ! Juste envers tous les grands hommes, la postérité associe Marc-Antoine à la gloire de Raphaël ; Vorsterman, Bolswert à celle de Rubens et de Van Dick ; Gérard Audran et Edelinck à celle de le Brun : cet arrêt est confirmé chaque jour par le goût.

Pour obtenir cette variété de tons qui nous charme dans quelques belles gravures, les artistes ont successivement inventé des genres de travaux différents. Ces procédés devaient nécessairement se réduire à un petit nombre ; mais ils semblent se multiplier dans les ouvrages d'un habile maître par des associations et des oppositions heureuses.

Tantôt, les tailles que creuse le burin en dessinant une figure, savamment prolongées, embrassent sous leurs diverses inflexions un membre tout entier ; tantôt, raccourcies avec intelligence, elles forment des hachures qui font sentir les moindres saillies des muscles et la souplesse des chairs. Ces tailles sont plus déliées ou plus nourries ; elles sont d'une égale force dans toute leur longueur, ou bien, conformément aux lois de la perspective, elles se renflent vers le milieu, et s'amincissent à leurs extrémités. Une première taille ayant arrêté les contours et posé les masses, une seconde, ordinairement

11

plus déliée, la croise pour renforcer les ombres, et forme avec elle, ainsi que nous l'avons dit, tantôt des carrés, tantôt des losanges. Si les traits sont fins et les losanges allongés, ce travail délicat laisse briller plus de blanc ; si les losanges se rapprochent de la forme carrée, on peut, sans confusion, nourrir les traits et les resserrer, pour produire plus d'ombres. Quelquefois, sur la seconde taille, qui forme des carrés avec la première, l'artiste, pour donner aux tons plus de vigueur, en grave une troisième qui forme des losanges avec la seconde; quelquefois, mais plus rarement, renversant cet ordre, il coupe la première en losange et la seconde en carré, et multiplie par là les petits triangles lumineux qui se trouvent mêlés parmi les ombres. Une seconde taille plus mince, qui se glisse parallèlement entre les traits de la première, et qu'on appelle une entretaille, produit un effet brillant, qu'un homme de goût sait employer à propos. Les tailles, quoiqu'elles paraissent se prolonger, ne décrivent pas toujours des lignes non interrompues : on peut donner au coloris un ton léger, en traçant des sections de tailles, qui se suivent avec régularité, et laissent entre elles des intervalles lumineux. Les points qui servent également à empâter les chairs, à mitiger ou à renforcer les ombres, peuvent être ronds ou allongés, distribués avec symétrie ou semés sans ordre, employés seuls ou placés dans les carrés, dans les losanges, entre les tailles, entre les fractions de tailles. On grave au burin pur ou à l'eau-forte seule; on marie aussi l'eau-forte avec le burin. La pointe qui ouvre la route à l'eau-forte, et que le graveur conduit comme un crayon, peut être légère, vive, rapide dans ses mouvements ; elle se prête à l'enthousiasme, et s'anime du feu qui échauffe le pinceau des grands maîtres : le burin, plus lent, conduit en avant sous le poignet de l'artiste, décrit des contours plus réguliers, ménage des arêtes plus vives : en associant dans un même ouvrage ces deux genres de gravure, une main savante y réunit à la vigueur de l'eau-forte le brillant et le velouté du burin. La pointe sèche, c'est-à-dire la pointe qui agit sans eau-forte, unie à ces deux manières, peut donner encore à quelques parties plus de finesse et de légèreté. Les travaux de tout genre enfin sont plus larges ou plus serrés ; ils traversent le fond dans toute sa surface, ou bien ils laissent à découvert quelques blancs purs, pour faire éclater des lumières plus fermes.

Tous ces procédés forment, s'il est permis de parler ainsi, la palette du graveur. L'expérience, le goût, le génie, savent les employer dans des occasions convenables, les accorder entre eux et en inventer même de nouveaux.

La manière noire, la manière du crayon et celle du lavis, le pointillé, la gravure enfin à plusieurs planches de bois ou de cuivre, et à plusieurs couleurs, sont autant d'inventions particulières, dont quelques-unes consistent dans l'association de divers procédés usités plus anciennement.

Il a été reconnu que tels ou tels de ces moyens employés dans la gravure au burin ou à la pointe, dont nous venons de parler, sont plus propres que d'autres à produire de certains effets.

« Le grain losange ou approchant du losange, par exemple, dit un de nos maîtres, convient en général à toutes les parties transparentes ou reflétées ; il convient à la mollesse de la chair. Le carré sera réservé pour les matières inflexibles, telles que la pierre.

» Les eaux tranquilles se gravent par des tailles droites et horizontales. Les grandes lames d'une mer agitée s'expriment par des tailles qui suivent le sens de ces lames [1]. »

Mais des maximes de cette nature ne sont que des données

---

[1] Ces fragments sont extraits du Dictionnaire des arts de M. Lévesque, t. II, au mot *Graver*, p. 477 et suivantes. C'est à regret que je me borne à citer quelques phrases isolées; mais pour donner tout ce qui est intéressant, il faudrait ne rien omettre de cet excellent article. Les articles *Graveur*, *Gravure* et *Écoles* du même Dictionnaire, ainsi que les Discours servant d'introductions, que MM. Hubert et Rost ont placés à la tête des tomes I, III, V et VII de leur *Manuel des amateurs de l'art*, et divers passages du Dictionnaire des arts de M. Millin, renferment pareillement des notions très-utiles. Ces ouvrages, faits par des écrivains à qui tous les arts sont familiers, doivent me dispenser d'entrer dans de plus grands détails.

générales dont les hommes de talent s'écartent souvent avec succès.

L'habileté consiste à choisir, à associer les uns aux autres les travaux les plus convenables pour conserver dans l'estampe le caractère particulier de chaque peintre, de chaque tableau, et de chaque partie d'un même tableau. « Raphaël, a-t-on dit avec rai-
» son, ne doit pas être gravé comme le Guerchin, Rembrandt
» comme le Titien, ni Rubens comme Michel Ange [1]. »

Le graveur n'a point de style à lui : il ne peut avoir qu'une manière ou un *faire*; mais il doit se préserver d'avoir un *faire* habituel. La manière la plus brillante, employée sans ménagements, devient un défaut. Il est des graveurs célèbres dont, au premier aspect, on reconnaît la main, soit à l'uniformité de leur grain carré, à l'abus du losange, à des tailles constamment prolongées par sections, soit à des traits hardis, largement développés, quelquefois bizarres, où les entraîna la passion de se montrer habiles dans l'art de diriger le burin. Il en est d'autres qu'on ne peut reconnaître qu'à l'admirable variété, aux effets pittoresques de leurs travaux : tels sont Bolswert, Wisscher, Pontius, Edelinck, Drevet, Gérard Audran. Ces grands maîtres n'ont pas une manière exclusive ou habituelle; ils les possèdent toutes. Ils savent, en associant dans un même ouvrage tous les moyens que l'art peut leur offrir, n'appeler particulièrement les regards sur aucun, les faire valoir l'un par l'autre, les échauffer tous par l'effet de l'opposition : ils ne gravent pas, ils peignent : c'est là le triomphe de l'art.

Quelques tableaux peuvent exiger que le burin ne laisse point éclater de blanc pur, qu'il voile d'un réseau léger les parties même les plus claires; mais l'application de ce procédé, non plus que de tout autre, ne peut devenir une règle générale. Il ne faudrait pas établir en principe que le graveur devant s'attacher à colorer, doit par cette raison couvrir le cuivre de traits plus ou moins forts. Si on veut parler sans figure, le graveur

---

[1] Diderot, *Salon de* 1765, t. XIII de ses OEuvres, p. 356.

ne colore point, il ombre, ou du moins il ne colore qu'en opposant des teintes sombres à des tons clairs. Lorsque toutes les lumières sont voilées, le ton général peut encore, par la finesse des demi-teintes, être doux et harmonieux ; mais ce genre de travail expose l'artiste à des dangers graves : si les ombres demeurent faibles, l'ensemble sera gris et froid ; si elles ont une extrême vigueur, il deviendra noir. Il n'est peut-être relativement au coloris qu'une seule règle applicable à tous les sujets ; c'est que la gravure ne pouvant employer que deux couleurs, il faut pour donner de la transparence et de la fermeté à une estampe, y ménager des lumières vives, qui se jouent et brillent harmonieusement parmi les ombres.

Revenons à l'histoire abrégée des révolutions de l'art.

Trois maîtres célèbres, nés vers la fin du quinzième siècle, à peu d'intervalle l'un de l'autre, élevèrent la gravure à un degré de perfection qui donne encore aujourd'hui le plus haut prix à leurs ouvrages, et fondèrent trois grandes écoles : ce furent Albert Durer, Marc-Antoine et Lucas de Leyde [1].

Il semble qu'Albert Durer, qui eut pour maître Michel Wolgemuth, se soit particulièrement attaché à imiter la manière ferme, vive et délicate de Martin Schoen ; mais cette ressemblance n'est peut-être due qu'à la conformité des dispositions naturelles de ces deux artistes ; car Albert était au nombre des hommes privilégiés qui marchent sans guide, créent tout, et ne doivent leurs succès qu'à leur propre génie. Il cultiva tous les arts ; il aurait pu embrasser toutes les sciences. La gravure en bois, déjà perfectionnée par Wolgemuth, devint sous sa main la rivale de la gravure en taille-douce. Il nous a laissé des estampes gravées sur fer avec une très-grande habileté. Plusieurs écrivains lui attribuent l'invention de la gravure à l'eau forte, ou du moins le mérite d'avoir appliqué à l'art de graver des estampes, ce procédé, qui dut être employé longtemps aupara-

---

[1] Albert Durer naquit à Nuremberg, en 1470 ; Marc-Antoine (Raimondi), à Bologne, en 1487 ou 1488, et Lucas à Leyde, en 1494.

vant par les armuriers [1]. Sans avoir visité l'Italie, ni étudié l'antique, il s'éleva de lui-même à la théorie de la beauté, et composa un traité sur les proportions des formes humaines. La sculpture, la gravure sur pierres fines, la géométrie, l'architecture civile et militaire, étaient en quelque sorte ses délassements. Si nous le considérons comme graveur, son burin précis, vigoureux, unit dans des travaux fins et serrés une vive chaleur à une netteté parfaite. Son coloris est ferme et brillant. On lui a reproché de négliger dans ses tableaux la perspective aérienne : plusieurs de ses estampes sont cependant très-remarquables, même pour ce genre de mérite [2]. Ce grand maître, il faut l'avouer, ne fut pas entièrement exempt des erreurs de ses contemporains. il avait un secret penchant pour les sujets bizarres et grotesques : l'expression qu'il donne à ses personnages est juste ; mais il manque souvent de noblesse ; ses contours ne sont pas toujours assez moelleux ; on dirait qu'en dessinant le corps humain il a quelquefois suivi ses systèmes plutôt que la nature.

Lucas de Leyde est plus naïf ; il tombe aussi plus souvent dans le genre gothique. Peut-être son burin a-t-il moins d'énergie, moins de feu que celui d'Albert Durer, mais il n'est ni moins délicat ni moins suave. Lucas de Leyde semble même surpasser Albert dans l'art de distribuer la lumière, de la projeter sur de grandes fabriques, d'exprimer les divers effets qu'elle produit dans un vaste local sur les objets les plus voisins de l'œil et sur ceux qui s'en éloignent. « A peine, dit Vasari, les couleurs variées de la peinture peuvent-elles répandre dans les divers plans d'un tableau autant d'harmonie et de vérité :

---

[1] Sandrart, *Acad. pict. nob.* part. II, l. III, c. 2, p. 207. — Heinecken , *loc. cit.* p. 234, 235. — M. Huber, *Manuel des amateurs de l'art*, t. I, p. 96 et 123.

[2] Nous pouvons citer entre autres la Nativité, où se voit la Vierge adorant l'Enfant Jésus dans une étable, tandis que saint Joseph puise de l'eau à un puits placé dans une cour (pet. in-4°, 1504), et principalement le saint Jérôme écrivant dans sa cellule (in-fol. 1514), qui est à tous égards un chef-d'œuvre.

l'exemple de ce graveur a servi de leçon à beaucoup de peintres[1]. » Lucas de Leyde paraît être le premier qui ait conçu l'idée d'associer dans une même estampe l'eau forte avec le burin[2].

Marc-Antoine, qui a presque toujours gravé non d'après des tableaux, mais d'après des dessins, considéra la gravure comme un moyen de copier et de multiplier cette sorte d'ouvrages. Le faire délicat qui distingue ses deux rivaux ne fut à ses yeux qu'une partie secondaire de son art. Albert Durer et Lucas de Leyde ne se bornaient point à varier la longueur et les inflexions de leurs tailles; ils avaient encore tenté d'exprimer, par des travaux différents, le caractère particulier de chaque objet, la blancheur du linge, les tons argentins et le moelleux de l'hermine, la légèreté des cheveux. Marc-Antoine ne rechercha point ce genre de mérite : sans négliger ni la finesse du burin, ni les effets de la perspective dans l'ensemble de la composition, il s'attacha principalement à rendre les formes et l'expression de ses modèles. On remarque en général dans ses procédés moins

---

[1] Vasari, *Vit. di Marc.-Ant.* t. II, p. 415 (ed. Rom. 1759).— On remarque parmi les pièces qui justifient le jugement de Vasari, le grand *Ecce homo*, riche composition, renfermant plus de cent figures, estampe également étonnante pour l'ordonnance, pour le caractère et l'expression des têtes, et pour la gradation de la lumière (gr. in-fol. en tr.), qui porte la date de 1510, et que Lucas de Leyde exécuta par conséquent à l'âge de seize ans ; l'Enfant prodigue de retour à la maison paternelle, que l'on croit aussi de 1510 (in-fol. en tr.) ; Jésus-Christ attaché sur la croix entre les deux larrons, pièce datée de 1517 (gr. in-fol. en tr.); la Danse de la Magdelaine, datée de 1519 (in-fol. en tr.) ; le poëte Virgile suspendu dans un panier par une courtisane, sujet fabuleux (in-4°), daté de 1525, etc. Ces estampes sont désignées dans le catalogue raisonné des œuvres de Lucas de Leyde, donné par M. Bartsch, sous les n°s 68, 71, 75, 119 et 133.

[2] M. Bartsch cite plusieurs pièces qui lui ont paru exécutées de cette manière, savoir : Caïn tuant son frère ; sainte Catherine ; le portrait de l'empereur Maximilien. Ces trois pièces, datées de 1520, sont décrites dans son Catalogue raisonné, sous les n°s 12, 127 et 170. — On assure que Lucas de Leyde gravait à l'eau-forte à l'âge de quinze ans ; ce fait se rapporterait à l'année 1509, et serait par conséquent antérieur à l'estampe d'Albert Durer, que Sandrart réclame comme la première pièce gravée à l'eau-forte, et qui est datée de 1515.

d'art que de sentiment. S'il trace des carrés ou des losanges réguliers, ce n'est guère que dans les ombres les plus fortes. Quelquefois une taille qui se courbe embrasse un membre dans toute sa largeur; plus souvent des hachures, ou parallèles, ou légèrement croisées, forment les demi-teintes, et quelques points placés vers leurs extrémités conduisent l'œil à des blancs purs qui donnent à chaque partie le relief de la nature. Telle est la simplicité de ses moyens. Mais avec quelle précision, avec quelle fermeté il dessine, il modèle, si nous pouvons parler ainsi, les formes du corps humain! Comme les lumières sont larges et décidées! que de noblesse et d'élégance dans les contours! quelle vérité dans les racourcis! quelle vie dans les pieds, dans les mains! quelle âme dans les têtes! Malgré la beauté des ouvrages d'Albert Durer et de Lucas de Leyde, quand on jette les yeux sur les gravures de Marc-Antoine, on croit être transporté dans un monde nouveau; c'est le génie de Raphaël lui-même qui respire dans ces sublimes compositions.

Tandis que ces trois maîtres excellaient chacun dans une des parties essentielles de l'art, Hugo da Carpi obtenait des estampes à quatre couleurs, en gravant différents traits d'un même dessin sur trois planches de bois correspondantes, et en appliquant successivement ces trois planches sur un fond déjà colorié. Il fut regardé en Italie comme l'inventeur de ce procédé ingénieux qu'on a désigné par le nom de gravure en *clair-obscur*. Les Allemands ont revendiqué cette invention : ils ont cité des ouvrages à trois couleurs de Johan Ulric Pilgrim, de Mair, de Wolgemuth, d'Albert Durer, de Cranach, tous antérieurs à ceux de Hugo da Carpi. Les Italiens pourraient rappeler à leur tour une pièce de Jérôme Mocetto, natif de Vérone, et élève de Jean Bellin, qui porte la date de 1500[1]. Mais si nous n'avons point erré dans les faits exposés au commencement de cette histoire, cette gravure à plusieurs planches remonte à une antiquité beaucoup plus reculée.

[1] Cette pièce représente l'entrée de Jésus-Christ dans Jérusalem. Il en existe un exemplaire à Paris dans le cabinet royal.

Dans le même temps, Lucas Cranach, Hans Burgkmair, Hans Scheuffelein, émules et quelquefois collaborateurs d'Albert Durer, firent, à son exemple, des progrès remarquables et rapides dans l'art de graver en bois; et peu d'années après, Hans ou Jean Holbein porta cet art difficile au plus haut degré de perfection où il soit parvenu jusqu'à présent, et où vraisemblablement il lui soit permis d'atteindre. Rien peut-être n'est plus surprenant dans aucun genre de gravure que la précision et la finesse du travail, la justesse de l'expression, la transparence et la variété des tons qu'on admire dans les planches en bois de ces habiles artistes, et principalement dans celles de Jean Holbein.

Le caractère propre et distinctif d'Albert Durer, de Lucas de Leyde et de Marc-Antoine, se perpétua dans les écoles que chacun de ces maîtres avait fondées.

Parmi les élèves ou les imitateurs d'Albert Durer, on distingue les *Petits Maîtres*, ainsi appelés parce qu'ils se sont fait estimer en gravant de fort petites estampes avec un esprit et une netteté quelquefois dignes du chef de leur école. Les plus célèbres sont Albert Altdorfer, regardé presque comme l'égal d'Holbein dans la gravure en bois; Henri Aldegrever, adroit buriniste, dessinateur un peu gothique; Grégoire ou George Peins, Jacob Binck, Bartel et Hans-Sebald Béham; Virgile Solis, également estimable dans la gravure au burin et dans la gravure en bois; et enfin Théodore de Bry, imité dans la suite par son fils Jean-Théodore. Plusieurs d'entre les *Petits Maîtres*, tels que George Peins, Jacob Binck et Bartel Béham, allèrent à Rome pour se perfectionner dans l'art du dessin, et travaillèrent auprès de Marc-Antoine. L'école d'Albert Durer, la seule illustre en Allemagne à cette époque, se confondit à la seconde génération avec l'école d'Italie.

On croit que Lucas de Leyde, mort à l'âge de trente-neuf ans, ne forma point d'élèves; mais la réputation qu'il s'était acquise par la vérité de la perspective et du clair-obscur ayant excité l'émulation des graveurs ainsi que des peintres flamands, ce genre de mérite a été constamment après lui le principal sujet d'études, et l'on pourrait dire le patrimoine héréditaire de l'école des Pays-Bas. Dietrich ou Théodore Van Staren, que nous avons surnommé en France *le Maître au caducée,* les trois Breughel, Lambert Suterman, Henri Van Cleef, Jérôme Cock et son élève Adrien Collaert, se sont plus ou moins approchés de Lucas de Leyde pour la distribution de la lumière, et se sont la plupart fait remarquer par la finesse et la netteté de leur burin : on peut aussi quelquefois leur reprocher un peu de sécheresse.

Parmi les graveurs flamands qui ont vécu à cette époque, il en est un que les artistes et les hommes de lettres doivent également distinguer; c'est le docte Hubert Goltzius. Ce savant, qui était à la fois peintre, antiquaire, imprimeur, graveur en bois et en taille-douce, a exécuté plusieurs pièces en clair-obscur : il gravait les traits de ses estampes à l'eau forte, et il y appliquait des rentrées avec des planches de bois : cette manière, qui imite les dessins tracés à la plume, et lavés avec diverses couleurs, a été souvent mise en pratique.

L'école de Marc-Antoine nous offre un grand nombre d'hommes célèbres qu'il suffit de nommer pour rappeler tout ce que l'art du dessin a produit chez les modernes de plus noble et de plus pur. Là se placent, dans le cours de deux générations, Augustin Vénitien et Marc de Ravenne, disciple favori de Marc-Antoine ; Jules Bonasone, son imitateur, moins accompli dans le dessin, plus attentif peut-être à exprimer dans l'ensemble de la composition les effets de la lumière ; Jean-Baptiste Franco, savant anatomiste, expéditif, négligé, quelquefois même brut dans son faire, toujours admirable dans l'expression, et qui paraît avoir associé l'eau-forte avec le burin ; Leo Daris, qui affecte une manière irrégulière et heurtée ; Domenico Fiorentino, un peu dur dans les détails, ferme et plein de chaleur dans les masses ; Æneas Vicus, plus moelleux et plus varié dans ses travaux ; Martin Rota, qui s'est immortalisé en imitant avec précision le Jugement dernier de Michel-Ange ; et enfin l'illustre famille des Ghisi, surnommés les Mantouans, où l'on compte Jean-Baptiste, digne élève de Jules Romain, Diana, sa fille, qui l'a au moins égalé, Georges et Adam, ses deux fils, dont le premier, avec des travaux plus riches que ceux de Marc-Antoine, s'élève au niveau de ce maître, lorsqu'il grave d'après Jules Romain, et demeure cependant inférieur quand il entreprend d'imiter Raphaël.

Le Parmesan, regardé longtemps par les Italiens comme l'inventeur de la gravure à l'eau-forte, exécutait à cette même époque des ouvrages de ce genre, où l'on retrouve tout l'esprit qui caractérise ses productions.

Ce même Parmesan, Baldassare Peruzzi, Domenico Beccafumi, Antonio da Trenta, Jean Nicolas Vincentini dit Rosigliano, et Andrea Andriani, perfectionnèrent tellement la gravure en clair-obscur, qu'il a été jusqu'à présent impossible de les surpasser.

La France, qui s'est appliquée à l'art de graver plus tard que l'Allemagne, l'Italie et les Pays-Bas, n'avait encore produit au temps dont nous parlons, qu'un très-petit nombre de graveurs recommandables. Jean Duvet, dit *le Maître à la licorne*, et Noël Garnier, étaient peu dignes du beau siècle de Henri II. Nous pouvons citer avec plus d'orgueil Estienne de Laulne, dit *Stephanus*, buriniste délicat, qui mérite d'être compté parmi les *Petits Maîtres;* Pierre Woieriot, habile graveur en bois; Boivin, qui a rendu avec un peu de mollesse, mais avec un assez bon dessin, quelques ouvrages du Rosso; et enfin Nicolas Béatrice, ou Béatrizet, né à Thionville vers l'an 1500. Cet artiste se fit distinguer parmi les élèves d'Augustin Vénitien : cette circonstance l'a fait ranger dans l'école d'Italie.

Corneille Cort commence une troisième période, remarquable par de très-grands progrès et par des erreurs longtemps admirées. Cet artiste, qui naquit à Hoorn, dans la Westfrise, en l'an 1536, après avoir reçu des leçons de Jérôme Cock, eut le bonheur d'étudier à Venise, et de graver plusieurs compositions du Titien, dans l'atelier même et sous les yeux de ce grand peintre. Les graveurs n'avaient employé jusqu'alors que des tailles généralement courtes, fines et serrées. Cort sentit la nécessité d'élargir ou de rétrécir les travaux, d'allonger les tailles, de les renfler ou de les affaiblir dans diverses parties de leurs contours, suivant la nature des objets qu'il voulait imiter. Son travail très-simple ne consiste guère que dans une première, une seconde et quelquefois une troisième taille, diversement croisées et mêlées de quelques points; mais il sait, par la variété du grain et par le ménagement des blancs purs, produire de beaux effets. Son dessin est nerveux et expressif. On trouve dans ses ouvrages, sinon la perfection, du moins les éléments du riche coloris qui a immortalisé les graveurs de l'école de Rubens.

Augustin Carrache, disciple de Cort, adopta et perfectionna cette manière sage et pittoresque. Peu d'artistes ont su, comme cet habile dessinateur, fixer les formes des corps par la juste inflexion des premières tailles. « Ses ouvrages, dit un excellent » juge, sont un des meilleurs modèles que les graveurs puissent » se proposer pour l'ébauche de leurs travaux et surtout pour » celle des chairs[1]. » La Vierge apparaissant à saint Jérôme, et le Calvaire, qu'il grava d'après le Tintoret; le martyre de sainte Justine, d'après Paul Véronèse, le portrait du Titien, et plusieurs autres de ses ouvrages, ne cessent pas d'être admirés à côté des chefs-d'œuvre les plus accomplis des temps postérieurs.

L'abus suivit de près les heureuses inventions de Corneille Cort et de son disciple. François Villamène, qui avait reçu, comme Augustin Carrache, des leçons de Cort, peu judicieux dans le choix de ses modèles, exagéra la manière de son maître, et mit sa gloire à tracer de longues tailles, courbées parallèlement et avec une parfaite régularité. Ses travaux trop économisés ne présentent qu'un enchaînement de carrés ou de losanges plus ou moins ouverts; la fermeté des lumières et des ombres, la chaleur du tableau, ont totalement disparu.

---

[1] M. Lévesque, *Dictionn. des arts,* au mot *Graveurs.* n° 23.

L'erreur de Villamène pénétra bientôt, ainsi que les principes de Cort, dans l'Allemagne et dans les Pays-Bas. Henri Goltzius, buriniste du plus rare talent, génie bizarre, aurait porté l'art à la perfection, si la perfection consistait dans un adroit maniement d'un instrument difficile à diriger. Quelle hardiesse, quelle énergie, quelle légèreté dans son faire! Malheureusement l'éclat et la régularité de son burin lui firent négliger des beautés plus importantes. Imitateur maniéré de Michel-Ange, assez savant dans l'anatomie, mais affectant trop de le paraître, dépourvu de goût, il donne à tous les peintres qu'il copie, à Raphaël, à l'antique même, son style roide et barbare. Il ne peut s'astreindre à représenter ni le dessin, ni l'expression, ni les effets de clair-obscur du tableau qu'il imite ; il oublie le caractère de l'original, et ne s'attache qu'à faire admirer la vigueur et la dextérité de sa main. Ce grand maître, donnant en cela un fatal exemple, avait pris le mécanisme de l'art pour l'art lui-même.

Jean Muller, son élève, porta comme lui au plus haut degré la souplesse, l'audace du burin, et tout à la fois l'abus des longues tailles courbées et parallèles. Lucas Kilian, agréable dans ses petits ouvrages, étale avec vanité le même défaut dans les grands. Ces deux artistes, à l'exemple de leur maître, n'emploient souvent qu'une seule taille ; ce faire donne à leurs ouvrages une transparence agréable. Mais aussitôt qu'ils croisent leurs traits, leur manière devient intolérable : leurs carrés, leurs losanges, au lieu d'indiquer les méplats des chairs, ressemblent à un réseau noir qu'on aurait jeté sur l'estampe ; chaque figure paraît enveloppée dans ce même filet.

Jacques Mathan, Jacques de Ghein, dit le Vieux, suivirent cette fausse route. Le vice cependant ne fut pas général. Jean Saenredam, autre élève de Goltzius, imita son maître avec plus de réserve. Le savant Gérard de Jode, quoiqu'il fût plus âgé que Corneille Cort, eut le bon esprit de marcher sur ses traces. Les de Bruyn, les Wiérix, demeurèrent fidèles à la manière de Lucas de Leyde. Les Galle s'en écartèrent peu. Crispin de Pas adopta deux genres différents. Dans la plupart de ses ouvrages on retrouve le burin fin et suave des anciens maîtres hollandais et flamands; dans d'autres on reconnaît à regret les travaux larges et maigres de Villamène. Les Sadeler furent partagés : Jean et Raphaël son frère, dessinateurs fidèles, habiles dans la distribution de la lumière, surent, en développant sagement leurs tailles, conserver un faire délicat. Gilles ou Ægidius, leur neveu, employa souvent cette manière douce et expressive; quelquefois aussi, cédant au torrent, il élargit ses tailles avec excès; et si l'on peut dire qu'il se montra aussi habile que Muller et Kilian dans l'art de tailler le cuivre, il faut ajouter qu'il devint presque aussi fade et aussi ridicule.

Annibal Carrache, Tempesta, le Caravage, le Guide, Canta-Gallina, qui fut le maître de Callot et de la Bella, et une foule de peintres dont il est inutile de rappeler les noms, gravaient dans le même temps leurs ouvrages à l'eau-forte, avec une pointe savante et spirituelle.

La gravure en bois n'avait point fait de nouveaux progrès depuis Holbein; mais les Stimmer, les Coriolan la soutenaient encore.

La France commençait à se mettre au niveau de l'Italie. Léonard Gautier ou Galter et Thomas de Leu imitaient avec une finesse et une précision exquises la manière des Wiérix et de Crispin de Pas; Estienne Dupérac, et Philippe Thomassin, élève de Corneille Cort, gravaient avec succès d'après Raphaël et Michel-Ange.

Rubens, par une nouvelle révolution, fit faire à l'art des progrès que, malgré le mérite des artistes précédents, on peut regarder comme prodigieux. Marc-Antoine, Albert Durer, Lucas de Leyde, Corneille Cort, Augustin Carrache, Goltzius, les Sadeler, avaient porté à une grande perfection, chacun dans la partie qui lui était propre, l'art de dessiner, de rendre les effets des passions, de ménager la lumière, de maîtriser le burin : Rubens voulut, en surmontant les plus grandes difficultés, enseigner aux graveurs à exprimer encore la vivacité ou la faiblesse des

couleurs locales, à transporter, pour ainsi dire, dans une estampe, par ce moyen, les nuances variées d'un tableau; et il eut
le mérite d'y réussir. Ce grand peintre forma des graveurs parmi
ses élèves, et appela auprès de lui les plus habiles maîtres de
l'Allemagne et des Pays-Bas. Pierre Soutman, Lucas Vorsterman, nés l'un et l'autre en 1580, formés d'abord dans la peinture par ses leçons, devinrent, sous son inspection, les chefs de
son école. Boëce et son frère Scelte Bolswert, qui, d'une ville
de Frise d'où ils avaient tiré leur nom, étaient venus habiter à
Anvers, se montrèrent leurs dignes rivaux. De Leeuw, Syder-
hoef, Corneille Wisscher, Loys, Sompelen, furent élèves de Soutman; Pontius, élève de Vorsterman, forma Ryckman et Nicolas
Lauwers; Witdoeck reçut des leçons de Rubens; Guillaume
Hondius fut dirigé par Van Dyck; Clouet, Marinus et Pierre de
Jode le jeune s'appliquèrent à imiter ces divers maîtres, sans être
comptés parmi leurs élèves.

Comment parler dignement de tant d'hommes illustres? Qu'il
suffise de nommer quelques-uns de leurs plus beaux ouvrages.
Qui ne se rappelle, au nom de Vorsterman, la Descente de croix
d'Anvers, la grande Adoration des Rois, d'après Rubens, le
Christ mort sur les genoux de la Vierge, d'après Van Dyck? Qui
n'a présents à l'esprit la Cène, d'après Léonard de Vinci, la Chute
des réprouvés, le Christ au tombeau, d'après Rubens, gravés
par Soutman; la Thomiris et le saint Roch intercédant pour les
pestiférés, gravés par Pontius; la Paix de Munster, les Bourg-
mestres, la Chasse aux lions, et tant de beaux portraits, gravés
par Suyderhoef; l'Adoration des Mages, le Triomphe de la nouvelle loi, par Lauwers; ces estampes où, dans des sujets moins
relevés, brille un talent peut-être plus grand encore, le Vendeur
de mort aux rats, la Faiseuse de beignets, la Bohémienne, les
beaux portraits de Coppénol et de Bouma, par Corneille Wisscher; et enfin ce chef-d'œuvre également accompli, prodigieux
pour la justesse de l'expression, pour la transparence et la fermeté du coloris, le Couronnement d'épines, gravé d'après Van
Dyck, par Schelte Bolwert? Louer ces savantes productions, ce

serait presque redire toutes les beautés qui constituent la perfection de la gravure.

Chacun de ces grands artistes a cependant des talents et un
caractère particuliers. Soutman, Wisscher, Suyderhoef, ont mêlé
l'eau-forte avec le burin; Vorsterman, Bolswert, Pontius, Vit-
doeck, ont employé le burin pur. Le travail de Soutman est
tantôt fin, moelleux, régulier, tantôt rude et heurté; on y voit
en opposition des blancs purs, souvent fort étendus, et des ombres très-énergiques; ce maître semble avoir inspiré tout à la
fois et Rembrandt et l'école de Rubens. Vorsterman excelle dans
l'art de représenter la magnificence des draperies; le burin de
Wisscher répand le feu de la vie dans les méplats des muscles
et dans les ondulations de la peau. Soutman, Vorsterman, Vit-
doeck, Pierre de Jode, ont quelquefois dans leur faire, si nous
osons le dire, un peu de rudesse; Pontius, Wisscher sont toujours moelleux. Habile à graduer les lumières, Wisscher couvre
presque entièrement le cuivre de ses savants travaux ; Vorsterman, Bolswert, par un autre principe, laissent éclater plus de
blanc.

Quels sont les procédés de ces grands maîtres? Nous l'avons
dit : ils emploient avec une convenance parfaite tous ceux que
l'art a inventés, tous ceux que le génie leur suggère; ils n'en
laissent dominer aucun. C'est la multiplicité de leurs moyens
qui produit l'incomparable richesse de leurs teintes.

Tous les genres de gravures firent, à la même époque, des
progrès remarquables dans tous les pays de l'Europe où cet art
était cultivé. Mellan, né en 1601, parvint à imiter les effets de
ses dessins avec une seule taille, renflée ou amincie avec intelligence. Jean Lutma, né en 1609, inventa la manière du pointillé au maillet (*opus mallei*); et le colonel Van Siégen, né en
1620, la manière noire, que le prince palatin Robert porta en
Angleterre. Charles Jégher faisait revivre sur le bois le style et
en quelque sorte les couleurs de Rubens. Le comte Goudt, par
un art particulier, exprimait avec le burin pur les effets les plus
piquants de la lune ou d'un flambeau brillant dans les ombres

de la nuit. La gravure à l'eau forte n'a jamais compté un aussi grand nombre d'artistes illustres. Callot, toujours original et spirituel dans ses compositions, ferme et quelquefois un peu roide dans les mouvements de sa pointe ; la Bella, son compagnon d'études, qui semble l'avoir surpassé, non-seulement par la beauté de ses compositions, mais encore par la légèreté et les effets pittoresques de ses travaux ; Jean Morin, aujourd'hui trop peu connu, qui employa une manière mêlée de hachures et de traits irréguliers, de points serrés, inégaux, et de blanc pur, travail énergique et d'un beau coloris ; Corneille Schut, peintre, graveur et poëte ; Matthieu Mérian, Venceslas Hollart, Pietro Testa ; l'inimitable Rembrandt, qui touche, qui heurte le cuivre comme au hasard, de qui on a cherché si longtemps à deviner les procédés, de qui l'art est jusqu'à présent un secret impénétrable ; Georges Van Uliet, Ferdinand Bol et Jean Lyvens, ses trois élèves les plus célèbres ; Abraham Bosse, auteur d'un traité sur son art ; Gabriel Pérelle, qui a mis tant de richesse dans ses compositions, et quelquefois aussi, il faut l'avouer, un peu de sécheresse dans son faire ; Benedetto Castiglione, dont la pointe au contraire est toujours gracieuse, facile et nourrie ; Israël Sylvestre, dessinateur et graveur plein de goût, remarquable par l'esprit et la netteté de son travail ; Jean le Pautre, doué de l'imagination la plus féconde ; l'Espagnolet enfin, le Pésarèze, Van Dyck, Claude Lorrain, Bourdon, la Hire, Salvator Rosa, Herman d'Italie, Adrien Van Ostade, Waterlo, Berchem, Paul Potter, qui ont gravé avec tant de sentiment leurs propres dessins ; tous ces maîtres, contemporains des élèves de Rubens, naquirent dans l'espace d'un petit nombre d'années.

Quelque gloire qu'eussent acquise les graveurs formés par Rubens, ils n'avaient ni épuisé toutes les ressources, ni développé tous les genres de beautés propres à leur art. A côté de ces hommes célèbres, nous pouvons dire même au-dessus d'eux, on vit bientôt se placer les artistes français qui, en parcourant la même carrière, surent encore l'agrandir et s'y faire distinguer par un caractère particulier. Bolswert, Pontius, étaient sans doute des dessinateurs exacts, mais ils n'ont presque jamais copié que des ouvrages de peintres flamands, dont le style était conforme à leur propre manière ; les estampes de Wisscher les plus estimées sont celles qu'il a gravées d'après ses propres dessins ; le faire irrégulier de cette école, nous venons de le remarquer, n'avait pas toujours assez de souplesse et de douceur. Graver les chefs-d'œuvre de Raphaël, du Corrége, des Carrache, du Dominiquin, et conserver à chacun de ces peintres, dans toute sa pureté, le style qui lui est propre ; imiter par un burin régulier, cependant varié, toujours facile, toujours moelleux, les formes correctes, l'expression, le clair-obscur d'un beau modèle, quelque main qui l'ait produit, telle était la gloire réservée aux Poilly, aux Edelink, aux Roullet, aux Drevet, et aux autres grands maîtres de l'école française.

François Poilly, né en 1612, reçut d'abord des leçons de Pierre Daret, qui avait eu pour maître Corneille Bloemaert, et étudia ensuite à Rome, auprès de Bloemaert lui-même. Bloemaert, élève et imitateur de Crispin de Pas, avait adopté un travail simple, fin, régulier, un grain constamment carré, qui donnait à ses ouvrages une transparence agréable, mais en même temps de la monotonie, et peut-être un peu de mollesse. Natalis avait déjà abusé de ce grain carré qu'il avait élargi sans ménagements ; Rousselet, imitateur plus sage de Bloemaert, commençait au contraire à perfectionner cette manière sévère et difficile ; Poilly n'en saisit que les beautés ; il sut la perfectionner encore, l'échauffer par d'autres travaux, l'associer au dessin le plus pur, et la faire servir à représenter la grâce divine des ouvrages de Raphaël. La Sainte Famille *au berceau*, la Vierge *au linge*, gravées d'après ce maître, la Vierge *octogone* du Guide, le Saint Jean de le Brun seront à jamais pour les amis des arts un objet d'admiration, pour les graveurs un sujet d'études.

Poilly eut heureusement une grande influence sur les artistes de son temps. On distingue parmi ses élèves, fidèlement attachés à sa manière, Nicolas Poilly, son frère, qui instruisit à son tour Jean et François, ses deux fils ; Guillaume Vallet, Simon Thomassin, Élie et Jean Hainzelman, tous remarquables par un dessin correct, par un faire harmonieux et suave ; François Spierre, dont le burin convenait si bien au style du Corrége, mais qui peut-être s'attacha trop à imiter celui du Cortone ; et enfin Roullet, qui dans ses petits ouvrages a égalé les plus célèbres artistes de ce genre, et qui dans les grands semble avoir surpassé Poilly lui-même. L'estampe de ce maître représentant les trois Marie au tombeau, d'après Annibal Carrache, est justement placée parmi les chefs-d'œuvre les plus accomplis de la gravure, de même que le tableau de Carrache est une des productions les plus nobles et les plus touchantes de l'art de peindre.

Étienne Baudet, imitateur de Bloemaert ; Jean Pesne, Guillaume Château, élève de Poilly, Antoinette Bouzonnet-Stella, et l'illustre Claudia, sa sœur, nièces et élèves de Jacques Stella, dont elles avaient adopté le nom, mêlant le burin avec l'eauforte, s'attachaient dans le même temps à imiter les sublimes ouvrages du Poussin ; mais, parmi tous ces maîtres et leurs contemporains, aucun n'a saisi le caractère de ce grand peintre avec autant de précision et d'âme que Claudia Stella.

L'amour de la gravure était devenu en France, à cette époque, une passion générale. Louis XIV, qui chérissait tous les arts, semblait accorder à celui-là une protection particulière. Par son édit, publié à Saint-Jean de Luz en 1660, ce prince, voulant, disait-il, donner aux graveurs *des marques de son estime et de sa justice*, les maintint dans la liberté dont ils avaient toujours joui, d'exercer leur art sans être soumis à des maîtrises, et déclara que la gravure était *un art libéral*, qu'on ne devait point *en asservir la noblesse à la discrétion de quelques particuliers*, qu'elle ne pouvait *dépendre que de l'imagination de ses auteurs et être assujettie à d'autres lois qu'à celles de leur génie.* Cet édit, très-remarquable à cause des termes dans lesquels il était conçu, les divers ateliers établis aux

Gobelins par le gouvernement, les honneurs accordés aux grands maîtres, furent de puissants moyens d'encouragement, dont les arts et le goût en général, dont la gravure et particulièrement le commerce des estampes recueillirent les fruits.

Edelinck, Van Schuppen, Nicolas Pitau, nés à Anvers, appelés en France par Colbert dès leur jeunesse et enchaînés par les bienfaits du roi, se regardèrent eux-mêmes comme Français.

Edelinck, instruit d'abord au milieu des chefs-d'œuvre de l'école de Rubens, dirigé ensuite et adopté par l'école française, sut allier au feu de ses premiers modèles la correction et le fini précieux dont Poilly lui donnait l'exemple. Quelques maîtres peuvent l'avoir égalé, aucun ne le surpasse. Les portraits de Desjardins, de Rigaud, de Champagne, suffiraient pour le placer au premier rang parmi les graveurs : il est allé beaucoup plus loin ; il a donné à Raphaël dans la Sainte Famille le style sublime, et, nous pourrions dire, le coloris de Raphaël ; à le Brun, dans la famille de Darius et dans la Magdelaine, sans s'écarter de la vérité, un style et un coloris qui semblent plus beaux encore que le style et le coloris de le Brun.

Van Schuppen et Pitau, assez semblables l'un à l'autre, cherchant tous les deux, avec de la vigueur, des tons clairs et aimables, tantôt s'approchent davantage du caractère de Nanteuil, dont Van Schuppen fut élève, et tantôt de celui de Poilly, que Pitau semble avoir pris pour guide.

Qui ne connaît les beaux portraits gravés par Nanteuil, la plupart d'après ses propres dessins? Quelle précision, quelle fermeté dans les saillies, quelle âme dans les regards! quel heureux accord entre les points, les tailles, les travaux réguliers et irréguliers que cet habile artiste sait employer avec un choix exquis! quelle simplicité, quelle sagesse dans son faire, malgré cette variété! Pontius, Wisscher, Suyderhoef, Edelinck, et les autres grands maîtres, n'ont point fait de portraits qu'on puisse préférer à ceux de Pompone, de **Loret**, de la Mothe le Vayer, de Turenne, de l'Avocat de Hollande.

Masson, qui a montré autant de goût que d'habileté dans le

portrait du maréchal d'Harcourt, dans ceux de Brisacier, de
Marin et du président d'Ormesson, trop jaloux de faire remarquer la souplesse de son burin, s'est écarté dans d'autres portraits, ainsi que dans *la belle Nappe*, de l'heureuse simplicité
dont Nanteuil et tous les grands maîtres français lui donnaient
l'exemple. Ses tailles hardies, légères et en même temps trop
contournées, ne rendent pas toujours avec assez de précision
les formes arrêtées par le peintre ; mais jusque dans ses erreurs
on admire la délicatesse de son travail, le jeu et la vivacité de
ses lumières. Il serait dangereux de vouloir suivre son exemple ;
il est bien difficile de l'égaler.

Tout ce que le burin a de plus éclatant et de plus sage, de
plus fin, de plus moelleux, de plus coloré, se trouve réuni dans
les chefs-d'œuvre de Pierre Drevet, et particulièrement dans le
portrait de l'éloquent évêque de Meaux. La fidélité du dessin,
la variété des tons, la richesse des étoffes, l'âme répandue dans
les chairs, ne laissent rien à désirer.

Pierre Drevet, père de cet habile artiste, et Claude son parent,
eurent à peu près le même faire que lui, et dans quelques-uns
de leurs ouvrages ils se sont presque montrés ses égaux.

Une autre école illustrait dans le même temps le règne de
Louis XIV : c'était celle de Gérard Audran, qui, dans sa gravure
irrégulière et singulièrement pittoresque, mêlait avec tant de
sentiment et d'énergie le travail de l'eau-forte à celui du burin.
Ce grand maître semble s'être proposé de disputer la palme aux
artistes italiens plutôt qu'à ceux des Pays-Bas. S'il eût été contemporain de Raphaël, l'Europe aurait possédé un second Marc-
Antoine. Dans un siècle plus avancé, il a réuni autant de connaissances et plus d'art. Son faire est d'autant plus mâle,
d'autant plus expressif, qu'il doit rendre les effets d'une plus
grande composition. Par une hardiesse heureuse, et qui ne pouvait être pardonnée qu'à lui, cet habile artiste se permit d'épurer le dessin de le Brun ; et l'Italie crut, en voyant les gravures
des batailles d'Alexandre, que le Brun égalait ses plus savants
dessinateurs.

Divers graveurs avaient exécuté de petits ouvrages avec une pointe ou un burin vifs et spirituels ; le Clerc, par la noblesse de son style et la simplicité de son faire, donna à ce genre de gravure un caractère de grandeur dont à peine on pouvait le croire susceptible. Bernard Picard, son élève, sacrifia ce beau caractère à un extrême fini ; mais s'il fut inférieur à son maître dans le style, il l'égala du moins par la fécondité de son imagination.

Benoît et Jean Audran, Nicolas Dorigny, qui fut appelé en Angleterre en 1711 ; Charles et Louis Simoneau, Gaspard Duchange, Nicolas-Henri Tardieu, Alexis Loir, Louis Desplaces, se formèrent à l'école de Gérard Audran, ou suivirent plus ou moins fidèlement sa manière.

Adrien Van den Velde, Jean-Henri Roos, Karel du Jardin, Jean Wisscher, Pietro-Santi Bartoli, François et Pierre Aquila, Jean Luycken, Claude Gillot, et d'autres artistes, devenus célèbres à peu près dans le même temps, soit parmi les peintres, soit parmi les graveurs de profession, nous ont laissé des ouvrages à l'eau-forte, ou mêlés d'eau-forte et de burin, qui sont placés avec honneur dans tous les cabinets.

Jacques-Christophe le Blond, né à Francfort en 1670, inventa l'art d'imiter la peinture[1], en imprimant l'une sur l'autre trois couleurs, le rouge, le jaune et le bleu, qui, par leurs combinaisons, produisaient des nuances plus nombreuses.

L'Angleterre ne pouvait citer, à l'époque dont nous parlons, qu'un bien petit nombre de graveurs recommandables, tels que William Faithorne, Jean Smith, Robert White, et quelques autres, attachés pour la plupart à la manière noire, et peu connus

---

[1] Dans ce genre de gravure, on pique ou on *graine* entièrement le cuivre, et ensuite on le rabaisse pour former les blancs, de même que dans la manière noire, qu'on peut regarder comme une espèce d'association de la gravure en relief et de la gravure en creux. Le Blond tenta d'établir à Londres une manufacture de papiers de tapisserie, et il y échoua. Jean Papillon le père, né en 1661, fut plus heureux à Paris ; on croit qu'il y établit la première manufacture de ce genre vers l'an 1688.

hors de son sein. Elle n'avait encore vu naître ni Ardell, ni Robert Earlom, ni Green, ni les autres artistes qui ont successivement porté ce genre de travail a un si haut degré de perfection. Les gravures de l'école de Rubens avaient été peu goûtées des Italiens, qui en désapprouvaient avec raison le style. Cette école avait péri avec les élèves de Vorsterman et de Pontius, et ses derniers rejetons avaient été accueillis dans l'école française. L'Italie elle-même avait totalement perdu les traces de Marc-Antoine, de Cort et d'Augustin Carrache. La France, pendant la vieillesse de Louis XIV et la jeunesse de Louis XV, était encore, comme sous le ministère de Colbert, le seul pays de l'Europe où l'art du burin fût cultivé avec un grand succès. Ce fut elle qui à son tour transmit alors à l'Allemagne, à l'Angleterre, à l'Italie, les principes conservés et épurés par les Edelinck, les Roullet, les Drevet, et ses autres grands maîtres.

Les écoles de Nicolas Larmessin, de Duchange, de Charles et de Nicolas Dupuis, ses élèves; de Laurent Cars et de Philippe le Bas, élèves de Nicolas-Henri Tardieu, devinrent le centre de l'instruction. C'est là que se formèrent, à peu d'intervalle les uns des autres, Joseph Wagner, Jean-Martin Preisler, Georges-Frédéric Schmidt, Jean-Georges Wille, nés en Allemagne; Ingram, Strange, Ryland, envoyés par l'Angleterre; Vivarès, Balechou, Flipart, Lempereur, Ficquet, Jardinier, Jacques Aliamet, parmi les Français, et les autres graveurs célèbres qui ont ensuite propagé l'art dans toutes les contrées de l'Europe.

L'amour de la nouveauté ayant égaré à cette époque les peintres qui jouissaient de la plus haute réputation, la gravure se trouva nécessairement entraînée dans quelques-unes de leurs erreurs. Gaspard Duchange employa trop fréquemment dans les chairs des figures de femmes, un faire connu longtemps auparavant, mais dont jusqu'alors on n'avait pas abusé. Il consistait dans des tailles courtes, très-déliées, prolongées par fractions, croisées par d'autres tailles également rompues, et entremêlées de points tantôt ronds, tantôt allongés, qui, s'étendant jusque sur les clairs, ne laissaient paraître de blanc pur nulle part.

Cette manière picotée, molle, d'un ton gris et égal, convenait peut-être aux peintures de le Moine et de De Troy, mais elle ne pouvait rendre ni le style sévère, ni le coloris ferme et brillant de Raphaël, du Titien et du Corrége, auxquels on voulut cependant l'associer. Laurent Cars l'employa indistinctement dans le nu des figures de femmes, d'hommes et d'enfants. Son exemple la mit bientôt en crédit. Wagner, Strange, Ryland, la perfectionnèrent en la régularisant. D'autres artistes, qui cherchaient des procédés expéditifs, la firent au contraire dégénérer en un simple pointillé, sans formes et sans couleur, qui, présentant à la médiocrité des ressources faciles, fut bientôt accrédité par la mode, et aurait amené la ruine de l'art, si quelques hommes célèbres, parmi lesquels nous pouvons compter des artistes encore vivants, n'eussent lutté avec constance contre l'empire du mauvais goût.

Antoine Trouvain, François et Jacques Chéreau, Jean Daullé, avaient sagement conservé, ainsi que Larmessin, le genre de travail propre aux Roullet et aux Edelinck; Balechou et Wille suivirent la même route. Le burin retrouva sous la main de ces deux habiles maîtres la hardiesse et l'énergie qu'il était menacé de perdre. Ils donnèrent souvent à leurs travaux, il faut en convenir, l'un trop de brillant, l'autre trop d'uniformité; mais nous leur avons l'obligation d'avoir conservé, d'avoir transmis à notre école l'art de maîtriser l'instrument qui produit les plus grandes beautés de la gravure.

D'autres artistes s'illustrèrent dans le même temps par des procédés nouveaux et ingénieux. Philippe le Bas, qui a gravé avec tant d'esprit les ouvrages de Berchem et de Téniers, enseigna, par un fréquent usage de la pointe sèche, à imiter les tons vaporeux des lointains et du ciel, et à assurer par là les effets de la perspective. Vivarès et Woollett, son savant imitateur, en perfectionnant ce procédé, unirent avec la plus rare intelligence l'eau-forte, la pointe sèche et le burin, et donnèrent à la gravure du paysage tant de légèreté, de chaleur, de transparence et d'harmonie, qu'ils semblent dans leurs beaux ouvrages, d'après le

Gaspre, Annibal Carrache et Claude Lorrain, avoir fait des tableaux plutôt que des estampes.

Jacques Frey, Houbraken, Piranesi, Volpato, Gunego, Dietrich, Pierre-Etienne Moitte, les deux Cochin, Philippe-André Kilian, Folkema, Beauvarlet, Nicolas Delaunay, Augustin Saint-Aubin; le Prince, à qui nous devons l'imitation des dessins au lavis par l'emploi de l'eau-forte; Jean et Edouard Dagoti, qui ont perfectionné les estampes à plusieurs couleurs; Desmarteaux et François, qui ont gravé à la manière du crayon; le poëte Gessner, Henecken, Joseph Strutt, Papillon, Fuesslin, Gandellini, Watelet, Gersaint, Caylus, Mariette, tous à peu près contemporains, ont contribué à illustrer l'art, soit par leurs gravures, soit par leurs écrits.

Le dix-huitième siècle, où vivaient ces différents maîtres, a enfanté plusieurs de ces grands recueils de gravures, qui méritent également la protection des souverains, à cause des nombreux travaux qu'ils offrent aux artistes, et de la gloire qui en rejaillit sur leurs règnes. Le théâtre des peintures de l'archiduc Léopold, gravé sous la direction de Téniers, n'avait donné qu'une faible idée de ce que pouvaient être des ouvrages de cette nature. Le cabinet du bourgmestre Reynst, mis au jour, en 1661, par un simple particulier, ne renferme malheureusement, si l'on excepte les statues, que trente-trois estampes. Le recueil publié à Padoue, en 1691, par Charlotte-Catherine Patin, n'est remarquable que par les notices écrites en latin dont cette savante fille accompagna chaque gravure. Louis XIV et Colbert conçurent et exécutèrent les premiers le projet d'une collection vraiment royale, qui fût en même temps utile à la gloire du prince et à l'intérêt de l'État. Vingt-trois volumes gravés aux frais du gouvernement, en retraçant à l'Europe les objets les plus précieux du cabinet du roi, ses fêtes, ses palais, ses victoires, procurèrent au commerce des profits immenses. En 1710, l'année même où fut terminée cette grande collection, Nattier fit paraître la galerie du Luxembourg, bel ouvrage où cependant on remarque à regret dans quelques-unes des pièces qui le composent, les erreurs du siècle qui commençait. En 1729, parut le Cabinet de Crozat, le mieux exécuté de tous les ouvrages de ce genre faits vers le même temps. La galerie de Versailles, commencée par Charles Simoneau, sur l'ordre de Colbert, interrompue peu de temps après la mort de ce ministre, continuée ensuite par Massé, et publiée, en 1752, après vingt-huit ans de travaux consécutifs, offrit la réunion intéressante de tous les anciens maîtres formés par Gérard Audran, et rappela, cinquante ans après la mort de cet artiste, le faire de son école quelquefois amolli, mais toujours reconnaissable. La *Quadreria Medicea*, le *Museum Florentinum*, le *Museo Pio-Clementino*, les peintures de l'hôtel Lambert, le cabinet de Boyer d'Aiguilles, la galerie de Dresde, celle du comte Bruhl, les antiquités d'Herculanum, les vases étrusques d'Hamilton, le recueil de Boydell, donné à Londres en 1769, ont honoré le siècle qui vient de finir. Quelle que puisse être cependant la magnificence de ces divers recueils, témoins de l'impulsion que de nobles encouragements donnent de nos jours aux beaux-arts, nous osons croire qu'ils seront bientôt surpassés par des productions d'une beauté plus accomplie.

De nouveaux succès nous sont enfin promis. Héritière des maîtres les plus célèbres du siècle dernier, l'école vivante nous offre toutes les beautés qui leur furent particulières, et sait se garantir de leurs erreurs. L'esprit de Vivarès et de Philippe le Bas, le faire souvent doux et moelleux de Laurent Cars, de Wagner et de leurs élèves, les traits fermes et réguliers de Wille, la hardiesse et les tons brillants de Balechou, savamment réunis, embellissent les ouvrages des artistes qui sont aujourd'hui l'objet de notre admiration ou de nos espérances. Le style ennobli de nos peintres ne permet plus aux graveurs un dessin incorrect ou infidèle. Déjà même semble revivre le burin de Poilly, de Roullet et d'Edelinck. La France, justement enorgueillie d'avoir seule conservé pendant près d'un siècle les principes de ces grands maîtres, et d'en avoir transmis à l'Europe entière le précieux dépôt, doit se féliciter plus que jamais des progrès qu'elle-même a favorisés.

DE L'INFLUENCE

DES ARTS DU DESSIN

SUR LE COMMERCE ET LA RICHESSE DES NATIONS,

MÉMOIRE

COURONNÉ PAR LA CLASSE DES BEAUX-ARTS DE L'INSTITUT,
EN L'AN XII.

12.

DE L'INFLUENCE

DES ARTS DU DESSIN

SUR LE COMMERCE ET LA RICHESSE DES NATIONS,

OU

MÉMOIRE SUR CETTE QUESTION:

QUELLE EST L'INFLUENCE DE LA PEINTURE SUR LES ARTS D'INDUSTRIE COMMERCIALE? QUELS SONT LES AVANTAGES QUE L'ÉTAT RETIRE DE CETTE INFLUENCE, ET CEUX QU'IL PEUT ENCORE S'EN PROMETTRE?

> Le jour que les Rhodiens élevèrent un autel à
> Minerve, il tomba sur l'île une pluie d'or.
>
> PINDARE, *Olymp.* VII.

L'art de représenter les productions de la nature par des traits et des couleurs est le premier dont les hommes se soient servis pour rendre leurs idées sensibles à la vue; il a donné naissance à l'écriture. C'était une tradition chez les Égyptiens et chez les Phéniciens, que les dieux l'avaient inventé pour composer les caractères sacrés; et dans son origine, comme dans son objet, la peinture était chez ces peuples une science divine.

Les Grecs, dont les fables renfermaient d'utiles préceptes, attribuaient l'invention de la peinture à l'Amour. La peinture, en effet, ayant pour objet principal de présenter des images fidèles du corps humain, il était naturel de penser que l'Amour en était l'inventeur, et de croire que ce dieu jaloux en avait déterminé lui-même les règles.

La peinture embellit, comme la poésie, comme la musique, le repos du sage. Elle porte aux générations qui se succèdent l'image d'un père, d'un bienfaiteur, d'un héros. Elle représente l'homme doué de tant de grâces, de tant de majesté, que l'on se demande s'il existe des modèles aussi beaux que ses ouvrages. Elle le représente tantôt dans l'infortune, dans les tourments, tantôt au sein de la joie et de la gloire, toujours aussi grand par l'élévation de son âme que par l'inaltérable beauté de son corps. Enfin, par le choix des nobles sujets qu'elle traite, autant que par la perfection de ses tableaux, elle remplit un peuple entier d'admiration et d'amour pour les grands hommes, pour les lois, pour la justice, pour le courage, pour la vertu, pour la patrie.

Est-ce ajouter quelque chose à la gloire de cet art, que de le considérer dans ses rapports avec l'industrie et le commerce, et de montrer combien il a d'influence sur la richesse des états?

Oui, sans doute; car la peinture n'exerçant d'empire sur les esprits que par la beauté des objets qu'elle retrace, si elle acquiert de l'influence sur le commerce, elle ne peut le faire qu'en répandant l'amour du beau, en faisant de l'art de choisir une connaissance générale, et, pour ainsi dire, vulgaire. Or, le beau physique et le beau moral étant intimement liés l'un et l'autre, et n'étant, à certains égards, qu'une même chose, il y a lieu de croire que les hommes, en général, qui goûteront le charme du beau dans les objets d'arts et de commerce, dans leurs meubles, dans leurs vases, dans leurs habillements, élèveront toutes leurs pensées en épurant leur goût, et que, pour être en harmonie avec eux-mêmes, ils s'attacheront à la sagesse et à la raison, comme ils aimeront, dans les objets physiques, la simplicité, la convenance et la noblesse des formes.

Il n'est plus temps de nous dire que la simplicité de quelques peuples anciens pourrait être préférable au luxe, à la circulation de l'argent, aux emprunts, aux impôts, sur lesquels repose le système des gouvernements modernes. Les principes de la politique sont changés. La puissance des nations dépend aujourd'hui, plus que dans les temps anciens, de l'importance et de la prospérité de leur commerce. Il est d'ailleurs quelques moyens pour unir des choses en apparence incompatibles, le commerce et les mœurs, la richesse et la liberté, et une partie de ces moyens consiste, j'ose le dire, dans un emploi convenable et bien entendu des productions des beaux-arts.

Nous examinerons donc cette belle question proposée par l'Institut : QUELLE EST L'INFLUENCE DE LA PEINTURE SUR LES ARTS D'INDUSTRIE COMMERCIALE ? QUELS SONT LES AVANTAGES QUE LA FRANCE RETIRE DE CETTE INFLUENCE, ET CEUX QU'ELLE PEUT ENCORE S'EN PROMETTRE ?

Avant de traiter la question, il faut en saisir l'esprit.

La peinture renferme deux éléments, la couleur et le trait. Devons-nous la considérer indistinctement sous l'un et l'autre rapport ? Sans doute ; car ce n'est pas sans motif que la Classe de Littérature et Beaux-Arts a demandé *quelle est l'influence* DE LA PEINTURE sur les arts d'industrie *commerciale*, plutôt que de demander seulement *quelle est l'influence de l'art* DU DESSIN.

Les arts d'industrie commerciale peuvent être divisés en deux classes : les uns se perfectionnent et contribuent à la richesse des états par l'influence directe de l'art du dessin ; tels sont l'art de l'orfévrerie, la gravure, l'art du modeleur, du ciseleur, du tourneur, l'art de fabriquer de riches étoffes ornées d'arabesques, de figures d'hommes et d'animaux, l'art des Gobelins, celui du fabricant de porcelaine, du menuisier même, de l'ébéniste, du mosaïquiste. Les autres ne reçoivent de l'art du dessin qu'une influence indirecte ; on peut ranger dans cette classe ces fabriques de drap et d'étoffes de laine de toute espèce, ces fabriques d'étoffe, de soie d'une seule couleur, où la France excelle aujourd'hui, et qui firent pendant si longtemps une des principales richesses des Florentins ; ces manufactures de glaces où les Vénitiens avaient acquis, avant que la France excellât dans les beaux-arts, une grande célébrité, et que les nôtres ont surpassées ; ces fabriques de toile blanche qui entretiennent, depuis plusieurs siècles, une grande partie de la population de la Hollande, de la Flandre, de la Normandie, de la Bretagne, du Dauphiné ; l'art du tanneur, celui du fourreur, du chamoiseur,

du teinturier, l'art de la coutellerie, celui du cloutier, de l'é-
pinglier, la serrurerie, l'horlogerie, et une foule d'autres encore. Les arts d'industrie commerciale que nous rangeons dans
cette seconde classe ne reçoivent, sans doute, de l'art du dessin que de faibles secours ; cependant, si l'on veut rechercher
les causes générales qui les font inventer, qui sollicitent des
découvertes nouvelles, qui font vendre et exporter leurs ouvrages, qui multiplient et les ouvriers, et les chefs-d'œuvre, et les
profits, on reconnaît bientôt que les progrès qu'ont faits les
peuples dans les beaux-arts, ont déterminé, ont hâté les progrès
de ces arts subordonnés. On voit que la peinture, on voit que
les beaux-arts, en épurant en nous le sentiment du beau, en
excitant, en dirigeant le génie, en parlant au goût, au cœur, à
la raison, en nous faisant un besoin des jouissances les plus délicates, ont porté à la fois dans tous les ateliers et le flambeau
qui les éclaire, et l'esprit d'émulation qui anime l'ouvrier le
plus stupide et le plus indolent.

Pour prouver pleinement quelle est l'influence de la peinture
sur les arts d'industrie commerciale en général, il faut donc
considérer cet art déployant toutes ses ressources, faisant admirer dans ses ouvrages l'imitation de tous les chefs-d'œuvre
de la nature, marchant à la perfection avec la sculpture, avec
l'architecture, avec tous les beaux-arts.

Nous devons d'ailleurs démontrer quelle est l'influence de
la peinture sur les arts d'industrie commerciale, pour prouver
*quels sont les avantages que la France retire de cette influence,
et pour indiquer ceux qu'elle peut encore s'en promettre.* Tel
est l'objet de la Classe des Beaux-arts, et cela même nous découvre l'esprit de la première partie de la question.

Quel ordre allons-nous donc suivre dans notre ouvrage ?

Nous rechercherons d'abord quelle est l'influence de la peinture, quelle est l'influence des arts du dessin sur la civilisation,
sur le goût, sur les progrès de l'industrie en général, sur le
commerce et sur ses produits.

Nous verrons quelle fut l'influence des beaux-arts et celle de

la peinture en particulier sur la prospérité des peuples commerçants anciens et modernes les plus célèbres, et la différence
qu'il y a lieu de remarquer entre eux à ce sujet.

Arrivés à la deuxième partie de la question, nous verrons
dans la France tous les arts d'industrie commerciale faire des
progrès en raison de ceux que la peinture a faits elle-même, s'a-
vancer, s'arrêter, approcher de la perfection avec le guide qui
les a conduits. Nous verrons la France privée des beaux-arts,
tributaire de l'étranger, et la France conquérant, de nos jours,
par des chefs d'œuvre, l'or de l'Europe.

La démonstration des avantages que notre patrie peut se promettre encore et de la peinture et de cette réunion des arts
différents, sera la conséquence nécessaire de tout ce qui aura
précédé.

Les faits et les preuves abondent tellement sur cette matière,
qu'il est plus difficile de les choisir que de les trouver. Nous ne
pouvons laisser des doutes dans l'esprit de nos lecteurs. La
plus grande difficulté que nous ayons, au contraire, à vaincre,
est de répondre à la haute idée qu'ils se sont déjà formée de la
peinture et de ses utiles effets.

Artistes, commerçants, politiques, nous voulons seulement
vous rappeler quelques vérités, que le sentiment, la théorie et
l'expérience nous ont dès longtemps fait reconnaître. Il s'agit
du goût et de la beauté ; il s'agit des progrès des arts et de
ceux du commerce, de la richesse, de la puissance, de la gloire
de notre patrie... D'aussi grands intérêts feront peut-être excuser la faiblesse de cet ouvrage.

PARTIE PREMIÈRE.

SECTION I.

Se nourrir, se vêtir selon que le climat l'exige, se défendre
contre les bêtes féroces et contre les malfaiteurs, tels sont les
premiers besoins physiques de l'homme dans l'enfance des sociétés. Ces besoins exigent peu de commerce, ils suffisent cependant pour en établir un. Chacun veut donner de son superflu
pour obtenir la portion du nécessaire qui lui manque. Les nations, dans leurs commencements, par un motif semblable à
celui qui détermine les individus, échangent de certains aliments contre des aliments d'une autre espèce, des fruits, des
grains, des armes, ou d'autres instruments utiles contre des
fourrures.

Tel est le commerce dans sa première simplicité. Il ne
s'exerce encore que sur des objets d'une nécessité absolue,
et cependant, si nous considérons les hommes ou les peuples
auxquels il est indispensable, déjà nous reconnaissons quelques effets d'une faculté naturelle et indestructible qui appelle
les peuples à la civilisation, qui la leur rend nécessaire; quelques effets de ce sentiment qui porte l'homme à comparer ses
plaisirs, à réfléchir, à méditer, qui donne naissance à l'amour,
qui accroît le charme de l'amitié, qui redouble aussi le désir
de la propriété, qui en rend la jouissance plus chère; de ce
sentiment qui, dans des temps plus avancés, demande aux
beaux-arts des chefs-d'œuvre; qui sollicite l'industrie, qui
presse, étend, enrichit le commerce; de ce sentiment, attribut
particulier de l'espèce humaine, qui d'abord arrache l'homme

des forêts, et qui porte enfin la gloire et la puissance des nations au plus haut terme où leur puissance et leur gloire puissent atteindre, je veux dire de l'amour du beau. Je parle des
armes, des vêtements, des instruments de divers genres dont
se sert un peuple à demi sauvage. Est-il un homme si grossier
qui ne remarque dans la forme des instruments dont il se sert,
et dans celle des vêtements dont il se couvre, une convenance
qui les lui rend plus utiles, une certaine grâce par laquelle ils
attirent ou captivent plus agréablement ses regards? Est-il une
femme si barbare qui ne reconnaisse le prix de ses charmes, et
qui ne cherche même à les faire valoir par des ornements em-
pruntés?

Suivons les progrès d'un peuple commençant à se civiliser,
supposons qu'il a déjà fait quelques échanges avec des peuples
voisins. Ces échanges des productions du territoire et des premiers
produits de l'industrie ayant augmenté les moyens de subsistance,
la population ne tarde pas à s'accroître. Lorsque la population est
devenue plus considérable, il faut encore demander et de nouveaux
fruits à la terre, et de nouvelles productions à l'industrie, soit
pour la consommation directe des habitants, soit pour opérer de
nouveaux échanges avec l'étranger. L'industrie redouble par l'espoir de faire au dehors des échanges utiles. Les désirs se multiplient autant que les moyens de jouir. On s'était couvert d'abord
de la peau des animaux, on essaye de dépouiller les moutons de
leur laine, les chèvres de leur soie, de préparer ces matières moel-
leuses : on veut les carder, les filer, en former des tissus, on voudra
bientôt les teindre. En construisant un plus grand nombre
d'habitations, on cherche à les rendre plus commodes et plus
régulières. Un petit nombre de vases suffisait à des hommes à
peine sensibles à quelques besoins, il en faut de mille formes
différentes pour mille usages différents. On veut élever des monuments aux hommes célèbres, des autels et des temples aux
divinités. L'amitié désire des portraits, la religion demande des
images ; on cherche dans la nature des modèles, dans les productions des arts des prodiges d'imitation. Marchons à grands

pas : déjà on sait fondre et travailler les métaux; l'aiguille, le fuseau, la navette, ont déjà produit d'utiles chefs-d'œuvre. On fabrique, on exporte des épées, des chars, des boucliers, des cuirasses ; la laine teinte de diverses couleurs, l'or même et les pierreries enrichissent des robes de pourpre et d'azur.

Combien la société a changé de face! Si une liberté suffisante et de bonnes lois ont protégé l'agriculture à l'effet qu'elle contribuât à la nourriture de la classe industrieuse, de nouvelles subsistances, jointes à celles qu'on apportait du dehors, ont produit encore une nouvelle population. L'aisance s'est répandue parmi toutes les classes de citoyens, l'argent circule, les impôts se sont facilement établis; les mers, que l'on voyait d'abord avec terreur, se sont couvertes de vaisseaux; l'étranger est devenu tributaire de l'industrie éclairée de la nation, et l'ardeur guerrière n'a pas dégénéré, parce que les bras n'ont jamais été dans le repos, parce que je suppose qu'on a su former et tenir en activité l'esprit public, et que l'agriculture, d'ailleurs, ne se lasse jamais de produire et des fruits pleins de fraîcheur, et des hommes nouveaux, et des mœurs rustiques et pures.

Comment donc s'est opérée cette grande révolution ? N'est-il ✳ pas évident que l'instinct du beau en a été la cause première? Ce sentiment a invoqué le génie de l'imitation : les productions des arts, en épurant le goût, ont fait naître de nouveaux besoins ; ces besoins ont produit de nouveaux efforts, ces efforts ont produit de nouveaux miracles. L'imagination a créé le désir, le désir a pressé le travail, le travail a produit des chefs-d'œuvre, et ces chefs-d'œuvre ont enfanté la richesse.

Suivons de nouveau cette progression avec quelques détails.

Pour que l'homme sauvage, j'ai presque dit pour que l'homme civilisé, reconnaisse son ignorance et désire en sortir, pour qu'il fasse des progrès dans les arts d'industrie commerciale en général, pour qu'il compose des machines, pour qu'il crée ou qu'il accueille des inventions nouvelles, l'absence des biens que l'industrie doit produire ne suffit pas. L'indolence est un penchant plus fort que la cupidité. L'homme s'habitue à manquer de tout. Il souffre moins de cet état de dénûment, qu'il ne s'effraye des efforts nécessaires pour en sortir.

Quelle voix éloquente, réveillant dans l'homme de la nature le génie immortel qui devait le rendre en quelque sorte rival de la Divinité, l'appela à la civilisation, au travail, aux sacrifices, ainsi qu'aux douceurs de la vie politique? Ce fut celle de la poésie. L'origine de la poésie se perd dans l'antiquité des temps. Les hommes dormaient encore au milieu des ténèbres, déjà le poëte s'était élancé dans la carrière. Le barde chanta, chez tous les peuples, au crépuscule du matin ; les premières villes furent bâties au son de la lyre.

La musique naquit avec la poésie : l'homme chante quand le plaisir l'anime ; il écoute avec avidité les accents d'une voix mélodieuse ; son cœur agité suit les modulations de la voix ; la haine, la colère, la vengeance, cèdent en lui à une puissance irrésistible ; ses entrailles s'ébranlent, des larmes roulent dans ses yeux, il est vaincu parce que l'accent musical est de toutes les formes par lesquelles s'expriment les affections de l'âme la plus énergique, la pius expressive, celle que le mensonge peut le moins altérer.

La poésie donne à l'homme une existence nouvelle. En lui faisant éprouver de nouveaux besoins, elle allume en lui le flambeau qui doit le guider pour les satisfaire. A peine il entend la voix du poëte, déjà il désire, il s'enflamme, il veut créer. Quand Adam eut goûté du fruit de l'arbre de la science, il s'aperçut qu'il était nu, dit l'Écriture. Cela pourrait signifier que lorsque l'homme a élevé son esprit à l'admiration du beau, il rougit de son dénûment et de son ignorance.

Après la poésie, avec la poésie naquirent les arts du dessin. Non, sans le ressort qu'ont donné aux esprits ces divers arts, dont le principe est le même, jamais l'homme ne se fût appliqué aux sciences et n'eût inventé de machines. Les arts qui tiennent à l'imagination ont précédé les sciences dans la succession de nos connaissances, par la même raison que, dans l'ordre de nos idées, la sensibilité agit avant que la réflexion s'opère ; ils les

ont précédés encore parce que, agissant sur le cœur, ils pouvaient seuls faire surmonter à un être sans ambition son indolence naturelle. Offrez à un sauvage une machine compliquée ;
quelque utile qu'elle vous paraisse, il la rejettera ; chantez devant lui des pæans religieux, des hymnes de guerre et d'amour ;
tracez devant ses yeux l'image de sa compagne, de son fils, de
son ami, sa voix sonore répétera vos hymnes, sa main intelligente imitera vos dessins ; son génie s'enflammera, et bientôt,
par un effet des lumières qu'il se sera efforcé d'acquérir, il in-
ventera de lui-même les machines les plus ingénieuses.

Le désir de représenter la forme des corps par des reliefs ou
par des traits fidèles se fit sentir à l'homme aussitôt qu'un
objet aimable ou un objet de terreur eut frappé son imagination facile à émouvoir. L'étonnement, l'amitié, l'amour, la
peur, le plaisir d'exercer une faculté qui le rendait le rival de
la nature, guidèrent d'abord sa main obéissante ; bientôt pour
satisfaire de nouveaux désirs, il façonna le bois et l'argile. A
mesure que son intelligence faisait des progrès, il lui fallait
des instruments de toute espèce. Le monde entier lui en offrait
des modèles. L'instinct demandait aux arts les formes les plus
utiles, le génie préféra les plus simples, et le goût, saisissant
ces deux rapports, apprit par des comparaisons multipliées à
apprécier la beauté. Ici commence la théorie des arts ; théorie
juste, saine, féconde en chefs-d'œuvre, tant qu'elle est le produit du sentiment, de la réflexion et des jouissances ; trompeuse et stérile quand elle est enfant des préjugés, des modes et
du faux savoir.

Les arts d'industrie commerciale faisaient des progrès à mesure que l'art du dessin, qui était leur guide, en faisait lui-
même. L'influence de cet art ne se bornait point à leur offrir
d'élégants modèles, il les servait bien plus encore par ces idées
de beauté qu'il avait répandues, et par l'élévation qu'il donnait
aux esprits. Combien l'homme dut être grand à ses propres
yeux, lorsque ayant pris non – seulement dans la forme des
fruits, des plantes ou des corps des animaux, mais dans celle du

ciel même et de la terre, les modèles des instruments qu'il créait pour son service, et qui obéissaient à sa volonté ; lorsque considérant enfin un ouvrage de la nature ou de l'art, il se dit avec une satisfaction intime : « Ceci est beau, et je sens pourquoi ! »

Remarquons, en passant, la fausseté du système qui veut que l'art du dessin se soit répandu de proche en proche, qu'il ait été porté de l'Égypte à la Chine, ou de la Chine chez les Égyptiens ; du Midi au Nord, ou du Nord au Midi. A quelles époques se serait fait ce voyage chimérique ? Qui a porté l'art chez les Mexicains ? Qui l'a porté chez les sauvages de l'Amérique ? Qui l'avait enseigné à Giotto, lorsque, enfant et berger, il traçait ingénument sur une pierre la figure de ses moutons ? On a trouvé l'art du dessin, la peinture, la sculpture plus ou moins avancés, partout où l'on a trouvé des hommes. Les peuples se sont transmis des principes et des modèles capables de porter les arts à la perfection. Mais dire qu'ils se sont communiqué la première connaissance des arts, autant vaudrait soutenir qu'ils se sont donné mutuellement des sens et une âme.

Ce fut enfin lorsque la peinture eut développé toutes ses ressources, lorsqu'elle eut brillé par la pureté du trait, par la noblesse des formes, par la richesse de la couleur, par le choix et l'expression des affections de l'âme, par les charmes réunis de l'illusion et de la beauté, que tous les arts d'industrie commerciale, les arts innombrables qui emploient le dessin ou la couleur, éclairés, encouragés, pressés de produire des chefs-d'œuvre, par le goût épuré de la nation, arrivèrent à la perfection avec le guide qui les avait conduits. Ce fut alors que le peintre, excitant le manufacturier, lui cria : « J'ai représenté dans mes ouvrages les fleurs, les fruits, l'air, le ciel, la foudre, et l'âme des êtres vivants ; une vaine poussière que j'ai appliquée sur une toile t'a fait aimer, frémir, craindre, espérer ; rien ne doit donc te paraître impossible ni étranger ; cherche, étudie, combine, imite, écoute mes leçons ; la nature est mon guide, et je t'en servirai. »

Ne perdons pas de vue le peuple se civilisant, sur l'exemple duquel nous avons établi notre raisonnement, et chez qui nous avons voulu considérer les effets progressifs des beaux-arts sur l'industrie et sur le commerce.

Si à son voisinage nous supposons une autre nation sortant de la barbarie à la même époque, mais à laquelle l'abondance de son territoire, les principes ou l'indifférence de son gouvernement fassent négliger les beaux-arts, ou il faudra que les législateurs défendent, par des règlements sévères, à cette nation ignorante, la jouissance de tous les objets d'agrément et de luxe, ou elle ne pourra, malgré son inertie, se refuser à en jouir, car l'instinct du beau, avons-nous dit, est un sentiment naturel que l'étude et les jouissances développent, mais dont l'homme, dans aucune position, n'est déshérité. Qu'arrivera-t-il donc? Cette nation, privée du secours des beaux-arts, recevra de la nation voisine, dont nous avons déjà parlé, les productions des arts et du goût, que celle-ci perfectionnera de plus en plus; elle donnera en échange ses richesses territoriales : par conséquent, sa population diminuera, au lieu de s'accroître. L'une fera un commerce actif, qui augmentera sa puissance ; l'autre, un commerce passif, qui l'épuisera. La fabrication des objets de luxe enrichira la première, une imprudente consommation ruinera celle qui achètera tout ; et plus la nation industrieuse perfectionnera les arts, plus la nation tributaire aura de peine à sortir de son abaissement.

Les exemples ne manqueraient pas si nous voulions recourir à des exemples. Que fit de mémorable la Thessalie, qui était autrefois le grenier de la Grèce, et qui est aujourd'hui celu Turcs? Sans la bataille de Pharsale, sans ces combats fabuleux des Centaures et des Lapithes, que les poëtes et les artistes ont immortalisés, elle serait à peine connue. Thèbes, au milieu des villes commerçantes de la Grèce orgueilleuse de son riche territoire, méprisait le commerce et les beaux arts, et n'eut pas la prudence de repousser les produits de l'industrie de l'étranger. Thèbes ne brilla qu'un instant, et fut réduite en cendres. Qu'est devenue de nos jours la Pologne? Elle n'existe plus.

Pour rendre l'influence des arts du dessin encore plus sensible, au lieu de considérer deux peuples commençant à se civiliser, dont l'un favorise les arts, tandis que l'autre les néglige entièrement, supposons deux nations parvenues l'une et l'autre à un haut degré de richesse et de puissance, possédant un territoire également fertile, dans une position géographique également avantageuse pour le commerce; supposons encore qu'elles ont fait les mêmes progrès dans les sciences, et seulement des progrès différents dans les beaux-arts. (Cette supposition n'a rien de contradictoire, et ne fait que rappeler un état de choses réellement existant, car les sciences consistant en des connaissances de fait, les conquêtes d'une nation ont à peine fait quelque bruit qu'elles deviennent la richesse de toutes les autres; au lieu que les beaux-arts sont le patrimoine du sentiment : on n'y excelle que par une manière de voir juste, fine, longuement exercée par une théorie délicate que les préjugés altèrent et détruisent facilement; et ils exigent de la part des gouvernements de sages et de constantes faveurs.) Supposons donc au milieu de l'Europe moderne deux nations égales en tout, excepté dans la perfection des arts du dessin, rivales dans la fabrication et la vente de toutes les productions des arts d'industrie commerciale en quelque genre que ce puisse être : meubles, vêtements, vases, livres, bijoux. Je laisse de côté dans cette supposition les produits directs des beaux-arts, les tableaux, les statues, les gravures, qui sont aussi sans doute un objet de commerce. Laquelle de ces deux nations l'emportera sur sa rivale ?

Les faits répondront à ma place; le lecteur, d'ailleurs, a déjà prononcé.

Les ingénieux Athéniens fabriquaient une espèce de vases qu'ils vendaient, avec de grands profits, dans la Grèce et dans l'Asie, et dont ils devaient la forme à l'art du Thériclès. Les vases *Thériclétens* étaient majestueux, mais grands et pesants. L'émulation des Rhodiens s'est indignée; ce peuple artiste et commerçant ne veut point de rivaux : il fabrique les *hédypo-*

tides, qui réunissent à de nobles et vastes contours plus d'élégance et plus de légèreté. Athènes est vaincue. Les vases Théricléens ornent encore la table somptueuse des riches; les hédypotides embellissent les festins des hommes de toutes les classes dans tout l'univers [1]. Quel exemple! quelle lutte! Il ne s'agit pas d'un peuple habile dans les arts comparé à un peuple qui les néglige : le génie a combattu le génie; le goût a surpassé le goût, et la Grèce et l'Asie ne font encore dans cette concurrence que donner le prix à la beauté.

Je n'en dirai pas davantage, quant à présent, sur ce point. Qu'il me suffise de faire reconnaître que dans tous les genres de fabrications, toutes choses égales d'ailleurs, le peuple le plus habile dans les arts du dessin l'emporte nécessairement sur ses rivaux.

Le commerce s'exerce sur des matières premières et sur des objets fabriqués ; mais le commerce même des matières premières, en quoi consiste-t-il donc, et que serait-il sans la fabrication qui doit mettre ces matières en œuvre? A quoi serviraient à ce peuple faisant des progrès dans la civilisation, duquel nous parlons, ou plutôt à quoi nous serviraient à nous-mêmes et la cochenille, et l'indigo, et les bois de teinture ou d'ornement, et une partie de nos laines, et une partie de nos cotons, de nos fils, de nos soies, et même des métaux, que travaillent de nombreux ouvriers, sans ce goût général, sans ce désir d'une vie commode et agréable que les arts ont répandu? Otez à l'homme les lumières qui le dirigent, ôtez-lui le goût que les beaux-arts ont perfectionné, les désirs que les beaux-arts ont fait naître, que lui faut-il? Sans l'amour des superfluités que les productions de nos arts ont excité parmi les sauvages, les animaux qu'ils détruisent vivraient en paix, les tigres conserveraient leur fourrure, les monstres marins garderaient leur huile, les abeilles des bois leur miel, la civilisation serait arrêtée dès ses premiers pas. Rendez de même parmi nous le goût moins

[1] Athæn. l. II. c. v.

délicat et moins vif, tout le système d'industrie et de commerce qui fait aujourd'hui la puissance des empires sera renversé. Le désir des choses agréables et commodes étant moins ardent, la demande des productions de l'industrie sera moindre, par conséquent on fabriquera moins, par conséquent la population diminuera ; la demande des subsistances à son tour sera moindre ; le commerce des matières premières, les produits même de l'agriculture diminueront ; il y aura moins de circulation ; il sera plus difficile d'établir des impôts, et les peuples retomberont enfin dans la barbarie d'où les lumières et le goût les avaient retirés.

Non-seulement donc la peinture et les beaux-arts éclairent les arts d'industrie commerciale, mais ils créent le commerce, ils pressent la charrue qui sillonne nos guérets. Brûlez les tableaux, incendiez les musées, les bibliothèques, et vous aurez porté la flamme dans les champs jaunissants de Cérès; renversez cette statue d'Apollon du Belvédère, et vous aurez étouffé dans leur germe des milliers d'épis de blé.

Il y a même, relativement aux mœurs, une différence qu'il est utile de remarquer, c'est que les arts corrompent et dégradent le peuple qui les néglige, et qui en reçoit les produits du dehors : au lieu que celui qui crée et fabrique lui-même, exerce son activité, développe ses facultés intellectuelles, et trouve même dans les lumières et dans l'aisance qui se répandent parmi toutes les classes de citoyens, une cause de liberté ; car jamais on ne régira que par des lois douces et modérées des hommes généralement éclairés et riches. Le gouvernement le plus absolu est dans la dépendance de ses sujets toutes les fois qu'il leur demande beaucoup et qu'ils peuvent apprécier sa conduite.

Quels sont enfin les esprits bienfaisants qui ont appris à cette nation naguère sauvage dont nous avons considéré les progrès, à produire tant de chefs-d'œuvre, à se créer tant de moyens de commerce, de richesses, de puissance et de gloire ?

Des hommes, distingués en deux classes, qu'un pareil génie inspire et que notre reconnaissance doit réunir, excités par l'émulation générale et par les honneurs accordés au mérite, sont devenus les instruments de la fortune publique.

Les uns, recherchant parmi les productions de la nature les substances qui peuvent être utiles au genre humain, ont étudié, analysé, comparé les végétaux, les minéraux, les substances animales, utilisé les sels, composé des teintures, et rendu propres, comme la nature, à des chefs-d'œuvre nouveaux, les matières les plus viles en apparence ; ils ont fondu et marié les métaux ; ils ont combiné les nombres, mesuré les grandeurs, reconnu les lois du mouvement et de la gravité, apprécié la force des résistances ; le ciel s'est ouvert devant eux, et leurs calculs en ont sondé les abîmes ; ils ont pénétré les secrets de l'harmonie des corps célestes ; ils ont marqué au commerçant sur les vastes mers des routes qu'ils ont vues tracées au milieu des astres. Tant de succès n'auraient pas suffi.

Les autres ont considéré dans le spectacle de la terre et du ciel ce qu'il offre à la vue, ce qu'il dit au cœur ; la noblesse et l'élégance de tous les corps ; la double convenance de leur forme avec leur destination, de leur forme avec la nature de l'homme, qui en fait un instrument de ces jouissances ; l'homme lui-même, l'homme manifestant sa vie et déployant avec sa beauté la grandeur de son âme, dans le repos, dans l'action, dans la joie, dans la douleur, au sein des passions différentes ; le riche mélange de pourpre, d'azur, de vermeil et d'émeraude qui brille dans le velours des fruits ; la limpidité de l'eau, la légèreté transparente de l'air ; les effets piquants et sublimes des lumières qui repoussent les ombres, et des ombres qui combattent les lumières ; ils ont senti, apprécié, représenté dans leurs chefs-d'œuvre toutes ces merveilles. La nature nous a prescrit le culte du beau. Nobles fonctions ! ils en ont été les ministres. Le marbre, animé par leur génie, a parlé ; l'airain, souffrant, a fait entendre des plaintes ; non contents de représenter des hommes, ils ont fait des dieux, et les siècles les plus éclairés ont adoré

les ouvrages de leurs mains. Quelle influence ont eue sur le goût
général des génies constamment appliqués à chercher en toute
chose la grâce et la perfection! Combien, par l'impulsion qu'ils
ont donnée aux esprits, ils ont contribué à l'embellissement des
choses mêmes qu'ils n'ont pas faites! Ils ont admiré la voûte
céleste, et ils ont modelé une coupe à son imitation. Ils ont
considéré la vigne amoureuse pressant de ses rameaux l'arbre
qui se balance dans les airs, et ils ont conçu l'idée de la broderie. Ils ont donné la forme des épées étincelantes, celle des
casques qui répandent la terreur, celle des chars sur lesquels
se précipitent et combattent les héros. Ils ont élevé la voûte des
temples, dessiné les instruments des sacrifices, disposé les ornements qui parent la victime, réglé la pompe des cérémonies religieuses et celle des jeux publics. Interprètes de la nature,
médiateurs entre elle et l'ouvrier, ils ont composé des modèles
qu'une main faiblement habile, dirigée par eux, est devenue capable d'exécuter. Je ne dis pas assez : l'homme de la nature,
l'homme vivant, ils l'ont embelli lui-même, ils en ont ennobli
les formes à l'imitation des dieux qu'ils avaient faits. Femmes de
Sparte, regardez ce modèle auquel doit ressembler le fruit de
vos amours; c'est le bel Hyacinthe : ses membres robustes sont
pleins du suc généreux des palestres [1] ; voyez ses épaules pleines
de grâce et de vigueur, voyez sa tête divine; que l'idée de sa
beauté se fixe dans votre imagination brûlante, et que la Grèce
s'enorgueillise de la beauté du fils que vos flancs auront porté.

« O Myron ! disait un poète, quand tu as modelé cette vache
que le berger prend pour la sienne, que la génisse prend pour
sa mère, tu as fait plus que les dieux : car ils sont des dieux,
et tu n'es qu'un homme ; il leur était plus facile de créer ton
modèle qu'à toi de l'imiter. »

Rendons un égal hommage à tous les génies extraordinaires
qui sont devenus les bienfaiteurs de l'humanité. Comment déterminer ce qui est le plus admirable, ou la force du génie qui

____

[1] Apul. *in Apolog.* — Héliod. l. VII, *in Descript. Theogen.*

soumet à ses calculs les mondes et les atomes, ou la puissance de celui qui donne une âme à la pierre, qui apprécie, imite et crée, en quelque sorte, la beauté? Comment établir une prééminence entre Euclide et Polygnote, entre Pythagore et Phidias, entre Archimède et Praxitèle, entre Raphaël et Descartes, entre Michel-Ange et Newton?

L'imagination n'orne-t-elle pas de fleurs les travaux du savant? Une sage théorie ne dirige-t-elle pas les travaux du peintre et du statuaire? Le génie poétique conduisit plus d'une fois le géomètre à ses étonnantes découvertes; le génie du calcul apprit à l'artiste les ressources de son art et lui en fit prévoir les effets.

Elle fut grande et sublime, cette pensée par laquelle, en réunissant toutes les lumières que peut posséder l'esprit humain, la France, justement enorgueillie, n'en forma qu'un seul faisceau !

L'homme a imité le corps de son semblable et mesuré la profondeur des cieux, parce qu'il avait la faculté de sentir, celle d'imaginer, celle d'analyser, de juger, de vouloir. Les chefs-d'œuvre qu'il enfante sont le produit de toutes ces facultés ; il n'est le roi de la nature que parce qu'il les possède toutes.

Ainsi donc la peinture et les arts du dessin en général contribuent à la civilisation, éclairent et multiplient les arts d'industrie commerciale; ainsi les arts du dessin créent même le commerce en développant le goût et en créant les besoins.

Cherchons maintenant de quelle manière quelques peuples célèbres, anciens et modernes, ont considéré les beaux-arts et le commerce, et quels services ils ont retirés des beaux-arts sous le rapport de la richesse.

SECTION II.

Nous avons dit qu'il y a un commerce actif et un commerce passif, et que les arts du dessin créent le commerce actif et le rendent utile en donnant aux peuples qui les exercent le moyen de fournir aux peuples étrangers des objets manufacturés commodes et agréables.

Nous avons dit que le commerce s'exerce sur des matières premières et sur des objets manufacturés, et que les beaux-arts créent même le commerce des matières premières, d'une part en augmentant la population, de l'autre en développant et en épurant le goût, qui porte les hommes à rechercher et à consommer les produits des manufactures.

Il y a aussi un *commerce d'économie*, c'est celui que font des commerçants économes, qui, suivant l'expression de Montesquieu, ayant l'œil sur toutes les nations de la terre, portent à l'une ce qu'ils tirent de l'autre. C'est ainsi que les républiques de Tyr, de Carthage, de Marseille, de Venise et de Hollande firent le commerce [1].

Les commerçants attachés au commerce d'économie portent et échangent indifféremment chez tous les peuples des matières premières, des objets manufacturés, des objets de luxe, du blé, des vins, du fer, des vases précieux, des bijoux, des statues. Tous ces objets sont pour eux des marchandises, et rien de plus. Il leur suffit de connaître la demande et de la remplir. Contents d'un rôle secondaire, ils renoncent à éclairer le monde et n'en sont que les facteurs.

Ces commerçants connaissent trop le prix des manufactures

---

[1] L. XX, C. IV.

pour négliger d'en établir, mais ils ont peu le loisir de s'appliquer aux beaux-arts, et ils sont ordinairement surpassés dans les manufactures par les peuples artistes, qui y apportent une plus grande attention, plus de goût et plus de lumières. Ces riches commerçants regardent le manufacturier à peu près comme un agent subalterne; l'artiste, comme un employé du manufacturier. Leurs spéculations embrassent le monde. Il y a quelque chose de grand dans cette manière de considérer le commerce; mais sans l'agriculture et les beaux-arts, sans les manufactures, qui en sont le produit, ce commerçant, au milieu de ses vastes idées, n'embrasserait plus rien. S'il n'y avait pas quelque part des pays manufacturiers, s'il n'y avait pas des peuples consommateurs et avides d'objets de luxe, quelle serait la matière des échanges?

La plupart des peuples qui ont fait le commerce d'économie ont sagement établi des lois somptuaires. La raison en est, premièrement, en ce que, ne pouvant entrer en concurrence dans la fabrication avec ceux qui cultivent les beaux-arts d'une manière particulière, s'ils se livraient à une consommation imprudente, ils deviendraient eux-mêmes tributaires de l'étranger; et de plus, en ce que les jouissances du luxe en augmentant sans bornes les dépenses, tendraient à augmenter le prix de toutes les marchandises, ce qui serait contraire au principe essentiel du commerce de la nation.

Mais si l'on considère avec quelque attention le commerce d'économie, on voit facilement que c'est celui qui exige le moins de bras, celui qui favorise le moins l'industrie, et que c'est par conséquent celui qui augmente le moins la population et la force réelle des états. On voit que ce commerce, que la richesse et l'existence même de la nation qui s'y livre exclusivement, sont des choses précaires, dépendantes des événements du dehors. Les peuples s'agitent, le monde change de face : si les circonstances qui avaient facilité, qui avaient permis ce commerce interpole, fondé sur l'ignorance ou l'insouciance d'autrui; si les circonstances, dis-je, qui l'avaient favorisé viennent à changer, la nation s'évanouit elle-même avec le commerce qui l'avait soutenue. Où est Tyr ? Que sont devenues les richesses des Génois et la puissance des Vénitiens ? Athènes, la patrie des arts, brillait encore à côté du génie de Rome, qui l'avait vaincue. Elle éclairait le monde, ne pouvant plus le dominer, et jusque dans les derniers jours de l'empire de Constantinople, elle s'est rendue nécessaire par ses manufactures, qui avaient succédé aux chefs-d'œuvre des beaux-arts et que ceux-ci avaient préparées. Les richesses de Tyr naissaient hors de son sein ; elles ont passé comme un fleuve au travers de cette ville célèbre et n'y ont rien laissé ; celles d'Athènes avaient leur source à l'Académie, aux jardins des philosophes, aux ateliers des peintres et des statuaires, elles ont survécu à la puissance et à la liberté même de la patrie qui les avait créées. Tous les chefs-d'œuvre de Platon et de Praxitèle ne sont pas détruits, et si Athènes se relevait un jour du milieu de ses ruines, ce serait encore la voix de Platon, de Phidias, de Praxitèle, qui appellerait ses citoyens aux armes, aux travaux, aux arts, aux sciences, au commerce, à la conquête d'une nouvelle célébrité.

Tâchons de voir en grand ce riche et intéressant tableau.

L'Inde présente au philosophe un beau sujet de méditations. Depuis l'époque la plus reculée où les rapports des hommes nous soient connus, elle fournit à tout l'univers les objets de commerce les plus rares et plus précieux. Depuis cette époque, le commerce de l'Inde a fait la richesse et la puissance de tous les peuples qui s'y sont livrés. Et cependant, ce pays si favorisé de la nature, de qui toutes les nations recherchent les productions, et auquel les sciences paraissent suffire, ce pays, dis-je, malgré l'immense quantité d'or et d'argent que les anciens et les modernes y ont ensevelie, ne s'est point enrichi, ou du moins la circulation de l'argent n'y est pas sensiblement augmentée ; la civilisation ne s'y trouve pas plus avancée qu'elle ne l'était il y a deux mille ans, l'industrie s'est conservée sans se perfectionner, les mœurs sont les mêmes ; les demandes commerciales de la nation sont aussi les mêmes ou à peu près. Les siècles se sont écoulés, les Indous indolents sont demeurés dans une longue enfance; le commerce ne les a ni éclairés, ni usés, ni perfectionnés, ni dé-truits : ils sont toujours prêts à être conquis, toujours prêts à servir et à enrichir les hommes avides qui les oppriment.

Entre les causes de cette manière d'être stationnaire, il faut placer d'abord la fertilité du territoire et l'incurie qui en est la suite. Mais il faut compter aussi, d'une part, la puissance mé-fiante et jalouse des brahmines, qui n'a été affaiblie que par le despotisme des musulmans, et, de l'autre, la division de la nation en différentes castes qui ne peuvent jamais se confondre et qui ne changent jamais de profession. Cette division politi-que et cette puissance des brahmines ayant étouffé le génie des arts et comprimé l'industrie, le goût ne s'est point développé, les besoins ne se sont pas fait sentir; le peuple, sans émulation et sans énergie, a vécu indolemment des productions de la terre, sans songer que toutes les nations du monde se sont successi-vement enrichies en venant l'en dépouiller, pour des métaux que ses tyrans domestiques lui enlèvent.

Il paraît qu'à une époque à laquelle les histoires ne remon-tent point, les Indiens avaient cultivé les beaux-arts avec quel-que succès. Les monuments gigantesques d'Eléphanta, de Se-ringham, de Chillambrum et de plusieurs autres villes l'attestent d'une manière non équivoque. S'il faut en croire des voyageurs estimables, les ouvrages de sculpture qu'on voit dans ces anciens monuments surpassent en beauté ceux de l'Égypte [1]. Mais, soit que dans ces temps éloignés les prêtres indiens, comme ceux de l'Égypte, exerçassent eux-mêmes les beaux-arts, et que leur do-mination étant solidement affermie ils les aient ensuite jugés moins nécessaires, soit par un effet des changements survenus dans la re-ligion, les brames d'aujourd'hui ont laissé tomber de leurs mains l'équerre et le ciseau. Les peuples auxquels leurs prédécesseurs

---

[1] Niebuhr, *Voyage en Arabie*, sect. XXX, c. VI. — Robertson, *Histoire du comm. de l'Inde*, p. 385, 387, 388.

n'avaient laissé acquérir de connaissances dans les arts que ce qui était nécessaire pour dessiner une fleur et pour fabriquer une étoffe, en sont restés là. Les Indiens n'ont égalé que les femmes de la Grèce : ils ont filé comme elles, ils ont su former des tissus légers, les teindre de couleurs brillantes et ineffaçables, les enrichir de broderies dont les modèles sont toujours les mêmes ; leur art n'est pas allé plus loin. Les peintres sont assimilés, dans l'Inde, aux *parias*, c'est-à-dire aux hommes impurs, avilis, dégradés, dernière subdivision de la dernière classe du peuple, êtres de rebut, dont l'aspect souille ceux qui les regardent [1]. Les arts mécaniques ne sauraient faire plus de progrès que les beaux-arts. A peine le charpentier a-t-il une hache, un rabot, un vilebrequin ; il n'a point d'établi, point de valet. L'orfévre, comme le forgeron, établit son fourneau chez celui qui le mande et travaille à la journée, comme fait son apprenti [2]. Dans cet état d'ignorance et d'abjection, le commerce des Indiens ne peut être que passif. Peuple misérable au milieu des plus riches productions de la nature ! les ouvrages de ses mains sont pour les étrangers ; l'or qui en provient est pour ses maîtres, qui l'enfouissent, afin d'être riches dans la vie future, ou l'ensevelissent dans les pagodes ; quelques fruits de la terre sont pour lui ; il en jouit tant que les révolutions le laissent jouir de la vie. Tels sont, dans les fertiles et immenses plaines de l'Inde, les funestes effets de l'absence des beaux-arts.

Se confiant dans les bienfaits de la terre, qui leur donnait jusqu'à trois cents pour un [3], amollis par les richesses et livrés à un luxe fastueux qu'ils ne pouvaient satisfaire par leur propre industrie ; connaissant à peine par routine quelques éléments des beaux-arts, et vêtus cependant de soie et d'or ; ennemis de la mer par esprit de religion, et du commerce par orgueil, les Assyriens, les Mèdes, les Perses, furent tour à tour tributaires

---

[1] Sonnerat, *Voyage dans l'Inde*, c. v.

[2] Sonnerat, c. IX. Les filigranes de l'Inde sont des ouvrages de routine et de patience.

[3] Hérodote, l. I, c. CXCIII.

des peuples industrieux qui les environnaient [1] : les habitants du Pont-Euxin leur vendaient des esclaves ; l'Inde leur fournissait des perles, de la soie, des tissus moelleux ; les Phéniciens leur apportaient des parfums, des pierreries et de la pourpre ; les Grecs, des bijoux d'or et d'argent, du fer, des casques, des cuirasses, des chars, des marbres ornés de sculpture, des vases d'ivoire, de bronze et de bois odoriférants [2]. Ces peuples hautains cherchaient à reprendre par la guerre et par les rapines les richesses que ce commerce ruineux leur enlevait. C'est ainsi qu'ils pillèrent et désolèrent les Tyriens, les Égyptiens et les Juifs. Mais, subjugués les uns par les autres, vaincus par Alexandre, asservis par les Romains, ils éprouvèrent que le luxe, sans le commerce et sans l'industrie, énerve et détruit les peuples qui s'y livrent, quelque riches qu'ils puissent être par leur territoire. L'or que les Grecs avaient enlevé de la Perse leur servit à la conquérir.

J'ai déjà nommé Tyr. Placée entre l'Inde, la Grèce, la Perse et l'Arabie, placée entre l'Asie, l'Afrique et l'Europe, Tyr était l'entrepôt nécessaire des marchandises et des trésors de l'univers. Tous les peuples du monde, obligés de porter leurs denrées ou de se pourvoir à ce centre commun, semblaient ne cultiver leurs terres, ne fabriquer, ne commercer que pour accroître sa splendeur. Cette ville célèbre faisait le commerce de l'Inde presque exclusivement. Elle distribuait aux Perses les productions des fabriques des Grecs ; aux Arabes et aux Indiens, l'or qu'elle recevait des Perses. Le Liban lui fournissait des bois ; l'Égypte,

[1] Les savantes recherches de M. de Sacy et de M. Mongez ont prouvé que les bas-reliefs découverts aux environs de Persépolis représentent la victoire qui termina le règne des Parthes et commença celui de la dynastie des Sassanides. Ces monuments sont, par conséquent, postérieurs de plus de 550 ans à l'établissement des Grecs dans la Perse [*]. Mongez, deuxième Mémoire sur les costumes des Perses; Mém. de l'Inst. littér. et beaux-arts, t. IV, p. 142 et suiv.

[2] *Apocalyps.* c. XVIII, vers. 11 ad 19. — Et negotiatores terræ flebunt, et lugebunt super illam, quoniam merces eorum nemo emet ampliùs. *Ibid.* vers. 11.

[*] Sacy, *Mémoire sur les antiquités de la Perse.*

des toiles ; l'Afrique, des parfums, de l'ivoire et des pierres
précieuses ; l'Inde, de la soie et des aromates ; la Perse, des
soldats ; la Syrie, des matelots, du blé, de la pourpre. « C'est
» pour toi, lui disaient les prophètes, que travaillent les fabri-
» cants de la Grèce, c'est pour toi que ses ouvriers fabriquent
» des casques et des vases d'airain ; les vaisseaux de Carthage
» parcourent les mers pour t'enrichir ; ses commerçants rem-
» plissent tes marchés d'argent, de fer, d'étain, de plomb, de
» toutes les productions de l'Occident et du Nord [1]. L'or, disaient-
» ils, abonde à Tyr comme la poussière ; l'argent, comme la
» boue dans les carrefours [2]. »

Pourquoi, au milieu de tant de richesses qui affluaient par
un cours pour ainsi dire naturel, s'appliquer à l'étude longue
et difficile des beaux-arts ? Les marchands de Tyr étaient les
princes et les honorables de la terre [3] ; ses sages étaient des
pilotes [4]. Les Tyriens s'attachaient tellement au commerce d'é-
conomie, que ce trafic absorbait toutes les facultés ; leurs
femmes filaient et brodaient avec délicatesse, comme celles de
tous les peuples de l'Orient ; ils savaient aussi, comme les autres
Phéniciens, comme les Syriens, comme les Perses, façonner à la
scie et au marteau [5] des idoles d'or et de bois. Le hasard leur
fit inventer la pourpre ; mais il ne paraît pas qu'ils aient porté
les beaux-arts à une plus grande perfection que les mêmes
peuples chez lesquels ils demeurèrent toujours dans l'enfance.

Reine des mers, qu'es-tu devenue ? Tu disais : « Je suis assise
au milieu des flots, qui pourra m'ébranler ? » Ville orgueilleuse,
où sont les restes de ta grandeur ? Tyr a passé comme une fumée. La prospérité de son commerce, effet de sa position, devait cesser par les révolutions qui se feraient autour d'elle.

---

[1] *Ezéchiel*, c. XXVII.
[2] *Zachar.* c. IX, vers. 3.
[3] *Isaïas*, c. XXIII, vers. 8.
[4] Sapientes tui, facti sunt gubernatores tui. *Ezech.* c. XXVII vers. 8.
[5] *Bibl.* passim.

Lorsque Nabuchodonosor l'eut détruite, elle se releva, parce que la route du commerce était encore la même ; après qu'Alexandre l'eut ravagée, elle perdit sa prééminence pour toujours, parce que le cours du fleuve était changé.

Il y avait une grande différence entre Tyr et Carthage. Tyr, qui n'avait en vue que le commerce, voulait la paix ; Carthage avait l'ambition de régner et cherchait la guerre ; l'une est célèbre par ses richesses et par le nombre de ses vaisseaux ; l'autre l'est davantage par l'étendue de sa domination, par ses victoires et par ses défaites. Cette différence venait sans doute de ce que Tyr, de même que Sidon, environnée de peuples policés et belliqueux, n'avait point de territoire, au lieu que Carthage se reposait, pour sa subsistance, sur les plaines fertiles et immenses de la Barbarie, qui ont été longtemps les greniers de l'Europe, et qu'elle avait soumises à son empire.

Mais l'une de ces deux villes ne perfectionna pas les beaux-arts plus que l'autre. On vante les charpentiers de Tyr [1] et les menuisiers de Carthage ; il paraît que cette dernière ville avait fait aussi quelques progrès dans l'orfévrerie ; mais, malgré les fictions de Virgile, il est constant que la peinture y était sans honneur, et qu'on n'y voyait de beaux ouvrages de sculpture que ceux que les Carthaginois avaient enlevés aux Siciliens.

Le commerce enfin de Carthage consistait, comme celui de Tyr, dans le transport et l'échange de marchandises étrangères, plutôt que dans les productions d'aucune fabrication qui lui fût propre. Ce commerce était fondé sur l'ignorance et la barbarie des peuples dont elle s'appropriait les richesses. En vain Auguste la fit sortir de ses ruines, elle ne put reprendre avec succès son ancien trafic. Le Marseillais Pythéas avait pénétré, à cette époque, jusqu'en Islande, et le Marseillais Euthymène au delà de l'équateur, jusqu'à l'extrémité de la Guinée. L'Espagne s'était éclairée ; les Grecs et les Romains parcouraient les côtes septentrionales de l'Afrique ; les Gaulois s'étaient saisis

[1] III *Reg.* v, 6.

du commerce de l'étain ; les Germains et les Grecs, de celui de l'ambre [1]. La source enfin des richesses de Carthage était connue, et il suffisait de la connaître pour pouvoir la détourner.

La Grèce présente un spectacle bien différent : le commerce des Grecs ne craignait rien du progrès des sciences et des lumières. Les révolutions politiques ne pouvaient pas le détruire. Quelques colonies grecques de l'Asie-Mineure et des îles de l'Archipel firent le commerce d'économie. Les Corcyriens, qui étaient les Phéaciens d'Homère, s'y adonnèrent les premiers ; ensuite vinrent les Phocéens, les Milésiens, et les autres Grecs asiatiques, chez qui le voisinage et l'or des Lydiens développèrent de bonne heure le génie entreprenant et les connaissances qu'ils avaient apportées de la mère-patrie. Ces peuples naviguaient à Tyr ; ils y portaient principalement les productions de l'industrie de la Grèce ; ils s'introduisirent, les premiers d'entre les Grecs, en Égypte, dans le huitième siècle avant notre ère [2], et ils y profitèrent de l'indifférence ou de l'aversion d'un peuple avili pour le commerce de la mer.

Les Rhodiens s'appliquèrent à ce commerce à la même époque. Il ne fut cependant pas la source unique de leurs richesses et de leur gloire. Leur patrie, suivant les expressions des poëtes, était également chère à Jupiter [3], au Soleil et à Minerve [4]. Les Rhodiens se rendirent célèbres par l'étendue de leur commerce, par la perfection où ils portèrent les beaux-arts, par leur puissance maritime, par la sagesse de leurs conseils, par la longue durée de leur existence politique. Rare assemblage de tous les genres de gloire ! Nous parlerons encore de cette école des arts et des lois.

Longtemps honorée à cause de la sainteté de ses mystères, l'île de Délos dut à sa position au milieu de la mer Égée, et

---

[1] Diodore de Sicile, l. v, c. XXII et XXIII.

[2] Hérodote, l. II, c. CXXXII, CLIV, CLXXVIII.

[3] Homère, *Iliade*, II, v. 175 et seq.

[4] Pindar. *Olymp.* ode VII.

plus encore à l'immunité dont la faisait jouir son temple, l'avantage de devenir, après la destruction de Tyr et après la destruction de Corinthe, l'asile des marchands qui s'étaient sauvés de ces deux villes, et le centre d'un commerce considérable; mais cet établissement ne pouvait subsister longtemps sur un rocher de sept ou huit milles de circuit, entouré d'états puissants et accoutumés aux rapines. Les Athéniens et les Romains le protégèrent par des motifs différents : les uns, pour accroître les impôts qu'ils percevaient dans l'île ; les autres, pour attirer le commerce de l'Asie sous leur domination. Mithridate parut, et ce commerce fut détruit.

Les marchandises de l'Inde ayant été, dans tous les temps, l'objet le plus riche du commerce de transport ou d'économie, les Grecs européens du continent, malgré leur activité, ne pouvaient lutter avec avantage ni contre les commerçants phéniciens, ni contre les commerçants d'Alexandrie.

Le commerce d'économie était d'ailleurs peu considéré parmi les Grecs, nourris des leçons des philosophes. Ils le croyaient contraire aux bonnes mœurs et à l'esprit public ; c'est cette espèce de commerce que Platon bannissait de sa République, et qu'Aristote conseillait de proscrire ; c'est ce commerce que méprisèrent pareillement les Romains tant qu'ils jouirent de leur liberté ; les orgueilleux habitants du Péloponnèse le regardaient avec dédain ; Corinthe, entrepôt nécessaire des marchandises qui s'échangeaient entre l'Archipel et l'Italie, fut la seule ville de cette partie de la Grèce qui s'y adonna.

Les Grecs du continent vendaient hors de leur patrie quelques productions de leur territoire, telles que des vins, des huiles, des fruits secs. Cette exportation subsiste encore malgré l'inertie et la barbarie des Turcs ; mais elle n'aurait pas suffi pour rendre la balance favorable à un pays qui avait d'immenses besoins. Malgré la fertilité de quelques contrées, de la Thessalie, par exemple, de l'Eubée, dont les blés, les chevaux, les troupeaux, les fourrages, passaient, par des échanges, dans quelques états voisins, la Grèce européenne, considérée dans son ensemble, était trop peuplée pour exporter une grande quantité des productions de son territoire. Entourée de pays dont le terroir était plus fertile que le sien, elle en recevait beaucoup plus de matières premières qu'elle ne pouvait leur en fournir.

Les Grecs fondèrent leur richesse sur l'agriculture, art dont ils nous ont donné les premières leçons ; ils la fondèrent en même temps sur les productions de leurs manufactures.

Considérons le commerce d'Athènes en particulier.

L'étendue de l'Attique était de soixante-seize lieues carrées. Dans les proportions généralement établies chez les peuples modernes les plus riches, ce pays, pierreux et stérile, aurait dû, en le supposant aussi peuplé que la France, contenir environ soixante-huit mille habitants. Il manquait de pâturages, de laines, de chevaux, de bois de construction ; il manquait surtout de blé ; il manquait de fer, de voiles et de cordages pour les vaisseaux. Les sommes à payer pour faire face aux importations étaient immenses. Athènes recevait du blé de la Chersonnèse Taurique, de la Thrace, de la Syrie, de l'Égypte, de la Sicile ; la Chersonnèse seule lui en fournissait chaque année quatre cent mille médimnes, qui se montaient, suivant les calculs de Gogué[1], adoptés par Barthélemy, à 1,820,000 francs ; en supposant que la Sicile, la Syrie, l'Égypte, les colonies de la Macédoine, etc., n'en donnassent ensemble qu'une quantité pareille, cet objet seul coûtait 3,640,000 francs, c'est-à-dire une somme égale à la moitié du revenu de l'état, et davantage[2]. Elle recevait, en outre, des esclaves de la Chersonnèse, de la Cappadoce, de la Thrace, de la Phrygie et de la Thessalie ; elle recevait des bois de construction du Pont-Euxin, d'Olynthe et d'Amphipolis[3] ; elle tirait des laines et des toiles de coton de l'Asie ; des draps

[1] Tom. III, p. 260.

[2] Le revenu annuel de la république d'Athènes, dans le temps de Démosthènes, ne s'élevait qu'à 1,200 talents, ou 6,480,000 fr.

[3] Demosth. *Adversùs Lacrit.* p. 953 ; id. *Adversùs Phorm.* p. 941 ; Polyb. l. IV, p. 306.

pluchés d'Ecbatane[1] ; des tapis de Milet et de Babylone[2] ; des toiles de lin et du papier de l'Égypte[3] ; de l'encens, des perles, des pierres précieuses, de l'ivoire et de l'ébène de l'Orient et de la Libye ; des cuirs de Cyrène ; du plomb de Tyr[4] ; du cuivre de Chalcis, de Délos et de l'île de Chypre ; de l'or de la Lydie et du Pont-Euxin ; des vins et des fruits enfin de toutes les îles qui l'environnaient.

Athènes ne faisait pas le commerce d'économie[5] ; l'huile était la seule matière première dont l'exportation fût permise[6]. Ses navigateurs lui étaient si nécessaires pour assurer sa subsistance, qu'il était défendu même à ceux qui faisaient le commerce des blés d'en porter ailleurs que dans leur patrie[7]. Où étaient donc les ressources de cette puissante république, pour entretenir une population de cinquante mille personnes libres et de quatre cent mille esclaves, pour faire trembler le grand roi, pour remplir le monde pendant douze siècles d'une gloire et d'une renommée qu'aucun peuple n'a pu surpasser ?

Thémistocle avait employé à la création d'une marine le produit du droit que l'état se réservait sur les mines d'argent de *Sunium*[8]. Cimon, avec cette marine, augmentée durant la guerre médique, força les îles à payer un tribut annuel qui se montait à six cents talents ; mais avant que les Athéniens eussent acquis ce revenu, déjà la population de l'Attique était fort supérieure

---

[1] Aristoph. *Vesp.* v. 1132.

[2] Aristoph. *Ran.* v. 969 ; — Athæn. l. v, c. VI ; l. XI, c. VII.

[3] Montfauc. *Antiq.* suppl. t. III, l. IX, c. III ; — Athæn. l. I, c. XXI.

[4] Aristot. *De curâ rei famil.* l. XI (t. III, p. 695).

[5] Xenoph. *Rat. Redit.* p. 922 et 923 (édition 1625) ; — Montesq. l. XXI, c. VII ; — *Anachar.* c. LV, t. IV, p. 403.

[6] Plutarch. *in Solon.* L'exportation du vin, du lin et de la poix était défendue. Aristoph. *in Ran.* act. II, scen. II. — Sam. Petit, *Leg. attic.* l. v, tit. v, p. 33 et 417.

[7] Demosth. *Adversùs Lacrit. in fin.* p. 956 ; id. *Adversùs Phorm.* p. 945 (édit. 1604) ; — Sam. Petit, *Leg. attic.* l. v, tit. v, p. 33 et 418 ; — Pollux, *Onom.* l. VIII, verb. Φάσις ; l'action intentée par l'accusateur s'appelait φάσις.

[8] Herod. l. VII, c. 144.

14

à ses productions territoriales ; déjà ce peuple avait rempli l'Europe et l'Asie de ses colonies, et formait la république la plus puissante de la Grèce.

Il est incontestable qu'Athènes fut la première ville manufacturière de l'ancien monde, de même qu'elle fut la maîtresse et la reine du goût dans les temps anciens.

Ceux qui ont blâmé Périclès d'avoir dépensé des sommes, il est vrai, prodigieuses, à élever des ouvrages d'architecture, de peinture et de sculpture, ont oublié que les beaux-arts étaient une ressource indispensable à la république d'Athènes pour sa subsistance ; ils n'ont pas considéré que, ne faisant pas le commerce d'économie, et forcée de lutter, dans le débit de ses ouvrages manufacturés, non-seulement avec les Phéniciens et les Carthaginois, mais avec les Grecs de l'Asie, de Rhodes, de Samos, d'Égine, de Corinthe, de Sicyone, de Syracuse, il lui était aussi nécessaire de surpasser tant de rivaux dans la perfection des beaux-arts, que de vaincre et de détruire leurs forces navales ; ils n'ont pas vu que la richesse et la beauté des monuments de la ville d'Athènes étaient l'éloquent témoignage de l'habileté de ses artistes, de la perfection de ses manufactures et le sujet de l'admiration des étrangers ; que cette Minerve colossale de Phidias, dont on apercevait le panache du promontoire de Sunium [1], appelait les commerçants de tout l'univers dans les ateliers où se créaient les tableaux, les statues, les broderies, les vases, les casques, les cuirasses, dont le prix devait entretenir la richesse et la population de l'Attique.

Les anciens législateurs, qui avaient honoré l'agriculture et l'industrie en général, avaient préparé la grandeur d'Athènes ; Thémistocle en créant une marine puissante, et Périclès en dépensant quatre mille talents, ou vingt-deux millions [2], en ou-

---

[1] Pausan. l. I, c. XXVIII.

[2] Nous venons de faire remarquer dans une note précédente que le revenu de l'état était de 1,200 talents, ou 6,480,000 fr. ; Périclès dépensa donc pour les beaux-arts une somme plus de trois fois égale au revenu public.

vrages de sculpture, de peinture et d'architecture, sous la direction de Phidias, et en excitant l'émulation dans tous les arts différents, par des primes et des récompenses aux dépens du trésor public, assurèrent sa puissance et sa longue célébrité. Minerve et Neptune s'étaient disputé l'honneur de lui donner son nom; ces mêmes divinités se disputèrent encore celui de l'enrichir; mais Minerve l'emporta deux fois sur le dieu des mers.

Les anciennes fables attribuaient l'invention des arts mécaniques aux mêmes dieux qui avaient les premiers pratiqué les beaux-arts. Prométhée avait formé le premier homme; Vulcain avait modelé la première statue, la figure de Pandore, dont les dieux, frappés de sa beauté, firent une femme; ces mêmes divinités, Prométhée et Vulcain, avaient enseigné aux mortels l'art de travailler le cuivre et l'or.

Suivant les Athéniens, c'était l'Athénien Corœbe, contemporain de Deucalion, qui avait inventé les vases d'argile[1]; il les avait sans doute modelés et ensuite formés dans des moules. C'était un autre Athénien, Talus ou Perdix, neveu de Dédale, qui avait inventé le tour à potier. Quelque suspectes que soient ces traditions, elles prouvent néanmoins combien ce peuple, accoutumé à se glorifier de tous ses avantages, attachait d'importance à ce genre de fabrication, et combien il y avait excellé.

Dès la plus haute antiquité, les vases d'argile fabriqués à Athènes se répandaient dans tout l'univers. Le vernis pourpre ou noir qui couvrait la terre légère dont ils étaient formés était tellement solide, fin et brillant, que l'on distingue facilement encore ces vases précieux parmi les trésors de cette espèce que le temps n'a pu dévorer. On sentira quelle était l'étendue de ce commerce, si l'on se rappelle la prodigieuse quantité de vases de toute espèce que les Grecs employaient dans les usages civils et dans les usages religieux, depuis le globe immense où ils ser-

---

[1] Plin. l. VIII, c. LVI.

raient le blé[1], depuis l'urne haute de six coudées où ils renfermaient l'huile, jusqu'à la fiole pleine de larmes que la main
d'un fils ou d'une épouse déposait dans un tombeau. Athénée
compte jusqu'à soixante-douze espèces de vases à boire, qui
avaient tous une forme différente et des noms différents. L'ostentation faisait autant rechercher ces vases élégants que l'utilité. Le luxe étalé dans ce genre par les Ptolémées paraîtrait
incroyable, si d'autres exemples n'en démontraient la possibilité. Les Grecs se glorifiaient plus encore du nombre des vases
qu'ils possédaient que de toutes leurs richesses. L'Arcadien Pi-
théas fit écrire sur son tombeau qu'il avait possédé plus de vases
qu'aucun autre homme[2].

L'argile, les bois odoriférants, l'ivoire, le bronze et l'or prenaient mille contours élégants sous des mains industrieuses.
Toutes les matières servaient à former des vases, tous les arts à
les embellir.

Qui ne relit avec volupté ces descriptions aimables qu'Homère,
Anacréon, Théocrite, Athénée, ont faites de ces coupes précieuses, de ces coupes naïves que les bergers échangeaient entre eux
pour prix de leurs chansons, et que les héros se transmettaient
de l'un à l'autre en héritage! Des vignes avec leurs pampres et
leurs fruits en décoraient les contours; on y voyait Vénus et les
Grâces dansant avec l'Hyménée : «Excellent ouvrier, disait le
vieillard joyeux de Téos, représentes-y le beau Bathylle foulant la vendange avec Bacchus et l'Amour[3]. » Les amis y faisaient modeler l'image de leurs amis ; les poëtes, les philosophes
y retrouvaient avec délices, en y portant les lèvres, le portrait
d'Épicure.

Qui ne se rappelle l'innombrable quantité de vases d'or et
d'argent, presque tous fabriqués à Délos, à Rhodes, à Athènes,
à Corinthe, dont Cicéron reproche à Verrès d'avoir dépouillé la

---

[1] Hésiod. *Opera et D.* v. 475 et 600.
[2] Casaub. *Not. in Athæn.* l. XI, c. III.
[3] Anacréon, *Od.* XVII.

Sicile ? Quand cet infâme préteur affectait de ne pas s'en emparer, il arrachait les anses, les figures, les ornements qu'on y avait attachés, et faisait appliquer ces riches ornements à d'autres vases[1]. Il avait auprès de lui deux artistes grecs, l'un peintre, l'autre statuaire, qui le dirigeaient dans ses choix[2].

Comment ne pas reconnaître enfin un bienfait du génie des plus grands artistes dans la richesse de ce commerce ? Qui donc avait donné la forme de ces vases précieux, qui en avait dessiné, modelé ou gravé les ornements ? On sait que les peintres, les graveurs Mentor, Athénoclès, Cratès, Stratonicus, Myrmicide, se rendirent célèbres dans ce genre d'ouvrages.

Le statuaire Lysippe modela pour le roi Cassandre une coupe particulière, qui devait servir à boire le vin de Mendès. A l'exemple de Zeuxis, qui avait représenté Vénus en imitant les beautés de cinq vierges rivales, il rapprocha l'un de l'autre des vases différents, et prenant quelque chose de chacun, il en composa un nouveau ressemblant à tous et plus beau que chaque modèle[3].

Citons encore cette coupe d'Hercule dont parle Athénée, sur laquelle était représenté l'embrasement de Troie. C'était le peintre Parrhasius qui l'avait composée. On y lisait cette inscription : *Parrhasius a fait le dessin, Mys l'a gravé : je représente la haute Ilion, que les Grecs renversèrent*[4].

Les Athéniens furent, comme les Florentins l'ont été chez les modernes, les plus habiles orfévres de leur temps, parce qu'ils furent les plus habiles peintres et les plus habiles statuaires.

Suivant le témoignage de Pline, ce fut le statuaire Phidias qui découvrit et démontra le premier les principes de l'art de

---

[1] Cicer. *in Verr.* c. VI, XLIX, LII, LIV.

[2] Cicer. *Ibid.* c. XXX, XXXI, XXXII.

[3] Athæn. l. XI, c. IV.

[4] Athæn. l. XI, c. IV. — Mys et Parrhasius avaient également exécuté ensemble le bouclier de la Minerve colossale de Phidias, qui était dans la citadelle : Mys avait fait la gravure sur les dessins de Parrhasius. Pausan. l. I. c. XXVIII.

ciseler[1]; et ce fut le statuaire Polyclète qui enseigna et perfectionna encore cet art après lui[2]. Cette assertion n'est pas exacte : l'art de ciseler existait dès le temps d'Homère ; mais ce témoignage prouve du moins que Phidias le perfectionna en perfectionnant l'art du dessin ; qu'il en fixa la théorie, qu'il en réforma le style, comme il réforma et ennoblit celui de la sculpture.

Les statuaires Ariston, Calliades, Stratonicus, Euphorion, Critias et ses nombreux élèves, furent tous de célèbres ciseleurs[3]. Calamis, qui n'avait point d'égal dans l'art de ciseler des chevaux[4], était aussi habile orfévre qu'il était grand statuaire[5]. Le peintre et statuaire Euphanor, qui élevait des colosses, se délassait en écrivant sur son art et en ciselant des vases : *Fecit et colossos ; et marmora ac scyphos sculpsit, et in quocumque genere excellens, ac sibi æqualis*[6].

D'autres artistes avaient dirigé, longtemps auparavant, les orfévres dans un procédé dont l'art de ciseler est un perfectionnement ; je veux dire dans l'art d'exécuter des ornements sur le cuivre ou l'argent, et d'y représenter des figures en frappant et repoussant le métal par derrière, art que nous appelons repousser ou relever[7]. Les artistes pensaient, dans le temps d'Athénée, que le vase de Nestor, qu'Homère représente orné de clous ou d'étoiles en relief[8], n'aurait pu être exécuté que de cette manière. Cette fiction d'Homère, ainsi que les descriptions des armes d'Agamemnon et de celles d'Achille, prouvent assez

---

[1] Primusque Phidias artem toreuticam aperuisse atque demonstrasse meritò judicatur. Plin. l. XXXIV, c. VIII.

[2] Et toreuticen sic erudisse Polycletus, ut Phidias aperuisse judicatur. Plin. *ibid.*

[3] Plin. l. XXXIV, c. VIII ; — Pausan. l. VI, c. III.

[4] Propert. l. III, eleg. 8 ; — Plin. l. XXXIV, c. VIII.

[5] In argento cœlando celebratus est Calamis. Plin. l. XXXIII, c. XII ; l. XXXVI, c. V.

[6] Plin. l. XXXV, c. XI.

[7] Athæn. l. XI, c. X.

[8] *Iliad.* XI, v. 631.

combien dans le temps du poëte l'art du dessin avait fait de progrès et avait eu déjà d'influence sur les arts d'industrie commerciale.

Les savants sont d'opinion différente sur le genre de travail qu'on appelait, du nom de l'inventeur, l'*art de Glaucus*. Cet artiste avait fait une soucoupe qu'Halyatte, roi de Lydie, avait donnée au temple de Delphes. Cette soucoupe était de fer. On y voyait, habilement représentés, des animaux, des insectes et des plantes [1]. Elle était si admirable, qu'au temps d'Hérodote, et même au temps d'Athénée, on la regardait encore comme un des chefs-d'œuvre les plus curieux qui fussent dans le temple [2]. Les ornements étaient-ils incrustés? L'art de Glaucus était-il le même que la damasquinure, comme semble le prouver le savant M. Larcher [3]? Les figures étaient-elles en relief et faites au tour, comme le croyait Casaubon [4]? Ce point de critique ne doit pas nous occuper. Ce qui nous importe, c'est de faire remarquer combien l'art du dessin, et même la sculpture, avaient eu d'influence sur cet art de Glaucus, qui devint, après cet artiste, une branche considérable d'industrie commerciale [5].

Les lois, n'en doutons pas, ont plus de puissance sur le génie que le climat. Les arts et les sciences ont voyagé sur la terre, du nord au midi et du midi au nord. La Syrie s'est rendue célèbre dans les temps modernes par l'art de forger des armes inaltérables. C'étaient auparavant les Grecs qui portaient à Tyr des épées, des chars, des casques, des cuirasses, et les Tyriens répandaient ces armes dans la Syrie et dans le reste de l'Asie [6].

---

[1] Athaen. l. v. c. XIII.

[2] Herodot. l. I, c. XXV.

[3] Larcher, *Not. sur Hérodot.* l. I. c. XXV, not. 61; t. I, p. 245. 2ᵉ édit.

[4] Casaub. *Not. ad Athen. loco citato.*

[5] D'autres écrivains font remonter la connaissance de la damasquinure au temps d'Homère et d'Hésiode. Ils croient reconnaître cet art dans la description du bouclier d'Hercule (v. 141 et suiv.). Quoi qu'il en soit, l'art de la damasquinure forma chez les anciens une branche importante d'industrie et de commerce. Il y avait plusieurs manufactures de ce genre dans les Gaules du temps des Romains.

[6] Ezech. c. XXVII.

Les principales fabriques étaient à Athènes. C'était là que Socrate, remontant aux principes éternels du beau, démontrait aux différents artistes, à l'armurier Pistias comme au peintre Parrhasius, comme au philosophe Aristippe, que la beauté d'une femme accomplie, la beauté d'une coupe, la beauté d'un casque, la beauté d'une cuirasse, étaient une seule et même chose, et que les formes de ces objets différents étaient assujetties à de mêmes lois [1].

L'orateur Lysias avait une manufacture de boucliers qui occupait cent vingt esclaves [2]. Démosthènes reçut de son père en héritage une manufacture d'épées où travaillaient trente esclaves, et une manufacture de lits qui en occupait vingt, où l'on employait une grande quantité d'ivoire, de cuivre. de fer et d'ébène [3].

Combien les maximes de Socrate, combien le goût des peintres et des statuaires influèrent sur la forme de ces lits, de ces tables, de ces casques, de ces boucliers que nous admirons dans les monuments antiques? Combien les peintures du Pœcile, combien les trois mille statues qui décoraient les temples et les places publiques d'Athènes répandirent de lumières et excitèrent d'émulation parmi les ouvriers. Cela est évident, il est inutile de le dire.

Parlerai-je des sommes immenses que les peintres et les statuaires appelèrent dans leur patrie par leurs propres ouvrages? Et que dirais-je qui ne soit connu de tout le monde?

Hâtons-nous de voir Athènes dans sa vieillesse. Pourquoi faut-il chercher les derniers monuments de sa gloire épars dans des écrits différents? Trop souvent l'histoire abandonne les peuples dans leur décadence, comme le monde délaisse les malheureux.

Qu'Athènes était grande encore à ces époques successives, pré-

---

[1] Xenoph. *Memor. Socrat.* l. III, c. X, XVII, XVIII, XIX.
[2] Lysias, *Adversus Agorat.* et *Advers. Eratosth.*
[3] Demosth. *Adv. Aphob.*

vues par Périclès, où, sa marine étant détruite, la plupart de
ses colonies détachées d'elle, sa domination anéantie, il ne lui
restait de ressources que dans le courage, les lumières et l'industrie de ses habitants ! Si dans les jours de sa puissance, durant la vigueur de ses lois, elle fit de grandes choses, elle semble dans sa vieillesse, si l'on considère la différence des temps,
en faire de plus grandes encore. La première, après la mort
d'Alexandre, elle s'arme pour l'indépendance de la Grèce.
Olympiodore en chasse les Macédoniens, et y rétablit la liberté ;
l'archonte Céphisodore forme contre eux une sainte ligue avec
les Étoliens toujours libres, avec les Rhodiens et les Crétois.
Callipe, autre Léonidas, brise, aux Thermopyles, les efforts des
Gaulois qui la menaçaient ; Cléodemus la purge des Scythes
qu'elle taille en pièces ; Scylla met le Pirée en cendres, bientôt
elle a réparé cette immense perte. Elle demeure fidèle au sénat
et à Pompée ; elle ose résister à César.

C'est au milieu de tant de guerres et de tant de calamités
qu'elle multiplie d'une manière prodigieuse les chefs-d'œuvre
qui l'embellissent. Les artistes qu'elle ne se lasse pas de produire remplissent de monuments admirables les villes de Rome,
d'Alexandrie, de Jérusalem, de Pergame, de Constantinople ;
nouvelle source de richesses ! Les marbres du mont Pentélique
ont remplacé les mines d'argent épuisées de Sunium. Les écoles
des grammairiens, des philosophes, encore existantes au sixième
siècle, où le despotisme timide de Justinien les détruisit, attirent dans son sein tous les amis des lettres et des arts. Cicéron
va y puiser les principes de la philosophie et de l'éloquence.

C'est alors que les chefs-d'œuvre de ses maîtres anciens et
ceux mêmes de ses artistes vivants, recherchés avec un égal empressement par les grands de Rome et par les rois, s'élèvent à
des prix qui nous paraissent aujourd'hui prodigieux. Nicias re-
fuse d'un de ses tableaux soixante talents, ou 324,000 fr., et il
en fait présent à la ville d'Athènes [1] ; César place deux tableaux

[1] Plutarch. *in Epicur.* c. VIII — Plin. l. XXXV, c. XI.

de Timomaque à l'entrée du temple de Vénus *Genitrix*, et les paye quatre-vingts talents, ou 432,000 fr. [1] ; le *Diadumène* de Polyclète est payé cent talents, ou 540,000 fr. [2] ; un tableau d'Aristide se vend au même prix de cent talents, ou de 540,000 fr. [3]. Quand la ville de Sicyone fut chargée de dettes que ses revenus ne lui permettaient plus d'acquitter, elle vendit les tableaux qui appartenaient au public, et le produit de ces beaux ouvrages lui suffit pour se libérer entièrement [4].

Enrichie des dépouilles du monde entier, Rome penchait déjà vers sa ruine ; Athènes, Argos, Thèbes, Corinthe, pillées, saccagées, mais constamment éclairées par les lumières des artistes, acquéraient, au contraire, de jour en jour, à cause de leurs manufactures, une nouvelle célébrité.

Les ravages d'Alaric peuvent un instant suspendre la source des richesses des Grecs, mais ils ne la tarissent point. A peine l'essaim des barbares a quitté l'antique patrie du goût et de la liberté, les arts reprennent leurs travaux, et le prévoyant Alaric, devenu gouverneur de l'Illyrie, demande lui-même aux manufactures de la Grèce, des armes commodes et impénétrables, dont il fait revêtir ses nombreux soldats [5].

La Grèce était destinée à être la dernière province qui demeurerait fidèle aux empereurs romains, et les arts devaient être le dernier soutien des finances épuisées de l'empire.

Les Grecs étaient encore, au dixième siècle, les plus habiles fabricants de l'Europe dans tous les genres de fabrication, de même qu'ils étaient les seuls artistes de ces temps malheureux.

Il y avait, à cette époque, quarante villes dans le Péloponnèse

[1] Plin. l. xxxv.

[2] Plin. l. xxxiv, c. viii.

[3] Ces prix étaient relatifs aux fortunes des grands de Rome. Il faut même remarquer que l'on cite peu d'ouvrages d'artistes vivants qui se fussent vendus aussi cher. Au temps de César, le prix moyen d'une statue en marbre, grande comme nature, faite par un artiste de la seconde classe, était d'environ 12,000 fr. de notre monnaie.

[4] Plin. l. xxxv, c. xi.

[5] Gibb. t. VII, c. xxx.

qui par le produit de leurs fabriques acquittaient d'énormes impôts.

Les manufactures de casques et de boucliers anciennement établies répandaient encore leurs ouvrages dans l'Orient; et, grâce au bon goût que les artistes avaient fixé, ces instruments conservaient à peu près, à cette époque, la forme du casque et du bouclier de la Minerve de Phidias.

La Grèce, enfin, au douzième siècle, était le seul pays de la chrétienté qui possédât le ver à soie, apporté de la Chine au sixième [1], et des ouvriers instruits dans l'art de fabriquer des étoffes, pour lesquelles le luxe de l'Europe avait payé longtemps un immense tribut aux Indiens. Les filles d'Athènes filaient et brodaient encore comme Arachné. Les ouvriers représentaient dans le tissu des plus riches étoffes, dans des tapisseries, dans d'immenses tapis, des fleurs, des animaux, des figures d'hommes, et des sujets historiques. Ils composaient des teintures inaltérables. Ils fabriquaient des toiles d'une telle finesse, qu'une pièce entière pouvait se placer dans le creux d'un roseau [2]. Les ouvrages enfin des manufactures grecques se transportaient dans l'Italie, dans les Gaules, dans l'Espagne, sur les côtes d'Afrique, où les Grecs, les Romains, les Goths et les Vandales eux-mêmes se paraient de longues robes de soie enrichies d'or.

C'est ainsi que les arts du dessin, au dernier degré de leur décadence, soutenaient, consolaient encore par les manufactures qu'ils dirigeaient toujours, après les avoir établies, la patrie qui les avait protégés et dont autrefois ils avaient fait l'ornement.

Je voudrais parler du commerce des Éginètes, du commerce et des monuments de Palmyre dans le désert; je voudrais, d'une autre part, arriver aux peuples modernes : encore un mot sur les Rhodiens, encore un mot sur Alexandrie.

[1] Procop. *De bello gothico*, l. IV, c. XVII.
[2] Gibbon. t. XIV, p. 358.

Rhodes, ai-je dit, faisait le commerce d'économie ; Rhodes faisait le commerce de fabrication. Les Rhodiens portaient à Alexandrie non-seulement des vins de la Grèce, mais des vases, des outils, des meubles, des bijoux, de l'argenterie ; telle fut la cause de leur fidélité pour les Ptolémées. Ils vendaient aussi, et dans l'Italie et dans la Macédoine, les marchandises de l'Inde, qu'ils recevaient des Grecs établis en Égypte ; de là vint leur attachement équivoque pour les Romains, et leur inclination pour Persée.

Quand Homère dit que les Rhodiens étaient chers à Jupiter, et que ce dieu leur avait accordé de grandes richesses [1], il fait évidemment allusion au commerce d'économie, qui répand et met en équilibre dans toutes les contrées de la terre les productions des différents climats. Quand Pindare, dans des vers harmonieux, dit que le jour où les Rhodiens élevèrent un autel à Minerve, il tomba sur l'ile une pluie d'or [2], ce poëte fait évidemment allusion aux richesses et à l'antiquité du commerce de fabrication.

L'art de modeler des statues fut lui-même, chez les Rhodiens, une branche importante de commerce. Les négociants en exportaient chaque année une très-grande quantité. Prométhée, emblème du génie qui anime les statuaires, Prométhée, dit encore Pindare, a excité dans l'âme des Rhodiens une noble émulation ; les statues qu'ils modèlent se répandent dans les cités, semblables à la foule des mortels qui marchent sur la terre [3].

Rhodes, Égine, Corinthe, sont les villes de la Grèce où les arts furent le plus cultivés dans la vue directe du commerce. Il semble qu'il y ait une différence à remarquer à ce sujet entre ces villes et celle d'Athènes. Athènes ne vit d'abord dans les chefs-d'œuvre de la peinture et de la sculpture que le patriotisme qu'ils pouvaient exciter, que les héros dont ils pouvaient

---

[1] *Iliad.* l. II, vers 75 et seq

[2] Pind. *Olymp.* VII

[3] Pind. *ibid.*

enflammer le courage ; mais elle perfectionna les arts et ils l'enrichirent. Athènes, Rhodes, Égine, Corinthe et encore Sicyone
ont fait voir tout ce que peuvent les arts en faveur de l'esprit
public, tout ce qu'ils peuvent pour produire la richesse.

En vain, sous le gouvernement de ses prêtres, l'Égypte eût
voulu faire le commerce de l'Inde ; ce commerce lui aurait été
impossible, à moins que sa politique n'eût changé. Elle n'aurait
pu donner aux Indiens que des grains ou des toiles, et les Indiens n'en avaient pas besoin ; il eût fallu donner de l'or, et l'É-
gypte n'en avait pas. Le centre naturel du commerce fut des
milliers d'années sans commerce.

Une révolution qui soumet cet antique pays au génie de la
Grèce, en y rendant aux beaux-arts la liberté, y fait prospérer
le commerce, y répand de nouveaux trésors.

Un héros s'élance de la Macédoine : il se montre dans la Perse,
elle est vaincue ; il aborde en Égypte, l'Égypte est à lui. De là
son regard pénètre dans les riches contrées de l'Inde, dont
les productions, d'une part, arrivent à Tyr par l'extrémité oc-
cidentale du golfe Arabique, et se répandent dans la Syrie,
l'Afrique et l'Europe ; de l'autre, suivant l'Indus et l'Oxus, vont
péniblement vers le nord, pour revenir ensuite dans le midi[1].
En Europe sont les provinces industrieuses où l'or circule ; au
fond de l'Asie, les pays fertiles où il s'engloutit. La conquête
du commerce est digne du guerrier et du politique. Il parle :
ses flottes, aussitôt créées que voulues, ont descendu l'Indus et
remonté l'Euphrate, dont les barrières ont disparu. Une ville
immense s'élève vers les bouches du Nil. Les Grecs y accourent
avec leurs lumières et leur industrie. Là se fera le commerce de
l'univers, car l'aigle a vu qu'il doit se faire là. Un homme aura
changé la face du monde. Magnanime, impétueux, constant, in-
fatigable ; également respecté des peuples ennemis autrefois,

[1] Strabon. l. XI, p. 509 (édit. 1620). — Plin. l. VI. c. XVII. — Montesq. l. XXI,
c. VI.

dont il fit un seul peuple ; rapide conquérant, profond législateur, il a rempli la terre de ses exploits, les mers se soumettront à son empire ; il a vaincu d'innombrables armées, il subjuguera les éléments. La nation puissante qu'il conduit à la gloire aura conquis tous les lauriers, ceux de la guerre, ceux des sciences, ceux des lettres, ceux des beaux-arts, et les richesses qui en sont l'heureux produit.

L'établissement d'Alexandrie et la domination des Ptolémées sur l'Égypte, en mettant le commerce de l'Inde dans la main des Grecs, non-seulement changèrent la direction de ce commerce, mais en rendirent la balance moins défavorable aux Européens. De même que les modernes ont accoutumé les Indiens à recevoir, en échange de leurs marchandises, divers objets de mercerie, des draps, des miroirs, des voitures, du fer, des armes, les Grecs portèrent dans l'Inde des draps fins, du linge ouvré, des ceintures, des vases, tant de cuivre que d'étain et de verre, de différentes formes, des bijoux, de l'orfévrerie[1]; ils portaient aussi dans l'Arabie Heureuse des habits précieux, des vases d'argent ciselés, des statues[2]; et l'Europe dut aux beaux-arts l'avantage de perdre chaque année une moins grande quantité de son numéraire, pour des objets dont l'importation devenait de jour en jour plus considérable.

On peut dire qu'Alexandrie est de toutes les villes du monde celle que le commerce a le plus enrichie : cette grande richesse provenait de deux sources, l'une était le commerce de l'Inde, l'autre, le commerce de fabrication.

Je prie enfin le lecteur de considérer comment se faisait la circulation de l'or dans les temps anciens. Les Éthiopiens, les Lydiens, les Espagnols[3] fournissaient de l'or aux négociants de Tyr ; ceux-ci faisaient passer ce métal dans l'Inde. Là une partie

---

[1] Arrian. *Peripl. mar. Erythr.*

[2] Arrian. *ibid.*

[3] Justin. l. XLIV, c. III.

était ensevelie, comme il arrive. encore aujourd'hui, dans les
pagodes et dans les trésors des princes ; une autre partie venait
dans la Perse par la voie des impôts. L'Indostan payait tous ses
impôts en or, et payait seul autant et même plus que tous les
autres pays de la domination des rois de Perse payaient ensemble [1]. Enfin de la Perse et de la Lydie l'or venait dans la
Grèce, en échange des productions des beaux-arts et de celles des
différentes manufactures.

Les riches offrandes que les rois de Lydie faisaient au temple
de Delphes étaient des ouvrages des artistes grecs [2], et lorsque
les Delphiens pillèrent le temple, le monnayage des matières d'or
et d'argent qu'ils enlevèrent, et qui provenait en grande partie de ces offrandes, versa dix mille talents ou cinquante-quatre
millions de numéraire dans la circulation [3]. Tel était le cours de
ce Pactole dont les arts et le commerce avaient tracé le lit.

Supposons la Grèce privée des beaux-arts, ce retour de l'o
de l'Orient dans l'Occident serait devenu impossible. Jusqu'à la
découverte des mines d'or du mont Pangée, qui produisirent environ six millions par an à Philippe [4], l'or eût été d'une extrême rareté ; la Grèce serait demeurée pauvre, esclave, inconnue ;
l'Attique n'eût été qu'un rocher stérile, et, suivant l'expression
de Platon, qu'une portion décharnée du squelette du monde [5].

Cette cessation de circulation se fit sentir vers la fin de l'empire romain, après les conquêtes des successeurs de Mahomet,
lorsque, les Arabes étant maîtres de l'Égypte, de la Syrie, de la
Perse, sans que la passion des peuples de l'Occident pour les
marchandises de l'Inde eût cessé, l'or continua de passer dans
cette partie du monde et n'en revint plus. Les Arabes ayant
fermé leurs ports aux chrétiens, le commerce de l'Inde se fit par

[1] Herodot. l. III, c. XCIV.
[2] Herodot. l. I, c. XV, L, LI, LXIX, LXX et XCIII.
[3] Diod. Sicul. l. XVI, c. LVI; t. II, p. 453, édit. 1604.
[4] Diod. Sicul. l. XVI, c. VIII.
[5] Plat. *in Crit.* vel *Atlant.*

la mer Caspienne; l'exportation des objets d'art devint plus difficile; la rareté de l'or et de l'argent fut extrême.

Sans les manufactures et le goût qui les dirigeait encore, sans la fabrication de la soie, riche héritage que les beaux-arts léguèrent à la Grèce et qu'ils lui donnèrent le moyen de perfectionner, l'Europe ayant continué d'acheter des Indiens non-seulement les épiceries et les perles, mais encore les étoffes de soie qui se payèrent au poids rigoureux de l'or[1], et dont la consommation était immense, le numéraire aurait totalement disparu, et l'on peut assurer que par ce défaut de circulation la barbarie du neuvième et du dixième siècle eût été encore plus profonde.

Nous avons cherché à démontrer quelle est l'influence de la peinture, quelle est l'influence du bon goût sur la civilisation, sur les arts d'industrie commerciale et sur le commerce en général. Nous avons vu les effets de cet art sur la richesse des nations en considérant les peuples les plus célèbres de l'antiquité. Venons aux temps modernes, et examinons la seconde partie de notre question :

« Quels sont les avantages que la France retire de l'influence des beaux-arts, et ceux qu'elle peut encore s'en promettre? »

[1] Vopisc. *in Aurelian.* c. XLV, apud *Hist. Aug. script.*

DEUXIÈME PARTIE.

SECTION I.

Les Gaulois, avant César et après lui, firent longtemps, comme tous les peuples sans instruction, un commerce ruineux. Ils r -cevaient des Grecs, des Syriens, des Carthaginois, des Marseillais et des Romains eux-mêmes, qui fréquentaient Narbonne[1], des marchandises de l'Inde, des draps, des vins, des bijoux, et d'autres objets de luxe, et ils livraient en échange des matières brutes, du blé, de l'huile et de l'or.

Cette fière Angleterre, qui s'enorgueillit aujourd'hui de ses manufactures, donnait aux Carthaginois, avant que les beaux-arts l'eussent éclairée, elle donnait ensuite aux Gaulois de l'Armorique et aux Marseillais, qui s'emparèrent de ce riche commerce après la destruction de Carthage, du plomb, de l'étain, des pelleteries, en échange de quelques vases de terre, objets de nécessité première, qu'à cette époque elle ne savait pas encore fabriquer[2]. Les Florentins, au quatorzième et au quinzième siècle, lui portaient des épiceries, des étoffes de soie, de l'argenterie, des draps[3]; elle leur abandonnait, en échange, ses laines, qui sont devenues pour elle, lorsqu'elle a eu fait quelques progrès dans les beaux-arts, une source de richesses.

Les Romains, durant une domination de quatre siècles, firent

[1] Cicer. *Pro Quint.* c. XII.

[2] Huet, *Hist. du comm. des anciens*, p. 201.

[3] Giov. Villani, *Hist. florent.* c. XCIII, ad annum 1338 ;— Roberston, *Recherch. sur l'Inde*, p. 178.

dans les Gaules, relativement à l'instruction publique, ce qu'ils faisaient à Rome : ils honorèrent et encouragèrent beaucoup les belles-lettres, très-peu le commerce, et point du tout les beaux-arts. Le génie suivit chez les Gaulois, comme il fit et fera sans cesse chez tous les peuples, la route que le gouvernement lui avait tracée. Les Gaules retentirent des discours éloquents de leurs orateurs, Rome s'honora de ces hommes illustres, et les éleva aux premières dignités de l'état. Un seul exemple prouve quelle gloire ces mêmes hommes auraient pu acquérir dans la peinture et dans l'art statuaire. C'est celui de Zénodore. Cet artiste était né en Auvergne. Après avoir exécuté dans sa patrie un colosse représentant Mercure, il fut appelé à Rome pour faire une statue colossale de Néron. Rival de Calamis, dont il copiait les ouvrages, Zénodore élevait des colosses et modelait des vases précieux ; il parut ne le céder aux Grecs dans aucun de ces deux genres de mérite, *scientiâ fingendi cælandique nulli veterum postponebatur* [1]. Cet exemple est remarquable, mais il est unique.

L'élan passager que l'art statuaire prit à cette époque, les beaux ouvrages de sculpture dont les Romains enrichissaient les palais et les monuments de leurs victoires qu'ils élevaient dans les Gaules, ainsi que le luxe recherché de ces maîtres du monde, y donnèrent naissance à l'orfévrerie. Les peuples des provinces méridionales, plus tôt en relation avec les Grecs et avec les Romains que ceux du Nord, s'appliquèrent à cet art les premiers. S'ils n'y firent pas généralement assez de progrès pour exporter leurs ouvrages, ils y trouvèrent du moins l'avantage de ne pas être sur ce point tributaires de l'étranger [2].

Quand Théodoric, roi des Visigoths, régnait à Toulouse, ce prince magnifique, ami des arts, et l'un des plus beaux hommes de son siècle, étalait sur sa table une grande quantité de vais-

---

[1] Plin. l. XXXIV, c. VII.

[2] Strab. l. IV, p. 190 et 192 (éd. 1720).   Diod. Sicul. l. V, c. II, p. 350 (éd. 1746), t. I.

selle d'or et d'argent, et s'enorgueillissait de ce que cette vais-
selle était toute fabriquée dans le pays même [1].

Le génie pénétrant des Gaulois apprit aussi des Romains à exécuter ces mosaïques que l'on découvre en divers endroits de la
France. Ce genre d'ouvrage, longtemps abandonné parmi nous,
ne l'était pas encore dans le moyen âge.

On a trop longtemps attribué la ruine des arts et des sciences
au fer des barbares. Ce n'est pas ici le lieu de parler des soins
que prirent les rois goths pour conserver les monuments antiques ; ce n'est pas le lieu de faire honneur à Clovis de son prudent respect pour les opinions et les goûts de ses nouveaux sujets, pour les monuments, pour les bibliothèques, pour les écoles
publiques, qu'il maintint en paix, et que l'on voit exister longtemps encore après lui. Disons seulement que si les sciences, les
lettres et les beaux-arts périrent dans les Gaules, sous la domination des barbares, c'est, d'une part, qu'ils étaient déjà déchus
avant l'invasion ; et de l'autre, qu'ils ne conduisirent plus aux
honneurs ni à la fortune. On cessa d'étudier, lorsqu'il fut possible d'arriver aux grands emplois sans rien savoir. Quand il ne
fut plus nécessaire de savoir lire pour parvenir aux honneurs, on
n'apprit plus à lire. L'arbre des sciences ne fut pas arraché par
la violence, il ne fut pas consumé par le feu, il se dessécha parce
qu'on ne l'arrosa plus. Ce malheur serait arrivé pareillement
sans l'invasion des barbares.

La perte des beaux-arts et des arts d'industrie commerciale qui
en dépendent fut d'autant plus ruineuse que le luxe ne cessa
point avec l'industrie. Les Francs qui avaient conquis les Gaules
se paraient des draps les plus fins ; de même que les Gaulois,
de même que les Goths d'Italie, d'Espagne et d'Afrique, ils portaient des robes de soie couvertes de broderies, chargées d'or et
de pierres précieuses, des ceintures tressées d'or, des épées enrichies de diamants. La plupart de ces objets se fabriquaient à
l'étranger. Un luxe digne de l'Asie dévorait les états des successeurs

[1] Sidon. Apollin. l. I, epist. 2.

indolents de Clovis et de Charlemagne. C'étaient les Grecs, les Syriens, les Lombards, les Juifs des différents pays qui s'enrichissaient de cette magnificence de nos pères. On voyait réunis aux foires de Saint-Denis et chez les marchands de la capitale des tables, des lits, des siéges somptueux, de la soie, des draps fins, des vins, des parfums, des bijoux, des armes, apportés de l'Orient, de la Grèce et de l'Italie. Les objets que nous fournissons aujourd'hui à des peuples moins avancés que nous dans les beaux-arts, les Français ignorants les recevaient alors de ces mêmes peuples.

En vain Charlemagne, après avoir triomphé de l'Italie, en fit venir avec lui des savants, noble conquête digne du génie de ce grand homme ; en vain ce fondateur d'un nouvel empire voulut faire revivre la peinture, la sculpture, l'architecture et les belles-lettres; l'éclat passager des lumières qu'il avait rappelées illustra son règne et périt peu de temps après lui.

Méprisés, avilis, chargés de taxes arbitraires dans les domaines des seigneurs, les beaux-arts et les arts mécaniques se réfugièrent, après la mort de ce grand prince, dans les couvents des moines. Ces frères prévoyants se firent peintres, sculpteurs, architectes, et tout à la fois orfévres, menuisiers, serruriers, fabricants de toile, fabricants de drap. Les arts, dans ce triste asile, conservèrent un précieux reste de vie ; ils attirèrent dans les couvents une grande partie de l'argent qui circulait encore dans la France. Ce mouvement enrichit les monastères et n'enrichit pas l'état.

Tant que les beaux-arts furent dans les mains des moines, le commerce de la nation fut dans la main des Juifs. Philippe-Auguste chassa du royaume les Juifs domiciliés, et déclara ses sujets quittes envers eux de leurs dettes : action injuste et contraire au droit naturel, dit le sage président Hénault; disons encore : mesure inconsidérée qui fit sortir de la France et les trésors que les Juifs avaient amassés, et ceux qu'ils en retirèrent par le commerce quand ils en furent sortis. N'eût-il pas mieux valu appeler les beaux-arts du fond des monastères où ils languissaient, les répandre sur la surface de la France, les honorer, les encourager ? Éclairées par cette lumière féconde, des manufactures se seraient établies, le commerce serait sorti du néant, l'argent serait resté dans le royaume; mais la féodalité ne permettait pas encore ce bienfait à Philippe.

La ridicule opinion où l'on était au dixième siècle que la fin du monde était prochaine, avait fait négliger de construire des églises, et même de réparer les anciennes. Une pieuse émulation se saisit des esprits dans le onzième[1]. Des prélats enrichis voulurent élever des monuments indestructibles pour immortaliser leurs couvents et leur règne. On vit des moines, des abbés, des évêques, le ciseau, le compas et l'équerre à la main, tracer des plans, élever des temples immenses, les enrichir de peintures, de sculptures, modeler et fondre des portes d'airain, prodiges de génie qui attestaient ce que pourrait un jour la France éclairée, la France qui créait de tels ouvrages au sein de la barbarie et des ténèbres[2].

Geoffroi de Champ-Allemand, évêque d'Auxerre sous le règne de Henri Ier, légua des prébendes pour les ecclésiastiques qui s'appliqueraient à la peinture, à l'orfévrerie, à la vitrerie, à la mosaïque et aux autres arts qui pouvaient servir à la décoration des églises[3].

Cette impulsion partielle donnée aux beaux-arts fut peu utile encore aux progrès des lumières et à l'avancement de l'industrie commerciale : d'une part, parce qu'elle fut renfermée dans l'enceinte des monastères ; de l'autre, parce que l'institution des moines mendiants, l'établissement de l'inquisition, les disputes théologiques, les différends des rois et des papes et les croisades occupèrent malheureusement les esprits d'objets dont les suites furent bien différentes.

Les principes de la peinture et des autres beaux-arts nous

[1] *Hist. litter. des Bénédict.* t. VII, p 139.

[2] Tel l'art était alors, tel il passa aux Anglais, à la conquête de leur île par Guillaume le Bâtard. On y vit depuis des églises magnifiques, des monastères et des maisons bien bâties, ce qui n'était pas auparavant (*Hist. litt. des Bénédict.* t. VII, p. 141 ; — Will. Monach ; —Malmesb. *De gest. reg. Angl.* l. III).

[3] Labb. *Biblioth. nov.* t. I, p. 453, 454.

vinrent enfin du dehors, et les arts d'industrie commerciale ar—
rivèrent à la suite du guide qui les éclairait.

Pour observer les circonstances de cette brillante révolution,
revenons sur nos pas : sortons d'abord de la France pour juger
la France.

Les beaux-arts s'établirent en Italie avec la liberté ; les manufactures s'y établirent après les beaux-arts.

Venise, au dixième siècle, appelle des architectes grecs pour
élever des monuments dignes de sa grandeur naissante.

Pise, en 1016, a pareillement recours à la Grèce : elle en fait
apporter des figures antiques, dans l'intention que ces ouvrages
précieux guident les artistes qu'elle veut former. Elle appelle
en même temps des statuaires et des architectes grecs. Elle les
comble d'honneurs. Après la mort du Buschetto, le plus célèbre
d'entre eux, elle lui élève un tombeau[1]. L'art des Grecs nous est
transmis ainsi par les Grecs eux-mêmes ; bientôt les élèves surpassent leurs maîtres.

En 1066, Didier, abbé du Mont-Cassin, voulant rebâtir son
église avec magnificence, envoie à Constantinople des députés
qui en font venir des sculpteurs, des ouvriers en mosaïque et
d'autres ouvriers nécessaires pour les bâtiments[2].

En 1250, Florence veut faire renaître l'art de la peinture ;
c'est encore à la Grèce que ses magistrats ont recours[3].

La sculpture avait commencé à Pise ; la peinture prend naissance à Florence. Les peintres grecs forment Cimabué ; Cimabué
forme Giotto... Cimabué ! Giotto ! quels noms célèbres ! Florence
va donner la peinture à l'Europe entière.

Dans le siècle suivant, les Florentins veulent fonder une école
de langue et de littérature grecques. C'est le savant Grec Léon
Pilate, c'est ensuite le Grec Chrysoloras qu'ils établissent pro-

---

[1] Vasari, LXXVI.

[2] Mabill. *Act. sanct. ord. S. Bened.* p. 598 et 600. — *Hist. litt. des Bénéd.*
t. VII, p. 142.

[3] Vasari, *Vit. di Cimab.* in princip.

fesseurs. Peu de temps avant, un duc de Normandie accueille des moines grecs, et fonde une abbaye où l'on enseigne bientôt cette langue[1]. Ainsi les lumières nous viennent de l'Italie ; ainsi les lumières nous viennent de la Grèce. Tout cela s'opère avant la prise de Constantinople par les Turcs. Il semble que la malheureuse patrie de Démosthènes et de Phidias, ne pouvant conserver le flambeau qu'elle avait reçu des dieux, ait voulu nous le confier comme un dépôt sacré, pour qu'il servît toujours à l'instruction du monde.

Dans des positions différentes, toutes les villes d'Italie ne considéraient pas le commerce de la même manière. Venise, Gênes, Amalfi, s'attachèrent principalement au commerce d'économie. Gênes et Venise voulurent, comme Carthage, être conquérantes ; toutes deux, éloignées des passages principaux du commerce de l'Inde, elles eurent l'une et l'autre une adresse admirable à établir des comptoirs sur les points qui offraient le plus d'avantages. Lorsque, sous la domination des Arabes, la ville de Damas fut devenue l'entrepôt des marchandises dont se chargeaient les caravanes, les Vénitiens s'établirent à Damas ; quand les Latins eurent pris Constantinople, cette ville étant pour les chrétiens le centre du commerce de l'Inde, ils s'établirent à Constantinople ; quand ils en eurent été chassés par les Génois, ils s'allièrent, malgré les préjugés du temps, avec les Mameluks, et s'établirent à Alexandrie.

A Gênes, à Venise, l'étude des beaux-arts était un objet secondaire, un objet étranger au gouvernement. Des révolutions sanglantes avaient mis la puissance dans la main des heureux qui étaient inscrits sur le Livre d'or. Le commerce extérieur, les conquêtes, l'intrigue, la politique, occupaient exclusivement la caste privilégiée. Voilà, pour le dire en passant, pourquoi, malgré leurs richesses, Venise et Gênes sont restées, dans les beaux-arts, au second rang.

Tandis que ces villes puissantes s'enrichissaient par le com-

Hist. litt. des Bénéd. t. VII, p. 67, 68.

merce de l'Inde, Florence, loin de la mer, sur l'ancien territoire des Étrusques, s'illustrait par les beaux-arts et s'enrichissait par ses manufactures. Au sein des troubles et du désordre, elle avait appelé de la Grèce les beaux-arts pour le maintien de sa liberté, et les trésors du commerce lui étaient venus, en quelque sorte, par surcroît. L'Europe s'éclairait des leçons de ses artistes et se parait des tissus légers et moelleux de ses ouvriers. Il est des pays où la richesse produit les beaux-arts, et, pour l'ordinaire, ils n'y arrivent pas à une grande perfection; il en est d'autres où les beaux-arts précèdent et produisent la richesse : Florence fut de ce nombre. Par la nature de ses institutions, par le courage avec lequel elle défendit pendant trois cent cinquante ans sa liberté, par le génie aimable, pénétrant et fin de ses habitants, par ses écoles, par ses chefs-d'œuvre, Florence brille, parmi les modernes, comme une autre Athènes. Patrie de Dante, de Pétrarque, de Cimabué, de Léonard de Vinci, de Galilée, de Léon X, de Machiavel, de Michel-Ange, reçois mon hommage! je place les ouvrages de tes artistes à côté de ceux des Athéniens. Si le goût y remarque quelque différence, l'admiration pour le génie qui les produisit ne doit pas être moindre, car les circonstances n'étaient pas les mêmes, et les obstacles à surmonter étaient bien différents.

Les Pisans avaient détruit la ville d'Amalfi pour lui succéder dans le commerce de l'Orient; on accuse les Florentins d'avoir voulu, en soumettant les Pisans à leur domination, s'approcher de la mer, et participer à ce commerce. Il est vraisemblable que la vengeance et la haine eurent plus de part à cette victoire que l'ambition. Mais quoi qu'il en soit, Florence, avant la conquête de Pise, par les nombreuses manufactures que les beaux-arts avaient dirigées, et par la banque, sorte de trafic que les manufactures firent naître, à cause des comptes ouverts qu'il fallut avoir avec tous les marchands de l'Europe, Florence égalait déjà Venise en richesses; elle employait trente mille personnes à la fabrication du drap seulement[1] ; elle pouvait mettre sur pied

---

[1] Giov. Villani, *Hist. florent.* c. XCIII, ad annum 1338. On fabriquait annuel-

trente mille hommes dans son intérieur et soixante-dix mille au dehors. On comptait dans le terroir six mille maisons de campagne, dont un grand nombre étaient bâties avec tant de somptuosité que les propriétaires étaient taxés de folie[1]; plusieurs de ses citoyens avaient déjà des fortunes immenses, les Médicis étaient les plus riches commerçants de l'univers.

J'ai dit que, du sixième au douzième siècle, la Grèce fut le seul pays de la chrétienté qui eut des manufactures de soie. Il peut paraître étonnant que ni les Italiens, ni les habitants du midi de la France n'aient cherché, pendant ce long espace de temps, à lui enlever une industrie aussi lucrative. Mais il faut considérer que pour qu'un peuple établisse utilement une fabrication de cette espèce, il est nécessaire qu'il possède et des connaissances dans les sciences, et des connaissances dans les beaux-arts, et que ni l'Italie ni la Provence n'avaient pu, avant le douzième siècle, acquérir ces connaissances indispensables.

Chaque jour le tisserand indien établit son métier sous un arbre, et chaque jour, le travail fini, il le reporte dans sa cabane. Un dessinateur routinier trace une fleur sur la toile; un ouvrier y pose lentement une première couleur avec un bambou taillé comme nos plumes; un autre en met une seconde par le même procédé. Mais cet art vient de loin; chacun de ces ouvriers le vit pratiquer à ses pères, et, tout imparfait qu'il est, le malheureux Indien qui l'exerce ne l'inventerait pas, s'il fallait aujourd'hui l'inventer.

Ces féroces barons normands qui avaient envahi la Pouille et la Calabre, et fondé le royaume de Sicile, virent avec envie les riches manufactures de soie des Grecs. Ne pouvant en créer de semblables, ils prirent un moyen plus court : ils arrachèrent l'arbre avec les racines et le fruit, et le plantèrent dans leur domaine. Ils entrèrent dans la Grèce comme des pirates, sacca-

lement à cette époque à la monnaie de Florence de 350,000 à 400,000 florins d'or. — Il ne fut permis aux Florentins de naviguer sous leur propre pavillon qu'en l'année 1426. Giac. Diedo. *Hist. di Venezia,* t. I, l. IX, p. 203.

[1] Villani, *Hist. florent.* c. XCIII, ad annum 1338.

gèrent sans pitié les malheureux restes de Thèbes, d'Athènes, de Corinthe, chargèrent leurs vaisseaux d'un peuple d'ouvriers, et transportèrent cette industrieuse colonie, avec ses instruments, et sans doute avec des mûriers et des vers à soie, dans la Sicile.

Peu de temps après, les croisés prirent et ravagèrent Constantinople. Les Vénitiens, devenus propriétaires, dans cette révolution, d'une partie de l'Archipel, transplantèrent alors dans leur patrie ce qui existait encore des fabriques des Grecs.

C'est ainsi que la Grèce fut dépouillée par les Vénitiens et par des Français.. Le bien que nous devions retirer de cette conquête ne s'opéra pas cependant tout à coup. Ce fut des Grecs établis dans la Sicile que les Pisans, les Florentins et les habitants de la république de Lucques apprirent la fabrication de la soie. C'est des Florentins que nous l'avons reçue.

Cet art fit de tels progrès chez des peuples mieux disposés à le recevoir que ne l'étaient les Siciliens, suffisamment riches de leur territoire, et qui sont encore dans l'enfance aujourd'hui, qu'en peu de temps les fabriques de Lucques, et surtout celles de Florence, firent oublier celles de la Sicile, malgré les dépenses que les princes avaient faites pour les soutenir.

La ville de Lyon n'avait jamais démenti son origine. Fondée avant l'arrivée des Romains, suivant ses meilleurs historiens, pour servir de conciliabule ou de point de réunion aux marchands des provinces qui l'environnaient, elle leur avait constamment offert l'asile le plus sûr et le plus commode, à cause de sa position, à cause des *gradiateurs* qui lui furent accordés, et ensuite des juges conservateurs de ses priviléges, qui ont remplacé ses gradiateurs. Mais les malheurs des temps l'avaient entièrement ruinée.

En 1260, des Gibelins, qui avaient été précédemment bannis de Florence, unis aux habitants de Sienne, rentrent, après une victoire difficile, le fer à la main, dans leur patrie ; les familles guelfes les plus puissantes sont obligées de prendre la fuite ; leurs biens sont confisqués ; un grand nombre de ces exilés se réfugient à Lyon. C'étaient les Pazzi, les Strozzi, les Gondi, les

Alamanni, les Salviati, les Chiaramonti, les Gadagnes, c'est-à-dire une partie des maisons les plus riches de Florence. D'autres s'établirent à Nîmes. Ces riches étrangers firent dans ces deux villes un grand bien dont la France entière a reçu les fruits, ce fut d'y fonder le commerce de la banque ; mais ils en firent un plus grand encore, ce fut d'y répandre le goût des beaux-arts qu'ils avaient apporté de leur patrie. « Ils donnèrent commen- » cement, dit Ménétrier, aux ouvrages les plus magnifiques par » les palais et les belles maisons de campagne qu'ils firent » bâtir[1]. » Retournés à Florence après de nouvelles révolutions, ils furent remplacés par d'autres de leurs compatriotes. Il y avait tant d'Italiens à Lyon et à Nîmes, dans les deux siècles suivants, qu'ils y formaient différentes compagnies nombreuses, ayant chacune des capitaines et des conseillers, et il est facile de voir dans les anciens produits des arts de la ville de Lyon combien le goût florentin y avait fait de progrès.

Les manufactures de drap d'or, de soie, de canetilles, de passements, de rubans et de franges, qui ont fait dans la suite la richesse de ces deux villes, et la richesse de Lyon principalement, ne s'y établirent cependant ni dans le treizième ni dans le quatorzième siècle. La France était toujours tributaire de l'Italie, tant il est vrai qu'il faut que les beaux-arts aient suffisamment disposé les esprits à se livrer aux arts d'industrie commerciale, pour qu'ils s'y attachent avec force et utilité[2]. Louis XI établit des manufactures à Tours, et fit venir des ouvriers et de la Grèce et de l'Italie ; mais ce fut Charles VIII, ce fut principalement François Ier, durant les guerres d'Italie, qui furent les fondateurs de cette fabrication, et c'est le grand Colbert, au milieu des triomphes des beaux-arts, qui la porta au degré d'étendue et de splendeur où nous l'avons vue.

Au temps de Pétrarque et de Laure, Avignon, retombée au—

---

[1] *Hist. de Lyon*, p. 393.

[2] Il est vraisemblable aussi que les Italiens aimaient mieux vendre en France les ouvrages de leurs manufactures que d'y en établir.

jourd'hui dans le néant, en était sortie à la voix des papes qui l'embellissaient. L'architecture y avait pris un noble caractère; les églises commençaient à s'enrichir de tableaux; on plantait des mûriers, on établissait des manufactures de soie, dans lesquelles on imitait sur de riches étoffes les dessins qui avaient fait rechercher celles de la Perse et de la ville de Damas. Les historiens du commerce nous disent qu'on a compté dans cette ville jusqu'à dix-huit cents métiers. Avignon a perdu cette source de richesses : l'éloignement de ses souverains, un impôt désastreux sur la sortie de ses marchandises, et plus encore l'oubli des beaux-arts, ont ruiné cette ville, que la nature, bien qu'elle s'y montre dans sa plus grande munificence, ne pouvait seule enrichir.

Lyon doit, au contraire, sa prospérité au soin d'entretenir et d'honorer des dessinateurs et des peintres habiles. Rien, à cet effet, ne lui a coûté[1]. Le goût de ses artistes, l'élégance et la variété de leurs compositions, ont élevé ses manufactures au-dessus de toutes celles de l'Europe; elles ont fait oublier celles de Gênes, de Venise, de Florence elle-même, de Florence, qui a laissé tomber de sa main le sceptre des arts.

Quels sont les hommes, en effet, qui enseignent aux fabricants à choisir, à marier des couleurs différentes, ceux qui dirigent la main du dessinateur, ceux qui prononcent avec connaissance sur le caractère et la beauté de ses ouvrages, ceux enfin qui éclairent le dessinateur et le consommateur lui-même? Ne sont-ce pas les arbitres de l'art et du goût? Ne sont-ce pas ces mêmes hommes, ces maîtres célèbres qui animent la toile et qui font respirer l'airain?

Ce n'est pas dans Lyon seulement qu'il faut chercher la cause du perfectionnement des manufactures de Lyon; comment ne pas la voir encore dans les progrès que les beaux-arts ont fait faire à l'esprit des Français en général, dans la direction qu'ils

---

[1] *L'art du fabric. des étoffes de soie*, p. 12, dans la collection des arts et métiers.

ont donnée au goût, dans l'amour de la gloire qu'ils ont excité,
dans l'émulation qu'ils ont soutenue? On n'en saurait douter :
il n'y aurait pas à Lyon d'habiles peintres de fleurs, s'il n'y avait
à Paris de grands peintres d'histoire.

Le style de la peinture ne fut pas toujours pur parmi nous ;
mais l'amour de l'art brille depuis trois siècles, et si les crédules
manufacturiers ont suivi quelquefois avec trop de confiance de
mauvais modèles, cela même prouve combien ils sont disposés
à en adopter de bons ; cela même prouve l'influence de l'art su-
périeur qui les dirige, peu s'en faut que je n'aie dit de l'art su-
périeur qui les gouverne.

J'ai déjà fait remarquer que les Grecs portèrent l'orfévrerie à
une admirable perfection, parce que leurs orfévres étaient d'habiles dessinateurs, de grands peintres, de célèbres statuaires.
La même chose arriva chez les Florentins, depuis le treizièm
jusqu'au seizième siècle [1].

Le statuaire Donatello était orfévre. Philippe Brunelleschi
exerçait le même art. André Verochio, sculpteur et peintre,
maître du Pérugin et de Léonard de Vinci ; Antoine Pollaiolo,
l'un des maîtres de Michel-Ange, étaient pareillement des orfévres. Marc-Antoine Raimondi et le Pérugin lui-même travaillèrent longtemps à l'orfévrerie. Ce dernier faisait dans cet art,
dit Raphaël Borghini, des choses surprenantes : *Faceva in quell'
arte cose maravigliose* [2]. Laurent Ghiberti enfin, qui a exécuté
les belles portes du baptistère de Saint-Jean-Baptiste, que l'on
peut regarder comme le chef-d'œuvre de la sculpture moderne ;
Ghiberti, qui non-seulement excellait dans son art, mais qui en
écrivait les principes [3], était orfévre. L'art de l'orfévrerie, dans
d'aussi habiles mains, devint aussi utile au commerce de Florence qu'à sa gloire. Sous Charles VIII, sous François Ier, sous
les deux reines Médicis, la France recevait encore de l'Italie une

---

[1] Perche in que tempi, non era tenuto buono orifice, chi non era buon designa-
tore, e che non lavorasse bene di rilievo. Vasari, *Vit. di Baccio Bandinelli*.

[2] Raph. Borgh. *Il Risposo*, p. 519.

[3] Vasari, *Vit. di Laur. Ghiberti*.

grande quantité de vases, d'urnes, de coupes de différentes formes. L'argent et l'or, le verre, la faïence, étaient enrichis d'ornements, de figures, de beaux bas-reliefs; tous les jours nous voyons encore de ces ouvrages que le temps a respectés, dans lesquels nous reconnaissons la main ou les leçons des plus habiles maîtres. Que de finesse, d'élégance et d'esprit! Les contours de ces beaux vases ne sont pas toujours tranquilles et purs; tel était le défaut des Florentins : en cherchant la grâce, ils perdaient quelquefois la simplicité. Mais combien ce défaut est pardonnable lorsqu'à peine il peut être aperçu !

L'art de l'orfévrerie, depuis l'ancienne époque où nous l'avons vu naître chez les Français, s'y était constamment conservé; je me trompe, ce travail se faisait encore, l'art n'existait plus. Les riches et nombreux ouvrages de saint Éloi ne ressemblaient plus à ceux des Grecs, à ceux de Zénodore. On cite au commencement du onzième siècle un moine Érembert dont, au treizième, on admirait encore les ouvrages ; on cite un Odéranne, moine à Sens, qui fit une châsse ornée d'or et de pierreries, pour les reliques d'un saint, sur la demande du roi Robert; on cite Raoul, argentier de Philippe III, le premier homme du tiers-état qui ait obtenu des lettres de noblesse. Mais quand on a vu de la sculpture du onzième, du douzième et du treizième siècle, on peut se figurer ce que c'était que l'orfévrerie.

Il était inutile que les ouvrages faits, dans ce temps-là, pour les églises, fussent beaux; il suffisait qu'ils fussent riches. Le défaut de matières était même un obstacle aux progrès de l'art. Par l'effet d'un commerce ruineux, autant et plus que par les exactions de la cour de Rome, et par les croisades, l'argent était devenu tellement rare, que des lois, souvent renouvelées dans le quatorzième siècle, défendaient de fabriquer, si ce n'est pour le service des églises, des pièces d'argenterie pesant plus d'un marc[1]. Chaque jour, de nouvelles ordonnances sur les mon-

---

[1] *Ordonn. des rois de France,* t. 1, p. 766, 768; t. II, p. 83; t. III, p. 90, 91, etc.

naies décelaient la détresse publique et l'embarras du gouvernement.

L'orfévre statuaire Cellini, appelé de Florence par François Ier, dit, dans son traité sur l'orfévrerie, qu'à l'époque où il arriva en France, les orfévres de Paris étaient très-habiles à faire de la grosse argenterie, et que cependant aucun d'eux ne put parvenir à mettre ensemble et à souder les membres d'une statue [1].

Ce fut enfin lorsque l'art statuaire eut fait des progrès, lorsque l'art du dessin eut été dirigé par d'habiles maîtres, qu'Étienne de Laulne, sous Henri IV, et les deux Germain, sous Louis XIV, après s'être formés en Italie, assurèrent dans l'Europe la plus haute réputation aux orfévres français.

Disons à ce sujet un fait remarquable. Il rappelle la lutte d'Athènes et de Rhodes sur la forme des vases dont nous avons déjà fait mention; il nous concerne, il s'est passé sous nos yeux.

Après avoir été en rivalité avec ceux des Florentins et l'avoir emporté sur eux, dirigés par nos grands artistes, les ouvrages de nos orfévres étaient recherchés dans l'Europe entière. Vient, au commencement du dernier siècle, un moment où la peinture s'égare; l'orfévrerie obéissante la suit. Aux formes décentes et nobles, dont Jean Goujon et d'autres artistes avaient donné les modèles, succèdent des contours grotesques, des ornements chétifs et maniérés. La vigilante Albion a les yeux ouverts; elle enlève aux Siciliens, aux Napolitains indolents, les reliques de Samos, de Rhodes, d'Agrigente, de Syracuse. Les vases que façonnèrent ces villes célèbres sont mis sous les yeux de ses ouvriers. Faut-il avouer notre infériorité passagère? Non; ce n'est pas Albion qui a vaincu nos artistes, c'est Samos, Rhodes, Agrigente, Syracuse, qui nous ont un instant surpassés. Ouvriers impatients, qui avez voulu reconquérir une juste prééminence, vous êtes venus dans les ateliers de nos maîtres; leur art avait fait de miraculeux progrès; leurs triomphes ne pouvaient être

---

[1] Benv. Cellini, *Dell' areficeria*, l. I, p. 37.

comparés qu'à ceux de nos guerriers. Athènes vivait au Louvre ;
ils vous ont prodigué de savants dessins, et le Nord et le Midi
ont encore une fois reçu et admiré vos chefs-d'œuvre. Ah! ne
vous écartez jamais de leurs règles et de leurs leçons ; et puis-
sent-ils eux-mêmes demeurer constamment fidèles aux modèles
que nous a laissés l'antique et à son génie! Quand il s'agit de
belles formes et de goût, ne cherchons pas à surpasser la Grèce,
notre gloire est de l'imiter.

L'art d'exécuter des mosaïques avec des pâtes de diverses couleurs conduisit nos pères à l'invention de la peinture sur verre[1],
et cette manière de peindre, déjà pratiquée dans le onzième
siècle, les conduisit à l'art de peindre en émail[2].

Les émaux faits à Limoges étaient renommés dès le temps de
Louis le Jeune. Leur réputation avait pénétré jusqu'en Italie, où
ils étaient d'un grand prix. Il est fait mention, dans les historiens ecclésiastiques, de deux tables d'airain ornées d'or, émaillées suivant l'art de Limoges, *de labore Limogiæ*, dont il fut
fait donation à une église dans le royaume de Naples, en 1197.

Ces deux arts firent de rapides progrès, lors de la restauration
de la peinture. Quand nos peintres sur verre copièrent les dessins
de Rosso et de Primatice, leurs ouvrages décorèrent non-seulement les églises et les palais des grands, mais les maisons des
simples particuliers[3], et lorsque enfin, sous François Ier, et
principalement sous Louis XIV, les orfévres qui peignaient en
émail furent devenus d'habiles artistes, cette branche de commerce devint considérable et produisit des ouvrages dignes de
l'immortalité[4].

---

[1] Muratori, Dissert. 24, t. I, p. 298. — Levieil, *De l'art de peindre sur verre,*
part. I, c. v et 7.

[2] *Hist. litt. des Bénédict.* t. X, p. 223.

[3] Levieil, *De l'art de peindre sur verre,* part. I, c. XIII.

[4] On s'est dégoûté de l'art de peindre en émail à cause de la longueur du travail
et à cause des accidents qui arrivent souvent dans la cuisson. Il y aurait une manière de peindre qui diminuerait beaucoup les inconvénients, et avec laquelle on
produirait des ouvrages pour ainsi dire indestructibles : elle consiste à peindre en

Que dirai-je de la gravure? Eh! qu'en puis-je dire que le lecteur, impatient de me voir arriver à cette source de richesses commerciales, ne se soit déjà dit?

En coulant dans un moule d'argile un soufre liquide, pour en enlever de légères scories que l'argent y avait déposées, un orfévre de Florence s'aperçoit un jour que le soufre refroidi conserve des traits noirs qui représentent les tailles du moule : il regarde, il s'étonne, dit un poëte, sa joie est égale à sa surprise [1], et la gravure est inventée.

Quoi! la gravure ne pouvait-elle pas naître quatre siècles plus tôt? Était-ce la première fois que les orfévres coulaient du soufre dans leurs moules, pour en enlever les traces de l'argent? Finiguerra devait-il s'étonner de voir une empreinte noire sur le soufre refroidi, puisqu'il avait coulé le soufre dans l'intention d'enlever du moule ces traits noirs? Non, il faut que des circonstances heureuses favorisent la maturité des fruits du génie, comme celle des productions de la terre. Les dons de Cérès ne remplissent nos granges que sous l'influence brûlante de la Vierge et du Lion.

Dans quel pays s'est donc faite cette découverte brillante? A Florence, dans la patrie des arts. Dans quel temps? Vers l'an 1460, lorsqu'en Italie, en Allemagne, en France, dans les Pays-Bas, les prodiges de la peinture occupaient tous les esprits. Par qui? Par un orfévre. Était-ce un simple ouvrier? C'était un dessinateur habile et un statuaire [2]. Qui a partagé ses premiers travaux? Un grand peintre, l'artiste Boticelli. Qui encore? Le maître de Michel-Ange, Antoine Pollaiolo, qui était sculpteur, orfévre et peintre. Fille de la peinture, je te salue! il est facile de reconnaître le génie qui a présidé à ta naissance [3]. Qu'est-ce,

émail sur du platine. On pourrait employer de grandes plaques de ce métal sans craindre l'effet du feu.

[1] Doillin, *Sculptura*, carmen.

[2] Finiguerra était élève de Laurent Ghiberti, et avait travaillé avec lui aux portes du baptistère de Saint-Jean-Baptiste.

[3] Je suis l'opinion commune qui attribue l'invention de la gravure sur métaux à

en effet, que la gravure ? Un art de peindre. Ne disons pas que cet art ingénieux, en multipliant par l'imitation les chefs-d'œuvre de nos maîtres, multiplie le bien moral qu'ils peuvent produire, répand les lumières, forme le goût, dirige l'opinion publique, réchauffe et nourrit le patriotisme ; mais faisons remarquer que dans cet art admirable le talent seul crée tout, et qu'une main habile donne une valeur quelquefois inestimable à des objets qui sont en eux-mêmes de la moindre valeur.

Quel riche commerce les Italiens se sont créé par le burin de Marc-Antoine, d'OEneasvicus, du Mantuan, du Parmesan, de la Bella, de Salvator Rosa, des Carrache !

Quelle importation d'argent ont valu à la Hollande et aux Pays-Bas les cuivres d'Albert Durer, peintre, écrivain, graveur et ciseleur ; ceux de Lucas de Leyde, des graveurs connus sous le nom de *Petits Maîtres*, de Vosterman, de Blœmaert, des deux Wisscher, des deux Bolzwert, de Goltzius, de Clouet, de Suyderhoef, de Pontius, de l'original et inimitable Rembrandt ?

Quels trésors ont apportés à la France les Audran, les Drevet, les Poilly, Callot, Picard, Nanteuil, Spierre, Édelinck, Masson, Leclerc, Balechou, et un grand nombre d'autres que le lecteur se rappellera sans que je les nomme !

La peinture devait nous enrichir d'un art plus précieux encore.

Des peintres ou enlumineurs allemands, déjà habitués à imprimer avec des planches de bois des figures de différentes couleurs sur des cartes à jouer, entreprennent d'exécuter de la même manière des images de saints, et d'y ajouter des noms et des légendes. Ils gravent des lettres sur leurs planches, et les impriment avec l'image du saint. Guttemberg, saisissant cette

---

Finiguerra, orfévre et statuaire florentin, et qui place l'époque de cette invention vers l'an 1460. S'il fallait, conformément à l'opinion de Sandrat et de Heinecken, reconnaître les Allemands pour les inventeurs de cet art, et en faire remonter l'origine à 1450 ou 1440 environ, l'inventeur serait encore un orfévre qui fut le maître de Martin Schoen, lequel fut orfévre et peintre.

idée, imagine de tailler des lettres séparées pour pouvoir en composer des mots à volonté. Enfin, l'orfévre Faust, auquel il s'associe, et l'écrivain Schœffer, inventent les poinçons et les matrices, fondent des lettres de métal, enferment et serrent les pages dans des châssis, et font agir des presses. Voilà l'imprimerie telle que nous l'avons aujourd'hui.

Je remarque cette progression : de la peinture et de la gravure des cartes à jouer aux images des saints, des caractères fixes aux caractères mobiles et aux caractères de fonte, et je ne puis m'empêcher de voir que la peinture grossière des ouvriers allemands a conduit Guttemberg à son heureuse invention, qui n'était que l'application d'un procédé connu. Cette invention a lieu dans un pays où le peuple se faisait, au temps dont il s'agit, comme il se fait encore aujourd'hui, un moyen de commerce et de subsistance de la peinture, de la sculpture et de la gravure en bois.

Je remarque l'époque où ce bel art a été inventé, et je me demande, comme je faisais au sujet de la gravure sur métal : Comment se fait-il qu'il n'ait pas été inventé plus tôt? Ces deux découvertes datent du même temps : l'une, de 1450 ou environ; l'autre, de 1460. La peinture à l'huile avait été inventée au commencement du même siècle. Cette invention, encore nouvelle, excitait l'émulation de tous les artistes de l'Europe. Les chefs-d'œuvre de divers genres de Jean de Bruges, de Masaccio, de Donatello, de Brunelleschi, existaient déjà; les portes du baptistère de Florence étaient faites. N'est-il pas évident que l'époque de l'invention de l'imprimerie a été déterminée par la naissance de ces beaux ouvrages et par l'élan qu'ils avaient donné aux esprits?

Mais ce qui doit le plus étonner dans les commencements de cet art, ce n'est pas l'invention en elle-même, c'est la beauté des premiers essais. Aussitôt que l'imprimerie est créée, déjà, chose admirable! ses ouvrages ont une netteté, une élégance, une perfection qu'à peine les imprimeurs les plus habiles ont pu égaler dans la suite. Les autres arts ont une enfance, celui-ci n'en a point. Les premières productions de l'imprimerie, à Mayence, à Strasbourg, à Venise, à Lyon, à Paris, à Rome, pour la forme des caractères, pour la fermeté du tirage, pour l'égalité de la teinte, pour la *justesse des registres*, c'est-à-dire pour l'exacte application de chaque page sur celle du revers, sont des chefs-d'œuvre dignes de notre âge lui-même.

Certes, cette perfection ne peut être attribuée qu'aux connaissances des premiers imprimeurs dans le dessin et la peinture : Faust était orfévre, et par conséquent dessinateur ; Schœffer était écrivain, et par conséquent peintre en miniature, car l'ornement des manuscrits faisait partie de l'art des écrivains. Nicolas Jenson, qui se qualifiait de *prince des imprimeurs* [1], était un graveur de médailles que le roi Charles VII envoya à Mayence, en 1458, pour prendre connaissance de la découverte que la renommée publiait déjà [2].

Les premiers imprimeurs, tous peintres, graveurs ou dessinateurs, ne négligèrent rien pour atteindre à la beauté des manuscrits, qui étaient de véritables peintures. Ils enrichirent leurs ouvrages de figures gravées sur bois ; ils les ornèrent aussi de lettres grises, d'ornements en couleur et en or, comme ils faisaient auparavant aux manuscrits. Le Psautier de 1457 renferme des lettres initiales, et une, entre autres, de six pouces de hauteur, toutes dessinées et gravées avec beaucoup de finesse. Faust et Schœffer, qui l'avaient exécuté, s'enorgueillissaient avec raison, dans la souscription, de la beauté des ornements et de celle de l'ouvrage : *Presens psalmorum codex venustate capitalium decoratur* [3]. Les artistes même ne tardèrent pas à orner les livres de figures gravées sur cuivre. On voit dans la première édition

---

[1] Nicolas Jenson s'est qualifié *prince des imprimeurs* dans la souscription d'un bréviaire romain élégamment exécuté, qu'il imprima en 1478. Ce livre est cité dans le catalogue de Gaignat, n. 174, p. 51.

[2] Acad. des Inscript. t. XIV, p. 237. — Heinecken, *Idée d'une collect. d'estamp.* p. 165.

[3] Acad. des Inscript. t. XIV, p. 254 et suiv. De Bure, t. I, n. 46. — Catalogue de Gaignat, n. 51 ; — Heinecken, p. 265.

de Dante, donnée à Florence en 1481, des figures faites sur les dessins ou de la main de Boticelli, l'adjoint de Finiguerra dans les premiers essais de la gravure.

Ainsi donc, il doit paraître démontré que c'est à la peinture, à la noblesse, à la grâce que les peintres recherchent en toutes choses, que l'imprimerie doit la beauté de ses premiers ouvrages.

Mais lorsque sous nos yeux cet art a produit de nouveaux miracles, à quel génie faut-il donc les attribuer? Bodoni, Didot, Ibarra, quelle a été la cause de votre égale émulation? Quel flambeau vous a guidés les uns et les autres? Dis-nous, ô Ambroise Didot! à quelle époque as-tu brûlé de cet amour du beau qui t'a fait si longtemps sacrifier ta fortune à ta gloire? Ils vivent encore, les artistes qui, ramenant la peinture à ses vrais principes, ont excité pour cet art un amour universel, et tellement formé le goût de la nation, qu'elle n'a plus voulu dans les ouvrages de tous les genres que des chefs-d'œuvre. Tu as composé de simples et élégants frontispices ; tes pages harmonieuses sont devenues en quelque sorte un emblème du style de Fénélon, de Racine, de Bossuet. Dans quel temps? Quand la peinture t'a offert des modèles de noblesse et de simplicité.

Dirai-je combien les belles éditions des Didot et de leurs émules, et les gravures dont ils les ont enrichies, ont appelé en France d'argent de l'étranger? Cela est su de toute l'Europe.

Tous les beaux-arts se tiennent l'un l'autre, tous les arts mécaniques se favorisent aussi mutuellement; tout s'unit et se prête un appui mutuel dans l'économie politique. Johannot et Montgolfier ont redoublé d'efforts pour surpasser les papiers de la Hollande, quand les Didot, les Anisson, et d'autres encore, ont voulu que l'art typographique surpassât en France les plus beaux ouvrages des peuples qui sont en concurrence avec nous. La reliure même des livres est devenue alors un art nouveau, où l'on a recherché les formes, les ornements nobles et simples dont la peinture avait donné l'amour.

Après cet exemple remarquable de l'influence de la peinture sur les arts d'industrie commerciale, il semble qu'il devrait être

16

inutile d'en appeler encore de nouveaux. N'importe, ne nous lassons point.

Nous avons vu cette exposition du Louvre, où le gouvernement appelle avec leurs chefs-d'œuvre, à de certaines époques, les plus habiles fabricants de la France entière. Que ce palais est grand, ainsi paré des productions de notre industrie! quelle variété! quelle richesse! quel éclat! Ici la peinture brille dans les ouvrages qu'elle a dirigés, autant qu'au salon d'exposition dans ceux qu'elle a produits. Tout n'est pas pur, sans doute; mais on voit que les ouvriers de toutes les classes cherchent la perfection : le fer, le bronze, la pierre, la laine, la soie, se font admirer sous mille formes variées. Croit-on que si une exposition de cette nature eût été faite il y a trente ans, elle eût offert autant d'objets dignes de l'admiration de l'Europe, et pour la beauté des formes et pour l'exécution? Le luxe était moins grand, me dira-t-on. Cela peut être, mais le goût général avait fait aussi moins de progrès.

Entrons sous ces portiques, et considérons successivement nos richesses [1]. Des dentelles : quels élégants dessins! Quoi! la villageoise qui les a exécutés, au bruit de ses fuseaux entremêlés et roulants, savait-elle que des ornements trouvés sur des vases d'Athènes ou d'Agrigente en avaient donné le modèle? Non, elle a suivi le trait que l'on plaça sous ses yeux; c'est ainsi que le rustique jouit de la clarté du jour, sans connaître les lois des mouvements célestes. — Des plateaux de verre sur le revers desquels on a peint des sujets historiques : ici la peinture a tout fait; cherchons des ouvrages où elle n'ait que la moitié de la gloire. — Des tapis : c'est la teinture qui en fait la beauté; oui, la teinture en est admirable, mais ceux que l'on fabrique en Turquie sont d'un aussi beau teint; le tissu en est également solide. Auxquels faut-il cependant accorder la préférence? — Des meubles dont les ornements de bronze et d'or enrichissent les formes antiques. C'est le magasin de Jacob. Tous les jours

---

[1] Ce mémoire a été composé en l'an XI. L'exposition du Louvre dont il s'agit dans ce passage est celle qui eut lieu les jours complémentaires de l'an X.

cet habile ouvrier se surpasse lui-même ; mais il n'a pas oublié quels sont les artistes qui, en lui donnant ses premiers dessins, lui ont ouvert une route nouvelle. — Des draps : que peut faire ici la peinture ? Écoutez le fabricant : il a donné une telle souplesse à l'étoffe, qu'elle drapera comme les voiles de l'Inde ; il a cherché des teintes brillantes, mais brunes, pour qu'elles laissent éclater le coloris du visage et le ton des cheveux. — Des fontaines de grès : voyez-en la forme. — Les tapisseries des Gobelins, riche produit de la peinture : combien ces tentures qu'on exécute aujourd'hui surpassent en beauté celles où l'on copiait les tableaux de l'ancienne école ! — Des hygiocérames : le fabricant a reconnu que, malgré l'utilité de sa découverte, il fallait plaire aux yeux.

Combien d'objets différents placés les uns auprès des autres ! des pendules, des lampes, des cristaux, des broderies, des porcelaines, des fleurs exécutées avec une batiste légère, que dis-je, avec des rubans de bois ! le même art a tout dessiné, tout dirigé. Voici d'autres objets que nous trouvons sans cesse présents à nos yeux dans les palais les plus somptueux, dans les asiles les plus modestes. Ce sont les papiers qui couvrent nos lambris; ils ornent le salon du riche; ils égayent le grenier du malheureux. L'art a multiplié ses ressources pour se prêter à toutes les fortunes, pour convenir à tous les goûts. Voici une conquête nouvelle faite sur la nature : c'est le platine rendu aussi malléable que l'argent, aussi malléable que l'or. Orfévre modeste[1], qui, par le fruit de tes laborieuses recherches, vas faire jouir l'Europe d'un métal incorruptible, inutile avant tes succès, ta découverte t'appartient; mais la forme de tes ouvrages n'est pas de toi, des artistes te l'ont donnée.

Je vois ici sur des velours l'image d'un héros ; j'y vois aussi des fleurs, des fruits, de riches paysages. Quel admirable procédé ! ce n'est pas une broderie, ce n'est pas une chinure, ce n'est ni le travail de la Savonnerie, ni celui des Gobelins ; les couleurs ne sont pas placées l'une à côté de l'autre ; elles sont

[1] M. Jeannety.

fondues ensemble, comme dans la nature. Jamais les chefs-d'œuvre de Lyon n'offrirent rien de semblable. Le génie seul de la mécanique n'eût point inventé cet art; mais l'inventeur est tout à la fois peintre et fabricant [1].

Nous arrivons au dernier portique : ce sont des vases de divers métaux, imitant les contours de l'antique, enrichis de vernis et de peintures. Je vois ici, comme ailleurs, la réunion des sciences qui donnent la matière, et des beaux-arts qui donnent la forme. Heureux concert qui a tout perfectionné et qui nous promet encore de nouveaux miracles !

Je n'ai pas fini : quoi ! la peinture et la sculpture, ces deux arts qui dirigent les arts d'industrie commerciale, ne créent-ils pas eux-mêmes des ouvrages qui deviennent aussi des objets de commerce ? Combien de tableaux d'artistes français répandus dans toutes les contrées de l'Europe, en Russie, en Espagne, et même en Angleterre ! Rien n'égale le prix des chefs-d'œuvre des arts. Qui peut évaluer aujourd'hui les ouvrages de Léonard de Vinci, du Poussin, de le Sucur, du Dominiquin, de Raphaël, de Michel-Ange ? Le roi Attale offrit aux habitants de Gnide d'acquitter toutes leurs dettes pour obtenir d'eux la Vénus de Praxitèle; ils la refusèrent [2]. Un bloc de marbre de Paros, animé par le génie d'un artiste grec, est devenu semblable au dieu du jour. Monarques de l'Europe, vous ne seriez pas assez riches pour payer l'Apollon du Belvédère!

Voilà donc les avantages que l'état a retirés depuis quatre siècles et ceux qu'il retire aujourd'hui de la peinture et des arts du dessin en général : le rétablissement du goût, le perfectionnement des manufactures, une heureuse émulation excitée même parmi les fabricants auxquels la peinture paraît le moins utile; notre commerce devenu actif et avantageux, de passif et de ruineux qu'il était auparavant; une immense exportation d'objets travaillés avec soin, et dont la main d'œuvre fait le plus grand prix.

[1] M. Grégoire.
[2] Plin. VII, 38.

SECTION II.

Si, cherchant à détruire ce que j'ai prouvé précédemment, quelqu'un me disait : « Que parlez-vous de beauté, de perfec- » tion? il n'y a ni beau ni laid dans l'ordre de la nature, et à » plus forte raison, dans les ouvrages de vos mains. Portez à » chaque peuple ce qui est en possession de lui plaire, et ne vous » informez pas si cet objet est beau suivant les règles de vos » artistes ou s'il ne l'est point. »

Je répondrais : S'il n'y avait ni beau ni laid dans l'ordre de la nature, il faudrait encore cultiver les beaux-arts pour pouvoir exécuter avec justesse, avec facilité, avec promptitude, les objets voulus par le goût particulier de chaque peuple consommateur.

Je répondrais : S'il n'y avait ni beau ni laid dans l'ordre de la nature, ces formes que tant de peuples anciens ont regardées comme belles, il faudrait encore les étudier à cause du grand nombre, de la richesse et de la rivalité des nations modernes qui les regardent toujours comme belles, et qui continuent à les rechercher aujourd'hui.

Je conduirais l'incrédule devant cette figure divine à laquelle les Médicis ont donné leur nom, et dont la France a fait la conquête. Et comment pourrait-il résister aux charmes de la déesse? Depuis deux mille ans qu'elle respire sous le marbre, quel est l'homme si grossier, si barbare, quel est l'homme ayant des sens et une âme, qui ne l'ait admirée? non, je ne dis pas assez, qui ne l'ait voulue? Elle plaît à tous, parce qu'elle convient à tous. Elle plaira dans tous les temps, à moins que les inclinations de la nature humaine ne changent. C'est Vénus elle-même, et rien ne résiste à Vénus, ni les hommes ni les dieux.

16.

Je dirais enfin : S'il est vrai que l'homme considéré en général a une organisation, une sensibilité, des plaisirs, des devoirs, par lesquels il diffère de tous les autres êtres vivants, il est également incontestable qu'il doit y avoir dans les formes humaines, relativement à la destination du corps humain, et dans chacune des parties du corps, relativement à sa destination particulière, une perfection propre à l'espèce, qui, en rendant plus vive ou en modérant la sensibilité de cet être intelligent, en étendant ses facultés, en accroissant sa puissance, multiplie en lui les moyens d'être heureux et ceux de contribuer au bonheur de ses semblables. Dans le majestueux ensemble que composent les êtres organisés, toutes les espèces ont une forme propre qui détermine leur place. Chaque métal a sa cristallisation; chaque espèce de plante a ses caractères; chaque famille d'insecte a sa forme; l'homme a la sienne. C'est le modèle éternel de ces formes propres à chaque espèce qui constitue le beau réel.

Il y a un beau réel dans l'homme, il y a un beau réel hors de lui. Ce beau est relatif à l'être qu'il distingue, il est aussi relatif à l'homme. Nous appelons beau ce qui est constitué d'une manière convenable tout à la fois à sa nature et à la nôtre.

Sous des rapports différents, ce qui nous est bon, utile, commode; ce qui est un, simple, grand, varié, harmonieux, soit dans la forme ou dans la couleur; ce qui nous fait concevoir sans fatigue des idées nombreuses, fortes, agréables, sublimes; ce qui nous fait éprouver ou par la vue, ou par l'ouïe, ou par le toucher, ou par ces divers sens à la fois, de nombreux, d'immenses plaisirs et point de peine, cela nous paraît beau, et l'est en effet, non-seulement pour nous qui l'apprécions, mais pour l'espèce humaine tout entière. Ce beau est un. Il est le même dans tous les climats, parce que la nature humaine est partout la même. Qu'importe la laideur du Lapon? L'or est-il moins le plus précieux des métaux, parce qu'il n'abonde pas également dans toutes les contrées de la terre? La beauté est pour le Lapon comme la lumière du soleil, qu'il adore encore alors qu'il en est privé. Elle est pour lui comme le doux printemps, qu'il ne cesse d'appeler et qu'il entrevoit à peine. C'est le sentiment de la laideur de sa compagne qui la lui fait offrir à un étranger plus beau que lui. Il la lui présente avec inquiétude, pour que les hommages qu'elle en recevra le portent à se persuader qu'elle est belle.

Mais s'il y a un beau réel, il s'ensuit qu'il y a un bon goût ; s'il y a un bon goût, il s'ensuit qu'on est assuré de lui plaire en lui présentant des objets véritablement beaux. Les modes passent, les préjugés s'évanouissent ; le beau est éternel, et le bon goût est impérissable.

Ces réflexions pourraient être plus longues ; mais elles nous éloigneraient insensiblement de notre sujet, et rien ne doit nous en faire sortir.

Les peuples avec lesquels nous sommes en concurrence dans nos manufactures, sont des peuples savants, des peuples artistes, qui ont la même opinion que nous sur la beauté. Peut-être avons-nous contribué par nos productions à épurer ce goût général, qui de toutes parts aujourd'hui sollicite des ouvrages dignes de l'antique Grèce. C'est, dans ce cas, une preuve remarquable de l'influence que peuvent avoir la peinture et les arts du dessin sur le maintien ou le rétablissement du bon goût, sur les manufactures et sur le commerce. Mais cela même nous a mis dans la nécessité d'arriver à une telle perfection et dans la théorie et dans l'exécution de nos ouvrages, que les peuples de l'Europe ne puissent avoir désormais d'autre ambition que celle de nous égaler.

S'il existait deux nations rivales, grandes, puissantes, se disputant l'empire du commerce et du monde : l'une, forte de sa population, de son territoire, de son génie, fière de ses triomphes littéraires et des innombrables victoires de ses guerriers, mais à laquelle le domaine de la mer eût échappé ; l'autre, maîtresse de la mer et de l'Inde, faisant le commerce d'économie dans tout l'univers, mais ne marchant dans les beaux-arts qu'à la suite et sous le flambeau de sa rivale ; orgueilleux de l'espérance de voir bientôt la première reprendre ou partager le sceptre des mers, je lui dirais cependant encore : « Il est un empire qui t'appartient, c'est celui du goût, des beaux-arts et des manufactures. L'agriculture et les beaux-arts peuvent te suffire pour ramener la balance en ta faveur ; les richesses qui en sont le fruit ne craignent ni les flots ni les tempêtes. Ressouviens-toi de Tyr et d'Alexandre, qui l'avait soumise ; de la Grèce et de ses longs succès ; les peuples dont la puissance repose sur les ondes s'y engloutissent ; les peuples agriculteurs et artistes n'ont rien à redouter des révolutions ni du temps ; leur richesse et leur gloire sont immortelles.

Ceci nous ramène à la dernière partie de la question de l'Institut national.

Répandre la connaissance du beau dans toute la France ; effacer, en éclairant les manufacturiers, quelques taches qu'on aperçoit encore dans leurs ouvrages ; diriger le luxe, fixer le goût, appeler dans nos villes embellies des flots de riches étrangers ; trouver dans notre industrie propre des ressources inépuisables contre l'Angleterre et ses six cents vaisseaux, tandis qu'elle possède la moitié des deux Indes, et que nos colonies, dévastées par ses intrigues et ses agents, nous surchargent au lieu de nous enrichir ; conserver ou rétablir la balance du commerce en notre faveur, par le seul travail de nos artistes et de nos ouvriers, tels sont tout à la fois et *les avantages que l'état peut se promettre encore de l'influence de la peinture sur les arts d'industrie commerciale*, et les moyens de perpétuer et de multiplier ces avantages.

Si j'ai démontré que la peinture obtient une influence utile sur les arts d'industrie commerciale, en se tenant elle-même sur la route de la perfection, en éclairant et dirigeant le goût général, il s'ensuit que pour accroître et pour conserver cette influence, il faut, d'une part, que la peinture s'efforce sans cesse d'atteindre elle-même à la perfection ; et, de l'autre, qu'elle obtienne sur le goût général encore plus d'influence et plus d'empire.

Comment conduire la peinture à la perfection ? Cette recherche n'est pas de mon sujet.

Si nous considérons cet art dans ses rapports avec les différents arts d'industrie commerciale, son domaine est immense. Le peintre, dans les dessins qu'il compose pour diriger l'ouvrier, embrasse la nature entière. Mais il fait plus, en quelque sorte. Dans ce genre de composition, il va plus loin que la nature. Lorsqu'il a considéré, pour les imiter, lorsqu'il a apprécié, dans leurs formes, dans leurs couleurs, dans leurs mouvements, tous les êtres vivants, tous les êtres inanimés ; lorsqu'il est parvenu à connaître ce qui constitue l'harmonie d'un même tout, il saisit hardiment des membres de divers corps, et par des combinaisons différentes, en suivant des principes invariables, il forme des êtres nouveaux.

Nous disons-nous assez combien il faut de justesse et d'élévation dans l'esprit, combien il faut d'instruction, de goût et de philosophie, pour imprimer de belles formes sur cette foule d'objets différents que les arts présentent à nos besoins et à nos plaisirs, et dont il semble que le type n'existe nulle part dans la nature ? Combien de penchants à étudier ! Combien de désirs à satisfaire ! Quel accord à établir entre ce que désire le regard, ce que recherche la main, ce qu'exige l'esprit ! Que de comparaisons et de recherches à faire ! Avec quels yeux il faut avoir observé la nature ! combien il faut être habile à l'imiter pour s'élever à cette espèce de correction ! Sera-ce le simple ouvrier qui saura réunir ou distribuer à propos, dans tant d'objets dont les formes et les contours paraissent arbitraires, la convenance, la noblesse, la richesse, la simplicité ?

Il est des principes éternels, mais ils ne se découvrent qu'à l'artiste philosophe. Tous les corps peuvent avoir leur beauté. Artistes, que modelez-vous ? une cuirasse, une cuiller, un sceau d'airain ? Écoutez Socrate démontrant la théorie du beau sur ces mêmes instruments, abjects aux yeux du vulgaire. S'ils sont conformés d'une manière convenable à leur destination ; s'ils sont soumis aux lois de la *mesure* et du *nombre*, s'ils se trouvent en harmonie avec eux-mêmes et unis à l'harmonie générale des êtres [1] ; si l'idée enfin qu'ils impriment dans notre esprit est nette et énergique, facile à concevoir et à retenir ; si l'ensemble en est simple, grand et harmonieux, ils auront une beauté réelle.

Considérons un beau vase grec, sa forme élégante et tranquille, son pied solide et léger, ses anses gracieuses et commodes. — La nature offrit sans doute un modèle primitif que l'art ne fit que varier et embellir ; mais combien il fallut de goût et de génie pour parvenir à la perfection qui charme dans cet aimable ouvrage ; pour lui donner toute la noblesse, toute la grandeur qu'il pouvait avoir ; pour en accorder si bien les parties qu'elles concourussent toutes à l'effet général ; pour en assortir les ornements avec le caractère de ses formes et avec sa destination ! Considérons un candélabre antique. — Quelle variété dans ses parties ! quelle richesse ! quelle unité ! combien d'objets différents et de membres d'architecture réunis pour composer ce chef-d'œuvre, imités en entier ou par fragments, et si bien d'accord qu'on dirait que la nature en a fait le rapprochement elle-même ! C'est ainsi que les peintres et les statuaires grecs, après avoir représenté dans toute sa beauté le corps de l'homme, composèrent des satyres, des griffons, des centaures, et firent croire possible l'existence de ces enfants de leur imagination.

Ne soyons donc pas étonnés que les plus grands artistes, Phidias, Lysippe, Callimaque, Parrhasius, Euphranor, eussent dessiné, eussent composé les vases, les lampes, les candélabres, les trépieds, les autels les plus admirés parmi les chefs-d'œuvre de l'antiquité. Il fallait le génie de ces artistes et les règles qu'ils s'étaient faites pour composer ces beaux ouvrages.

L'imagination des Grecs avait ennobli jusqu'aux ustensiles les moins précieux, en les associant aux actions des divinités, en les employant dans les cérémonies de la religion. Les dieux avaient des lits, des tables, des urnes, des siéges qui roulaient d'eux-

---

[1] Plat. *Magn. hipp.* — Id. *De rep.* l. x. — Xenoph. *Memor. Socrat.* l. III, c. XIX. — Tim. Locr. *De animâ mundi.*

mêmes. Les instruments où se préparaient les aliments du prêtre brillaient au temple dans la main des sacrificateurs. Ces usages religieux furent sans doute un motif pour faire rechercher des formes élégantes et nobles, mais il fallut cependant découvrir d'abord et répandre parmi les ouvriers la théorie de la beauté.

Ce n'est pas sans doute la sensibilité, le feu, le génie ; ce n'est pas davantage la pratique de la main qui manque à la plupart de nos artistes et de nos ouvriers, c'est la théorie. Nous n'en avons point parce que nos maîtres ne nous en ont point transmis. Un artiste consume vingt années à chercher des principes sur la beauté ; heureux s'il s'en fait de bons ! L'ouvrier, moins éclairé, préfère le bien par hasard ; il adopte le mal, parce que le mal est à la mode ; il méprise le lendemain ce qu'il avait trouvé beau la veille. L'ignorance et le caprice nous gouvernent encore, lorsque l'antique et quelques-uns de nos grands artistes nous ont montré la véritable beauté.

Il suit de tout ceci qu'il faut pour l'avancement des arts d'industrie commerciale que l'on enseigne avec soin dans les écoles la théorie du beau ; il faut que dans cette instruction l'on considère la beauté non-seulement dans le corps de l'homme, mais dans tous les êtres physiques, dans les animaux, dans les plantes, dans le tableau des campagnes, dans les édifices, dans les vases, dans les différents meubles, dans l'ensemble d'un corps quelconque et dans chacune de ses parties. Les principes une fois reconnus, l'application se fera d'elle-même. C'est tout ce que je me permettrai de dire relativement à l'enseignement et au perfectionnement de l'art. J'indique l'idée et ne la développe point ; c'est à nos maîtres à le faire.

Comment peut-on accroître enfin l'influence de la peinture et des autres arts du dessin sur le goût général et rendre cette influence utile ? La réponse est facile : c'est en multipliant les monuments publics de peinture, de sculpture et d'architecture. Mais il faut pour cela deux conditions : l'une, que ces monuments soient véritablement beaux ; et l'autre, qu'ils aient un but moral, de manière que la beauté ne soit qu'un moyen pour rendre l'instruction plus vive et plus durable.

Il est facile de remarquer que dans les villes où il existe de beaux monuments antiques, le goût est généralement meilleur que dans celles où il n'en existe point. Les édifices modernes y ont un plus beau caractère. La curiosité, la vanité nationale portent à étudier les anciens monuments. On fait des recherches pour les expliquer; on les mesure, on les devine; il se forme des antiquaires, des artistes, des amateurs, la lumière s'entretient et se propage. Un grand et beau monument en enfante de nouveaux. C'était à Athènes, à Rhodes, que les artistes romains allaient étudier les principes des arts; c'est en Italie que nos peintres, nos sculpteurs, que nos architectes, nos graveurs, nos orfévres, vont former leur goût. Combien Paris ne doit-il pas et aux monuments qui ont disparu et à ceux qui existent encore! La fontaine des Innocents a plus formé de modeleurs, de ciseleurs, d'habiles tabletiers, et peut-être de bons menuisiers, que les leçons des maîtres.

Autant un monument public est utile au goût lorsqu'il est beau, autant il sert à le corrompre quand il ne l'est point. Un monument public est toujours debout, toujours devant les yeux du peuple. On se rit d'abord d'un mauvais ouvrage; la multitude elle-même, guidée par un sentiment naturel, prend en pitié l'architecte ou le statuaire; mais bientôt les yeux s'habituent à ce qu'ils ont vu tous les jours. Les hommes périssent; le monument est là. Le mauvais génie qui l'habite séduit dès l'enfance les générations qui se succèdent; le goût général se dégrade; l'idée de la beauté se perd; un seul homme a répandu le poison sur une longue suite de siècles, c'est l'artiste ignorant qui a élevé ce monument au mépris de l'opinion publique.

Il est un bienfait que nous pourrions obtenir des monuments publics, de la peinture, de la sculpture, de l'architecture; ce serait d'enchaîner la mode et de fixer le goût. Nous avons encore sur les modes des idées fausses et ruineuses.

Considérées sous le rapport des arts et des jouissances qu'ils doivent procurer, elles étouffent l'amour du beau, elles repoussent la théorie, il ne leur en faut point. Artistes, vous nous avez fait admirer aujourd'hui la vraie beauté; frémissez, car cela même annonce qu'on admirera demain... j'ai tort, qu'on louera demain le contraire.

Considérées sous le rapport des mœurs, elles entretiennent et augmentent la légèreté de la nation; elles l'habituent à ne se fixer à rien, à ne pas s'attacher plus à ses lois et à son gouvernement qu'à ses goûts et à ses usages. Elles excitent dans tous les rangs une ambition désordonnée; elles enfantent le crime. Elles mettent obstacle au plus grand des biens que les beaux arts puissent produire, celui de contribuer à l'élévation, à la justesse, à la fierté des esprits.

Considérées sous le rapport du commerce extérieur, elles renchérissent tous les objets de luxe d'une manière contraire à l'ordre naturel des choses, et nuisent par là à ce commerce. Elles réduisent fréquemment des ouvriers et des marchands à la détresse. Elles habituent, par cela même, le fabricant et le marchand à de gros profits qu'ils sont d'abord obligés de s'attribuer pour compenser de grosses pertes, et qu'ils finissent par croire légitimes et par vouloir faire toujours. En augmentant le prix de certaines marchandises, elles contribuent à faire hausser le prix de toutes, ce qui est contraire au système général de la fabrication. Elles dégoûtent doublement l'étranger : d'une part, en ce qu'on lui vend la nouveauté pour la beauté; de l'autre, en ce que, malgré la cherté du prix, il n'a pas, même en voulant ce qui est nouveau, des objets conformes au dernier modèle.

Les anciens, dans les beaux jours des arts et du goût, avaient un luxe plus délicat que le nôtre. Ils ne changeaient pas tous les jours la forme de leurs vases, mais ils en variaient les riches ornements, et ils en avaient un nombre immense. Il en était de même de tous les objets qui décoraient l'intérieur de leurs palais. Ils avaient une grande quantité d'argenterie, de bronzes, de statues, qu'ils se transmettaient de générations en générations. Les fabricants trouvaient également leur compte dans cet usage, et le goût était constamment satisfait. Ce fut dans la vieillesse de Rome que le luxe effréné des patriciens voulut réunir à la richesse de l'or et des pierreries des formes qui se renouvelaient tous les jours; alors s'établit la tyrannie de la mode, et le bon goût, comme Astrée, quitta la terre et se réfugia dans les cieux.

Le moyen de répandre les productions de nos manufactures dans l'Europe, le plus noble et le plus digne de nous, consiste à fabriquer des objets véritablement beaux et à instruire avec un tel soin nos ouvriers, qu'aucun peuple ne puisse travailler aussi bien ni au même prix. Or, ce moyen, c'est aux arts du dessin et à la peinture en particulier qu'il appartient de nous le donner.

J'ai dit enfin que pour qu'ils obtiennent une influence utile sur le goût général, il faut que les monuments publics aient une destination morale, et qu'ils frappent les esprits par de grandes idées de gloire et d'utilité publique. Sans cette condition, le monument est muet; il récrée les yeux, il n'ébranle point le cœur, et c'est par le cœur qu'on instruit la multitude. L'homme le plus ignorant veut des émotions vives. Quel bien peuvent produire des monuments, des tableaux destinés à une vaine décoration? je les regarde, je demeure froid, je continue ma route, je n'ai rien appris.

Les monuments des Grecs rappelaient au peuple son histoire. Ils avaient pour objet principal de lui faire aimer la terre qu'il habitait, ses dieux, ses aïeux, ses grands hommes, ses lois. Chaque monument renfermait une leçon de morale, une leçon de patriotisme, une leçon de goût. Sans cesse, en tous lieux, les chefs-d'œuvre des maîtres parlaient au génie. Dans les temples, dans les places publiques, dans les marchés, dans les carrefours, des peintures, des statues, des colonnes, des bas-reliefs, appelaient, captivaient l'attention du peuple, parlaient au cœur de l'ouvrier, du jeune élève, élevaient leurs idées, leur donnaient des modèles d'une beauté parfaite pour tous les genres d'ouvrages, des modèles toujours les mêmes, toujours là, qui ne changeaient point, qui ne les trompaient jamais. C'est ainsi qu'une foule d'ouvriers apprirent à dessiner, à modeler tant d'objets élégants, précieux, dont les philosophes et les plus grands artistes avaient donné les modèles. C'est ainsi qu'un tourneur, qu'un modeleur, qu'un fondeur d'Athènes apprit à commander à ses contemporains et à la postérité une juste admiration pour ses nobles ouvrages.

Arrêtons-nous, et portons nos regards en arrière.

N'ai-je pas prouvé que le génie de la peinture hâte les progrès de la civilisation, qu'il crée le commerce, le rend actif, le rend utile, qu'il féconde même le sein de la terre, et fait germer d'innombrables épis de blé ?

N'ai-je pas fait voir, parmi les villes commerçantes les plus célèbres, chez les anciens et chez les modernes, celles qui négligeaient les beaux-arts toujours dans un état de richesse précaire, sans cesse menacées d'une ruine totale, par des événements que leur politique ne pouvait empêcher ; celles, au contraire, qui les ont cultivés, riches et puissantes sur le territoire le plus stérile, constamment commerçantes malgré les révolutions, grandes dans leur décadence, immortelles après leur chute ?

N'ai-je pas montré la France, avant que les beaux-arts eussent éclairé ses fabricants, s'épuisant de son or pour payer les productions des manufactures de Constantinople, de la vieille Athènes, de la Sicile, de l'Italie ; la France reconquérant, au contraire, depuis trois siècles, par un effet des leçons de ses artistes, cet or que son ignorance lui avait fait perdre ?

Nos succès à venir seront un nouveau bienfait des beaux-arts et du gouvernement.

J'ai donc démontré, malgré la faiblesse de cet écrit, la vérité de la proposition qui formait mon sujet. J'en ai développé les conséquences. Artistes, élevez vers le bien public vos pensées généreuses, et soyez toujours convaincus que vos ouvrages, qui font l'ornement et la gloire de votre patrie, font aussi sa richesse et sa prospérité.

MUSÉE OLYMPIQUE

DE

L'ÉCOLE VIVANTE DES BEAUX-ARTS.

OU

CONSIDÉRATIONS SUR LA NÉCESSITÉ DE CET ÉTABLISSEMENT ET SUR LES
MOYENS DE LE RENDRE AUSSI UTILE QU'IL PEUT L'ÊTRE.

MUSÉE OLYMPIQUE

DE

L'ÉCOLE VIVANTE DES BEAUX-ARTS.

Sunt quos... palma nobilis... evehit ad deos.
Horat. lib. I, od. 1.

Au commencement de l'an IV, le manuscrit du mémoire suivant fut présenté à l'Institut national.

« **Projet pour l'encouragement des beaux-arts et des arts mécaniques.**

« Le génie seul ne fait pas les artistes ; ils ne deviennent habiles qu'en se livrant à une étude constante et à un pénible travail, et ce dévouement absolu exige une récompense proportionnée. Sans la passion de la gloire, qui, comme toutes les autres, ne s'anime et ne se soutient que par l'espérance ; sans l'émulation, qui même n'est utile que lorsqu'elle est bien dirigée ; sans l'assurance d'être à l'abri des inquiétudes que donne le besoin, la faculté de sentir et d'imiter les beautés de la nature, réduite à la contemplation, comprimée dans celui qui la possède, ne sert plus qu'à ses jouissances intérieures, et est stérile pour la société. De là vient que le génie des arts est, de toutes les puissances de l'esprit, celle dont le développement dépend le plus des temps et des circonstances, et que les législateurs, par de certaines institutions, sont les maîtres d'en presser ou d'en retenir l'activité, de rapprocher ou de reculer des barrières qu'elle ne peut franchir.

» Ces vérités sont reconnues : j'ai voulu en faire une application. Au moment où notre gouvernement s'occupe de donner aux arts l'activité et le caractère qui conviennent à un peuple libre, ingénieux, commerçant et guerrier, j'ai cru qu'il était du devoir de tout homme qui a quelquefois réfléchi sur les causes de leurs progrès et de leur décadence, et particulièrement du devoir d'un artiste, d'exposer ses idées à ce sujet.

» L'Institut national nous offre déjà, dans une réunion d'hommes habiles, une sorte d'aréopage digne d'être le modèle et le juge des artistes.

» Le Muséum, une des plus riches collections de l'Europe, étale les chefs-d'œuvre des anciens maîtres de toutes les écoles.

» Nous voyons tous les deux ans une exposition solennelle, où le professeur et l'élève ont un droit égal d'interroger l'opinion du public.

» Ces établissements sont utiles, mais ils ne me paraissent pas suffisants. De quoi s'agit-il, en effet? De répandre les lumières, d'entretenir la sévérité du goût, de présenter des modèles purs au jugement du public; mais en même temps d'exciter l'émulation entre les grands artistes, de leur offrir un prix digne de leur ambition, de donner à l'homme qui sert la patrie et qui l'honore, la récompense qu'il est en droit d'exiger.

» Or, l'Institut n'étant composé que de six artistes de chaque genre, et qui sont placés à vie, offre au talent une récompense glorieuse, mais incertaine et tardive. Tous les hommes habiles vont y prétendre; un bien petit nombre y pourra parvenir.

» Une loi sage exclut du *Muséum* actuel les ouvrages des artistes vivants. Le chef-d'œuvre de l'homme célèbre n'y doit être consacré que par le jugement de la postérité. C'est le *Panthéon des arts.* Cette idée est grande, sans doute; mais où est encore ici la récompense nécessaire à l'artiste? Ne la recevra-t-il qu'après sa mort?

» Le droit d'exposer des ouvrages au Salon a été justement rendu général. Il faut cependant avouer que cette exposition est devenue par là plus utile au génie des jeunes artistes qu'à celui des maîtres de l'art. On y trouve de faibles essais autour d'un petit nombre d'ouvrages remarquables. On y voit une lutte inégale, insuffisante pour exciter l'émulation des grands talents.

» Je propose un établissement qui serait le complément de ces trois institutions. Je demande un *Musée* où la nation placerait elle-même le chef-d'œuvre de chaque artiste vivant, jugé digne d'être compté au nombre des maîtres ; un Musée consacré à la réputation et à la gloire de ces artistes, dans lequel leurs ouvrages, constamment exposés aux regards de la critique, rappelleraient aussi tous les jours à leurs contemporains leurs noms et leurs talents ; un Musée qui fît connaître à tous nos concitoyens, aux étrangers, au monde entier, quelles sont dans les arts nos immenses richesses.

» Je ne parle pas d'une agrégation d'hommes, mais d'une collection de tableaux, de statues, de modèles d'architecture, et d'autres productions des arts. Je veux que l'entrée de ce Muséum ne soit accordée qu'à un seul, et au plus parfait, s'il est possible, des ouvrages de nos plus habiles artistes vivants ; qu'un jugement sévère en écarte la médiocrité ; que celui-là seul y soit admis dont l'habileté honore la république ; que l'honneur d'y voir placer leur meilleur ouvrage devienne l'objet de l'ambition des hommes les plus distingués ; qu'enfin, après la mort de l'artiste, l'ouvrage en soit enlevé, et qu'alors un nouveau jugement décide s'il doit être laissé dans la foule des mort, ou consacré dans le *Panthéon des arts.*

» Chaque année, ou tous les deux ans, tous les aspirants exposeraient leurs ouvrages au salon. Là le premier jury, celui de l'opinion publique, proclamerait ceux qui auraient paru le plus dignes du concours. Aussitôt après le salon, c'est-à-dire une fois chaque année, si le salon avait lieu tous les ans, ou de deux en deux ans, si le salon était bisannuel, les membres de l'Institut national se réuniraient en différentes sections, suivant les différents arts ; et pour multiplier les juges, comme aussi pour éviter jusqu'au soupçon de l'esprit de corps, ils s'adjoindraient un nombre égal d'artistes choisis parmi les plus renommés : c'est à ce tribunal que l'aspirant présenterait son ouvrage. Deux séances, tenues publiquement, à quinze jours d'intervalle l'une de l'autre, seraient employées à l'examen : dans l'intervalle, les ouvrages resteraient exposés à la critique du public; et dans la seconde séance, chaque juge prononcerait définitivement, en donnant ses motifs pour l'adoption ou pour le rejet[1].

» Si l'admission était prononcée, la nation payerait l'ouvrage ; elle ferait écrire le nom de l'auteur sur le cadre ou sur la base; on y joindrait l'énonciation sommaire des principales beautés qui auraient déterminé l'admission. Cette inscription assurerait la sévérité des jugements ; elle fixerait et répandrait les principes. Chaque morceau deviendrait par ce moyen, et pour le présent et pour l'avenir, un sujet d'instruction. Nous transmettrions à nos successeurs, avec la connaissance des règles que nous aurions suivies, celle de la pureté ou des vices de notre goût.

» L'introduction de l'ouvrage au Musée donnerait à l'artiste le droit d'être logé au Louvre. Cette seconde récompense est de même nature que la première, et tend au même but.

» Si le même artiste faisait dans la suite un ouvrage qu'il crût meilleur que le précédent, il pourrait le présenter au même jury. Si cet ouvrage était trouvé véritablement préférable, il serait mis à la place du premier. L'honneur de chaque artiste, son intérêt même, exigeraient que l'ouvrage exposé tous les jours à la vue du public fût son chef-d'œuvre ; et la propriété nationale deviendrait par là d'un plus grand prix.

» La nation placerait dans cet honorable Musée toutes les productions utiles et remarquables des beaux-arts. Point d'entraves au génie sur la grandeur des tableaux ou des statues ; point de motifs d'exclusion que la médiocrité. Tous les genres de peinture, de gravure et de sculpture y seraient admis. L'homme qui perfectionne la forme de nos vases et celle de nos meubles, et celui

---

[1] Je voudrais que le jury tînt ses deux séances dans le local même du *salon*. C'est l'arène où le public a coutume de voir les athlètes, et de les juger. Cette salle donnerait, quant à présent, plus de solennité aux jugements. Les ouvrages présentés au jury y demeureraient seuls dans l'intervalle des deux séances.

qui décore l'architecture de nos édifices, y verraient honorer leurs ouvrages, comme le statuaire et le peintre d'histoire[1].

» Pour rendre cet établissement plus utile encore, je voudrais qu'on y reçût les ouvrages des artistes étrangers, soit que les auteurs les présentassent au jugement de l'Institut; soit que, sur leur renommée, le gouvernement se décidât de lui-même à les acquérir : il est digne des artistes français d'ambitionner cette lutte; le progrès de l'art en serait le résultat. Répétons ici seulement que la règle la plus importante à suivre serait la sévérité des jugements. C'est par le relâchement que les écoles d'Italie ont perdu leur lustre. Si des ouvrages médiocres se glissaient dans ce Musée, sa réputation serait anéantie, l'émulation arrêtée, le goût perverti, l'institution inutile, ou plutôt dangereuse. C'est le combat des héros; que Thersite et Pâris même s'en écartent.

» L'utilité, la nécessité de cet établissement, semblent n'avoir pas besoin d'être démontrées.

» J'y vois une importante collection dont la nation acquerrait successivement, et à très-peu de frais, la propriété; collection qui deviendrait dans la suite, et sans contredit, la plus belle de l'Europe; collection d'autant plus précieuse qu'elle enrichirait

---

[1] L'établissement de ce Musée conduirait à une autre institution du même genre; institution plus vaste, plus neuve, aussi importante par son objet. Ce serait une collection des chefs-d'œuvre des habiles ouvriers vivants dans tous les arts. Là le charpentier déposerait le modèle d'une machine dont l'invention ou l'exécution pourraient l'honorer; le serrurier montrerait comment il assouplit un métal revêche; le menuisier, le fondeur, feraient voir jusqu'à quel degré de perfection ils savent réunir dans leurs ouvrages, et la plus grande utilité, et le charme des formes les plus agréables.

Un établissement de cette nature honorerait autant la France qu'il lui serait utile. Égale facilité donnée à tous les artistes de se faire connaître, et au public de les juger; publicité des inventions ingénieuses; émulation, perfection de l'art et du goût. Combien l'ouvrier serait justement enorgueilli par l'espoir d'une aussi belle récompense! combien il prendrait de dignité à ses propres yeux, en recevant ainsi le juste tribut de la considération publique! Ennoblissons tous les états, pour ennoblir le caractère de tous ceux qui les exercent.

l'histoire de l'art, et montrerait avec exactitude les progrès de chaque période.

» Combien de lumières répandrait cette exposition permanente! combien d'instruction serait le fruit du rapprochement et de la comparaison de tant d'excellents ouvrages! quelle confiance, quelle activité on donnerait au génie, en lui disant : « Le mérite ne sera plus oublié, la réputation ne sera plus » usurpée; regarde, le temple de la gloire est là, il dépend de » toi d'y pénétrer! »

» L'admiration qu'inspire un grand monument dégénère quelquefois en idolâtrie, et quand le monument est défectueux, le vice se répand, et le goût, perverti par l'influence d'une réputation imposante, prend les défauts mêmes pour des beautés. Un maître célèbre, une école renommée, produisent le même effet. La manière du maître est regardée comme l'imitation de la nature ; la routine fait tout, le génie devient copiste, et la vérité ne se trouve plus nulle part. Si nous mettons, au contraire, au grand jour les uns à côté des autres, les chefs-d'œuvre de tous nos premiers artistes, ces hommes n'étant liés d'ailleurs par aucune corporation, nous verrons des ouvrages de caractères opposés s'éclairer et se combattre réciproquement : l'artiste sera forcé de se comparer à son rival; il faudra, dans leur contradiction, qu'ils se comparent tous deux à la nature, et elle deviendra par là leur seul modèle, et la seule règle des jugements du public.

» Qu'on se représente ces concours de peinture que les Grecs avaient établis à Samos, à Delphes, à Corinthe, où les hommes les plus habiles et les plus sages de la nation prononçaient sur les ouvrages des plus grands maîtres, de Panæus, de Timagoras, de Zeuxis, de Parrhasius, de Timanthe, en présence de tout le peuple assemblé. Quelle moisson d'instruction! quelle éclatante palme à conquérir! quel sujet d'enthousiasme, non-seulement pour les concurrents, mais pour le peuple lui-même! C'est avec de tels moyens que les Grecs arrivèrent, par une marche égale et soutenue, au plus haut degré de perfection, et qu'ils furent exempts de ces préjugés de corps, de ces systèmes d'école qui ont si malheureusement retardé nos progrès[1].

» Nous est-il permis de réclamer pour le bonheur particulier des artistes? Il est aussi nécessaire au perfectionnement des arts que le succès des arts est nécessaire à la prospérité publique. Quand la nation multiplie les écoles de peinture et de sculpture, elle contracte envers la foule d'élèves qui se consacrent à ces arts et à ceux qui en dépendent, l'obligation de leur donner, autant qu'il est en elle, et le moyen de subsister, et celui de fixer sur leurs noms cet éclat qui est pour eux un besoin plus pressant encore. [Or, le gouvernement ne peut pas alimenter lui-même tous les artistes qui sont dignes d'obtenir de l'emploi ; il faut donc au moins qu'en leur donnant le moyen de faire connaître leur mérite, il les mette à portée d'attirer vers leurs ateliers, sans intrigues, sans bassesse, sans perte de temps, et l'amateur, et l'étranger, et le manufacturier, et les agents mêmes du gouvernement qui ont des travaux à leur demander. Trop souvent l'oubli du gouvernement a forcé des artistes à se chercher des Mécènes aux dépens de leurs études et de la fierté qui doit soutenir leur caractère.

» On ne peut pas répondre que l'exposition du *salon* remplace celle que je demande. Cette exposition, indépendamment de la différence de son objet, ne peut avoir lieu qu'à des époques éloignées, et ne dure que peu de temps. Combien de fois n'arrive-t-il pas qu'une maladie, une affaire imprévue, ou l'exercice d'une fonction publique, empêchent un artiste d'achever son

---

[1] Timagoras remporta le prix, aux jeux pythiens, sur Panæus, frere de Phidias ; Zeuxis, qui avait écrit sur un de ses tableaux qu'on envierait son art et qu'on n'y atteindrait jamais, fut vaincu par Parrhasius, et Parrhasius, qui se faisait appeler le *prince des peintres*, et qui pour marquer sa supériorité portait un manteau de pourpre, un bâton incrusté d'une spirale d'or, et une couronne d'or sur la tête, fut vaincu à Samos par Timanthe. (Plin. *hist. nat.* liv. XXXV, chap. IX et X. Athénée, liv. XII, chap. XI. Elien. *Var. hist.* liv. IX, chap. XI. Winkelmann, liv. IV, chap. I, n. 3.)

Il n'y avait point de concours de peinture aux jeux olympiques; mais les grands peintres y exposaient leurs tableaux, comme les poëtes et les historiens y récitaient leurs ouvrages. — Lucien, *Hérod.*

ouvrage à l'époque fixée, et par conséquent de participer à l'exposition ! Qui ne sait combien la cherté des modèles, la difficulté de s'en procurer, et disons tout, la nécessité même où trop souvent un artiste est réduit de travailler pour sa subsistance, peuvent retarder l'exécution d'un bon ouvrage? Deux ans d'ailleurs suffisent-ils toujours pour terminer une statue? Le Laocoon est le fruit de plusieurs années de travaux de trois hommes des plus étonnants de l'antiquité.

» Prenons-y garde : sous l'ancien régime, les arts, malgré la servitude où ils étaient retenus, malgré les humiliations dont gémissaient les artistes, trouvaient des encouragements qu'il est nécessaire de remplacer. Nos temples étaient pleins d'ouvrages médiocres, que l'enthousiasme religieux divinisait ; mais on y exposait aussi des chefs-d'œuvre *capables d'excuser cette sorte d'idolâtrie.* Les portes des grands étaient souvent d'airain pour les hommes modestes ; cependant la vanité plaçait leurs ouvrages dans des cabinets renommés. Le titre d'académicien était un objet d'émulation, une récompense, un moyen d'obtenir des travaux. La collection même de l'académie servait, sinon à épurer vigoureusement le goût, du moins à répandre l'amour des arts. Hâtons-nous, en détruisant les vices des anciennes institutions, de nous approprier et de perfectionner ce qu'elles contenaient d'utile. Ne faut-il pas apprendre aujourd'hui à cette foule d'hommes, nouvellement enrichis, mais non pas instruits par la fortune, les seuls cependant qui puissent verser des secours dans des ateliers déserts, et les principes des arts, dont ils n'ont pas la moindre teinture, et les noms de nos artistes, que la plupart n'ont jamais connus?

» Si on considère le bien moral que les arts peuvent produire, quel est leur but chez une nation libre ? D'agrandir l'imagination, d'élever le caractère du peuple, d'échauffer cet enthousiasme pour le beau qui enfante les grandes pensées et les grandes actions, de servir enfin au perfectionnement de l'esprit humain. Sous ce rapport, la multiplicité des ouvrages est aussi nécessaire que leur perfection même, et que le choix, trop souvent négligé, des sujets. Si donc nous ne pouvons pas multiplier un tableau unique, consacrons-le du moins dans un édifice public ; et que là l'aspect imposant d'un grand nombre de chefs-d'œuvre réunis, électrisant le spectateur, porte dans son âme, avec l'admiration du génie de tant d'artistes, celle des actes de vertu qu'ils auront représentés.

» Songeons aussi aux manufactures, dont la perfection dépend de celle des beaux-arts. Cette source de richesse est grande et importante : c'est la nation la plus industrieuse qui met les autres à contribution. Dans tout ce qui tient aux arts, si nous n'avons pas la prééminence du goût, nous n'aurons pas celle du commerce. Si les dessins de nos étoffes et de nos papiers, si nos meubles, nos vases, nos bijoux, n'offrent pas des formes élégantes et pures, d'autres nations vont bientôt nous surpasser, et ce commerce va se détruire. Multiplions donc les rapports qui doivent exister entre l'artiste et le manufacturier ; mettons celui-ci à portée de connaître les artistes du premier ordre, et de trouver au moins chez eux des modèles pour diriger ceux qu'il peut employer ; ôtons toute excuse à la paresse et à la présomption ; allons au-devant du manufacturier ; forçons-le, pour ainsi dire, à préférer les meilleurs modèles. Trop souvent la mode est l'ennemi du goût ; dirigeons, s'il se peut, cette sorte de divinité versatile ; et si nous ne pouvons pas la captiver, faisons du moins que, dans ses perpétuelles métamorphoses, elle n'aille jamais que du bien au bien.

» L'établissement du Musée que je propose est un moyen certain et facile d'encourager les arts ; de les porter, par l'émulation et par la destruction de tous les systèmes, à la plus haute perfection ; d'illustrer la république, en montrant aux yeux de l'Europe le génie de ses artistes ; d'élever le caractère du peuple ; d'augmenter le commerce, qui tient aux arts ; d'enrichir la nation par la propriété d'une grande et précieuse collection qui n'a point encore de modèle.

» Cet établissement enfin est le complément des principales institutions nécessaires pour l'instruction publique. Si on le joint à celles que nous avons déjà, tous les degrés se trouvent remplis : des *Écoles* ; le *Salon*, où tous les artistes exposent leurs ouvrages ; le *Musée de l'école vivante*, qui serait la distinction, la récompense accordée au mérite ; l'*Institut*, composé des juges ; et le *Panthéon des arts*, suprême espérance du grand homme.

» J'en dis trop peut-être : n'oublions pas que je parle à des hommes qui ont juré de tout faire pour la gloire et pour la prospérité de la république. »

La classe de littérature et beaux arts de l'Institut national entendit la lecture de ce mémoire au mois de pluviose de l'an IV. Les membres de cette classe m'ayant invité, par une lettre flatteuse, à l'adresser au ministre de l'intérieur, je m'acquittai de ce devoir avec empressement. Il est possible que des idées utiles n'aient pas été semées sans succès, puisqu'en établissant le *Musée spécial de l'Ecole française* à Versailles, le ministre a voulu qu'on y réunît, *dans des salles particulières, les ouvrages des peintres vivants.* Grâces lui en soient rendues ! il a posé la première pierre d'un établissement capable d'assurer la gloire des arts. Mais qu'il me soit permis de dire que ce premier bienfait en sollicite un autre, sans lequel on n'en retirerait aucun fruit.

La nation possède des ouvrages précieux de plusieurs artistes vivants : il était juste de retirer le voile qui les a cachés si longtemps ; il est utile sans doute de ne pas les confondre avec ceux des hommes illustres qui les ont précédés, pour laisser à la critique sa liberté tout entière, et ne pas commander l'admiration que leur mérite saura obtenir ; mais il faut aller au delà. On ne doit pas songer seulement à quelques artistes ; il est évident qu'il faut s'occuper de tous. Eût-on réuni des ouvrages de tous ceux qui méritent de la considération, ce ne serait pas assez. Il ne s'agit pas de faire une simple collection de statues et de tableaux ; il faut des institutions qui vivifient, pour ainsi dire, cette collection, qui la rendent capable de produire le bien qu'on en attend, qui parlent à l'élève autant qu'au maître, qui fécondent l'avenir comme le présent. Il faut que l'impatience de pénétrer dans ce Musée, et la peur d'y voir ternir sa gloire, tourmentent sans cesse l'émulation; que les moyens d'obtenir cette récompense soient déterminés, certains, et nobles comme elle. Le génie réclame enfin son indépendance naturelle, il faut la lui garantir; le goût du public a besoin de lumières et de liberté, il faut par cet établissement lui assurer l'un et l'autre.

Je ne prétends pas instruire, je ne fais que manifester un de mes vœux; mais il me paraît que si la route de ce Musée n'est pas ouverte de droit à tous les artistes indistinctement; si chaque année, après l'exposition du *salon*, et dans le *salon* même, un jury, en face du public, ne prononce pas quels seront les ouvrages dignes d'y être placés, et de devenir une propriété nationale; si le concours, le jugement et le couronnement des vainqueurs ne se font pas avec une solennité qui nous retrace, s'il se peut, celle des jeux olympiques; si on ne grave pas à côté de l'ouvrage les motifs du jugement, le nom de l'artiste, et même, à l'exemple des Grecs, celui du pays où il est né, pour propager partout l'émulation en semant l'amour de la gloire; si le droit de loger au Louvre, devenu semblable à celui qu'on décernait aux artistes grecs d'habiter dans les Prytanées [1], n'est

---

[1] A Athènes, l'artiste le plus habile dans tous les arts était nourri au Prytanée aux dépens du public, et occupait aux théâtres une place distinguée. (Aristoph. *Gren.* act. III, sc. 1. Sam. Petit, *Lois attiq.* liv. v, tit. 6.) Il prenait ses repas dans cette maison nationale, une couronne d'olivier sur la tête à côté, des grands capitaines, des philosophes, et des magistrats de la république. Cette honorable distinction lui imposait la nécessité de veiller à la décence de ses mœurs, et de se maintenir le premier dans son art; car si un autre artiste venait à être jugé plus habile, la loi voulait qu'il lui cédât sa place (Aristoph. *ibid.* Sam. Petit, *ibid.*); et s'il se dégradait par sa conduite, l'opinion publique offensée ne manquait pas de l'en punir. (Aristoph. *Chev.* act. II, act. IV, act. v.) On connaît les sarcasmes d'Aristophane contre le joueur de flûte *Connas*, qui flétrissait sa couronne dans la fumée des cabarets. (Aristoph. *Chev.* act. I, chœur.) L'admission d'un homme célèbre au Prytanée était précédée d'un jugement rendu par des hommes choisis en présence du peuple, et ordonnée par un décret. (Aristophane, *Gren.* act. III, sc. 1. Sam. Petit, *Lois attiq.* liv. III, tit. 6.) On a cru que cet honneur était **commun**

pas une suite de ces premiers honneurs ; si on ne détermine pas les artistes, par un grand intérêt, et notamment par une solennité pareille à la première, à remplacer un ouvrage moins parfait par un autre qui le surpasse ; si cet établissement enfin, qui influera tant sur le goût du public, est laissé à l'arbitraire des ministres, quelque éclairés et bien intentionnés qu'ils soient, et n'est pas fixé, au contraire, par un règlement immuable, on n'aura pas atteint le but qu'on s'est proposé ; on aura une collection semblable à celle d'un particulier, plus riche sans doute, mais pas plus utile, et peut-être même dangereuse[1].

Pour appeler l'attention sur cet objet, autant qu'il est en moi, je livre ce mémoire à l'impression, et j'y ajoute quelques réflexions nouvelles. Puissent les philosophes accoutumés à méditer et à écrire sur ces matières, réformer mes idées, ou en proposer de différentes, qui produisent de plus grands biens ! Je ne fais des vœux et n'ose élever un instant la voix que pour le succès des arts et pour la gloire de ma patrie.

La principale objection qu'on ait faite contre ce projet, considéré avec toutes les institutions qui en dépendent, est celle de la dépense.

---

aux artistes des arts mécaniques, qu'ils s'assemblaient chaque année, le jour de la fête de l'airain appelée *Chalkeia*, et qu'ils jugeaient ensemble, sur l'exposition des ouvrages, lequel d'entre eux était le plus habile. (Sam. Petit, *Lois attiq.* liv. **v**, tit. 6, *Comment.*) Mais les Grecs mettaient quelquefois dans leurs récompenses une exagération par laquelle ils élevaient les hommes au-dessus d'eux-mêmes. Polygnote ayant peint à Delphes la prise de Troie, les amphictyons lui firent des remerciements solennels, et décrétèrent qu'il aurait des logements aux dépens du public dans toutes les villes de la Grèce. (Plin. *Hist. nat.* liv. XXXV, ch. IX.)

[1] Ce Musée, à cause de son objet, et des institutions qui devraient y être jointes, pourrait être appelé *Technagone*. On sait que le nom d'*agone* était employé chez les Grecs pour désigner les combats qui se faisaient dans les jeux publics. Ce nom indiquait également le lieu du concours, la foule des spectateurs, la réunion d'artistes ou d'athlètes qui luttaient les uns contre les autres, et même *les efforts de leur émulation*. De là le nom d'*antagoniste* et plusieurs autres. Il y avait es *agones sacrés*, les *agones funéraires* ; et à Athènes, entre autres, ceux de poésie et de musique, qui se faisaient dans l'Odéon. (Plutarque, *Vie de Périclès*, etc.)

On sent assez la nécessité d'employer quelque portion des fonds publics à l'encouragement des beaux-arts : on l'a fait même dans les temps les plus malheureux du régime révolutionnaire. Nous ne voulons pas imiter le dissipateur qui consomme sa ruine en devenant avare. Il s'agit, dans les circonstances actuelles, de dépenser peu, et, dans tous les temps, de ne faire que des dépenses véritablement utiles. En quoi donc consisterait la dépense? La nation achèterait tous les ans les ouvrages qui, après un examen solennel, seraient jugés capables d'honorer le nom français. Mais, premièrement, le prix des objets pourrait être modique. Il ne s'agirait que d'indemniser l'artiste; l'évaluation ne se ferait pas en raison du mérite de l'ouvrage, mais du temps et des frais qu'il aurait coûtés. L'admiration publique récompenserait le génie, le trésor national n'acquitterait que le travail.

En second lieu, le nombre des ouvrages à acquérir chaque année serait-il donc bien grand? Heureuse dépense, si elle pouvait s'augmenter par la multiplication des chefs-d'œuvre! Mais l'économie elle-même doit concourir ici au succès de l'établissement. Que les juges soient sévères, et par ce seul moyen la dépense sera moindre, l'honneur du triomphe sera plus grand, l'instruction sera plus utile, la propriété publique deviendra d'un plus grand prix. Peut-être même peut-on dire que la dépense n'augmenterait pas en raison des progrès de l'art. Plus on sera voisin de la perfection, plus le goût deviendra pur et difficile. On trouvera moins d'ouvrages dignes d'être admis dans ce Musée, quand on les comparera à des ouvrages plus excellents. Moins d'artistes alors se hâteront de se faire juger; car le même orgueil qui fait ambitionner un prix, empêche quelquefois de se présenter au concours. Placez ce Musée des artistes vivants à côté de celui des anciens maîtres; que le public, s'il se peut, traversant le premier pour arriver dans l'autre, les réunisse sous un même coup d'œil, et vous verrez infailliblement les juges plus sévères, les aspirants plus circonspects, et par conséquent moins nombreux.

Il ne faut pas perdre de vue que la dépense de cet établissement ne serait employée qu'à des acquisitions. Les ouvrages étant payés au-dessous du prix qu'ils pourraient avoir dans le commerce, la propriété nationale aurait toujours une valeur supérieure à ce qu'elle aurait coûté. Chaque artiste pouvant, dans tous les temps, remplacer l'ouvrage accueilli dans ce Musée par un autre qu'on jugerait préférable; son intérêt, sa réputation exigeant que son chef-d'œuvre fût toujours là sous les yeux du public; tous les émules se trouvant sans cesse exposés à une comparaison dangereuse, le génie ne s'endormirait jamais, et cette lutte tournerait doublement au profit de la chose publique, puisque, indépendamment de ses avantages inestimables pour le perfectionnement de l'art, tous les échanges augmenteraient sans nouveaux frais la valeur de la collection.

Songe-t-on enfin à l'application directe de la somme annuellement employée à acquérir un petit nombre de bons ouvrages, on trouve que c'est un encouragement donné aux artistes, et on est assuré qu'il n'est donné qu'au véritable mérite : porte-t-on les yeux au delà, on voit une légère dépense qui produit d'immenses profits.

L'utilité des établissements dont le but est d'encourager les arts ne se mesure pas sur les sommes qu'on y sacrifie. Je puis prouver que celui-ci serait peu dispendieux, sans faire soupçonner qu'il fût moins utile. Les honneurs religieux que les Grecs rendaient à la beauté, les prix qu'ils lui décernaient dans les jeux publics, les concours de peinture qu'ils ouvraient en présence du peuple, leur coûtaient peu, et les effets en étaient inappréciables. Dans cela, comme dans la perfection des ouvrages que les arts produisent, le mérite ne tient pas à la profusion des trésors. Le Panthéon de Rome a moins coûté que la basilique de Saint-Pierre, et il offre aux artistes un modèle plus parfait. Les plus petits monuments de ces Grecs inimitables parlent à l'âme par l'élévation de la pensée et par le sentiment répandu sur les moindres détails. Un temple de briques, un autel, un vase de terre, d'un style simple, d'un profil tranquille, pur, et, j'ose dire, divin, nous humilient souvent en nous faisant sentir la sublimité de nos maîtres.

Ce n'était pas l'or des Grecs qui opérait chez ce peuple passionné tant de miracles qui nous étonnent. C'est par des institutions dont le récit nous fait tressaillir nous-mêmes des mouvements dont elle le transportait, qu'il fut conduit tout à la fois à la perfection des arts, à l'excellence de tous les talents, à l'exercice des plus hautes vertus, à cet héroïsme que nous avons encore tant de peine à concevoir. La nature l'avait doué d'organes déliés et vigoureux : mais ses législateurs eurent l'art suprême d'ébranler sa sensibilité avec énergie et d'en maîtriser les effets, de diriger les esprits en séduisant les cœurs, de produire l'instruction par le plaisir, d'épurer le goût en le rapprochant de la nature, et de rendre les principes des arts immuables chez un peuple léger et enthousiaste, par sa liberté même et par la force de son amour pour eux. Ces instituteurs habiles, plutôt des dieux que des hommes, ainsi que le disaient leurs oracles, mais par cela seul qu'ils connaissaient les passions des hommes, et les faisaient servir au succès de leur ouvrage avec la sagesse des dieux, d'une part, nourrissaient l'amitié, dont ils faisaient la plus aimable vertu des héros, la pitié, la générosité, l'amour, et surtout la reconnaissance ; de l'autre, savaient orner de fleurs et frapper d'une éclatante lumière le but où ils voulaient conduire les esprits, parlaient aux sens, à l'imagination, aux faiblesses mêmes, plus encore qu'à la raison, s'emparaient des passions, animaient les plus généreuses, les gouvernaient par l'attrait toujours présent des jouissances, en élevaient le caractère par la grandeur de l'objet vers lequel ils en portaient les efforts.

A Athènes on avait élevé un autel à la Pitié, un autre à la Renommée. Chaque vertu avait un temple, chaque bienfaiteur une statue ; chaque dieu était honoré sous le nom de chacune des qualités bienfaisantes qu'on lui supposait. D'innombrables monuments, érigés par une pieuse reconnaissance, rappelaient aux vivants les vertus des morts. Les services les moins importants recevaient des récompenses qu'on cherchait à rendre immortelles. On avait excité l'émulation dans tous les rangs et pour tous les genres de mérite. L'histoire et la poésie racontaient des défis et célébraient des triomphes. On disait que les dieux eux-mêmes avaient concouru les uns contre les autres, et que des hommes les avaient jugés. Toutes les fêtes publiques étaient réglées sur ce système; tous les théâtres offraient des combats où les succès du génie devenaient une réjouissance générale. Est-il surprenant que des hommes à qui on donnait ainsi l'habitude et le besoin des émotions les plus vives et les plus agréables, eussent tant d'élévation et de naïveté dans les idées, tant de délicatesse dans l'appréciation de toutes les convenances, brûlassent d'un amour égal pour la gloire et pour tout ce qui leur présentait les traits de la beauté ?

C'est par les mêmes moyens que les législateurs de la Grèce firent de tous ses habitants des artistes ou des amants des arts, des poëtes ou des admirateurs enthousiastes du génie, des philosophes ou des citoyens dévoués au bien général. C'est par l'effet des mêmes causes que les ouvrages de ses poëtes, de ses orateurs, de ses historiens, se peignent, s'impriment dans le cœur de ceux qui les contemplent, et que la pierre, animée par ses statuaires, nous fait voir, sous les formes les plus belles et les plus vraies, toutes les affections de l'âme : un père résistant à ses atroces douleurs et se plaignant aux dieux de celles de ses fils, la tendresse maternelle épouvantée, la dédaigneuse satisfaction de l'orgueil vengé, l'ingénuité de la jeunesse, les regrets plaintifs de l'amour, le calme de la divinité. O Athéniens! ô Grecs! vous fûtes le plus humain, et, malgré votre inconstance naturelle, le plus reconnaissant, le plus magnifique dans vos récompenses, le plus excellent et le plus heureux des peuples de la terre : vous deviez être le plus sublime dans les arts.

Après avoir admiré les Grecs dans leur prospérité, si on les considère dans leurs revers, leur auguste et vigoureuse vieillesse ne montre-t-elle pas encore l'effet de leurs institutions? On voit le génie des arts, au milieu du sang et des débris, à la lueur des flammes qui consument les villes et les ouvrages qu'elles renfermaient, lutter pendant quatre siècles contre la tyrannie, qui lui laisse à peine quelques instants de repos. Les artistes qui naissent et se succèdent toujours sur cette terre féconde, réduits à s'expatrier, vont peupler le monde de chefs-d'œuvre. Rome s'enrichit de leurs travaux comme des dépouilles de leur patrie. L'une a beau être insatiable, l'autre ne s'épuise jamais. Les arts s'affaiblissent et s'éteignent avec la même lenteur que l'esprit public. Le feu expirant se ranime plusieurs fois au souffle de la liberté : et enfin, comme pour détruire Sparte il faut *lui ôter ses lois*[1], pour détruire totalement les arts il faut extirper tous les restes des institutions qui les nourrissaient. La Grèce produit des artistes tant qu'elle a des lois et qu'elle n'a pas perdu le sentiment de son existence.

Si ces idées sont justes, pour savoir si nous pouvons nous élever dans les arts à la perfection des Grecs, il faudrait peut-être demander si nous avons des institutions capables de produire les mêmes effets relativement à la morale : donnez-nous du moins cette ardente émulation qu'inspirent de nobles récompenses. Les moyens d'y réussir sont si faciles, si près de nous ! N'êtes-vous pas les dispensateurs des honneurs, des distinctions, des couronnes, de tous ces biens réels ou imaginaires vers lesquels s'élance le génie ? Ouvrez aux artistes une carrière où, toujours libres, toujours sous les yeux du public, et rivaux ambitieux entre eux, ils aient l'assurance d'être toujours remarqués, appréciés, récompensés, environnés de cette gloire qui est leur plus délicieux aliment. Renouvelez pour nous les combats pythiens et olympiques ; ne décernez aux vainqueurs qu'une couronne d'olivier, qu'une inscription, qu'une modeste statue ; mais que la renommée aille répéter leurs noms glorieux jusqu'aux extrémités de la Grèce et du monde.

Il est des dépenses pernicieuses. Combien donc sont utiles celles qui tendent à les faire éviter ! Magistrats éclairés, sur ce

---

[1] Montesquieu, *Esprit des lois*, livre IV, chap. VI.

dernier point, que je vous prie de considérer, c'est votre propre opinion que j'invoque.

De toutes les causes qui corrompent le goût, le pouvoir donné aux gens en place de dispenser aux artistes les travaux et les récompenses suivant leur jugement personnel, est la plus puissante et la plus active. Des honneurs, des emplois relatifs à l'enseignement, accordés à des hommes qui ne les méritent pas, un mauvais ouvrage payé par le gouvernement et proposé par lui à l'admiration publique, découragent le talent, égarent l'opinion, étouffent les lumières. Dans l'administration des affaires publiques, les magistrats sont les organes de la volonté de tous ; mais, en fait d'arts, les droits du goût sont inaliénables. La flatterie et l'erreur, en de tels jugements, se glissent avec d'autant plus de souplesse au cœur du magistrat le plus modeste et le plus éclairé, qu'il peut quelquefois ne pas les regarder comme dangereuses : et les effets cependant sont de ravir au génie l'indépendance, sans laquelle il ne peut rien produire de grand ; au goût du public, la liberté, sans laquelle sa rectitude naturelle devient inutile.

Exposez donc à côté du meilleur ouvrage du professeur, et de celui de l'artiste chargé d'un travail public important, les meilleurs ouvrages de leurs émules. Sans doute le plus habile ne sera pas seul professeur, ni chargé seul de tous les travaux ; mais ce rapprochement garantira du moins à la nation l'habileté de ceux qui seront employés. Le concours pour les divers ouvrages n'est pas toujours possible ; cette mesure même, quelque utile qu'elle soit, arrête quelquefois l'émulation au lieu de l'exciter. Établissez un concours permanent ; donnez à l'opinion publique un tribunal où tous les artistes qui aspirent à une grande réputation soient forcés de paraître, et où elle exerce sur eux et sur leurs Mécènes une juste et redoutable critique. Sans cette institution, l'homme en place va devenir le dominateur du goût, le goût esclave va périr.

Pourquoi le règne de Louis XV, où l'on a tant dépensé pour les arts, où l'on a tant multiplié les tableaux, les statues et les

édifices, a-t-il cependant produit si peu d'ouvrages remarquables?
Comment est-il arrivé que dans le siècle même des lumières, entourée des monuments des arts, la nation, après avoir senti les véritables beautés de Jean Goujon, du Poussin, de le Sueur et de tant
d'autres grands maîtres, leur ait préféré les formes pauvres ou
exagérées, la fadeur ou la crudité, les grimaces, les contorsions
et la rocaille de leurs successeurs? C'est que l'instruction publique était organisée de manière que les principes de tel ou
tel homme, adoptés, répandus par l'intérêt ou la vanité, étouf-
faient le sentiment général. Quelques maîtres, doués d'un art
facile et éblouissant, ayant corrompu le goût de la cour, devinrent les tyrans de celui des autres artistes, et par là de celui du
public. Leur manière régnait, il fallait les imiter ou rester oisif,
et leurs concurrents découragés n'osaient pas leur arracher le
sceptre ridicule dont la faveur les avait armés. De nos jours
même, au milieu de la restauration des arts, parmi les vainqueurs
de cette *manière* impérieuse, n'avons-nous pas vu l'assurance
où étaient quelques artistes d'avoir des travaux, et l'impossibilité où étaient les autres d'en obtenir, refroidir encore l'émulation de tous? Le talent sommeillait quelquefois, parce que les
efforts n'étaient pas toujours nécessaires. Combien d'artistes justement célèbres ont enseveli dans la collection des Gobelins des
ouvrages peu dignes d'eux, qu'ils regardent eux-mêmes aujour-
d'hui avec indifférence, et qu'ils seraient fâchés de voir exposés
dans un plus grand jour!

Il existe sans doute entre le beau et nos organes, je dis le
beau considéré dans les arts, comme celui de la nature, des rapports indépendants de notre consentement; mais ces rapports sont
si souvent méconnus, si facilement oubliés, qu'on en a même
contesté l'existence. A voir en effet le mouvement continuel de
cette roue qu'agite la mode, et qui, au milieu des applaudissements et d'une joie toujours nouvelle, amène, élève, emporte
tour à tour, dans les arts comme dans les habillements, des objets du caractère le plus opposé, ne croirait-on pas que la rencontre du beau, et la préférence qu'il obtient quelquefois, ne

sont que l'effet du hasard, et que le public n'a, comme on l'a dit, qu'un seul goût invariable, celui du changement? D'où vient cette contradiction presque perpétuelle entre les sensations et le goût, entre l'instinct et les jugements d'un peuple éclairé, si ce n'est de l'adhésion inconsidérée de la multitude aux sentences de quelques dominateurs?

C'est par sa convenance parfaite avec nos vrais besoins et nos affections naturelles, que le beau nous émeut et se fait adorer. C'est par la satisfaction dont il nous remplit, que sa présence se manifeste. Nous nous trouvons en harmonie avec lui, pour ainsi dire, malgré nous, parce qu'il nous présente, nous promet, ou du moins nous rappelle les biens les plus propres à notre bonheur; et plus il nous donne à la fois d'idées agréables, plus il excite notre admiration et notre enthousiasme. Si notre goût était toujours guidé par le sens intérieur, il serait donc nécessairement invariable, tout comme, considéré dans sa vérité, il est nécessairement bon; car le sens intérieur peut être faible, il ne peut pas être faux. Mais quelles sont celles de nos sensations les plus intimes où la minorité ne se rende pas maîtresse, où la majorité ne se laisse pas entraîner? Nos affections, nos jugements, notre repos, nos mœurs, notre vertu, tout ne cède-t-il pas à cette domination funeste? Ce sont des artistes d'un goût aimable et pur qui t'ont donné, femme digne de leur servir de modèle, cette robe légère et complaisante, qui ne te pare qu'en indiquant la beauté de tes formes; c'est l'avidité d'une marchande qui va te la faire abandonner. Ah! songes-y bien, tu ne seras pas moins belle, mais tu le paraîtras moins.

Le besoin de trouver et d'admirer le beau, joint au respect qu'il nous inspire, contribue à nous asservir aux jugements d'autrui. La sensibilité n'étant pas toujours assez exercée pour éprouver de fortes émotions, nous nous persuadons qu'il faut juger plutôt par l'esprit que par le cœur. L'instrument le plus infaillible de nos plaisirs est celui dont nous nous méfions le plus. L'instinct, indécis devant un ouvrage des arts, appelle le secours du raisonnement. Le goût s'est fait des lois et une théorie. La faculté de sentir et de choisir est elle-même devenue un art. De là, il faut en convenir, cette foule de jouissances qui se multiplient pour l'homme éclairé, à mesure qu'il en découvre les causes; mais de là les systèmes, les préjugés, le faux savoir, l'arrogance qui veut faire secte, et plus communément la méfiance de soi-même, qui n'a besoin que de lumières, et qui se laisse dicter des arrêts. La critique nous est rarement personnelle. Le goût acquis n'est dans sa pureté que le goût naturel rendu plus délicat par l'exercice et l'observation; il devient le mémorial des maximes d'un maître. Nous cherchons loin de nous la science du connaisseur, tandis que les principes en sont en nous-mêmes.

Si on descendait dans le cœur de la foule inconstante, qui tantôt admire un excellent ouvrage, et tantôt un mauvais, on verrait qu'elle n'est pas affectée, dans les deux circonstances, de la même manière. Dans le premier cas, elle juge, elle s'émeut; dans le second, distraite, prévenue, elle ne sent pas, elle ne juge pas : elle entend et elle répète. Son idolâtrie même n'est pas toujours le produit d'une véritable admiration. Le goût du public dans les arts est de la même nature que ses autres affections, sensible, inflammable, essentiellement droit et juste, mais inattentif, confiant, paresseux, se laissant conduire, se laissant égarer par l'opinion exagérée de son insuffisance autant que par défaut de réflexion.

L'état le plus heureux pour les arts, sous ce rapport, est donc celui où, pleinement à l'abri de toute domination, le goût naturel du public et le génie des artistes sont le mieux à portée de s'éclairer et de se respecter mutuellement; où l'un s'instruit et se perfectionne par la conscience de ses sensations et la comparaison de ses plaisirs; où il acquiert assez d'énergie et met assez de prix à ses jouissances, pour réclamer sans cesse ses justes droits; et où l'autre exerce sur son juge, par les chefs-d'œuvre qu'il lui présente, une influence modérée et salutaire, sans pouvoir ni en attaquer l'indépendance, ni en méconnaître l'autorité.

Jugez donc encore d'après ces idées les institutions que je propose. Voyez si en soumettant d'abord les artistes à la critique jalouse de leurs pairs, en présence du public, devant qui on exposerait les ouvrages des concurrents et ceux des juges ; si en mettant par là aux prises, devant ce dispensateur de la renommée, des antagonistes, tous obligés de mériter son suffrage, que, par l'effet de leur concurrence, ils ne pourraient plus dominer ; si en l'appelant ainsi, avec appareil, et à des époques connues et périodiques, à des fêtes, des jeux, des combats, dont il sentirait bien qu'il serait l'arbitre suprême, et où il serait par conséquent attiré par la curiosité, la vanité, l'appât de la critique et la passion des partis ; voyez, dis-je, si par ces moyens vous ne nous conduiriez pas à ce but où il est indispensable d'arriver.

Qu'il nous soit enfin permis de répéter cette vérité, qui a servi de base à toutes nos réflexions ; c'est qu'on se reposerait en vain, pour le succès et surtout pour la durée des arts, sur les avantages que la nature, les lumières, les richesses et la politesse générales peuvent leur assurer : tout est insuffisant ou inutile, si le législateur ne les favorise pas, et par des institutions particulières, et par l'esprit du gouvernement ; s'il ne se sert pas des arts pour réchauffer et ennoblir les passions nécessaires à son système, et de ces mêmes passions pour diriger sur les arts l'attention générale.

Le climat, à qui on fait tant d'honneur, donne à l'esprit le premier mouvement ; mais il n'en détermine ni la force ni la direction. La tranquillité intérieure des états, la paix extérieure, la liberté politique même, sont plutôt utiles aux arts par les institutions qu'elles facilitent et consolident, qu'elles ne leur sont directement nécessaires, puisqu'ils se perfectionnent au milieu des guerres les plus atroces. Les secours que l'ostentation de quelques hommes riches leur donne sont froids et peu certains, parce qu'ils dépendent des caprices du luxe et de la vanité. Les nombreux chefs-d'œuvre des arts, recueillis chez ses ennemis par un peuple victorieux, peuvent être pour lui un sujet d'orgueil plutôt que d'émulation. C'est ce qui arriva dans Rome, où la peinture et la sculpture, tou jours étrangères au génie de la nation, comme à celui du hou vernement, ne furent jamais que les arts de la Grèce[1]. Les lois avaient tout fait pour les conquêtes, et peu pour les jouissances de l'imagination. Les Romains méritèrent le reproche fait à Néron, de chercher à entasser plutôt qu'à produire[2]. Que dis-je? la multiplicité même des écoles sert-elle toujours à conserver et à diriger les lumières? Dans quel temps de l'antiquité y eut-il plus d'écoles que sous les Antonins et plusieurs de leurs successeurs? Dans toutes les grandes villes, des maîtres salariés avec magnificence enseignaient la rhétorique, la politique, toutes les sciences et tous les arts; les rives du Rhin et du Danube, dit un historien, retentissaient des chants d'Homère et de Virgile, et jamais la chute du goût ne fut aussi précipitée. C'est qu'il n'existait plus d'émulation. Dans ces temps d'égoïsme et de crimes, où il était si facile d'acquérir de la puissance, et si difficile de conserver le bonheur, les esprits s'étaient divisés en deux classes opposées, dont l'une suivait la route de l'ambition, et l'autre celle de la philosophie. Les passions productives étaient éteintes. L'homme le plus sage était celui qui se cachait le mieux. On ne demandait aux arts et aux lettres, aux leçons de Zénon et à celles d'Épicure, que des consolations. Marc-Aurèle brilla comme le soleil du soir; et ce fut au sein des études que commença la nuit atroce qui devait couvrir le monde pendant dix siècles.

Mais faut-il réunir tant d'arguments en faveur d'un établissement dont peut-être on a déjà reconnu la nécessité? Quand on a ordonné d'exposer à Versailles, dans des salles particulières, les ouvrages des peintres vivants, n'est-il pas à croire qu'on a

---

[1] Tandis que la peinture et la sculpture étaient abandonnées aux Grecs, l'architecture, au contraire, fut un art véritablement romain. Elle prit de bonne heure à Rome un grand caractère, et le conserva longtemps. Pourquoi? parce qu'elle convenait mieux au génie de ce peuple orgueilleux et dominateur.

[2] Winkelmann, *Hist de l'art*, liv. VI, chap. VI, n. 5.

eu des vues plus vastes, et qu'on médite des institutions indispensables?

Grands artistes, vous qui rivalisez les anciens, et vous qui
aspirez à rivaliser avec vos maîtres, joignez-vous à moi. On
peut demander des palmes, quand on appelle les combats où
on veut les conquérir. Maîtres de l'école française, vous avez
des rivaux à vaincre chez des peuples jaloux. Exposez aux yeux
de l'Europe vos chefs-d'œuvre réunis, et qu'elle s'incline devant
votre génie comme devant les lauriers de nos soldats.

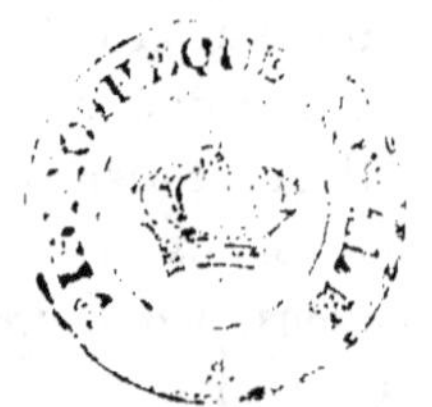

TABLE DES MATIÈRES.

Imprimerie de Vᵉ DONDEY-DUPRÉ, rue Saint-Louis, 46, au Marais.